만들어진 진실

우리는 어떻게
팩트를 편집하고 소비하는가

헥터 맥도널드 지음 | 이지연 옮김

만들어진 진실

흐름출판

책을 시작하며

만들어진 진실의 시대를 살아가는 이들에게

나는 이 책으로 역풍을 한 번 맞고 싶다. 가짜 뉴스와 대안적 사실alternative fact이* 판을 치는 요즘, 이 책을 읽고 대중들이 다시 한 번 '진실'에 대해 생각해보는 계기가 됐으면 좋겠다. 정치가나 기업가, 선거 운동가처럼 '말'로 먹고사는 사람은 자신이 뱉은 말의 '진실성'에 책임을 져야 한다.

나는 우리가 진실을 위해 나서서 싸울 만큼은 진실을 소중히 여긴다고 믿는다. 그러나 진실은 우리 생각만큼 간단하지 않다. 진실을 이야기할 수 있는 방법은 여러 가지고, 그 중에는 꼼수도 있다. 이슈가 되는 사안이라면 여러 측면의 진실을 품고 있게 마련이고, 그 중 어느 부분을 골라 이야기할지는 발언자 마음이다. 내가 어느 진실을 골라 말하느냐에 따라 해당 문제에 대한 내 주변 사람들의 생각이 바뀐다. 우리는 사람들의 행동과 참여를 독려해줄 진실을 선택할 수도 있고, 일부러 오해할 만한 진실만 늘어놓을 수도 있다. 노련한

* '트럼프 대통령의 취임식 인파가 역대 최고라는 백악관 대변인의 발표는 분명 거짓이 아니냐'는 앵커의 질문에 백악관 선임고문 켈리앤 콘웨이(Kellyanne Conway)가 '대변인은 대안적 사실을 말했다.'라고 답하면서 유명해진 표현이다. 이후 수많은 패러디가 쏟아지며 '거짓말'의 대용어처럼 쓰이고 있다.

발언자라면 진실의 이런 다면적 특성을 적극 활용해서 대중들의 현실 인식을 떡 주무르듯 주무를 수도 있다.

오해는 마시라. 이 책의 주인공은 '거짓'이 아니라 '진실'이다. 하지만 여러분은 이 책에서 진실을 거짓처럼 사용한 수많은 사례를 보게 될 것이다. 사람들은 본능적으로, 혹은 상황의 압박 때문에, 또는 뭔가 이득을 노리고 진실이 아닌 얘기를 한다. 일부러 오해를 불러일으키게끔 진실을 편집하고 조작하는 이유도 마찬가지다. 이 책은 정치, 경제, 사회, 역사의 여러 사건을 통해서 (의도했든, 의도하지 않았든 간에) 진실을 자신의 입맛에 맞게 편집하고 유통하는 다양한 방식들을 폭로할 것이다. 이를 통해 더 많은 사람이 '만들어진 진실'을 적발하고 고발할 수 있기를 바란다.

진실을 편집하는 것이 꼭 나쁜 용도로만 쓰이는 것은 아니다. 우리는 진실을 보다 건설적으로 사용할 수 있다. 사람들을 통합하고, 용기를 불어넣고, 세상을 바꾸는 데 쓸 수 있다. 적절한 진실을 고르면 회사를 하나로 뭉치게 하고, 군인들에게 용기를 불어넣고, 신기술 개발을 앞당기고, 지지자들을 결집시키고, 조직 전체에 열정, 창의성 그리고 에너지를 불어넣을 수 있다. 따라서 리더라면 자신이 선택할 수 있는 소통 방법들을 충분히 이해해야 한다. 그리고 가장 큰 호응을 끌어낼 수 있는 진실을 골라 이를 제시하는 요령을 알아야 한다. 그런 점에서 이 책은 진실한 소통을 원하는 모든 이들을 위한 책이자, 진실에는 선택의 여지가 있다는 사실을 이해하는 사람들을 위한 책이다.

내 주장을 가장 효과적으로 전달할 수 있는 진실을 무엇일까? 우리 조직에 의욕이 샘솟게 할 수 있는 진실은 무엇일까? 가장 도덕적인 진실은 어떻게 가려낼 수 있을까? 상대방이 내가 내 발등을 찍도록 이용하는 진실은 무엇일까? 진실을 호도하는 주장에는 어떻게 대처해야 할까? 이 책은 그런 질문들에 대해 답해보려 한다.

진실을 다루는 책이니만큼 조금이라도 부정확하거나 틀린 내용이 있다면 대번에 비난의 표적이 될 것이다. 수많은 스토리와 주제를 다루면서 정확한 팩트를 전달하려고 애썼다. 하지만 어쩔 수 없이 실수가 있을 것이다. 예리한 독자들의 지적은 언제든지 환영한다. 그리고 뉴스를 보면서, 회사에서 혹은 생활 속에서 흥미롭거나 교묘하거나 터무니없거나 획기적인 '진실'을 발견한다면 당신의 얘기를 기꺼이 듣고 싶다. hectormacdonald.com/truth로 당신의 의견을 보내주길 바란다.

3부 인위적 진실 존재하지 않아도 존재하는 것

09 단어

10 사회적 산물

11 이름

4부 — **밝혀지지 않은 진실** 믿는 것을 예측하라

머리말 진실 또는 거짓말? 문제는 편집이다

사람들이 듣고 오해하게 만드는 진실보다
더 나쁜 거짓말은 없다.

— 윌리엄 제임스William James,
〈성스러움의 가치The Value of Saintliness〉 중에서

퀴노아 딜레마

채식주의자나 만성 소화 장애를 겪는 사람들에게 퀴노아의 발견은 기적과도 같았다. 퀴노아는 글루텐이 없는 씨앗 식품이다. 철분과 마그네슘이 풍부하고, 우리 몸이 자체 합성할 수 없는 온갖 필수 아미노산 등 그 어느 곡물보다 많은 단백질을 함유하고 있다. 미국항공우주국NASA은 퀴노아를 가장 완벽하게 균형 잡힌 식품이자 우주 비행사들을 위한 이상적인 식량으로 평가했다. 2007년 유명 셰프 요탐 오토렝기는 퀴노아를 "맛이 훌륭하고, 적당히 '씹는 맛'이 있으며, 현

존하는 가장 건강한 식품 중 하나"라고 극찬했다.[1] 안데스 산맥에서 자라는 퀴노아에 얽힌 스토리도 서양의 소비자들에게 매력적으로 다가왔다. 전하는 얘기에 따르면 잉카족은 퀴노아를 어찌나 귀하게 여겼던지, 신성하다는 의미로 '모든 곡물의 어머니'라는 이름을 붙였다고 한다. 또 해마다 계절이 돌아오면 잉카의 황제는 금으로 된 쟁기를 들고 첫 퀴노아 씨앗을 파종했다고 한다. 급기야 이 '슈퍼 푸드'는 국제연합UN에서까지 인정을 받아 2013년은 '세계 퀴노아의 해'로 지정됐다.

그러나 퀴노아 팬들에게는 난감한 폭로가 기다리고 있었다. 2006년에서 2013년 사이 볼리비아와 페루에서 퀴노아 가격은 세 배로 급등했다. 처음에는 이 가격 상승이 축하할 일이었다. 안데스 산지 가난한 농부들의 생활 수준을 높여줄 것으로 기대했기 때문이다. 그러다가 루머가 돌았다. 북미와 유럽에서의 수요가 걷잡을 수 없이 커지면서 퀴노아 가격이 급등해 이제는 지역민들이 더 이상 전통 식품을 사먹을 수 없는 지경이 됐다는 루머였다. 2011년 〈인디펜던트The Independent〉는 볼리비아에서 지난 5년간 퀴노아 소비가 34퍼센트나 급감했다고 우려했다.[2] 이 지역의 주식이 이제는 지역 주민들이 더 이상 구매할 수 없는 사치품이 돼버렸다는 전언이었다. 〈뉴욕타임스The New York Times〉는 퀴노아 재배 지역에서 아동 영양실조가 증가 추세라는 연구 결과를 보도했다.[3] 2013년 영국의 〈가디언The Guardian〉은 다음과 같은 도발적 표제로 더욱더 논란에 불을 지폈다. "채식주의자들은 퀴노아에 관한 불편한 진실은 잘도 삼키는가?" 〈가디언〉은 페루나 볼리비아 주민이 이제 '수입 정크 푸드'를 먹는 편이 더 쌀 지경이라고 전했다.[4] 2013년 〈인디펜던트〉의 표제는 "퀴노아: 당신에게는 좋고 볼리비아에는 나쁘다"였다.[5]

이 스토리는 전 세계에 퍼져나갔고 건강식을 찾는 이들에게 양심의 위기를 초래했다. 캐나다의 〈글로브 앤드 메일Globe and Mail〉은 "당신이 퀴노아를 좋아할수록 페루와 볼리비아의 주민은 고통받는다"는 표제를 달기도 했다.[6] 소셜 미디어나 채식주의자 블로그, 건강 먹거리 포럼 등에서는 사람들이 안데스 산맥에서 나는 이 기적의 씨앗을 계속 먹어도 되는지 묻곤 했다. "저는 퀴노아를 그만 먹으려 합니다."라고 선언한 어느 여성은 아래와 같이 썼다.

> 원칙의 문제겠지요. 대대손손 퀴노아를 주식으로 삼아온 사람들이 이제는 비싸서 퀴노아를 먹을 수가 없다고 합니다. 저 같은 사람들이 수출 수요를 급증시켜 가격을 올려놨기 때문이지요. 우리는 퀴노아가 없어도 별 문제 없을 겁니다. 적어도 저는 그래요.[7]

국제적인 수요 증가로 인한 퀴노아 가격 급등이 볼리비아나 페루의 지역 주민들을 오히려 힘들게 만들고 있다는 주장은 그럴싸했고 광범위하게 팩트fact로 받아들여졌다. 그러나 경제학자 마크 벨마, 세스 기터, 요하나 파야르도 곤잘레스의 눈에는 이게 옳은 주장 같지 않았다. 무엇보다 퀴노아 교역 덕분에 이제 수많은 해외 자본이 볼리비아나 페루로 쏟아져 들어오고 있었고, 그 자본의 많은 부분은 남아메리카 최빈곤 지역으로 흘러갔기 때문이다. 어차피 해발 4,000미터 이상 고지대에서 잘 자라는 작물은 많지도 않은데, 퀴노아 붐은 당연히 이들 지역의 축복이 아닐까?

진실은 아흔아홉 개의 얼굴을 가졌다

세 경제학자는 페루 가정의 소비 지출에 관한 설문 조사 데이터를 찾아내 가구들을 셋으로 구분했다. 퀴노아를 재배하고 식용하는 가구, 퀴노아를 재배하지 않고 식용만 하는 가구, 퀴노아를 접해본 적이 없는 가구가 그것이었다. 이들이 발견한 내용에 따르면 2004년에서 2013년 사이 세 집단의 생활 수준은 모두 높아졌고, 그 중에서도 퀴노아 재배 농가의 소비 지출이 가장 빠르게 늘었다. 농부들은 부유해졌고, 그들이 새로 생긴 수입을 지출함으로써 주변 가구들에까지 혜택이 돌아갔다.[8] 퀴노아를 재배하지 않고 식용만 하는 가구들도 퀴노아를 재배하는 가구들과 마찬가지로 이미 평균 두 배 이상 생활이 나아져 퀴노아 구입에 좀 더 많은 돈을 쓸 수 있는 형편이었다. 이는 놀라울 것도 없는 게 페루 가구의 소비 지출 중에 퀴노아에 쓰는 돈은 겨우 0.5퍼센트 남짓에 불과했다. 애당초 퀴노아는 페루 가정의 예산에서 큰 부분을 차지하지 않았다. "모두에게 해피 엔딩이지요. 제일 가난한 사람들에게 득이 되고 있으니까요." 기터의 말이다.[9]

그렇다면 퀴노아 소비가 34퍼센트나 감소했다는 조사 결과는 대체 뭐란 말인가? 알고 보니 페루에서도, 볼리비아에서도 퀴노아 소비는 가격 급등기 전에 이미 장기적으로 서서히 감소하는 추세였다. 이는 가격 추세와 소비 추세 사이에 큰 연관이 없음을 시사했다. 오히려 페루인과 볼리비아인은 그저 퀴노아 말고 다른 음식들도 먹고 싶은 쪽으로 취향이 바뀌어왔다고 보는 편이 훨씬 그럴듯했다. 싱크탱크 조직인 푸드퍼스트Food First의 타냐 커슨은 안데스 지역 퀴노아 농부들이 "솔직히 퀴노아에 물려서 다른 식품을 구매하는 것"이라고 했다.[10] 볼리비아의 어느 농학자는 이렇게 말하기도 했다. "10년 전 그들은 안데스에서 나는 음식밖에 먹을 수 없었습니다. 다른 선택의 여지가 없었기 때문이죠. 하지만 이제는 선택이 가능하고, 이들은 쌀, 면, 사탕, 콜라, 그 외 온갖 것들을 다 먹고 싶어 합니다!"[11]

나는 잉카 시대 이전부터 퀴노아를 재배해온 페루의 콜카계곡 인근 지역으로 퀴노아 재배 현황을 시찰하러 갔다. 퀴노아는 줄기 꼭대기에 짙은 붉은색 혹은 풍부한 금색 씨앗이 큼직하게 달리는 아름다운 작물이다. 안데스 중에서도 이 지역은 계단식 밭에서 퀴노아를 경작했는데, 다른 곳들과는 달리 옥수수나 감자 같은 토종 작물도 다양하게 키우고 있었다. 내 가이드였던 페루 사람 제시카는 "해외 수요는 100퍼센트 좋은 일"이라고 장담했다. "농부들이 정말 좋아해요. 퀴노아를 먹고 싶은 사람은 누구든 여전히 구매할 수 있고요." 제시카는 다른 이점도 있다고 설명했다. 이전에는 페루의 대도시 사람들이 제시카네 동네 사람들을 퀴노아를 먹는 '무지렁이'라고 무시했다고 한다.

하지만 이제는 미국이며 유럽 사람들이 퀴노아에 열광하다보니 퀴노아가 세련된 식품으로 인식된다고 했다. "이제야 수도 리마에 사는 사람들도 알티플라노(안데스 산맥 꼭대기의 분지) 주민들과 우리 유산을 존중하게 된 거죠."

나는 소금평원과 휴화산으로 뒤덮인 볼리비아 남서쪽의 척박하고 외진 지역에서 퀴노아 머니quinoa money가 자본이 되어 지역 개발과 관광 사업이 진행되는 것을 목격했다. 대대로 입에 풀칠하기도 쉽지 않았던 자작농들이 이제는 미래를 향해 좀 더 큰 꿈을 꿀 수 있었다. 볼리비아해외교역연구소Bolivian Institute of Foreign Trade 소장 호세 루이스 랜디바르 볼레스는 퀴노아가 "수많은 사람을 극빈 상태에서 구제"할 수 있다고 말했다.[12]

2017년 4월, 내가 퀴노아와 관련해 볼리비아인에게 들었던 걱정은 공급 확대로 인해 가격이 '하락'하지 않을까 하는 내용뿐이었다. 볼리비아에서 퀴노아를 전용으로 경작하는 재배지는 2007년 5만 헥타르에서 2016년 18만 헥타르로 세 배 이상 확대됐다. 나중에 벨마레는 내게 이렇게 말했다. "저한테는 그게 새드 엔딩이에요. 가격이 다시 오를 것 같지는 않으니까요. 퀴노아 시장은 경제학개론 수업 시간에 배운 그대로 움직였고, 일시적인 추가 이득은 새로운 생산자들의 유입과 함께 사라져버렸어요."

그림처럼 아름다운 콜카계곡 너머로 해가 넘어갈 때쯤 나는 제시카에게 물었다. 페루나 볼리비아 주민들에게 돌아갔을 음식들을 먹으며 유럽이나 북미 사람들이 죄책감을 느껴야 하느냐고 말이다. 답을 예상할 수 있었지만 나는 현지인의 말을 직접 듣고 싶었다. 제시카는 웃음을 터뜨리며 한 팔을 뻗어 너른 계곡을 쭉 훑어보였다. "걱정 마세요. 퀴노아는 얼마든지 있으니까요."

음식의 유행과 국제 교역, 소비자의 고뇌를 둘러싼 이 기묘한 이야기는 언뜻 들으면 마치 잘못 알려진 팩트를 바로잡은 사례인 것처럼 보인다. 하지만 실제로 이야기의 전반부에 나온 주장들은 이야기의 후반부만큼이나 대부분 '진실'이다.

퀴노아의 가격은 실제로 세 배 급등했고, 페루나 볼리비아 소비자들은 주식(퀴노아) 구매에 더 큰돈을 써야 한다. 이들 국가에서 퀴노아 소비가 감소한 것도 사실이다. 진실이 아닌 것은 이런 팩트로부터 끌어낸 결론이다. 서양의 건강식 소비자가 페루나 볼리비아 사람들의 전통 식품을 빼앗아감으로써 가난한 그들에게 피해를 주고 있다는 결론 말이다. 이렇게 잘못 해석된 진실이 오히려 알티플라노 주민에게 정말로 피해를 주고 있다. 이 문제에 관해 다큐멘터리를 만든 마이클 윌콕스는 이렇게 말했다. "그런 반(反) 퀴노아 기사 말미에 '진실을 알려줘서 고맙다. 농부들에게 손해를 끼치는 볼리비아산 퀴노아는 먹지 않겠다.' 같은 댓글들이 달린 걸 봤습니다. 하지만 실제로는 퀴노아를 소비하지 않는 게 오히려 농부들에게 피해가 될 거예요."[13]

편집된 진실과 잘못 이해된 숫자 들이 제대로 된 맥락 없이 서로 꿰이다 보니, 멀쩡한 음식이 먹어서는 안 될 음식으로 둔갑하고, 이 음식을 먹는 게 부도덕한 일이 돼버렸다. 앞으로 더 자세히 보겠지만 노련한 사람들은 세상에 대한 특정한 관점을 제시함으로써 현실을 재구성하기 위해 온갖 분야에서 편집된 진실이나 숫자, 스토리, 맥락, 바람직함, 도덕성 등을 적극 활용한다. 퀴노아의 사례는 그래도 동기가 숭고했다. 결과적으로 저널리스트나 블로거가 소비자를 퀴노아로부터 멀어지게 만들었지만 그들은 갑작스럽게 국제 무역이라는 격랑에 노출된 가난한 국민을 진심으로 걱정했다. 하지만 앞으로 우리가 보게 될 수많은 사례에 등장하는 정치가나 마케팅 담당자, 사회 운동가, 공무원 들은 훨씬 덜 숭고한 의도로 진실을 편집하기도 한다.

편집된 진실

아래 두 문장을 한번 비교해보라.

'인터넷 덕분에 전 세계 지식을 폭넓게 접할 수 있다.'

'인터넷 때문에 잘못된 정보와 증오의 메시지가 훨씬 더 빨리 확산된다.'

두 문장 모두 진실이다. 하지만 '인터넷'이라는 말을 난생처음 듣는 사람이라면 앞문장과 뒷문장에서 받는 느낌이 확연히 다를 것이다.

모든 스토리에는 다양한 측면이 있다. 어떤 팩트를 모아놓고 보더라도 하나 이상의 진실을 끌어낼 수 있다. 우리는 일찍부터 이 점을 알고 있다. 교내 토론 대회에 참가하거나 일탈을 감행해본 학생이라면 어떤 진실을 동원해야 내 주장을 가장 잘 뒷받침할 수 있는지 알 것이다. 하지만 그렇게 여러 형태로 존재하는 진실 때문에 발언자에게 허용된 융통성이 얼마나 큰지에 대해서는 다들 제대로 모르는 듯하다. 많은 경우 특정 사람이나 사건, 물건, 정책을 합당하게, 심지어 똑같은 정도로 합당하게 묘사할 방법은 아주 많다.

나는 이것들을 '경합하는 진실'이라 부른다.

몇 년 전 어느 글로벌 기업의 혁신 프로그램의 설계를 의뢰받은 적이 있다. 당시 그 회사가 특히 힘든 시기를 겪고 있었기 때문에 그런 요청이 특이한 일은 아니었다. 전략적 커뮤니케이션 전문가인 나는 세계 유수의 기업들과 함께 일할 기회가 있었다. 주로 그들이 원하는 바를 명확히 정의하고 그 내용을 직원들에게 설명하는 일이었다. 나는 이 회사의 최고 경영진을 두루 만나서 업계와 회사를 바라보는 그들의 관점을 하나씩 들어보았다. 그리고 그렇게 알게 된 내용들을 통합, 정리한 후 회사의 최고 경영자와 마주 앉았다. 그는 맨해튼에서 흔히 볼 수 있는 고급 양복을 차려입고 있었다. 나는 그에게 원하는 것이 '황금 기회' 스토리인지, '일촉즉발 위기' 스토리인지 물었다.

황금 기회 스토리란 흥미진진한 신기술 발전 상황을 설명하면서 회사가 앞으로 시장의 핵심 수요에 부응하며 더 큰 수익을 내고 번창할 거라고 말하는 방식이었다. 그러나 회사가 황금 기회를 놓치지 않으려면 전 임직원이 당면한 혁신 프로그램을 적극 지지해야만 한다.

반면에 일촉즉발 위기 스토리란 조직 문화에 깊숙이 뿌리내린 고질적 병폐와 그로 인한 최근 회사의 위기 상황을 알려주는 방식이었다. 이런 것들이 무관심의 악순환을 낳았고 실적을 악화시켜 회사는 5년 내에 망할지도 모른다. 불행한 운명을 피할 수 있는 유일한 방법은 전 임직원이 당면한 혁신 프로그램을 적극 지지하는 길뿐이다.

두 가지 버전의 스토리는 모두 진실이다. 어마어마한 번영의 기회가 기다리는 것도 사실이고, 그 기회를 붙잡지 못할 경우 회사가 존폐의 기로에 놓이는 것도 사실이다. 이 두 가지 버전의 진실이 의도하는 결과는 똑같았다. 직원들이 힘겹고 고통스러운 혁신 과정을 지지하게 만드는 것. 그러나 각 스토리는 직원들의 마음에 완전히 다른 현실 인식을 심어주게 되어 있다. 학위를 몇 개씩 보유한 똑똑한 사람들을 포함해 모든 임직원은 리더의 말에 설득당하겠지만, 미래를 흥분되게 느낄 수도, 초조하게 느낄 수도 있다. 어느 쪽이 될 것이냐는 최고 경영자가 고르는 스토리에 달려 있다. 그렇게 정해진 '사고방식'이 향후 그들이 갖게 될 모든 생각과 모든 감정의 색깔을 결정할 것이다.

이처럼 소통 과정에서 발휘할 수 있는 융통성의 범위가 어마어마하다는 사실 때문에 나는 의문을 품게 됐다. 어떻게 하나의 상황에서 하나 이상의 진실을 얘기하는 게 가능할까? 혹시 다른 곳에서도 이런 현상이 일어날까? 그다음부터 나는 뉴스에서, 정치인의 연설에서, 광고에서, 격론이 벌어지는 책에서, 페이스북 뉴스 피드에서, 캠페인 문구에서 '경합하는 진실'들을 찾아 나섰다. 그중에는 공동의 목적이라는 온건한 용도로 사용된 것들도 있었고, 누가 봐도 뻔히 진실을 호도하기 위해 사용된 것들도 있었다. 처음에 나는 이렇게 경합하는 진실들을 단순히 블로그에 기록해나갔다. 하지만 점차 반복되는 패턴이 눈에 들어오면서, 경합하는 진실이 어떻게 편집되고 유통되며 소비되는지 종합적으로 분석해봤다. 그리고 마침내 나는 남들이 골라놓은 경합하는 진실이 우리에게 심대한 영향을 끼친다는 사실을 알게 됐다.

몇 년을 거슬러 올라가 우리가 퀴노아에 관해 한 번도 들어본 적이 없다고 상상해보자. 동네 상점에 들렀다가 선반에서 퀴노아를 발견한 나는 근처에 있는 직원에게 이 씨앗에 관해 물어본다. 직원은 진실을 하나 말해주는데, 그 진실은 다음의 여러 문장 중 어느 것도 될 수 있다.

1. 퀴노아는 단백질과 섬유질, 미네랄 함량이 높고 지방 함량은 낮은 고영양 식품이에요.
2. 퀴노아를 구매하시면 남아메리카의 가난한 농부들의 수입이 늘어나요.
3. 퀴노아를 구매하시면 볼리비아나 페루 사람들이 전통 식품을 구매할 때 더 비싼 돈을 지불해야 해요.
4. 퀴노아 재배가 안데스 지역 자연 환경에 심각한 영향을 미치고 있어요.

직원이 세 번째와 네 번째 진실보다는 첫 번째와 두 번째 진실을 말해주었을 때 나는 퀴노아를 구매할 가능성이 크다. 이처럼 직원은 경합하는 여러 진실 중에서 하나를 골라 내 행동에 영향을 미칠 수 있다. 어찌 보면 직원은 말 한마디로 내가 당면한 현실을 재구성하고 나아가 퀴노아에 대한 내 관점도 좌우할 수 있다. 그가 기초 작업을 해놓은 토대를 바탕으로 내 마음속에서는 퀴노아에 대한 어떤 생각이나 신념이 점차 더 확고해질 것이다. 이런 '사고방식'은 앞으로 오랫동안 내가 어떤 물건을 사고, 어떤 말을 하고, 무엇을 먹을지에 영향을 미칠 수도 있다.

사고방식이란 우리가 나 자신이나 주변 세상에 대해 갖는 일련의 신념, 관점 또는 의견이다. 사고방식은 우리가 사물을 판단하고 행동을 선택하는 방식을 결정한다.

사고방식은 어떤 점에서는 유동적이다. 내 사고방식에서 퀴노아와 관련된 부분은 퀴노아에 관해 내가 처음 들었던 내용에 크게 좌우될 것이다. 우리는 전혀 모르는 주제에 관해서는 쉽게 주변의 영향을 받기 때문이다. 하지만 일단 퀴노아에 관한 내 시각이 형성되고 나면, 그러니까 사고방식이 정해지고 나면, 그 시각이 바뀌기란 의외로 쉽지 않다. 퀴노아 재배가 안데스 지역에 나쁜 영향을 미치고 있다는 얘기를 들은 지 석 달 후 누군가 나에게 퀴노아가 영양적으로 아주 우수하다고 알려주었을 때 나는 그 정보를 무시하거나, 의심하거나, 묵살해버리기 쉽다. 말하자면 일종의 확증 편향confirmation bias이다. 확증 편향이란 새로운 진실이 기존의 사고방식과 일치하면 잘 받아들이고, 기존의 확립된 시각과 배치되면 저항하려는 경향을 말한다.

상점에서 퀴노아를 처음 접하고 몇 달 후 직장 동료와 점심을 먹는데 상대가 퀴노아 샐러드를 골랐다고 생각해보자. 퀴노아와 관련해 내가 최초로 접했던 진실이 환경 문제라면 나는 동료의 메뉴 선택을 보고 상대를 가혹하게 평가할지도 모른다. 심지어 상대를 설득해서 다른 메뉴를 고르게 하려고 들지도 모른다. 몇 달이 지나서도 그 최초의 진실이 구성해놓은 내 사고방식이 여전히 내 생각과 행동을 지배하기 때문이다.

우리는 다들 서로 다른 렌즈를 통해 세상을 바라본다. 그리고 그 렌즈는 대개 우리가 듣거나 읽는 서로 다른 진실에 의해 형성된다. 의도했든, 하지 않았든, 사람들은 계속해서 진실의 어느 한 측면 내지는 어느 한 해석 쪽으로 우리를 몰아간다. 20세기 최고의 정치 칼럼니스트 중 한 명인 월터 리프먼Walter Lippmann은 경합하는 진실을 활용하는 데 전문가였다. 그는 이렇게 썼다.

"우리 의견에 담긴 내용은 내가 직접 관찰할 수 있는 것보다 더 큰 공간과 긴 시간, 수많은 대상에 걸쳐 있다. 그렇기 때문에 내 의견은 '**남들이 알려준 내용**'과 내가 상상하는 내용을 끼워 맞춘 것일 수밖에 없다."[14]

남들이 알려주는 내용이 내가 '**지각하는 현실**'을 구성한다. 나는 내 지각을 바탕으로 행동을 취하기 때문에 남들이 알려주는 내용은 '**객관적 현실**'에까지 영향을 미친다.

경합하는 진실은 현실을 좌우한다.

경합하는 진실은 사고방식에 정보를 제공하고, 사고방식은 이후의 모든 선택과 행동을 결정한다.

우리는 '내가 진실이라고 믿는 것'에 따라 투표하고, 쇼핑하고, 일하고, 협력하고, 경쟁한다. 어떤 진실은 평생 나와 함께 하면서 내게 가장 중요한 선택을 결정짓고 내 성격의 본질을 정의한다. 어떤 것을 접했을 때(회사의 사훈, 난민 문제, 대통령 후보, 성경책, 과학적 발견, 동상 설립 관련 논란, 자연 재해 등) 우리가 보이는 반응은 모두 사고방식으로부터 나온다. 극적이고 맹렬한 반응을 보이거나 무언가를 바꾸려 드는 태도도 모두 마찬가지다.

그러니 나의 생각과 행동은 많은 부분 내가 듣거나 읽은, 경합하는 진실에 따라 결정된다 해도 지나친 말이 아니다. 내가 무엇에 영향을 받아서 물건을 사고, 어느 정치가를 지지하고, 특정한 유명인을 비난하고, 어떤 대의를 위해 싸우는지 알고 싶다면, 그리고 그게 중요하다고 생각한다면, 우리는 경합하는 진실이 어떻게 작동하고 그에 어떻게 대처해야 할지 알아야 한다. 이 책은 그 두 가지에 대한 답변이다.

킹스 스피치

제2차 세계대전이 시작될 때 영국 국왕 조지 6세는 라디오를 통해 국민에게 연설을 했다. 그의 연설이 짧았던 것은 꼭 말더듬증 때문만은 아니다. 국왕의 연설은 듣는 이들의 교육 수준이나 문화권, 출신 성분과 관계없이 모든 이에게 깊은 울림을 주어야 했다. 연설을 듣는 이들 중 다수는 영어가 모어가 아니었고, 최근에 벌어진 일련의 사건을 잘 모르고 있었다. 많은 영국 국민(식민지 국민을 포함해서)은 자신의 나라가 왜 전쟁을 선언했는지 복잡한 지정학적 사정을 이해하지 못했다. '차분하고 확고하고 단합된 모습을 보여 달라.'는 국왕의 호소는 놀랄 만큼 단순했다. 전체 연설이 겨우 400단어 남짓으로, 그중 사실적 정보를 다룬 부분은 절반도 되지 않는다.

우리 대부분이 생애 두 번째로 전쟁을 맞고 있습니다. 이제는 적이 되어버린 저들과 차이를 극복하기 위해 우리는 그동안 계속해서 평화적인 해결책을 모색했습니다. 그러나 모든 노력은 수포로 돌아갔습니다. 우리는 동맹국들과 함께 어쩔 수 없이 투쟁에 나서야 합니다. 우리에게 도전장을 던진 이들을 그대로 창궐하게 내버려둔다면 전 세계 문명국가의 질서가 위험에 빠질 것입니다. 이들은 다른 국가의 독립과 자주권을 힘으로 위협하거나 제압하는 것을 금지한 여러 조약과 엄숙한 서약을 무시하고 이기적인 힘을 추구하고 있습니다. 가면을 모두 벗겨내고 민낯을 들여다본다면 그들의 원칙은 힘이면 다 된다는 야만적 교리에 불과할 것입니다.[15]

조지 6세가 처해 있던 상황을 생각해보자. 독일은 베르사유 조약을 깨고 재군비를 선언했다. 이탈리아, 소련과 함께 나치 협약을 맺고, 라인 지방에 다시 군대를 주둔시키며 체코슬로바키아를 점령했다. 그런데 놀랍게도 조지 6세는 폴란드 침공이나 아돌프 히틀러, 심지어 '독일'이라는 단어조차 언급하지 않았다. 국왕의 연설은 오로지 보편적 민심에 호소하는 도덕적 주장에 초점이 맞춰 있다. 명백히 '팩트'를 생략했고 초점은 한 곳을 향해 고도로 집중되어 있었다. 하지만 조지 6세가 상황을 왜곡했다고 말할 사람은 거의 없을 것이다. 그는 제국을 진정시키고 국민이 전쟁에 대비할 수 있도록 엄선한 일련의 '진실'을 편집해 들려주었다. 정보를 더 추가한다고 해서 더 정직한 연설이 되지는 않았을 것이다. 오히려 전달하려는 메시지만 희석됐을 것이다.

이처럼 경합하는 진실은 건설적으로 사용될 수도 있다. 영민한 마케팅 담당자라면 소비자의 부류에 따라 메시지를 달리 가져간다. 제품이 줄 수 있는 여러 혜택 중에서 각 부류에 가장 와 닿을 만한 혜택을 강조하는 쪽으로 메시지 내용을 구성할 것이다. 의사는 수많은 의학적 사실 중에서도 환자가 건강 상태를 관리하기 위해 알아야 할 내용만 말해줄 것이다. 괜히 복잡한 세포생물학이나 약리학적 내용을 시시콜콜 이야기해 환자에게 부담을 주지는 않을 것이다. 사회 정의를 부르짖는 이들도, 환경 운동을 펼치는 이들도, 성직자, 보건 당국 관계자, 기타 리더라면 누구나 경합하는 여러 진실 중에서 사람들의 생각과 마음을 사로잡을 딱 맞는 진실을 선별해야만 핵심 목표를 달성할 수 있다.

"우리는 거짓말을 한 적이 없다"

오랫동안 콜게이트파몰리브의 광고 중에 이런 것이 있었다.

"80퍼센트 이상의 치과 의사가 콜게이트를 권합니다."[16]

당연히 소비자들은 이 수치가 콜게이트 치약을 다른 브랜드'보다' 선호해서 추천한 의사들의 비율일 거라고 생각했다. 하지만 실제로 해당 설문 조사는 치과 의사들에게 추천하는 치약 브랜드를 복수로 물었고 응답자 대부분이 여러 개의 브랜드를 골랐다. 그리고 경쟁 브랜드 중에는 콜게이트만큼 많은 추천을 받은 것도 있었다. 광고에 사용된 수치는 소비자가 생각하는 것과 다른 내용을 측정한 결과였고,

결국 광고자율심의기구는 해당 문구의 사용을 금지했다. 숫자 자체는 진실이었는데도 말이다.[17]

조지 6세는 경합하는 진실을 이용해 현실을 심하게 단순화시켰지만, 그것은 여전히 현실에 대한 정직한 해석이었다. 반면 퀴노아에 관한 글을 쓴 블로거들은 나쁜 의도는 전혀 없이 경합하는 진실을 인용했으나 결과적으로 현실을 왜곡했다. 그리고 콜게이트파몰리브의 마케팅 팀은 경합하는 진실 중에서도 소비자가 오해할 내용을 일부러 적시했다. 이들만이 아니다. 정치인은 잘못된 인식을 심어주기 위해 진실을 호도하는 데 능수능란하다. 신문사는 진실을 곡해하는 표제로 일단 관심을 붙잡아놓은 다음, 사람들이 덜 읽는 기사의 '본문'에서 곡해된 진실을 바로잡는다. 사회 운동가가 자신의 캠페인을 뒷받침하기 위해 엄선해서 고른 진실들이 때로 더 큰 진실을 왜곡할 때도 있다.

나중에 보게 될 경합하는 진실의 달인 프랭크 런츠는 이렇게 말했다. "내가 유일하게 신봉하지 않는 것은 거짓말이다. 거짓말만 아니면 뭐든 써도 된다."[18]

진실을 가지고 우리를 기만하려는 자들은 온갖 분야에 걸쳐 있다. 때로는 치우침 없이 중요한 조언을 해주어야 할 사람들까지도 거기에 합세한다.

유방암은 미국 여성이 두 번째로 흔히 걸리는 암이다. 폐암 다음으로 치사율이 높은 암이기도 하다. 그러니 2016년 텍사스 주 보건국Texas Department of State Health Services이 임산부용으로 발행한 책자에서 낙태와 유방암 발병률을 연관시켰을 때, 수많은 낙태 찬성론자가 경악한 것은 당연한 일이었다. 〈여성의 알 권리A Woman's Right to Know〉라는 제목의 책자에는 "낙태의 위험"이라는 항목이 있는데, 거기 열거된 다섯 가지 위험 중에 사망 및 미래 불임 가능성과 더불어 '유방암 위험'이 포함돼 있었다. 텍사스 주는 공식적으로 다음과 같이 조언했다.

> 임신 이력은 유방암 발병에 영향을 끼칩니다. 출산할 경우 향후 유방암에 걸릴 가능성이 줄어듭니다. 연구 결과에 따르면 낙태할 경우에는 유방암 발병률이 줄어드는 효과를 볼 수 없습니다.[19]

출산 경험이 있는 여성이 유방암에 걸릴 위험이 줄어드는 것처럼 보이는 것은 사실이다. 그러나 낙태가 유방암 위험을 높인다는 것은 '사실이 아니다.' 해당 분야 최고의 연구 결과들을 모두 놓고 보아도 그렇다. 미국암학회는 "낙태 또는 유산이 유방암을 비롯해 기타 어떤 종류이든 암 발생 위험을 높인다는 과학적 증거는 없다."고 말한다.[20] 미국 국립암연구소 역시 같은 입장이다. "낙태 또는 유산과 유방암 발병 사이에는 아무 관련이 없다는 것이 일관된 연구 결과다."[21]

그런데 텍사스 주 보건국도 낙태가 유방암 발병률을 높인다고 주장하지는 않았다. 그저 그런 암시를 하고 있을 뿐이다. 해당 책자를 만든 주 정부 관리들은 "어떤 식으로든 임신을 회피할 경우에는 유방암 발병률이 줄어드는 효과를 볼 수 없습니다."라고 말할 수도 있었으나 그들은 그렇게 하지 않았다. 텍사스 주 보건국이 선택한 단어들은 진실이었으나 그 의도는 분명 '진실이 아닌 것'을 암시하기 위함이었다. 정치적 의제 때문에 텍사스 주민은 주정부로부터 한쪽으로 치우치지 않은 정보를 얻을 권리를 박탈당하고 말았다.

"텍사스 주가 아주 끔찍한 단어들을 골랐죠." 미국암학회의 최고책임자 오티스 브롤리의 말이다. "따지고 보면 틀린 말은 아니지만, 사람들을 기만하는 거죠."[22]

진실: 좋게도 나쁘게도 쓰일 수 있는 강력한 툴

누구에게나 관심 있는 의제가 있다. 그러니 자신의 관심 의제에 도움이 되는 진실을 선택하려고 할 것은 당연하다. 하지만 거기에도 두 가지 길이 있다. 도덕적 선택과 기만적 선택이다.

발언자는 객관적 현실과 부합하는 현실 인식을 전달할 수도 있고 고의적으로 그것을 왜곡하는 현실 인식을 전달할 수도 있다. 나아가 발언자의 관심 주제는 듣는 이들의 이해관계와 부합하는 것일 수도 있고 배치되는 것일 수도 있다. 또 선량한 것일 수도 있고 악의적인 것일 수도 있다. 경합하는 진실 자체는 도덕적으로 중립이다. 장전된 총 한 자루, 성냥 한 갑처럼 어떻게 사용하느냐에 따라 그 파급력이 결정된다. 우리는 현실에서 경합하는 진실이 좋은 의도로, 나쁜 의도로, 온갖 방식으로 사용되는 모습을 만날 수 있다.

설명의 편의를 위해 발언자를 세 가지 유형으로 나누어보자.

옹호자advocate 건설적 목표를 달성하기 위해 경합하는 진실 중에서 어느 정도 정확한 현실 인식을 만들어내는 진실을 선택하는 사람.

오보자misinformer 악의는 없지만 경합하는 진실 중에서 의도치 않게 현실을 왜곡하는 진실을 퍼뜨리는 사람.

오도자misleader 잘못된 현실 인식을 만들어낼 것을 알면서도 일부러 그런 내용의 경합하는 진실을 적시하는 사람.

앞선 사례들의 경우, 조지 6세는 옹호자, 퀴노아 운동가들은 오보자, 콜게이트파몰리브 마케팅 팀은 오도자다.

텍사스 주 보건국의 경우, 낙태 반대론자의 눈에는 보건국이 옹호자처럼 비칠지도 모른다. 하지만 텍사스 주 보건국의 의도는 지금 과학적으로 알 수 있는 최선의 내용에 대해 잘못된 인식을 만들어내는 것이었기 때문에 이들 역시 오도자로 봐야 한다. 일부러 왜곡된 현실 인식을 만들어내려고 하는 사람은 모두 다 오도자다. 아무리 그들이 추진하는 내용이 옳고 진실한 단어를 골랐다고 하더라도 말이다.

"알고 보니 거짓말은 필요하지도 않더라고요." 오도자들을 수없이 인터뷰한 BBC 방송국의 에번 데이비스의 말이다. "거짓말을 한마디도 내뱉지 않아도 얼마든지 사람들을 깜박 속여 넘길 수 있습니다."[23]

오도자가 될 때 그럴만한 이유가 있는 경우도 있다. 군대의 지휘관이라면 사기를 떨어뜨리지 않기 위해 작전의 위험성을 적당히 얼버무려야 할 수도 있다. 공중보건 당국은 공포가 확산되지 않도록 전염병의 위험성을 낮춰 말해야 할 때도 있다. 영국의 토니 블레어 전 총리는 이렇게 시인한 적이 있다. "정치가들은 더 큰 전략적 목표를 달성하기 위해 때때로 전체 진실을 숨기거나 곡해하고 심지어 왜곡해야 할 때도 있다."[24] 아직 태어나지 않은 생명을 살렸다면 텍사스주 보건국이 우리를 오도한 것이 옳았다고 느끼는 사람도 있을 것이다. 나는 여기서 옳고 그름을 논하려는 게 아니다. 다만 이런 발언의 경우 발언의 윤리적 측면을 고려해야 한다는 사실을 지적하려는 것뿐이다. 우리를 오도하는 진실이 정당화될 것인지 여부는 당신의 관점에 달렸다.

진실(진리)은 철학자들이 즐겨 토론했던 주제다. 철학자들은 진리와 지식의 관계, 진리의 보편성과 객관성, 종교에서 진리의 위치 등에 관해 논했다. 그런 문제를 다루는 책은 많다. 다만 이 책은 아니다. 나도 그런 책을 몇 권 읽어보기는 했지만, 솔직히 머리만 아팠다.

이 책의 의도는 진실을 통해 누군가를 설득하거나 격려하고 싶은 사람들, 그리고 누군가 진실을 가지고 우리를 오도하는 게 걱정되는 사람들에게 실용적 지침을 제공하는 데 있다. 이 책은 철학서가 아니다. 그 점을 우선 분명히 하고, 이쯤에서 내가 말하는 '진실'이 무엇인지 명확히 설명하고 넘어가는 게 좋을 듯하다.

진실 중에는 사실(팩트)에 기반한 것들이 있다. 이런 것들은 논란의 여지가 거의 없다.* 인도의 독립 기념일이나 물의 끓는점 같은 것들은 연구 조사 내지는 과학적 측정을 통해 확인할 수 있는 사실적 진실factual truth의 예다. 그러나 사람들은 사실에 기반하지 않은, 그렇다고 허위나 거짓말도 아닌 말들을 수없이 많이 한다. 뭐가 '훌륭하다', '바람직하다'고 말하고, 얼마만큼의 '가치가 있다.'고 말한다. 이런 발언들은 주관적 판단일 때가 많지만 우리는 이런 주장도 진실처럼 취급한다. 그래서 누군가 그게 진실이 아니라고, 적어도 우리한테는 진실이 아니라고 하면, 반박하고 싶은 마음이 생기기도 한다. 종종 미래에 대한 예측이나 종교적·이데올로기적 신념에 관해서도 같은 말을 할 수 있다.

주관적 판단이나 예측, 신념 등을 진실 범주에 넣으면 진실의 정의가 너무 광범위해진다고 생각하는 사람도 있을 것이다. 하지만 이 책에서 사실적 진실만을 다룬다면, 사람들을 특정 방식으로 생각하거나 행동하게 만들기 위해 발언자들이 진실인(혹은 적어도 허위가 아닌) 문장으로 어떻게 현실을 재구성하는지 제대로 이해할 수 없다. 유명한 음식 평론가가 어느 요리가 맛있다고 하면, 나는 기꺼이 그의 판단을 진실로 간주하고 해당 요리를 주문한다. 노련한 토목 기사가 "건물이 무너져요!"라고 외친다면, 나는 그의 예측을 진실로 받아들이고 죽기 살기로 뛰어서 도망갈 것이다.

그래서 이 책은 사실적 진실만이 아니라 우리가 '진실로 간주'하고 그걸 바탕으로 행동하게 되는 발언까지도 논의 대상으로 다룬다.

* 네 편, 내 편이 극렬히 나눠지는 '탈진실(post-truth)' 시대에 논란이 아예 없기를 바라는 것은 비현실적이긴 하다.

설명의 편의상 나는 그런 신념이나 주장, 판단, 예측 등도 '진실'이라고 부를 것이다. 이때의 '진실'이란 거짓으로 밝혀지지 않았다는 뜻일 뿐이다. 사람들은 사실적 진실이 아닌 그럴싸한 발언을 늘 하고 다닌다. 그러니 이런 발언이 언제 유효하고, 어떤 식으로 사용돼 우리에게 영향을 주려고 하는지 알아볼 필요가 있다. 볼테르는 이렇게 말했다. "진실이라고 해서 늘 때를 가리지 않고 모든 사람에게 진실인 것은 아니다." 이 책은 그런 종류의 진실까지 포괄했다.

내가 범위를 너무 넓게 잡은 것일 수도 있지만, 허위는 내 범위에 들어가지 않는다. 거짓말이나 대안적 사실, 음모론, 가짜 뉴스를 비롯해 악취가 진동하는 탈진실 시대의 쓰레기들은 다루지 않는다. 이 시대의 거짓말쟁이와 날조꾼 들을 적발하고 널리 알리는 일은 수많은 작가나 평론가, 저널리스트가 훌륭하게 열심히 해내고 있다. 그래서 나는 손바닥만한 진실 뒤에 숨어서 우리를 잘못된 길로 이끄는 '오도자'들에게 집중할 것이다.

아직도 이 책을 손에서 놓지 않은 철학자들이 있다면 마지막으로 밝혀둘 것이 있다. 경합하는 진실에 관한 내 얘기를 듣고 혹시 내가 극악무도한 상대주의자가 아닌가 의심할 수도 있다. 진실이면 다 똑같은 진실이라거나 진실도 하나의 의견에 불과하다고 믿는 그런 사람이라고 말이다. 걱정마시라. 나는 그런 사람이 아니다.

사실적 진실에 관해서라면 나는 절대주의적 시각을 견지한다. 나는 진실이 저 너머 어딘가에 분명히 있다고 믿는 사람이다. 비록 우리는 그 파편들밖에 이해하지 못하고 있더라도 말이다. 그러나 도덕이나 가치 판단에 관해서라면 나는 상대주의자에 좀 더 가깝다. 개인적 지식의 한계와 관련해서라면, 나는 내가 직접 목격하지 못했더라도 잘 보도된 팩트는 기꺼이 진실로 받아들인다. 그래서 나는 '가나'라는 국가는 아프리카에 있고, 영국 가수 데이비드 보위는 죽었으며, 돼지는 하늘을 날 수 없다고 손톱만큼의 거리낌도 없이 말할 수 있다. 이런 진술들조차 신뢰하지 않는 정도의 회의주의자라면 이 책이 맞지 않을 것이다.

진실의 네 가지 종류

이 책을 읽다 보면 '경합하는 진실'들의 세상이 놀랄 만큼 다양하고 창의적이며 때로는 충격적이라는 사실을 알게 될 것이다. 그런 사례 중에는 이스라엘의 역사 교육도 있고, 수십 년간 마약 묘사의 변천사, 요즘 들어 실패를 찬양하는 이상한 기조에 대한 얘기도 포함되어 있다. 또 페미니즘을 정의하는 방법이나 허리케인 카트리나 이후에 벌어진 일들도 보게 될 것이고, 정치인들은 대체 어떻게 임금이 올랐다고 말하면서도 동시에 내렸다고 할 수가 있는지, 자율 주행차의 도입이 왜 입법 기관들에게는 일종의 '테스트'가 될 것인지도 살펴볼 것이다. 정치, 비즈니스, 통계, 대중 매체, 일상 분야에서 수없이 많은 종류의 경합하는 진실을 보게 될 것이다. 그리고 옹호자와 오도자 모두가 사용하는 커뮤니케이션 작전도 몇 가지 살펴볼 것이다.

결국에 가면 여러분은 도처에 만연한 우리를 오도하는 진실들을 적발하고 무력화시킬 수 있는 능력을 갖추게 될 것이다. 그리고 가족이나 친구, 동료와 더 효과적으로 소통할 수 있을 것이다. 진실을 현명하게 해석하고 설득력 있게 말할 수 있는 사람은 당연히 더 부유하고 행복하고 차분하고 매력적인 사람이 될 것이다(이 부분은 '사실적 진실'이 아니라 '예측'이니 책임은 지지 않습니다.).

이 책은 4부로 구성되어 있다.

1부 부분적 진실 우리의 발언은 대부분이 진실일 때조차 진실의 '전체'를 전달하지는 않는다. 부분적 진실이 생기는 이유는 아무리 평범한 주제도 복잡성이 있다는 점과 우리의 의사소통 방식이 갖는 어쩔 수 없는 특성 때문이다.

역사에 대한 우리의 이해는 부분적 진실로 구성되고, 그게 다시 우리의 관점을 결정짓는다. 어떤 사물이나 사건을 제대로 이해하려면 맥락이 아주 중요한데 맥락은 놀랄 만큼 다양한 방식으로 묘사될 수 있다. 통계를 비롯한 숫자에서는 경합하는 진실이 특히 많이 등장한다. 대부분의 사람은 그 숫자들이 무엇을 뜻하는지 잘 모르기 때문이다. 인간은 소통을 할 때 주로 스토리라는 형식을 이용하도록 진화했는데 스토리는 필연적으로 중요한 세부 사항이 많이 편집될 수밖에 없다.

2부 주관적 진실 사람들은 옳은 일을 위해서라면 투쟁도 불사한다. 욕망하는 대상을 위해서라면 깨진 유리 위도 기어간다. 그리고 값이 싸다고 하면 길모퉁이까지 줄을 서서 기다린다. 무언가가 훌륭하다,

바람직하다, 금전적 가치가 있다고 말하는 것은 모두 주관적 진실이다. 주관적 진실은 주관적이기 때문에 바뀔 수 있다. 도덕성과 바람직함, 금전적 가치는 우리에게 가장 큰 동기 부여 요소이기 때문에 누군가의 주관적 진실을 바꿀 수 있는 방법을 안다면 그것은 상대의 행동을 바꿀 수 있는 열쇠가 될 수도 있다.

3부 인위적 진실 언어는 유연성으로 악명이 높다. 내가 쓰는 단어를 나에게 맞게 정의해 사용하면 내 뜻대로 단어의 의미를 바꿀 수 있다. 이와 비슷하게 제품이나 사건, 정책은 거기에 붙이는 이름에 따라 성패가 좌우되기도 한다. 단어의 정의도, 이름도 사람이 만드는 것이므로 인위적 진실이다.

자신의 목적에 맞춰 단어를 새롭게 정의하거나 새로운 이름을 짓는 사람은 사실상 새로운 진실을 만들고 있는 것이나 마찬가지다. 인간은 통화(通貨), 회사, 정치 기관, 브랜드처럼 추상적인 것을 만들어 내는 데 소질이 있다. 이런 사회적 산물은 인간의 발명품이기 때문에 진실이면서도 수정이 쉽다.

4부 밝혀지지 않은 진실 투자, 결혼, 교육 등 살면서 수많은 결정을 내릴 때 우리는 내가 찾을 수 있는 가장 설득력 있는 예측에 따라 행동한다. 이런 예측은 아주 다양하게 나올 수 있고, 그 중 어느 것을 채택할 것인가는 사람마다 다르다. 시간이 지나서 뭐가 옳았는지 알게 될 때까지 이런 예측들은 경합하는 진실로 남는다. 종교적 신념이나 이데올로기의 경우 진짜 진실은 영영 발견되지 않을 수도 있다.

하지만 이런 것들 역시 수백만 명에게 중요한 행동의 동기가 된다는 점은 마찬가지다. 거짓이라고 증명할 수 없는 한, 신념 역시 많은 사람에게는 진실의 한 종류다.

편집된 진실에 맞서는 법

조지 오웰의 《1984*1984*》는 디스토피아를 그린 소설이다. 오웰은 진리부Ministry of Truth에서 나온 관료들이 현실을 왜곡하는 악몽 같은 사회를 상상했다. 관료들은 거짓말을 퍼뜨리고 과거에 대해 얼토당토않은 이야기를 지어낸다. 시민들이 정부의 선전에 대해 비판적 사고를 할 수 없도록 생각을 제한하는 새로운 언어를 사용하도록 강제하고 사상경찰이 동원된다. 오웰의 주인공 윈스턴 스미스는 정부의 거짓말에 저항하려고 기를 쓴다. 그는 이렇게 읊조린다. "진실은 진실이고, 거짓은 거짓이야. 내가 진실을 고수하는 한, 온 세상과 대적해야 하더라도, 나는 미친 게 아냐."

오웰이 생각했던 것처럼 일거수일투족이 감시되는 디스토피아가 실현되려는 것일까? 그가 상상한 것과 형태는 좀 다르지만 소셜 미디어와 웨어러블wearable technology 덕분에 그런 기분이 드는 것도 사실이다. '온전한 진실'이 위협받지 않을까 우려했던 오웰의 걱정이 방향은 좀 다르지만 충분히 근거 있는 걱정이었다는 생각이 든다. 누군가 우리에게 거짓말을 하는 차원의 문제가 아니다. 더 큰 문제는 음흉하게 진실을 동원해서 우리를 오도하는 일이 일상적으로 벌어지고 있다는 점이다.

윈스턴 스미스가 그랬던 것처럼, 진실은 하나뿐이고 다른 모든 것은 그 진실로부터의 일탈(오류, 거짓말, 허위)이라고 보면 인생이 단순해진다. 반면에 개개인은 서로 다른 진실(경합하는 진실)을 선택하고 그게 곧 각자의 현실이라고 생각하면 혼란스럽기 그지없다. 경합하는 진실이라는 개념은 손에 잘 잡히지도, 쉽게 감이 오지도 않는, 음모가 있는 개념처럼 느껴진다. 그러나 경합하는 진실은 우리에게 어마어마한 영향을 준다.

경합하는 진실은 인간 활동의 거의 모든 영역에서 발견된다. 앞으로 이 책에 등장하는 여러 사례를 통해 경합하는 진실이 얼마나 다양한지 목격하게 될 것이다. 이 책의 주제가 가진 특성상, 사례들 중에는 정치적인 내용이나 논란이 될 만한 사안들도 있다(텍사스 주 보건국의 임산부 권고 사항 사례처럼). 각 사례에서 여러분의 관점이 나와 같으냐는 전혀 중요하지 않다. 중요한 것은 여러 개의 진실이 표현될 수 있다는 사실과 그 결과를 아는 것이다.

경합하는 진실을 통해 현실을 만들어가다 보면 길을 잃은 것처럼 혼란스러울 수도 있다. 특히나 오랫동안 당연시해오던 것들을 '과연 그런가?'라고 다시 물어야 할 때는 말이다. 단어의 정의나 통계가 교묘히 사용된 것을 보면 짜증스럽고 현학적인 기분이 들 수도 있다. 반면에 불현듯 세상에 대한 이해가 달라지고 새로운 가능성이 열릴 때는 감고 있던 눈을 뜬 것 같은 짜릿함을 느낄 수도 있다. 어쨌거나 중요한 것은 좋든 싫든 경합하는 진실이 우리 모두와 관련이 있다는 사실이다. 경합하는 진실은 하루도 빠짐없이 우리 삶에 영향을 미친다. 나 자신을 위해 그리고 사회 전체를 위해 우리는 경합하는 진실을 더 잘 알아보고, 책임감 있게 활용할 의무가 있으며, 필요할 때는 저항해야 한다.

무언가에 관해 얘기할 수 있는 진실은 보통 한 가지 이상이다. 경합하는 진실을 건설적으로 사용하면 사람들의 관심과 행동을 좋은 방향으로 이끌 수 있다. 그러나 경합하는 진실을 가지고 우리를 오도하는 사람들도 있기 때문에 경계를 늦추어서는 안 된다.

경합하는 진실을 사용하다보면 윤리적 문제가 자주 발생한다. 매번 이 문제를 언급할 수는 없기 때문에 여기서 간단한 경험칙을 세워두기로 하자.

'이 주제에 관해 내가 아는 내용을 상대도 모두 알고 있는 상황에서도 상대는 내가 이 주제를 공정하게 다루고 있다고 생각할까?'

위 질문에 '그렇다.'고 답할 수 있으면 아마 바른 길을 가고 있는 것이다. 위 경험칙 외에도 나는 윤리적인 의사소통의 기준으로 세 가지를 사용한다.

1. 팩트가 정확하다.
2. 듣는 사람도 동의할 만한 건설적인 결과를 의도한 내용이다.
3. 듣는 사람이 본인에게 손해가 되는 행동을 하게 만들지 않는다.

당신의 기준은 나와는 다를 수 있다. 다만 당부하고 싶은 것은 의

도치 않게 '오도자'가 되는 일이 없도록 뭐가 되었든 '기준'은 갖고 있어야 한다는 점이다. 오도자가 되기로 굳게 마음먹은 사람이 아니라면 말이다.

부분적 진실

진실은 아흔아홉 개

01 복잡성

진실은 수만 조각으로 깨진 거울인데,
사람들은 내 작은 조각이 전체인 줄 아네.

— 리처드 버턴Richard Burton,
《카시다*The Kasidah of Haji Abdu El-Yezdi*》 중에서

현실은 수만 조각으로 깨진 거울

'테이블에 알egg이 하나 있다.'

애매할 것이 없는 문장이다.

이 알이 그려지는가?

잠시 눈을 감고 새하얀 탁자 위의 알을 떠올려보자.

당신이 떠올린 알이 내가 떠올린 것과 똑같다고 확신할 수 있는가? 혹시 방금 달걀을 생각했는가?

오리 알은 왜 안 될까? 타조 알은? 공룡이나 개구리, 철갑상어 알

은? 사람의 난자*는 안 될까?

보석이 촘촘히 박힌 제정 러시아 시대의 파베르제의 달걀Faberge Eggs은 어떤가? 초콜릿으로 만든 부활절 달걀은? 동화책에 나오는 달걀 캐릭터는 혹시 안 될까?

다시 달걀로 돌아가보자. 날달걀이 껍질째 놓여 있다고 생각했는가, 아니면 접시에 달걀 요리가 올려져 있다고 생각했는가? 달걀 프라이인가, 스크램블인가, 수란인가? 날달걀이었다면 껍질만 떠올렸는가, 노른자와 흰자까지 떠올렸는가? 핏줄기나 단백질, 지방, 내부 구성물의 분자 구조, DNA, DNA 속에 있는 수천 개의 유전자, 그 안에 부호화되어 있는 세포 과정, 수조 개의 원자, 기절할 만큼 복잡한 화학 경로까지 다 생각했는가?

알이 가진 상징이나 용도, 문화적 영향은 또 어쩌고? 새로운 시작이나 창조의 번득임에 관해 생각했는가? 우주 전체를 표상하는 알은? 케이크나 머랭, 혹은 영화에서 달걀이 등장한 인상 깊은 장면이 떠오르지는 않았는가? 항의의 뜻으로 던지는 달걀이나 저축 수단을 의미하는 달걀은?** 혹시 달걀 그림을 생각했는가? 만약 그랬다면 그것도 진짜 달걀일까?

이러고 보니 '알'도 결코 단순하지가 않다.

내 마음 속에 깊이 남아 있는 광고가 한 편 있다. 1986년 영국의

* 난자도 영어로는 'egg'다. —옮긴이

** '달걀을 한 바구니에 담지 마라.'는 유명한 투자 격언이다. —옮긴이

〈가디언〉이 텔레비전과 영화에 내보낸 광고다. 흑백의 영상은 스킨헤드를 한 어느 남자가 다가오는 차를 피해 도망치는 모습을 보여준다. 배경 음악은 전혀 없고 권위적인 목소리가 등장해 이렇게 말한다.

"사건을 한 가지 관점에서 보면 한 가지 인상만이 남습니다."

그때 같은 남자가 다른 앵글로 비춰진다. 그는 양복 차림의 다른 남자를 향해 달려들고 있는데 마치 그 남자를 공격하거나 서류 가방을 훔치려는 것처럼 보인다.

"다른 관점에서 보면 전혀 다른 인상이 남습니다."

또 다른 장면에서 우리는 이 광경을 하늘에서 내려다보게 된다. 양복 남자의 머리 위에는 건축물 자재가 위태롭게 제멋대로 흔들리고 있다. 스킨헤드 남자는 양복 남자를 잡아당겨 그의 목숨을 구하고, 건축물 자재는 꽝 하고 바닥에 떨어진다.

"하지만 무슨 일이 벌어지는지 제대로 알려면 전체 그림을 보아야 합니다."

목소리는 그렇게 끝을 맺는다.

BMP의 존 웹스터가 만든 이 '관점' 광고는 역대 최고의 텔레비전 광고로 여전히 인용된다. 수많은 영국 시청자는 이 광고 때문에 오직 〈가디언〉만이 세상을 있는 그대로 제시한다는 강렬한 인상을 받았다. 다른 매체들처럼 정치적 의도를 갖고 한쪽 편의 이야기만 전하지 않는다고 말이다. 설득력 있는 메시지였고 어마어마한 성공을 거두었기에 〈가디언〉은 2012년에도 다시 한번 '전체 그림' 광고 캠페인을 펼쳤다.

그러나 현실은 어떨까? 그 누구도 전체 그림을 갖고 있지는 못하다. 그러기에는 현실이 너무나 복잡하다.

지금 제일 가까운 창밖을 한번 내다보라. 무엇이 보이는가? 자동차가 몇 대나 있는가? 색상과 제조사는? 식물은 몇 종이나 있는가? 혹시 맨홀 뚜껑이 보이는가? 건물은 어떤 재료로 만들어졌는가? 그중 창문은 몇 개나 열려 있는가?

창밖 풍경을 전부 다 묘사하는 것이 힘들다면, 사람을 한 명 골라 그 인물을 요약해보라. 여러분의 딸, 조카, 여동생이 학교에서 또래들보다 더 '잘'하고 있는가? 만약에 그렇다면 당신은 그 아이의 성적이나 그 아이가 우승한 달리기 시합을 생각했다는 뜻이다. 하지만 다면적으로 빠르게 변화하는 한 인간을 평가하는 데 그런 기준이 과연 충분할까? 아이의 도덕적 발달 상태는 어떤가? 아이는 점심 때 건강한 음식을 먹는가? 아이의 셀카 사진은 '좋아요'를 몇 개나 받는가?

만약 우리가 이용 가능한 정보를 죄다 수집한 후에야 일상적 현실을 이해한다고 하면 그 전에 머리가 터져버릴 것이다. 우리는 들어오는 정보를 단순화하고 선별할 수밖에 없다. 모든 인간이 그렇게 한다. 하지만 세상의 어떤 면을 골라 현실이라고 보는지는 사람마다 다르다. 창밖을 내다보면서 누구는 다섯 종류의 나무를 보고 누구는 맨홀 뚜껑을 본다.

똑같은 세상을 보면서도 우리는 세상을 근본적으로 다르게 이해한다. 옛날이야기 속에서 시각장애인들이 코끼리를 만났을 때처럼 말이다.

코끼리 다리를 만진 장님은 코끼리가 기둥처럼 생겼다고 하네요.

코끼리 꼬리를 만진 장님은 코끼리가 로프처럼 생겼다고 하네요.

코끼리 코를 만진 장님은 코끼리가 나뭇가지처럼 생겼다고 하네요.

코끼리 옆구리를 만진 장님은 코끼리가 벽처럼 생겼다고 하네요.

코끼리 상아를 만진 장님은 코끼리가 파이프처럼 생겼다고 하네요.

코끼리 귀를 만진 장님은 코끼리가 부채처럼 생겼다고 하네요.

현실이라는 표본 수집 과정에서 무엇을 포함시키는지는 어떻게 정해질까? 무의식 중에 나의 관심사나 타고난 편향에 따라 고를 수도 있고, 아니면 뭐가 되었든 지금 머릿속에 있는 생각이 기준이 될 수도 있다. 나에게 의미 있거나 내 사고방식에 맞는 것에 초점을 맞추고, 기존의 내 세계관과 충돌하는 생각 또는 데이터는 버리거나 무시할 수도 있다. 혹은 의도적으로 현실 중에서 내가 추구하는 방법과 맞는 측면만 골라서 수집할 수도 있다.

어느 조각을 선택할 것인가

조만간 입법 기관은 다음과 같은 문제에 직면할 것이다. '길거리에 개인 소유의 자율 주행차 운행을 허용할 것인가?'

입법 기관은 어떻게 대처해야 할까?

지금까지는 무인 자동차라고 하면 대부분의 사람에게는 호기심의 대상에 불과했다. 구글이 뭔가 진행 중이라고 하고, 테슬라도 뭘 하고 있다고 한다. 대형 자동차 제조사들도 자기네 나름의 프로그램을 준비해놓고 있다. 구글이 만든 볼록하게 생긴 자동차 영상을 본 사람도 있을 것이다. 이 디자인이 내 생각에 어떤 영향을 줬을까? 테슬라 자동차를 자율 주행 모드로 운전 중이던 사람이 죽었다는 소식을 들은 사람도 있을 것이다. 이 '사건은' 내 생각에 영향을 줬을까?

책임감 있는 입법자라면 행정 관료 및 이해관계자들, 정치 자문가들에게 더 많은 정보를 얻은 후 법안을 마련할 것이다. 어쩌면 누구에게 묻느냐에 따라 다양한 경합하는 진실을 듣게 될지도 모른다.

경제학자 자율 주행차는 기술 발전과 소비자 수요를 자극하면서 새로운 대형 산업이 되어 경제 성장을 이끌 것이다. 또한 자율 주행차는 운전자에게 수십억 시간의 자유 시간을 제공해 더 생산적인 일을 하거나 더 많은 디지털 엔터테인먼트를 소비할 수 있게 해줄 것이다. 두 가지 모두 경제에 보탬이 된다.

노동조합 대표 자율 주행차는 운전자가 필요하지 않기 때문에 화물 수송 및 택시 산업에서 수백만 개의 일자리가 사라지게 할 것이다. 평범한 노동자들을 희생시키고 우버와 유피에스의 이익만 늘려주어 불평등을 확대할 것이다.

환경주의자 자율 주행차는 택시 비용을 줄이고 대안적 이동 수단의 매력을 높여줄 것이다. 자동차를 구매하는 사람이 줄어 교통 혼잡이 사라지고 에너지와 자원 소비가 감소할 것이다. 또한 자율 주행차는 인간보다 더 효율적으로 운전하기 때문에 배기가스와 부품 마모도 줄 것이다.

안전 전문가 매년 미국의 교통사고 사망자가 130만 명에 달하는데 대부분이 인간 실수로 일어난다. 자율 주행차도 소프트웨어상의 결함이나 위험물을 제대로 감지하지 못해 일부 사고가 발생할 수 있지만, 그래도 인간이 운전하는 것보다는 훨씬 더 안전할 것이다.

정치 자문가 유권자는 오래된 문제에 대해서는 참을성을 보이지만 새로운 문제에 관해서는 그렇지 않다. 만약 자율 주행차의 시스템 오류로 수백 명이 길에서 사망한다면 정치적으로 도저히 용납할 수 없는 상황이 될 것이다. 전체 교통사고 사망자 수는 감소하더라도 말이다.

자율 주행차 제조사 자율 주행차에는 다양한 종류가 있다. '고급 운전 보조 시스템'을 장착하고 있으나 인간의 개입이 필요한 시스템도 있고, 인간의 조작 여부가 선택 가능한 경우도 있고, 인간이 전혀 개입할 수 없는 경우도 있다. 이 문제는 '된다, 안 된다'의 이분법적으로 접근할 성격의 문제가 아니라 자동차에 어느 정도의 자율성을 허용할 준비가 되었느냐의 문제다.

보험 회사 자동차 보험은 인간의 실수에 대비한 개별 운전자 중심에서 기술 오류에 대비한 제조사 중심으로 옮겨가야 할 것이다. 일반

보험업계가 초토화될 가능성도 배제할 수 없다.

도시 계획 입안자 자율 주행차는 도심 한가운데에 주차할 필요가 없다. 따라서 지금 주차 공간으로 쓰이고 있는 땅값 비싼 도심지를 수익이 날 수 있는 곳으로 개발하거나 공원이나 운동장 같은 편의 시설로 바꿀 수 있다.

시 행정 당국 우리는 주차료 수익으로 행정 서비스를 운영하고 있다. 사람들이 더 이상 주차할 필요가 없어진다면 지방세를 올리거나 행정 서비스를 줄여야 하는데 취약 계층의 불이익으로 돌아갈 것이다.

기업 경영자 전 세계적으로 언젠가는 자율 주행차가 대세가 될 것이다. 자율 주행차를 빨리 받아들일수록 글로벌 시장에서 더 앞서나가고 경쟁 우위를 누릴 수 있다.

보안 전문가 자율 주행차는 해킹에 취약하다. 자고 일어나 보니 내 차가 망가져 있거나 테러리스트 또는 적대국의 손에 넘어갔을 수도 있다.

윤리 철학자 앞으로는 자율 주행차의 AI가 선택을 내릴 수밖에 없는 심각한 상황들이 생길 것이다. 예컨대 어린아이가 도로로 뛰어들었을 경우 아이를 치고 지나갈 것인지 아니면 탑승자가 죽을 수 있음에도 도로를 벗어날 것인지 선택해야 할 수 있다. 입법자들은 끔찍한 여러 상황에서 자율 주행차가 어떻게 작동하게 할 것인지 결정해야 한다.

이처럼 다양한 조언을 듣고 입법자들은 고도로 복잡한 주제에 관해서도 어느 정도 균형 잡힌 관점을 얻을 수 있지만, 그렇다고 해도 결정이 쉬운 것은 아니다. 그런데 만약 입법자들이 다른 문제로 너무 바빠서 각자 한 군데의 조언만 간단히 듣게 된다면 어떨까? 해당 문제에 관해 한 가지 관점만 고수하게 될 수도 있다. 코끼리를 만난 시각장애인들처럼 각자가 사안을 부분적으로만 이해해 엉뚱한 길로 빠질 수도 있는 것이다.

이번에는 이 문제를 국민 투표에 붙인다고 상상해보자. 정치가들조차 특정 이슈와 관련해 다양한 측면을 모두 이해하기를 힘겨워하는데, 유권자들이 과연 시간을 내서 다양한 관점을 모두 알아보려고 할까?

이처럼 이슈가 복잡한 경우도 많고, 또 현대인은 숨 가쁜 일상을 이어가느라 무언가에 주의를 집중하는 시간이 아주 짧다는 점을 감안하면, 토론 주제가 무엇이 되었든 우리가 고려할 수 있는 측면은 고작 몇몇 개에 불과하다. 그러나 다양한 목소리를 듣지 않는다면 현실의 큰 그림은 결코 얻을 수 없다.

그런데도 대부분의 사람은 다양한 목소리를 듣지 않는다. 우리가 뉴스나 의견을 청취하는 수단은 협소한 몇몇 출처에 불과하다. 이슈가 생겼을 때 우리는 주로 나와 의견이 같은 친구나 동료와 대화를 나눈다. 이런 확증 편향은 도처에 넘쳐난다. 우리는 내 신념과 모순되는 아이디어나 데이터는 무의식적으로 외면한다. 그러면 아주 중요한 이슈에 대해서도 지독하게 선택적인 밑그림만 남게 될 가능성이 크다. 너무나 많은 이슈에서 우리는 여러 경합하는 진실 중 이용 가능한 아주 적은 진실만 듣게 된다.

경합하는 진실의 훌륭한 비유 대상이 바로 사진이다.

사진을 찍으면 카메라는 정확히 카메라 앞에 있는 것들만 포착한다. 우리가 현실을 인식하는 방법도 이와 비슷하다. 프레임 안에 뭐가 들어갈지는 촬영자가 정한다. 줌 기능을 써서 프레임 안에 들어가는 물건들의 크기를 바꿀 수도 있고, 어느 하나에 초점을 맞출 수도 있으며, 플래시를 터뜨리거나 일부러 노출을 줄이는 식으로 밝기를 조절할 수도 있다. 사진을 찍은 다음에는 디지털 처리 기술로 한 쪽은 밝게, 다른 쪽은 어둡게 만들 수도 있고, 아예 색깔을 바꿀 수도 있고, 명암 대비를 높이거나 선명도를 바꾸는 것도 가능하다.

카메라는 '거짓말'을 하지 않는다. 그러나 우리는 한 장면에서 수천 장의 다른 사진을 찍을 수 있다.

사진에 뭘 담을지 선택해야 하는 것과 마찬가지로 뭘 담지 않을지를 선택할 수도 있다. 도린 이모가 사진 찍히기를 싫어 한다면? 카메라를 돌리거나 사진에서 이모는 처음부터 존재하지도 않은 것처럼 편집하면 된다. 의사소통 과정에서도 우리는 똑같이 행동한다.

바쁜 국회의원 한 명이 특별 자문에게 의견을 구한다. 자문은 자율 주행차에 관해 알아야 할 내용은 모조리 다 읽은 사람이다. 이 자문이 자신의 목표를 뒷받침하는 시각만 옹호하는 것이 아니라, 수많은 다양한 시각에 모두 적절한 비중을 두려면 그는 초인적으로 편견이 없는 사람이어야 한다. 자문이 만약 자율 주행차에 투자한 사람이라면 해킹 위협이나 일자리 감소 같은 문제에 대해서는 깊게 생각하지 않을 것이다. 혹은 자문의 배우자가 택시 운전사라면 자율 주행차가 가진 환경이나 안전 측면의 이점은 과소평가할 가능성이 크다.

마찬가지로 일단 마음을 정한 국회의원이 의회나 대중 매체에 나가면 자신의 입장을 어떻게 방어할까? 상대 진영의 논리를 한두 가지는 잠깐 인정할지 몰라도 발언 대부분은 자신의 입장을 뒷받침하는 논리에 할애할 것이다.

진실을 편집하는 법 #1
생략

생략은 누구나 자연스럽게 구사하는 작전이다. 잘 나오지 않은 사진을 페이스북에 올리는 사람은 없다. 처음 만난 데이트 상대에게 코골이 버릇이나 골치 아픈 친척 얘기를 늘어놓지는 않는다. 주제가 복잡할수록 도움이 안 되는 진실을 생략할 기회도 많다. 다른 것도 할 말이 너무나 많기 때문이다!

앞으로 살펴보겠지만 중요한 진실을 숨기고 현실을 왜곡하기 위해 생략을 사용하는 경우는 너무나 많다. 자산 관리사는 다양한 종류의 펀드를 마련해놓지만 그중에 가장 실적 좋은 상품의 성장률만 발표한다. 의료 행정가는 암 사망률이 줄어든 것만 홍보하고 병원내 감염이 늘어난 것은 언급하지 않는다. 식품 포장지에는 건강한 성분은 대문짝만하게 써 있고 건강하지 않은 성분은 뒷면에 아주 작은 글씨로 써 있다.

그러나 생략이 늘 우리를 오도하기만 하는 것은 아니다. 개인용 컴퓨터 제조사나 판매처는 경쟁사와 구분되는 수백만 가지 기술 사양과 디자인 세부 사항을 열거해 우리를 어리둥절하게 만들 수도 있다. 하지만 그들은 우리가 그렇게 많은 정보를 처리하지 못한다는 사실을 잘 안다. 그래서 대부분의 내용은 생략하고 메모리 용량이나 처리 속도 같은 간단한 몇 가지 기준에 초점을 맞춘다. 그 외 수많은 작은 차별점은 우리 눈에 보이지 않고, 그래서 우리는 오히려 감사하게 생각한다.

아마존은 악마인가, 천사인가

"아마존은 진정 악마인가?" 2014년 〈퍼블리셔 위클리Publishers Weekly〉는 그렇게 물었다.[1] 출판사 아셰트가 전자책 가격을 자체적으로 책정하는 문제로 아마존과 맞붙은 시기였다. 잡지는 대단한 균형 감각을 가지고 이렇게 썼다. "일부 도서 전문가와 출판인은 아마존이 악마의 화신이라는 일반적 통념에 이의를 제기했다."

서점들은 오랫동안 아마존을 혐오해왔다. 충분히 이해할 만한 일이다. 수많은 서점이 문을 닫는 데 아마존이 일조했으니 말이다. 영국의 서점 체인 워터스톤스의 대표 이사 제임스 돈트는 아마존을

"피도 눈물도 없이 돈만 밝히는 악마"라고까지 말했다.[2] 오프라인 서점을 중심으로 대규모 독자층을 구축해온 작가들은 손해가 막심하다고 말한다. "아마존은 우리를 죽이려고 혈안이 되어 있다." 작가이자 서점을 내기도 한 앤 패칫의 말이다.[3] 당시 미국 작가조합의 회장이었던 스콧 터로는 아마존을 "문학계의 다스 베이더Darth Vader"라고 불렀다.[4]

한때 아마존을 통해 매출이 늘어난 것을 환영했던 출판사들은 이제 아마존이 출판업계의 온라인 부문을 장악한 거물이 된 것을 두려워하고 있다. 아셰트와의 논란은 판매 조건을 놓고 벌어진 수많은 싸움 중에 가장 유명한 사례일 뿐이다. 아마존이 배송을 지연시키고 방문객들을 다른 페이지로 인도하는 등 아셰트 작가들에 대한 '제재'를 시작하자 900명이 넘는 작가가 항의 서한에 서명을 했다. 작가연합Authors United이라는 운동 단체는 미국 법무부에 아마존에 대한 수사를 요청하며 다음과 같이 말했다. "아마존은 자신의 지배적 위치를 이용해 미국 독자들의 이해관계를 해치고, 출판업계 전체를 빈곤하게 만들며, 수많은 작가의 경력을 망치고 작가들에게 공포를 조장해 왔습니다. 또한 우리 사회에서 아이디어가 자유롭게 흐르는 것을 가로막고 있습니다."[5]

반면에 아마존을 자신의 구세주로 생각하는 작가나 소규모 출판사도 많다. 아마존의 자가 출판 플랫폼인 킨들 다이렉트 퍼블리싱Kindle Direct Publishing, KDP은 기존 출판사로부터 거절당한 많은 작가가 전자책을 출판할 수 있게 해준다. 매출의 70퍼센트는 작가 몫이다. 이 정도 비율은 펭귄랜덤하우스나 아셰트 같은 출판사에서는 꿈도 못 꿀 만큼 높은 비율이다. 〈프로스펙트Prospect〉의 조너선 더비셔에 따르면 이들 작가는 아마존이 "작품 생산 및 유통 수단의 민주화로 가는 거대한 물결의 산파" 역할을 하고 있다고 생각한다. 영국작가협회 회원들을 대상으로 한 설문 조사에 따르면 "생각 이상으로 응답자의 많은 수가 아마존을 매도하기보다는 아마존에 찬사를 보낸다."[6]

작가 베리 아이슬러Barry Eisler는 이렇게 말한다. "그 어느 때보다 많은 사람이 더 많은 책을 사고 있고, 집필로 생계를 유지하는 사람도 더 많아졌습니다. 백만장자가 된 작가들이 이 모든 걸 가능하게 만들어준 회사를 파괴하고 싶을까요?"[7]

소규모 출판사들 역시 KDP를 이용해 전자책을 만들 수 있다. 하드 카피 책들을 전 세계 독자에게 판매하고 30일 내에 결제를 받을 수도 있다. 다른 서점이나 유통업자 들에게는 기대하기 힘든 조건이다. 롱테일 마켓long tail market*에 속하는 책을 내놓은 작가나 출판사라면 일반 서점에 전시되기를 기대할 수는 없기 때문에 아마존을 고맙게 여길 만한 이유가 충분하다. 마찬가지로 동네 책방이 사라지는 것을 애통해하는 독자들도 있지만, 아마존 덕분에 더 싼 값에 훨씬 많은 선택권이 생긴 것을 기뻐하는 독자들도 있다. 아마존은 인기 있는 전자책 단말기 킨들 시리즈를 통해서 그 어느 기업보다 전자책을 활성화시켰고 그 덕분에 책을 읽는 사람이 수백만 명은 더 늘었다.

물론 여기까지는 단순화시켜서 이야기한 것이다. 아마존이 출판

* 잘 팔리는 몇몇 제품이 아니라 다수의 소소한 제품이 의미를 갖는 시장—옮긴이

업계에 어떤 영향을 미쳤는지에 대해서는 훨씬 더 많은 얘기를 할 수 있다. 아마존이 전자책 대여 서비스도 운영 중이며 이제는 출판사까지 되었다는 사실을 혹시 아는가? 바로 이렇게 복잡한 면 때문에 작가나 출판사, 서점, 독자에 따라 아마존에 대해 전혀 다른 의견을 가지고, 전혀 다른 메시지를 이야기한다. 수많은 경합하는 진실 중에서 어떤 것을 듣고 옹호할지는 각자의 선택이다.

여기까지가 책만 한번 살펴본 것이다.

아마존이 팔고 있는 다른 수많은 상품은?

아마존이 하고 있는 다른 수많은 활동은?

아마존 마켓플레이스를 통하면 수백만의 다른 기업이나 개인이 아마존 고객에게 직접 물건을 팔 수 있다. 이제 막 시작하는 기업가들이 시장에 접근할 수 있는 귀중한 경로가 되는 셈이다. 심지어 아마존이 재고를 보관하고 주문까지 대신 받아준다.

아마존은 영상과 음악 스트리밍 서비스를 제공하고 자체 텔레비전 프로그램 및 영화를 제작한다. 아마존은 유기농 슈퍼마켓 체인 홀푸드를 보유하고 있다.

또한 아마존은 2017년 기준 클라우드Cloud 서비스 시장의 34퍼센트를 점유하면서 세계 최대의 공용 클라우드를 운영하고 있다(2위 업체인 마이크로소프트의 점유율은 11퍼센트에 불과하다).[8] 아마존 웹서비스가 제공하는 클라우드 저장 공간은 워낙 싸고 안정성이 높기 때문에 제너럴일렉트릭이나 애플 같은 회사도 자체 서버 대신 이용할 정도다. 수많은 인터넷 스타트업이 의존하고 있는 아마존 웹서비스는 초보 소매업자들이 의존하는 아마존 마켓플레이스만큼이나 중요한 서비스가 됐다. 에어비앤비나 넷플릭스가 그랬던 것처럼 온갖 종류의 파괴적 혁신 기업들이 아마존 클라우드를 이용해 우리가 사는 세상을 탈바꿈시키고 있다. 심지어 미국 중앙정보국CIA까지 아마존의 클라우드를 이용한다.

아마존의 사업 방식에 대한 얘기는 이쯤 해두자. 하지만 아마존의 근무 여건이나 세금 납부 문제까지 보탠다면, 아마존과 관련해서는 앞서 간략히 요약한 그림과는 비교도 되지 않을 만큼의 진실이 넘쳐난다. 앞으로는 어떨까? 드론 배송, 서비스 장터, 소비자 물류 사업, 새로운 글로벌 결제 시스템, 3D 프린팅, 인공지능……. 이렇게 더 복잡해지다보면 알렉사Alexa*조차 자신의 회사를 파악하기 어려울지 모른다.

그렇다면 아마존은 과연 뭘까? 답은 당신이 어떤 진실을 우선하느냐에 따라 달라진다. 서점의 파괴자, 작가의 구원자, 남들을 괴롭히는 독점 기업, 소규모 기업의 조력자, 식료품점, 탈세 기업, 독서 장려자, 영화 스튜디오, 기술 혁신자, 폭압적 고용주, 가상 장터, 글로벌 유통기업, 소비자의 대변자. 한번 골라보라. 하지만 다음번에 다시 아마존의 이름을 듣거나 현관 앞 택배에 찍힌 아마존 로고를 보았을 때는 아마 아마존의 이 많은 측면을 떠올릴 마음도, 그럴 시간도 없을 것이다. 한두 개의 진실이 이미 당신의 마음에 지배적 진실이 되어 있을 것이다. 아마존은 뭔가? 골라보라.

아마존을 싫어하는 사람이라면 아마 지금쯤 속이 부글부글 끓을

* 아마존의 인공지능 시스템—옮긴이

수도 있다. 아마존의 수많은 측면을 이야기하는 내가 물타기를 하거나 특정 주제를 어지럽히고 있다고 느낄지도 모른다. 아마존이 스타트업에 값싼 클라우드 서비스를 제공한다고 해서 뭐? 그게 우리 동네 서점에 입힌 손해를 보상해주지는 않는다고!

이것 역시 사람들이 현실을 재구성할 때 이용하는 핵심 작전 중 하나다. 불편한 진실을 생략하는 대신, 다른 수많은 진실 속에 파묻어버리는 작전 말이다. '우리가 제안한 세금 개혁 정책이 장애인들에게 불리한 것은 사실입니다. 하지만 도움을 받게 될 수많은 집단에 관해 말씀드리겠습니다.'

옹호자가 이 작전을 사용한다면 아마 '똑같이 관계있는', 그러나 더 동의할 만한 수많은 경합하는 진실을 사용해 불리한 진실을 물타기할 것이다. 편견 없는 사람이라면 다 듣고 나서 그 불리한 진실보다는 다른 관점들이 더 중요하다고 결론내릴 것이다.

오도자라면 '관계없는' 진실들을 사용해 같은 결과를 얻을 것이다. '우리가 제안한 세금 개혁 정책이 장애인들에게 불리한 것은 사실입니다. 하지만 지금은 그 어느 때보다 많은 장애인이 취업 상태에 있습니다. 기술 덕분에 사람들은 점점 더 장애를 극복해가고 있습니다.' 세 문장 모두 진실이고, 서로 관련이 있어 보인다. 취업률이 높고 기술 전망이 좋으니 장애인은 정부의 도움이 덜 필요하다는 뜻으로 해석할 수도 있다. 하지만 실제로는 두 번째와 세 번째 진실은 첫 번째 진실을 조금도 완화하지 못한다. 장애인들은 이 정책으로 인해 손해를 볼 것이다. 더 이상의 내용은 없다.

진실을 편집하는 법 #2

어지럽히기

최근 어지럽히기를 이용해 가장 극적이면서도 큰 피해를 남긴 사례가 남아프리카공화국(이하 남아공)에 있다. 대부호 굽타Gupta 가문이 국가 정치에 실제로 어떤 힘과 영향력을 미치고 있는지 대중 매체가 탐사 보도에 나선 것이다. 굽타 가문은 제이컵 주마Jacob Zuma 대통령과 긴밀한 관계였고 결국 '국가 장악' 논란까지 낳았다. 사적 이해관계가 정부 활동 대부분을 지배하는 조직적 정치 부패 사례였다. 굽타 가문이 남아공 공군 기지까지 개인적 용도로 사용할 수 있었다는 사실에 나라 전체가 경악했다. 2016년이 되자 주마 대통령은 어쩔 수 없이 국회에 나와 굽타 가문에게 장관들을 고르게 했다는 사실을 부인해야 했다.

문제를 타개하기 위해 2016년 초 굽타 가문 소유의 오크베이인베스트먼트는 영국의 홍보 회사 벨포틴저에게 홍보를 의뢰했다. 벨포틴저는 부도덕한 의뢰인도 기꺼이 받아주는 것으로 악명이 높은 회사였다. 벨포틴저의 진실 생략 작전은 이미 몇 년 전 영국의 비영리 언론단체 탐사보도국Bureau of Investigative Journalism을 통해 폭로된 바 있었다. 탐사보도국의 조사에 따르면 벨포틴저의 회사 컴퓨터를 사용한 누군가가 그동안 지속적으로 고객사의 위키피디아 페이지에서 부정적 콘텐츠를 삭제해왔다.[9] 오크베이는 남아공 전체에 "경제적 아파르트헤이트apartheid*가 존재하며 더 많은 경제적 해방이 필요하다는 논리"를 널리 퍼뜨리려고 했다.[10] 매달 10만 파운드(약 1억

4000만 원)를 지불하고 의뢰한 이 프로젝트의 목적은 굽타 가문의 국가 장악 스캔들로부터 사람들의 관심을 딴 데로 돌리는 데 있었다. 벨포틴저는 나라 전체가 '백인 독점 자본'이라는 전혀 다른 방향의 적에 집중하게 만들려고 했다.

케케묵은, 그러나 아직도 파급력을 가진 이 단어를 벨포틴저가 의도적으로 다시 꺼낸 것인지는 정확히 증명할 수 없다. 그러나 외부로 유출된, 벨포틴저와 오크베이 사이에 주고받은 이메일을 보면, 벨포틴저는 "라디오 및 소셜 미디어 활동과 함께 '경제적 아파르트헤이트를 끝내자(#Endeconomicapartheid).' 등의 슬로건을 펼치는 적당한 간섭 작전을 구사"하기로 전략을 짰다.[11] 역사적으로 큰 의미를 가진 아파르트헤이트라는 단어를 처음부터 작전의 핵심에 둔 셈이다.

이후 벨포틴저는 가짜 뉴스를 만들었다는 비난을 받았으나 실제로 벨포틴저가 홍보했던 선동 자료를 보면 많은 부분이 팩트상으로는 정확했다. 정치적 아파르트헤이트가 끝난 지 25년 이상이 지났음에도 남아공의 부는 대부분 소수 백인 손에 들어가 있었다. 2015년 남아공의 소득 분배 현황을 연구한 경제학자 토머스 피케티는 아파르트헤이트 시절의 '인종 불평등 구조와 똑같은 소득 분배 구조'를 발견했다.[12] 벨포틴저의 임원으로 당시 운동을 주도했던 빅토리아 게이건의 말을 빌리면, 벨포틴저는 "아파르트헤이트가 잔존하고 있음을 보여주는 설득력 있는 조사와 사례 연구, 데이터 등을 활용"할

* 아파르트헤이트는 남아공에서 1991년까지 유지되었던 인종차별 정책으로서 남아공 국민에게는 아직까지도 아주 예민한 단어다.

계획이었다.[13]

그러니 벨포틴저가 만들어낸 연설이나 소셜 미디어 포스트, 슬로건 등은 대개 진실이었다. 하지만 경제적 아파르트헤이트에 관한 진실들은 굽타 가문의 스캔들로부터 대중의 관심을 돌리기 위한 것이었고, 그것들을 유통시키는 대가로 벨포틴저는 두둑한 수수료를 받았다. 그 진실들은 긴장이 극도로 고조된 정치 환경에서 물을 흐리기 위해 의도적으로 유포된 것이었다.

그렇지 않아도 각종 사회·정치적 문제로 어려움을 겪고 있던 남아공 입장에서는 안타깝게도 이 '경제적 아파르트헤이트' 논리의 유포 결과는 너무나 성공적이었다. 백인 독점 자본에 대한 분노는 남아공 전체를 휩쓸었고 2017년이 되서야 벨포틴저는 오랜 시간과 고통이 따라야만 회복할 수 있는 인종 분열을 조장한다는 비난을 받았다. 저명한 고객들이 벨포틴저를 외면하기 시작했고 게이건은 해고됐다. 최고 경영자는 사임했으며 벨포틴저는 법정 관리에 들어갔다. 현실을 재구성하는 능력으로 명성이 자자했던 벨포틴저도 끝내 자신의 명성은 지키지 못했다. 벨포틴저의 사례가 다른 오도자들에게 남기는 교훈은 분명하다. '혼란 작전을 펼칠 수밖에 없는 상황이라면 무관한 진실 중에서도 어떤 것을 사용할지에 극도로 주의하라. 결국에 가면 그 진실이 내 발목을 잡을지도 모른다.'

진실을 편집하는 법 #3

관련시키기

오도자들이 쓰는 어지럽히기 작전이 다른 진실로 나쁜 뉴스를 묻어버리는 방법이라면, 관련시키기 작전은 아무 연관도 없는 두 가지 이상의 진실이 마치 의미 있는 관련이 있는 것 같은 인상을 주는 방법이다.

2017년 〈타임스〉에는 영국의 어느 전직 장관의 사진과 함께 아래와 같은 기사가 실렸다. 친환경 에너지 정책을 비판하는 내용이었다.

> 크리스 휸은 에너지기후변화장관 재직 시절 우드 펠릿wood pellet* 에 대한 친환경 보조금 지급을 주장했다. 62세인 휸은 2013년 사법방해 혐의로 감옥에 갔다.[14]

휸이 유죄 판결을 받은 이유는 교통 법규 위반 때문이었다. 친환경 보조금과는 손톱만큼의 관련도 없다. 전혀 관련 없는 두 가지 진실을 묶음으로써 〈타임스〉는 마치 휸이 환경 정책을 추진하면서 뭔가 나쁜 짓을 했다는, 심지어 범죄를 저질렀다는 인상을 풍겼다. 더 관련성이 있는 진실은 세 단락 아래에 나온다. 휸은 "현재 미국의 우드 펠릿 공급업체 질카 바이오매스의 유럽지부장이다."라고 말이다. 〈타임스〉가 사진 설명에서 이 진실을 사용했다면 휸의 동기에 대해

* 폐목재 등으로 만든 바이오 연료. 신재생 에너지로 분류된다. —옮긴이

보다 정직한 비난을 할 수 있었을 것이다. 아마도 편집팀은 보조금 지급을 주장했던 휸이 관련 업계에 취업한 사실만으로는 전혀 무관한 형기를 제시하는 것만큼 자신들의 논점을 강력히 부각시킬 수 없다고 느낀 듯하다.

9·11 테러가 일어나고 1년 후 이라크전쟁의 타당성을 주장하고 싶었던 조지 W. 부시 미국 대통령은 텔레비전 연설에서 아래와 같이 알카에다와 이라크를 서로 관련시켰다.

> 이라크는 지속적으로 테러 단체에 자금을 지원하고 있습니다. 테러로 중동 평화를 위협하는 단체들에게 도움을 주고 있습니다. 이라크와 알카에다의 테러리스트는 '미국'이라는 적을 공동으로 두고 있습니다. 이라크와 알카에다는 이미 10년 전부터 긴밀한 접촉을 해왔습니다. 아프가니스탄에서 도망친 알카에다 리더들 중 일부는 이라크로 갔습니다. 그 중에는 올해 바그다드에서 의료 시술을 받은 알카에다 고위 지도자도 있습니다. 생화학 공격 기획에 연루된 자입니다. 이라크는 또한 알카에다 조직원들에게 폭탄 제조법과 독약 및 독가스 제조법도 훈련해왔습니다.[15]

내가 아는 한, 위 각각의 진술은 모두 진실이다. 그리고 이 진술들을 모두 합치면 이라크가 알카에다에 자금을 대고 알카에다는 이라크 밖에서 활동하면서 이라크와 협력해 미국을 공격하려는 계획을 공동으로 짜고 있다는 인상을 풍긴다. 그러나 이라크와 알카에다의 공동 전선은 전혀 진실이 아니며, 실제로 부시는 그렇게 말하지도 않았다. 그럴 필요가 없었다. 극도로 복잡한 상황에서 교묘히 선별된 진실들을 서로 뒤섞는 것만으로도 그는 국민이 스스로 결론을 내리도록 만들었기 때문이다.

오도자들은 여러 진실을 서로 관련시켜 전체 프로젝트나 선거 캠페인을 망칠 수도 있다. 루디 줄리아니Rudy Giuliani는 2008년 공화당 대선 후보 경선에 나섰다가 핵심 측근들의 사생활 문제로 심각한 타격을 입었다. 2007년 내내 줄리아니는 공화당 경선 레이스에서 선두를 달리고 있었다. 하지만 6월 그의 사우스캐롤라이나 주 선거 운동 추진단장이었던 토머스 러베널이 코카인 유통으로 기소되는 일이 일어났다. 그리고 바로 다음 달 선거 운동 남부 추진단장이었던 데이비드 비터가 매춘 혐의로 고발됐다. 그리고 2007년 말에는 오랫동안 줄리아니를 지지해온 또 다른 조력자 버나드 케릭이 조세 포탈 혐의로 기소됐다. 물론 줄리아니의 잘못은 아니었고, 그가 예상할 수 있었던 일도 아니었다. 그렇지만 이런 일련의 사건은 경쟁자들에게 강력한 공격의 빌미가 되기에 충분했다. 2007년 〈뉴욕 타임스〉에는 "코카인, 부정부패, 매춘"[16]이라는 제목의 줄리아니에 관한 기사가 실렸다. 이런 부분적 진실을 대선후보 캠페인과 연관시키니 선거 운동이 제대로 될 리 없었다.

그다음 해에도 관련시키기를 통해 선거 운동이 거의 끝장날 뻔했던 사례가 있었다. 버락 오바마의 대선 운동에서도 비슷한 패턴이 있었던 것이다. 〈ABC뉴스ABC News〉는 당시 오바마의 담임 목사였던 제러마이아 라이트의 설교에서 일부분만 편집해 사람들의 이목을 집중시켰다. 뉴스가 골라낸 부분은 미국 정부를 혹독히 비난하는 내용으로 그중에는 "아니, 아니, 아니, 아니죠. '미국에 축복을 내려주소서.'가 아니라 '미국에 저주를 내려주소서.'라고 해야죠."라는 구절이 있었다.[17] 오바마 본인은 한 번도 그런 시각을 표출하거나 그렇게 독한 말을 내뱉은 적이 없었다. 그러나 선거 운동을 완전히 망쳐버리기 전에 오바마는 어쩔 수 없이 해당 목사와 절연하고 교회에서 맡은 직을 내려놓아야 했다.

줄리아니도, 오바마도 측근들의 스캔들과 관련해 본인이 잘못한 측면은 전혀 없었다. 그럼에도 정적들은 두 사람의 측근에 대해 부분적 진실을 공표함으로써 이들에게 커다란 타격을 주었다. 비슷한 작전을 이용해 브랜드 이미지를 손상시키거나 과학적 발견의 신빙성을 떨어뜨리거나 수많은 이의 명성을 파괴하는 일은 비일비재하다. 더구나 지금은 우리와 관련된 사람들 혹은 단체들에 대해 공개적으로 이용할 수 있는 정보가 계속 늘어나는 추세다. 그러니 누구나 다른 사람에 관한 부분적 진실과의 연관시키기를 통해 부당한 폄훼를 당할 가능성은 점점 커지고 있다.

결국은 선택의 문제다

어쩌면 누군가는 내가 이번 장에서 특별히 복잡한 사례만 골라서 보여줬다고 생각할 수도 있다. 자율 주행차라든가 아마존 같은 사례는 모두 지금의 기술 경제에서 다각적 측면을 갖고 빠르게 발전하는 분야니까 말이다. 또 벨포틴저 스캔들이나 이라크 침공 같은 것도 결코 단순한 사례라고는 할 수 없다. 인생의 모든 일이 그렇게까지 복잡할 리야.

하지만 앞서 이야기한 '테이블에 놓인 알'을 기억해주기 바란다. 복잡성은 어디나 존재한다. 우리가 아는 사람, 방문한 장소, 늘 쓰는 물건 대부분이 우리가 생각지도 못하는 면들을 갖고 있다. 여기서 그것들을 모두 논할 시간은 없다. 다만, 다음번에 혹시 "여자들이 좋아하는 건……."이라거나 "은행원들은…….", "무슬림이 바라는 건…….", "동성애자들은……." 같은 말을 듣게 되거든, 그다음 오는 말이 얼마나 다양하고 복잡하고 모순된 수많은 사람을 한데 싸잡아 표현하고 있는지 생각해보기 바란다. 그들의 주장이 일종의 진실일 수도 있겠지만 그와 반대되는 경합하는 진실은 수도 없이 많다.

이번 장의 주제는 '복잡성'이지만, 이번 장의 요지는 전혀 복잡하지 않다. 우리가 다루는 이슈와 대상은 대부분 너무 복잡해서 전체를 다 묘사할 길이 없다. 우리는 부분적 진실을 가지고 소통할 수밖에 없다. 더 포괄적으로 표현하기에는 삶이 너무나 복잡하게 얽혀 있기 때문이다. 그렇기 때문에 옹호자도 오도자도 자신이 추구하는 목표를 뒷받침할 진실을 선별해서 현실을 재구성한다. 따라서 정치가나 평론가, 사회 운동가들을 볼 때 늘 경계를 늦추지 말아야 한다. 그들은 결코 전체 그림을 제시하지 않고, 자신들에게 꼭 맞는 그림의 일부만 제시한다. 하지만 이 말은 곧 우리 역시 복잡한 주제로부터 간단한 진실들을 선별해서 나 자신을 보다 효과적으로 표현할 수 있다는 뜻이다. 진실 중에서 내가 강조하기로 선택한 측면이 내가 아는 한에서 팩트에 대해 어느 정도 정확한 인식을 주기만 한다면, 단순화와 선별은 화자에게도 청자에게도 좋은 일일지 모른다.

복잡성에서 비롯된 부분적 진실에도 여러 가지가 있다. 다음 장부터는 그 중 네 가지, 즉 역사, 맥락, 숫자, 스토리를 살펴보자.

다음과 같은 사람을 조심하라

- 아무 관련 없는 진실의 바다 속에 중요한 진실을 묻어버리는 오도자
- 연관성만 가지고 사람이나 프로젝트를 공격하는 오도자

---

02 역사

과거를 통제하는 자가 미래를 통제한다.
현재를 통제하는 자가 과거를 통제한다.

— 조지 오웰George Orwell, 《1984》 중에서

환타의 불편한 역사

2011년 뜻 깊은 이정표를 세우게 된 코카콜라는 "행복을 나눈 125년"이라는 제목으로 27페이지짜리 '간추린 역사' 기념집을 발간했다.[1] 수십 년 전에 나왔던 화려한 광고들로 아름다운 삽화를 만들고 1886년 이래 해마다 있었던 팩트를 정리해놓은 책자다. 코카콜라 산하 해외 브랜드 중 두 번째로 큰 브랜드인 환타Fanta는 '1955년'이라는 표제 아래 다음과 같이 등장한다. "이탈리아 나폴리에 환타 오렌지가 도입되다. 회사가 유통시킨 첫 번째 신제품. 여러 맛을 가진 환타가 미국에 상륙한 것은 1960년이다."

이상하게도 코카콜라의 역사에는 그보다 15년 전에 벌어진 일인 환타의 발명이나 출시에 관한 기록은 없다. '1940년'이라는 표제 아래에는 그저 "로라 리 버로스가 만든 꽃에 관한 책자를 소비자들에게 배포하다. 500만 부가 넘는 책자가 미국 가정에 전해지다."라고 되어 있을 뿐이다. 이렇게 중요한 사건을 생략한 이유가 뭘까?

환타가 나치 독일에서 발명됐기 때문이다.

제2차 세계대전 이전에 독일은 코카콜라가 가장 크게 성공한 해외 시장이었다. 하지만 전쟁으로 금수 조치가 취해지자 코카콜라의 독일 지사는 콜라 제조에 필요한 원료들을 수입할 수 없었다. 그래서 유장(乳漿)이나 사과 섬유 같은 음식 찌꺼기를 이용해 콜라를 대체할 수 있는 달달한 음료 개발에 나서게 됐다. '환타'라는 이름도 '상상'을 뜻하는 독일어 판타지Fantasie에서 나왔다. 독일 코카콜라유한회사 사장이 상품명 콘테스트를 열면서 직원들에게 상상력을 과감하게 발휘해보라고 말한 것이 계기였다.

환타는 대성공을 거두었다. 1943년에만 300만 병 가까이 팔렸다. 설탕 배급제를 실시하고 있었기 때문에 독일인 중에는 수프나 스튜에 단맛을 내는 데 환타를 사용하는 사람들까지 있었다. 어려운 시기에 혁신이 일어난 정말 흥미로운 사례지만 코카콜라의 '간추린 역사'에서는 찾아볼 수 없는 스토리다.*

* 코카콜라는 다음과 같이 공표했다. "환타는 제2차 세계대전 중 독일에서 발명되었으나 75년 환타 역사에서 아돌프 히틀러나 나치당과 관련된 적은 없다."

진실을 편집하는 법 #4

과거를 망각하라

코카콜라는 못해도 왕이라면 할 수 있는 일도 있다. 1598년 프랑스의 앙리 4세는 다음과 같은 말로 시작하는 낭트 칙령을 선포했다.

> 영속적이고 되돌릴 수 없는 칙령을 통해 우리는 다음과 같이 제정하고 선포하는 바이다.
>
> I. 선행하는 모든 불화 및 그로 인해 벌어진 일과 1585년부터 나의 즉위식까지의 기간에 어느 한쪽이 다른 한쪽에게 저지른 모든 일은 마치 한 번도 발생한 적이 없는 것처럼 기억에서 지우고 잊는다.

이런 망각 정책이 도입된 것은 30년 이상 계속된 가톨릭과 위그노Huguenot** 사이의 종교전쟁이 재발하는 것을 막기 위해서였다. 앙리 4세는 트라우마에 휩싸인 나라에 평화를 가져오기 위해 국민에게 지난 일은 잊으라고 명령했다.*** 왕명으로 둘 사이의 갈등에 관한 모든 공식 문서 및 기록은 파기되었다. 종교 갈등과 관련된 살인, 기타 범죄는 재판 없이 넘어갔고, 이미 투옥된 사람들은 풀어주었다. 연극이나 시에서 최근에 있었던 전쟁을 언급하는 것도 금지되었다. 갈등

** 당시 프랑스의 칼뱅주의 신교도들—옮긴이

*** 남아프리카공화국의 진실화해위원회(Truth and Reconciliation Commission)는 아파르트헤이트 시대에 일어났던 수많은 범죄와 학대 사례에 대해 정반대의 접근법을 취했다. 남아공에서 인종 정책 반대 투쟁에 앞장섰던 데즈먼드 투투(Desmond Tutu) 대주교는 "기억 상실은 결코 해결책이 아니다. 기억 없이는 치유도 없다."고 말했다.

시기의 소송은 무효화되었고 남은 기록이나 증거는 폐기되었다. 검사들은 위그노 정치 집회에서 있었던 일과 관련해 "영구적으로 침묵"하라는 명령을 받았다. "깨끗이 용서하고 잊자."는 말이 단순히 민간의 속담이 아니라, 17세기 프랑스에서는 말 그대로 '왕의 명령'이었다.

화해를 위한 망각 정책은 부분적이고 일시적인 수준의 성공에 머물렀다. 위그노였던 앙리 4세는 1610년 어느 가톨릭 광신도에 의해 암살되었고 몇 년 후 종교 갈등은 재현되었다. 낭트 칙령은 1685년 루이 14세Louis XIV에 의해 폐지되었고 수많은 위그노가 프랑스를 떠났다. 100년간 일어난 종교전쟁의 기억은 지우기 쉬운 게 아니었다.

남에게 잊으라고 강요할 수는 없지만, 내 필요에 맞지 않는 역사적 진실을 피해갈 수는 있다. 코카콜라 책자에서 보듯이, 지금의 관심 주제에 맞게 역사를 재구성하는 가장 쉬운 방법은 불편한 부분을 빼버리는 것이다. 역사의 생략은 교과서에서도 널리 활용된다. 국가 전체의 교과 내용을 결정하는 공무원이나 정치가 들은 창피하거나 수치스러운 역사는 무시하는 쪽을 선택한다.

수많은 미국인에게, 노예 제도나 이후에 이어진 남부 지역의 흑인차별은 미국 역사의 근간을 이루는 기본적인 부분이다. 퓰리처상을 수상한 역사가 제임스 맥퍼슨은 다음과 같이 말했다. "남북전쟁은 아직 정식 주 정부가 설립되지 않은 영토에서 노예제를 금지하는 문제를 놓고 노예제 폐지 주와 유지 주 사이의 타협불가한 이견으로부터 시작됐다."[2] 노예제 폐지 이후에도 남부의 주들은 악명 높은 짐크로법을 제정해 모든 공공시설에서 흑인과 백인을 분리시켰다. 학교, 버스, 식수대까지 확대된 이 분리 정책은 1965년까지 실행되었다. 같은 기간 진행된 백인 우월주의자들의 KKK* 운동은 흑인과 유대인, 시민운동가들을 공포로 몰아넣었다.

2015년 텍사스주는 미국사를 가르칠 때 짐크로법이나 KKK를 일절 언급하지 말라는 새로운 교육 지침을 발표했다.[3] 텍사스주의 새로운 교과서를 사용하는 공립학교 학생 500만 명은 남북전쟁으로 60만 명이 넘게 죽었고 전쟁의 주된 원인은 '각 주의 권리' 문제였다고 배운다. 텍사스주 교육위원회의 퍼트리샤 하디에 따르면 노예제는 남북전쟁의 '부가적 이슈'에 불과했다. 물론 남부의 주들이 가장 지키고 싶었던 '권리'는 사람을 사고팔 권리였다. 심지어 교과서 중에는 대서양 노예 무역으로 남부 주의 플랜테이션에 '수백만 명의 노동자'를 데려왔다고 에둘러 표현하고 있다.[4]

미국의 학교에서 노예제 및 인종차별을 생략하고 축소해서 가르친 결과는 오래도록 미국인에게 영향을 미칠 것이다. 주 정부 교육위원회가 일부러 담을 쌓지 않더라도 이미 미국인들 사이에 역사 인식의 간극은 벌어질 대로 벌어져 있다. 2011년 퓨리서치의 설문 조사에 따르면 응답한 미국인들 중 남북전쟁이 '주로 노예제 때문'이라고 생각하는 사람은 38퍼센트에 불과했다.[5] 텍사스자유네트워크의 댄 퀸은 이렇게 말한다. "남부의 수많은 백인은 남부연합이 대단히 고상한 대의를 위해 싸운 것처럼 믿으면서 자랍니다. 실제로는 수백

* Ku Klux Klan, 극단적 백인 우월주의자들의 비밀 결사—옮긴이

만 명을 노예로 만든 끔찍한 제도를 수호하려 했던 것인데 말이죠."[6] 이렇게 미국 역사에 대해 왜곡된 인식을 만들어내는 것은 증오와 편견으로 똘똘 뭉친 백인 우월주의자들에게 힘을 보태줄 뿐이다. 2017년 버지니아주 샬러츠빌에서 똑똑히 목격한 것처럼 말이다.*

이스라엘 역시 아랍인이 나크바Nakba 또는 '수난'이라고 부르는 팔레스타인 대탈출과 관련해 비슷한 논란을 겪고 있다. 1948년 이스라엘이라는 국가가 수립되면서 팔레스타인에 살고 있던 70만이 넘는 아랍인은 강제로 고향을 떠나야 했다. 이들 대부분은 요르단강 서안이나 가자 지구, 요르단, 레바논, 시리아 등지의 난민으로 전락했다. 이들 난민과 그 자손들의 수를 합치면 이제 400만 명이 넘는다. 이스라엘은 그들이 고향으로 돌아오거나 소유권을 주장할 수 없게 법으로 막았고, 팔레스타인인이 소유했던 재산 대부분은 현재 이스라엘의 유대인이 취득했다.

오랫동안 이스라엘의 초등학교 역사 교과서는 나크바를 언급하지 않았다. 그러다가 2007년 이스라엘 교육부는 새로운 역사 교과서 계획을 발표했다. 8, 9세 어린이를 대상으로 한 역사 교과서에서 최초로 팔레스타인 비극의 시작에 관해 언급할 것이라고 했다.[7] 전 세계는 이를 숙적 관계인 두 집단이 화해와 더 깊은 이해로 가는 매우 긍정적인 조치라고 생각했다. 그러나 실제로 개정된 교과서는 이스라

* 샬러츠빌의 공원에 세워져 있던 옛날 남부연합군 사령관 로버트 에드워드 리 장군의 동상을 철거하는 문제로 백인 우월주의자들이 노골적이고 과격한 시위를 벌이면서 사회적으로 큰 논란이 되었다.—옮긴이

엘 인구의 큰 부분을 차지하는 아랍인이 쓰는 아랍어로 된 교과서뿐이었다. 히브루 교과서는 개정되지 않았고, 유대계 어린이는 계속해서 다른 버전으로 공동의 역사를 배웠다. 2년 후 새로운 정권이 출범하자 아랍어 교과서에서조차 해당 내용은 삭제됐다. 새로운 교육부 장관 기디언 사르는 세상의 그 어느 국가도 건국 과정을 '참사'로 표기하지는 않을 것이라며 이렇게 말했다. "아랍 지구 공식 교과에 해당 용어를 넣은 것은 실수였다."[8]

표면적으로만 보면 여덟 살짜리가 국가 설립에 얽힌 끔찍한 이야기를 대면할 일이 없게 만들어주는 것이 반드시 비상식적인 일은 아니다. 무언가를 빠뜨리는 게 거짓말은 아니니까 말이다. 그러나 이스라엘이 교과서에서 나크바를 생략한 것은 이스라엘에 사는 아랍인에게 중대한 영향을 준다. 또한 젊은 유대계 이스라엘인의 역사의식 형성에도 영향을 미친다. 아이들이 자신의 증조할아버지가 수 세대째 고향에서 살던 수십만 주민을 힘으로 몰아냈다는 사실을 배우지 않는다면, 400만 팔레스타인 난민이 겪는 고통을 공감하기는 더 어려워질지 모른다.

오도자들은 과거의 죄악을 언급하지 않음으로써 비난을 피해갈 수도 있지만, 남의 성공을 무시하거나 축소함으로써 상대를 약화시킬 수도 있다.

조지 W. 부시를 폄하하는 사람들은 흔히 이라크 침공과 허리케인 카트리나 부실 대응 사례를 들먹인다. 그가 실시한 에이즈구호대통령긴급대책Emergency Plan for AIDS Relief을 얘기하는 사람은 거의 없다. 2003년 출범한 이 프로그램은 단일 질병을 위한 전 세계적 운동으로서는 역대 최대 규모였다.

부시는 5년간 미국 정부 재정에서 150억 달러를 마련해 개발 도상국에서 에이즈를 예방하고 치료하도록 지원했다. 이 긴급대책 이전에 사하라 이남 아프리카에서 항레트로바이러스 약제를 이용할 수 있는 사람은 5만 명 정도에 불과했지만, 부시 임기 말이 되자 이 숫자는 130만 명 이상으로 늘었다.[9] 부시는 말라리아 퇴치를 위해서도 120억 달러의 기금을 조성했다. 임기 내내 부시는 역대 그 어느 대통령보다도 많은 금액을 아프리카에 지원했다. 그리고 이 일은 표를 얻기 위해 한 일도 아니었다. 민주당 출신의 전임 대통령 지미 카터는 이념적으로 반대편에 서 있는 부시의 이런 정책에 감동받아 다음과 같이 칭찬했다. "대통령님, 지구상에서 가장 도움이 절실한 이들에게 베푸신 큰 공로에 깊은 감사와 존경의 마음을 전하고 싶습니다."[10]

또 다른 사례도 있다. 역시 공화당 출신이었던 미국의 어느 전임 대통령은 환경에 이바지한 공로를 충분히 인정받지 못하고 있다. 1960년대 말 미국 전역은 기름 유출과 유독성 폐기물, 살충제, 방사성 낙진, 환경 파괴 등에 대한 우려가 날로 높아지고 있었다. 이에 대통령은 근본적 대책이 필요하다고 판단했고, 미국 국가환경정책법 National Environmental Policy Act을 도입했다. 고속도로나 발전소를 지을 때, 토지 사용 허가를 내줄 때, 기타 여러 활동을 하기 전에 연방 기관들이 환경 영향 평가를 실시하도록 한 법이다. 그는 이산화황, 이산화질소, 미세 먼지 같은 대기 오염 물질을 감소시키기 위해 대기 오염방지법Clean Air Act도 확장했다. 멸종위기동식물보호법Endangered Species Act, 해양포유류보호법Marine Mammal Protection Act, 해양투기금지법Ocean Dumping Act에도 서명했고, 식수안전법Safe Drinking Water Act을 발의하기도 했다. 그중에서도 가장 중요한 것은 환경보호청Environmental Protection Agency을 신설한 것이다. 미국 환경보호청은 환경 보호와 감시를 전담하는, 전 세계에서 가장 효과적인 정부 기관 중 하나다.

그렇다면 이 대통령이 누굴까? 바로 악명 높은 리처드 닉슨이다. 늘 비방의 대상이 되는 그 사람 말이다.

진실을 편집하는 법 #5

과거를 선택하라

진실에 입각해서 역사를 조작하는 가장 간단한 형태가 생략이라면, 가장 흔한 형태는 아마 '편향된 선택'일 것이다. 우리는 누구나 편향된 선택에 아주 능하다. 이력서를 쓸 때면 매뉴얼이 없어도 나에게 가장 유리한 과거 행적을 중심으로 면접관의 관심을 끌 수 있게 내용을 구성한다. 열두 살 꼬마에게 방과 후에 뭘 하는지 물어보라. 아마 숙제를 한다고 하지, 컴퓨터 게임을 한다고 말하지는 않을 것이다.

역사를 선택적으로 설명할 경우 우리를 극단적으로 오도할 수 있다. 예컨대 어떤 역사적 사건을 아래와 같이 설명한다고 생각해보자. 진실에 상당히 부합하는 내용이다.

운송 수단, 도구, 개인 위생 등 중요한 여러 기술이 개발되었다. 훨씬 더 많은 사람이 노동조합에 가입하고 투표권을 얻는 등 민주주의가 꽃피었다. 사회적 평등이 향상되었다. 수많은 영세민은 식단이 개선되면서 더 건강하고 튼튼해졌다. 유아 사망률이 감소하고 기대 수명이 늘어났다. 술 취한 사람이 줄었다. 특히 여성의 일자리가 늘어나면서 양성평등으로 가는 길을 열렸다.

대체 무슨 사건을 설명한 것일까?

정답은 제1차 세계대전이다.

제1차 세계대전 중에 비행기나 스테인리스, 생리대 등 여러 기술이 발전했다. 영국에서는 남성에게 보통 선거권이 도입되었고 여성의 40퍼센트 정도가 처음으로 투표권을 얻었다. 독일, 오스트리아, 러시아, 터키에서는 제국이 무너지고 보다 민주적인 형태의 정부가 들어설 길이 닦였다. 병사들은 기존에 먹던 것보다 더 영양가 있는 식단을 받았고, 영국 군대에서는 '매일' '고기'를 제공했다. 수백만 명의 남성이 전방에 배치됨에 따라 군수품과 농산물 생산을 여성들이 맡게 됐다. 완전 고용 상태가 됨으로써 수많은 가구의 생활 수준이 어느 때보다 높아졌다. 새로운 법률 시행으로 알코올 소비가 줄었고 이에 따라 가정 폭력이 감소했다. 영국 노동당 출신의 정치가로서 나중에 총리까지 지낸 램지 맥도널드Ramsay MacDonald는 당초 전쟁에 반대했다. 그러나 그는 제1차 세계대전이 반세기 동안 그 많은 노동조합과 인권주의자들이 해온 일보다 더 많은 사회 개혁을 이뤄냈다고 말했다.

그러나 1500만 명이 죽은 전쟁을 묘사하면서 이런 종류의 진실에만 초점을 맞춘다면 소름끼치는 일이 될 것이다.

영국이 유럽연합EU의 전신인 유럽경제공동체EEC에 처음 가입하려고 했을 당시 프랑스의 대통령은 샤를 드골Charles De Gaulle이었다. 드골은 영국의 지원에 거부권을 행사했다. 4년 후 영국은 다시 도전했다. 또 한번 드골은 퇴짜를 놓았다. EEC 회원국들 중에서 영국의 가입에 반대한 국가는 프랑스뿐이었다.

영국과 미국의 군대가 막대한 피와 돈을 희생해 프랑스를 나치의 지배로부터 해방시켜준 것이 고작 20년 전임을 감안하면 너무도 배은망덕하게 보이는 처사였다. 심지어 영국은 제2차 세계대전 중에 드골과 자유 프랑스군에게 망명 정부를 세울 근거지까지 내주었고 드골에게는 정치·군사·경제적 지원을 제공했다. 영국이 없었다면 드골이 통치할 자유 프랑스도, 가입이 필요한 EEC도 존재할 수 없었다.

그토록 많은 것을 해준 영국을 대하는 드골의 태도에 많은 이가 분노했다. 그중에는 드골의 가까운 동료이자 전직 총리인 폴 레노Paul Reynaud도 있었다. 레노는 드골에게 항의하는 서신을 썼다. 답장으로 드골은 빈 봉투를 보냈다. 그리고 봉투 뒷면에 이렇게 썼다. "반송처: 아쟁쿠르Agincourt* 또는 워털루Waterloo**." 이로써 드골은 자신

* 100년전쟁 당시 프랑스군이 영국군에게 대패한 곳—옮긴이

** 나폴레옹 1세가 영국군에게 대패한 곳—옮긴이

이 어떤 역사를 중시하는지 분명히 표현한 셈이었다. 언젠가 드골은 이렇게 말했다.

"대대로 우리의 가장 큰 적은 독일이 아니라 영국이다."

드골이 역사적으로 어떤 진실을 선택했느냐는 이후(어쩌면 지금까지도) 영국과 나머지 유럽 국가들 사이의 관계에 엄청난 파급력을 미쳤다.

에릭손은 어떻게 역사를 활용했나

에릭손Ericsson은 풍부하고 인상 깊은 역사를 가진 다국적 통신 회사다. 1990년대 당시만 해도 에릭손은 세계에서 가장 큰 휴대 전화 제조업체에 속했다. 하지만 몇 년간 고전한 후 휴대 전화 제조 사업을 청산하고 통신 네트워크 구축에 초점을 맞췄다. 현재 에릭손은 사물인터넷Internet of Things, IoT을 연결하는 신나는 임무를 수행 중이다. 에릭손은 이미 덴마크의 운송업체 머스크와 힘을 합쳐 세계 최대의 '떠다니는 네트워크'를 구축했고, 자동차들을 서로 연결하기 위해 스카니아, 볼보와도 협업 중이다. 그러나 에릭손이 클라우드, 텔레비전, IP 네트워크, 사물인터넷 분야에서 신사업을 개척하려면 변신이 필요한데 이 변신이라는 것이 10만 명이 넘는 직원들에게는 쉬운 문제가 아니다.

나는 직원들을 이런 변신에 대비시키기 위해 에릭손과 협업한 적이 있다. 우리는 에릭손을 '기술의 개척자'로 자리매김하는 게 최선이라고 결론 내렸다. 에릭슨이라는 거대한 조직을 묘사할 방법은 수없이 많다. 하지만 에릭슨의 모험적이고 획기적인 측면에 초점을 맞춘다면 직원들이 새로운 도전을 적극 받아들이도록 격려하고 혹시 필요할지 모를 역할 변동이나 방향 전환에 대해서도 마음을 열게 만들 수 있으리라 기대했다. 미래지향적인 첨단 기술 기업에 개척자 이미지를 확립하기 위해 우리는 에릭슨의 역사로 눈을 돌렸다.

우리는 회사의 설립자 라르스 망누스 에릭슨을 떠올려봤다. 그는 대부분의 사람들이 전화라는 기술을 알기도 전인 1878년부터 전화기를 설계하기 시작했다. 에릭슨이 1923년에 만든 500회선 교환기는 전 세계인을 서로 연결해주었다. 1981년 에릭슨은 세계 최초의 현대적 휴대 전화 시스템을 출시했다. 1986년 상용화된 프로그래밍 언어 얼랑Erlang은 현재 수백만 대의 스마트폰뿐만 아니라 와츠앱, 페이스북, 아마존 등에도 사용되고 있다. 이동통신국제표준시스템Global System for Mobile communication, GSM의 2G, 3G, LTE 4G 등의 표준도 에릭슨이 만들거나 출시한 것들이다. 블루투스 역시 1998년 에릭슨의 엔지니어들이 발명했다.

우리는 에릭슨의 역사에서 특정 요소만 선택적으로 강조함으로써 에릭슨이 정말로 기술 개척자이고 미지의 영역에서 온갖 새로운 모험을 할 준비가 되었다는 점을 보여줄 수 있었다.

당시 에릭슨은 이것말고도 좀 까다로운 문제로 어려움을 겪고 있었다. 에릭슨의 최대 시장으로 꼽히는 러시아는 당시 유럽연합과 갈등을 빚고 있었다. 러시아가 크림반도를 침략해 우크라이나 동부에서 전쟁을 조장하며, 말레이시아항공의 17편기 격추에 사용된 무기를 공급했기 때문이었다. 유럽연합은 러시아의 금융과 에너지, 국방 부문을 제재했지만 통신 부문은 아직 교역이 허용되는 상태였다. 러시아의 이동 통신 사업자들은 유럽의 공급업체와 장기적으로 거래하는 것을 우려했다. 그런 면에서 라이벌 기업인 중국의 화웨이가 러시아에서 철수할 위험이 더 낮아 보이기도 했다. 에릭손은 자신들이 러시아 시장에 집중하고 있다는 사실을 러시아의 고객과 직원에게 확신시켜주어야 했다.

우리는 우리 주장을 뒷받침하기 위해 다시 한번 역사에 기댔다. 에릭손은 이미 130년 전부터 러시아에서 영업을 했다. 러시아 체신국에 장비를 공급했고 상트페테르부르크에는 공장을 지었다. 20세기 초에는 러시아 시장이 스웨덴보다 성장 잠재력이 더 커보였기 때문에 라르스 망누스 에릭손은 아예 회사 본부를 상트페테르부르크로 옮길까 하는 생각까지 했다. 에릭손은 1905년 러시아 혁명 때도 철수하지 않았고, 러일전쟁, 제1차 세계대전, 해상봉쇄기에도 계속 사업을 이어왔다. 에릭손은 러시아에 깊이 뿌리를 내리고 있었다. 1억 4000만 명이 넘는 인구를 가진 국가에서 오랫동안 해온 사업이 단기적인 정치적 논란으로 중단될 수는 없었다.

그 어느 기업보다 미래 지향적인 에릭손에도 역사는 중요한 자산이었다. 물론 앞서 말한 것은 선별된 역사다. 우리는 1917년 볼셰비키 혁명 이후 대부분의 해외 기업이 그랬듯이 에릭손도 러시아에서 추방되었다는 사실이나 상트페테르부르크 공장이 아무 보상도 없이 국유화되었다는 사실은 언급하지 않았다. 그러나 100년이 넘은 러시아와의 관계는 지금 이 중요한 시장과의 교역 관계를 다시 한번 굳히는 데 도움이 됐다.

역사는 스파게티다

학교 다닐 때 내 선생님 중 한 분이 역사를 스파게티 한 그릇에 비유한 적이 있다. 선생님은 수많은 가닥이 모두 서로 얽혀 있다고 했다. 역사가가 과거라는 일관된 그림 한 편을 그리려면 거기서 한 가닥을 골라 풀어내야 한다. 나는 아직도 이게 정말 근사한 비유라고 생각한다. 스파게티의 면발 하나하나는 모두 경합하는 진실과 같다. 그 중에 어느 가닥을 뽑기로 선택하느냐에 따라 우리의 역사 인식이 결정된다. 그리고 그 인식이 현재 나의 행동을 좌우한다.

중요한 것은 지정학적 역사나 기업의 역사만이 아니다. 누구나 연애의 역사 혹은 싸움의 역사를 재해석해보려고 노력해봤을 것이다. 내가 과거에 일어난 일이라고 이해하는 내용이 나의 현재와 미래에 막대한 영향을 미친다. 나의 역사가 '나'라는 개인의 정체성을 만든다. 내 역사가 나의 사고방식을 결정짓는다.

그러나 역사는 극도로 복잡하게 얽힌 스파게티다. 우리가 뽑아낼 수 있는 가닥이 수천 개가 넘는다. 당면한 사안이 없는 사람도 과거의 사건들을 묘사해놓은 다양한 설명 속에서 몇 가지를 선택할 수밖에 없다. 과거에 대한 해석에 영향을 주는 그 모든 사람과 행동, 세부사항, 외적 요인을 다 집어넣은 설명은 불가능하기 때문이다. 오보자들은 자신이 발견한 단 한 가닥의 이야기만 늘어놓음으로써 심각하게 왜곡된 역사 인식을 전달한다.

지나간 수천 년에 관해 한 가지 우리가 확실하게 말할 수 있는 것은 남자만큼 많은 여자가 살았다는 사실이다. 하지만 역사책을 보면 도저히 그런 사실을 알 수 없다. 잔 다르크, 앤 불린, 엘리자베스 1세, 플로렌스 나이팅게일, 마리 퀴리 외 우리가 기억하는 몇 안 되는 여성을 제외하고는, 전통적 역사는 남성의 역사다. 그렇다고 해서 역사가들이 일부러 자신의 설명 과정에서 여성들을 배제했다는 의미는 아니다(물론 일부는 그랬을 수도 있다). 다만 그들은 국가를 통치하고 군대를 지휘하고 반란을 주도했던 남성만큼 여성이 중요하다고 생각지 않았을 뿐이다. 일반인에 대해서도 같은 말을 할 수 있다. 역사책이 일반인들의 이야기를 싣는 경우는 거의 없다. 일반인들의 서신이나 일기, 기록 같은 것들이 보존되어 있을 때조차 말이다. 이번 장에서 전쟁 이야기가 많이 나왔다는 것을 눈치챈 사람도 있을 것이다. 역사는 전쟁들 사이의 긴긴 평화보다는 전쟁 기간에 훨씬 많은 관심을 쏟는다.

당신도 자신이 잘 아는 어떤 장소나 단체의 역사를 떠올릴 때 그 역사에 포함될 수도 있는 대부분의 내용을 빼버리게 될 것이다. 그 모든 만남, 거래, 보고, 성과, 실패, 파괴, 제안을 죄다 기억한다고 해도 그 모두를 묘사하기에는 시간이 턱없이 부족하기 때문이다. 우리가 선택을 하는 것은 지극히 자연스러운 일이다. 그리고 그 선택이 역사를 만든다.

여기에 지금 추진 중인 사안까지 한번 더해보라. 재구성된 과거의 모습이 아니라고 할 수 있는 게 거의 없을 것이다.

잊혀진 영웅, 패배 속의 승리, 의도된 분노

미국, 영국, 중국이 각자 자국의 역사적 실패 사례를 얼마나 서로 다르게 바라보는지 살펴보자. 사이공의 몰락, 됭케르크 철수 작전, 그리고 소위 백년국치(百年國恥)에 관한 얘기다.

1975년 북베트남군이 수도인 사이공으로 진격했고 베트남 주재 미국 대사는 대사관에서 헬리콥터를 타고 철수했다. 사이공 함락 이전에 이미 베트남은 미국에게 충분히 끔찍한 창피를 안겨주었다. 베트남 전쟁에는 유례없이 많은 언론 보도가 가능했고, 거기에는 분신한 승려, 처형 장면, 미라이 학살*, 네이팜탄에 타버린 어린아이 등 생생한 사진까지 포함됐다. 이런 보도를 보면서 미국인들은 이 전쟁의 도덕적 기반을 의심하지 않을 수 없었다. 미국 병사를 '아동 살해범'이라고 부르는 사람들도 있었고, 분명히 열세로 보이는 적군을 이기지 못하고 있는 미국 군대에 절망하는 사람들도 있었다. 베트남전 이전까지 미국은 한 번도 전쟁에서 져본 적이 없었다.

1971년 펜타곤 문서가 발표되면서 미국이 비밀리에 캄보디아와 라오스를 폭격한 사실이 드러났다. 〈뉴욕 타임스〉는 이 보고서가 전쟁에서 6만 명에 가까운 미국인이 죽어가는 동안 린던 베인스 존슨 대통령 행정부는 "국민에게뿐만 아니라 의회에까지 조직적으로 거짓말을 해왔음"을 보여준다고 했다.[11] 토크쇼 호스트였던 딕 카벳은 베트남전쟁을 "범죄에 해당하는 정치적 오산과 어리석음이 전 세계

* 베트남 남부에서 미군이 비무장 주민들을 대량 학살한 사건 — 옮긴이

를 흔들어놓은 무시무시한 경우"라고 말했다.[12]

그러니 많은 미국인이 사이공에서의 최후 퇴각을 기억조차 하지 않으려고 하는 것은 어쩌면 자연스러운 일이다. 그렇지만 군사 작전으로 보았을 때 이 퇴각 작전은 놀라운 업적이다. 헬리콥터 요원들은 쉴 새 없이 사람들을 날라 북베트남군이 사이공에 도착하기 전에 1,373명의 미국인과 5,595명의 베트남인, 기타 국적 사람들을 사이공 밖으로 피신시켰다. 도덕성을 상실했다는 국가의 국민들이 자부심을 가질 만한, 단순한 의무 차원을 넘어선 영웅담은 무수히 많았다. 그럼에도 압도적으로 많은 사람이 철수 장면을 보고 보인 반응은 '수치심'이다.

"나는 울고 있었고, 아마 다른 사람들도 모두 그랬을 겁니다. 다들 저마다의 이유로 울고 있었죠." 대사관 피난 작전에 참여했던 제임스 킨 소령의 말이다. "그러나 무엇보다 우리는 창피했습니다. 어쩌다가 미국이 꼬리를 내리고 도망쳐야 하는 지경까지 왔나?"[13]

하지만 실제로는 별로 놀랄 일이 아니었다. 닉슨 대통령과 국가안보자문 헨리 키신저Henry Kissinger는 미군이 철수해 남베트남이 홀로 싸워서는 살아남을 수 없다는 사실을 이미 2년 전에 알았다. 중국과의 협상에서 키신저는 미군 철수와 남베트남의 패망 사이에 '적절한 간격'이 있기를 바랐다고 전해진다.[14] 여론은 확고히 베트남전쟁을 반대했고 의회는 남베트남에 대한 더 이상의 군사 지원을 거부했으니 정부로서는 달리 방법이 없었다. 그러나 지금 많은 사람은 미군의 철수와 그에 따른 국방부 관리 및 대사관 직원들의 철수를 단순한 실패가 아니라 통탄할 배신으로 묘사하고 있다.

이런 식의 묘사가 미국과 전 세계에 미친 영향은 엄중했다. 베트남 철수가 이후 미국의 모든 대외 정책을 결정했다고 주장하는 사람도 있다. 〈가디언〉의 외신 기자였던 마틴 울러콧은 다음과 같이 썼다.

> 이후 미국이 세계 무대에서 보인 모든 행동은 다시 군사력을 과시했을 때의 결과에 대한 두려움과 그래도 과시하고 싶은 강박에서 비롯되었다. 두려움은 제2의 베트남, 제2의 수렁, 제2의 패주에 대한 것이었다. 그러나 강박은 계속해서 새로운 곳을 찾게 만들었다. 다시 한번 베트남처럼 달려들어서 이번에는 확실하게 이길 수 있는 곳을 찾았다. 미국은 이렇게 베트남에서의 패배를 보상해줄 승리를 계속해서 갈구했고, 그 가장 최근 사례가 바로 아프가니스탄과 이라크다. 베트남은 햄릿의 유령처럼 결코 사라지지 않는다.[15]

그렇다면 됭케르크에 대한 영국인들의 기억은 어떨까?

제2차 세계대전이 터지자 영국은 프랑스로 군대를 파견했다. 프랑스와 벨기에를 도와 독일군의 진격을 저지하기 위해서였다. 이 목적에 입각해 보면 영국군의 결과는 처참한 실패였다. 1940년 5월 27일부터 6월 4일 사이 프랑스 북부의 됭케르크항 및 해안에는 구조해야 할 영국군과 프랑스군이 30만 명 이상이었다. 독일군에게 굴욕적 완패를 당한 직후였고, 수천 명이 생포되거나 살해되었다. 산더미 같은 공급 물자와 무기, 차량, 탄약을 히틀러 치하 독일에 남겨두고 왔다. 이후 4년간 히틀러는 프랑스 전역을 거의 장악하다시피 했다.

됭케르크 철수까지 이어진 수 주간의 전투는 유례없이 치열했다. 벨기에군의 항복으로 동쪽 측면이 휑하니 노출되어 있었음에도 불구하고 수많은 영국 부대가 어마어마한 용기로 불가능할 것 같은 지점들을 사수해냈다. 그러나 결과는 부인할 수 없었다. 영국군과 프랑스군은 전술에서도, 화력에서도 밀리고 있었다. 독일 매거진 〈데어 아들러Der Adler〉는 아래와 같이 썼다.

> 독일인에게 '됭케르크'라는 단어는 언제까지나 역사상 가장 크게 적군을 섬멸한 승리의 상징이 될 것이다. 그러나 그곳에 있었던 영국인과 프랑스인에게는 죽을 때까지 역사상 그 어느 군대보다 처참하게 패배한 기억으로 남을 것이다.[16]

하지만 그런 일은 일어나지 않았다. 길 가는 아무 영국인이나 붙잡고 물어보라. 그들에게 됭케르크가 뭘 의미하는지. 대부분의 영국인은 함대를 이룬 어선과 유람선, 개인 요트 무리가 프랑스 해변으로 달려가 수천의 용감한 병사를 구출해냈다고 말할 것이다. 사실 대부분의 사람을 철수시킨 것은 영국 해군의 군함이었지만 사람들이 가장 많이 기억하는 것은 '작은 선박들'이다. 이 작은 배들은 승무원도 몇 되지 않고 심지어 선장이 홀로 운항해간 경우도 있었다. 선박의 길이는 10미터에서 15미터 정도가 대부분이었다. 그중 일부는 독일군 대포가 뿜어대는 포화를 뚫고 됭케르크 해안의 병사들을 앞바다에서 기다리는 더 큰 군함까지 쉴 새 없이 실어 날랐다. 또 어떤 배들은 최대한 많은 사람을 싣고 영국까지 갔다가 독일군 항공기의 반복되는 폭격 속에서도 더 많은 사람을 구하러 프랑스로 되돌아가기도 했다. 이들의 용감한 노력 덕분에 영국군은 전멸을 면할 수 있었다. 윈스턴 처칠Winston Churchill은 이 일을 '기적의 구조'라고 불렀다. 두들겨 맞기는 했지만 대체로 건재했던 군대가 외부 침공으로부터 영국을 충분히 방어할 수 있다고 판단한 처칠은 그 어떤 항복 요구도 물리칠 수 있었다.

그렇게 됭케르크 철수 작전은 대단한 업적이 됐다. 영국이나 역사는 이 작전을 참사로 끝난 군사적 모험의 긍정적 마무리 정도로 생각할 수도 있었다. 그러나 "철수 작전에 대한 꿈보다 해석이 어찌나 뛰어났던지 영국 전역에는 행복의 물결이 퍼져나갔다."고 영국육군사관학교 전쟁학과 학과장 덩컨 앤더슨 박사는 쓰고 있다.

> 영국을 물들인 비현실적 분위기가 점차 걱정이 되었던 처칠은 6월 4일 하원 연설을 통해 영국이 처한 절체절명의 상황을 역설했다. 그는 국민에게 철수 작전으로 전쟁에서 이긴 게 아니라고, "프랑스와 벨기에에서 일어난 일은 군사적 대참사였다."고 상기시켰다. 그러나 영국 국민은 처칠의 말을 믿으려 하지 않았다. 국민은 현실보다는 신화가 훨씬 좋았다. 그리고 누구든 자신들의 신념에 구멍을 내려는 사람의 말은 들을 준비가 되어 있지 않았다. 심지어 그게 전쟁을 직접 지휘 중인 처칠이라고 하더라도 말이다.[17]

영어에서 됭케르크 정신Dunkirk Spirit이라는 표현은 불굴의 용기와 단결, 투지를 뜻하게 됐다. 영국에서 됭케르크는 일종의 승리로 인식된다. 프랑스 전투에서 영국군은 참패했는데도 말이다. 다른 국가라면 잊는 쪽을 택할 수도 있었던 사건이지만 영국은 이 사건을 기념하기로 했다. 그리고 그게 곧 영국 문화의 일부가 됐다.

미국인은 사이공을 되돌아볼 때 수치심을 느끼고, 영국인은 됭케르크를 돌아볼 때 자부심을 느낀다면, 중국인은 의도적이고 고의적인 분노를 갖고 백년국치를 기억한다.

시작은 제1차 아편전쟁이었다. 중국이 영국 상인의 출입을 봉쇄하고 대량의 아편을 몰수하자 영국은 1840년 그들의 아편 무역을 보호하려고 군대를 파견했다. 무기와 해전 기술에서 우위를 점하고 포함(砲艦)까지 보유했던 영국 군대는 수적으로 훨씬 많은 청나라 황실군을 손쉽게 이겼다. 1842년 중국은 어쩔 수 없이 난징 조약에 서명했다. 난징 조약은 중국에만 모든 의무를 지운 첫 번째 불평등 조약으로 알려져 있다. 중국은 배상금을 지불하고 조약항을 개방하며 영국에게 홍콩을 양도해야 했다.

제2차 아편전쟁은 상황이 더 나빴다. 여전히 정당한 이유도 없이 이번에는 영국군과 프랑스군이 힘을 합쳐 중국을 침략했다. 양군은 보복 성격으로 베이징 인근에 있던 황제의 여름 별장을 파괴했다. 원명원(圓明園)이라는 이름의 이 수려한 궁전은 원래 정교하고, 아름다운 보물로 가득했다. 지금 이 보물들은 영국과 프랑스가 보유하고 있다.

중국이 제2차 아편전쟁을 치르느라 고생 중일 때 그 어려움을 틈타 러시아는 중국을 침략하겠다고 위협했다. 그 결과 아이훈 조약이 체결됐고 중국은 어쩔 수 없이 막대한 영토를 러시아에 넘겼다. 이 와중에 중국은 '태평천국의 난'이라고 알려진 내전으로 나라가 쪼개졌다. 이 내전으로 약 2,000만 명이 목숨을 잃은 것으로 추산된다.

이외에도 여러 전쟁과 침략이 잇따르더니 결국 일본의 지배라는 격변으로 이어진다. 청일전쟁은 한때 중국의 영향력 아래에 있던 조선에 대한 패권을 놓고 벌어진 전쟁이었다. 전쟁은 일본의 완승으로 끝났고 일본은 조선과 대만을 손에 넣는다. 이후 일본은 차츰 중국 북동부 만주에 대한 장악력을 키워가더니 마침내 1931년 만주를 침략했다. 1937년에 일어난 중일전쟁으로 일본군은 베이징과 상하이, 난징을 점령했다. 중국 국민혁명군은 제국주의 일본 침략군과 치열한 피의 전투를 벌였으나 끝내 상하이에서 물러나야 했다. 이 대전투에서 20만 명이 넘는 중국인이 희생됐고, 몇 주 후에는 약 5만에서 30만 명의 민간인이 학살된 것으로 추산되는 '난징 대학살'이 일어났다.

중국으로서는 참으로 비참하기 이를 데 없는 100년이었다. 자부심 강하고 막강한 힘을 자랑하는 중국이 최악의 100년을 축소하리라 생각하는 사람도 있을 것이다. 그러나 정반대로 중국 정부는 사소한 사항 하나하나까지도 전 국민의 의식 속에 아로새겨지도록 최선을 다했다. 애국 교육 프로그램은 자국민을 버스에 가득 싣고 원명원으로 데려가 영국과 프랑스의 잔학함을 목격하게 한다. 난징대학살기념관은 난징에서 가장 많은 관광객이 찾는 장소다.

1989년 천안문 사태 이후 중국 공산당이 다시 뼈아픈 역사의 상처를 헤집고 있는 이유가 국민에게 또다시 외세에 잔학무도한 일을 당하지 않으려면 강력하고 절대적인 정부가 필요하다는 점을 설득하기 위해서라고 말하는 사람들도 있다. 사실 중국의 리더들은 1920년대부터 백년국치에 관해 말해왔다. 역사가 줄리아 러벌 박사는 중국이 역사적으로 위대한 국가인 자국을 피해자로 묘사하면서 아편전쟁으로부터 일종의 건국 신화를 만들어냈다고 말한다.

하지만 이글거리는 원한을 부채질하는 정부의 논리는 '동기부여'다. '치욕의 역사가 그렇게 오랫동안 이어진 것은 황제 치하의 중국이 서양의 기술 발달을 따라가지 못한 탓이다. 그런 실패가 다시는 반복되어서는 안 된다.' 이런 식으로 중국인은 무언가를 건설하고, 발전시키고, 발명하고, 승리할 동기를 얻는다는 것이다.

역사는 편집이다

개인이나 조직, 국가에 정체성을 부여하는 건 뭘까? 문화, 성격, 가치관, 능력 같은 것들일 것이다. 하지만 이 모든 게 역사에 의존한다. 우리가 나 자신이 착하다거나 유능하다, 결연하다 등으로 생각하는 것은 '나'라는 개인의 과거 전체에 대한 이해를 바탕으로 한다. 이스라엘이나 이탈리아, 독일 같은 국가는 우리 이전에 일어난 사건들에 대한 선택적 기억을 바탕으로 나라 전체가 구성됐다. 역사소설가 힐러리 맨틀은 이렇게 말했다. "우리는 내 집단, 내 국가의 기원 설화를 만들기 위해 과거에 손을 뻗는다. 설화는 영광이나 통탄에 기초해 만들어지지, 차가운 팩트에 근거를 둔 경우는 거의 없다."[18]

역사는 우리의 정체성을 결정한다. 사람도, 조직도, 국가도 자신이 채택한 정체성에 의거해 행동한다. 마틴 루터 킹 주니어는 "우리는 역사로 만들어진다."고 했다. 오웰의 《1984》에 나오는 오세아니아 관료들이 역사를 새로 쓰려고 기를 쓰는 것은 그 때문이다. 우리가 하는 모든 일은, 적어도 부분적으로는, 과거에 대한 이해에서 비롯된다.

얼마든지 다시 쓸 수 있는 과거에 대한 이해로부터 말이다.

다음과 같은 사람을 조심하라

- 관련된 중요한 역사를 무시함으로써 자신의 창피를 모면하거나 반대 진영을 약화시키려는 오도자
- 역사를 아주 선택적으로 설명함으로써 폭력이나 차별, 인종 갈등을 조장하는 오도자

---

03 맥락

> 황달에 걸린 사람은 꿀도 쓰게 보이고,
> 광견병 개에 물린 사람은 물이 공포다.
>
> — 마르쿠스 아우렐리우스Marcus Aurelius, 《명상록*Meditations*》 중에서

맥락이 의미를 규정한다

한번 상상해보라. 옷이 다 벗겨진 채 속옷만 입고 호수 한가운데 뚝 떨어졌다. 여기가 어느 나라인지조차 모르겠다. 기진맥진한 채로 호숫가로 기어 올라가보니 인가(人家)도 농사지은 흔적도 보이지 않는다. 흡사 아무도 살지 않는 곳 같다.

무시무시하지 않은가?

그러나 만약 당신이 영화 〈그래비티Gravity〉에 나오는 그 우주 비행사라면 어떨까? 우주에 꼼짝없이 붙들려서 충돌하거나 타버리거나 질식할 수도 있었는데, 그 엄청난 확률을 뚫고 이제 막 지구로 무

사히 귀환한 거라면? 그렇다면 지금 서 있는 호숫가가 결코 두렵지 않을 것이다. 이 장면은 영화 제작자의 스토리텔러로서의 능력을 여실히 보여준다. 주인공 역을 맡은 산드라 블록이 낯선 호숫가에 올라와 젖은 모래를 비로소 한 움큼 움켜쥘 때 우리는 기쁨에 차서 '아! 이제야 그녀의 고난이 다 끝났구나.'라고 확신한다. 그녀가 신선한 공기를 들이쉬고 있어! 그녀가 땅을 밟고 있어!

그러나 바로 이 장면 다음에는 생존을 향한 오싹한 모험이 기다리고 있을지 모른다. 혼자서 음식도, 지도도, 신발도, 성냥도, 전화도, 이 낯선 황무지에 대한 아무런 정보도 없이 문명으로 되돌아갈 방법을 찾아야 하기 때문이다. 하지만 우리는 조금 전만 해도 그녀가 얼마나 더 나쁜 상황에 처해 있었는지 알기 때문에, 그리고 곧 구조팀이 파견될 거라고 생각하기 때문에 이 장면을 해피 엔딩이라 생각한다.

현실에 대한 모든 인식은 맥락에 따라 달라진다. 내가 함께 작업한 기업 중에는 수백만 달러의 적자를 내고도 진심으로 기뻐한 회사들이 있다. 그전까지 훨씬 더 큰 적자를 냈기 때문이다. 별것 아닌 선물도 어린아이한테서 받으면, 돈 많은 어른에게서 받은 것과는 달리 아주 소중할 수 있다. 더운 날 온종일 육체노동을 하다가 시원한 맥주를 마시면 평소와는 맛이 다르다. 영국 노동당 당수 제러미 코빈은 여당인 보수당보다 56석이나 적은 의석을 차지하고도 2017년 총선을 '승리'로 규정했다. 왜냐하면 모든 사람이 테리사 메이의 보수당이 그보다 훨씬 더 많은 의석을 차지할 것으로 기대했기 때문이다. 맥락이 의미를 바꾼다.

맥락은 우리가 이해하려고 하는 이 복잡한 세상의 일부다. 어떤 행동이나 사건을 평가할 때 맥락을 알아야 한다고 말하는 것은 어렵지 않다. 정작 어려운 것은 어느 맥락이 관련성을 가진 '적절한 맥락'이냐 하는 점이다. 같은 이야기도 이 맥락에서 들으면 저 맥락일 때와는 전혀 다른 인상을 준다. 현실을 재구성할 때는 어떤 맥락은 강조하고 어떤 맥락은 축소할지 결정하는 일이 아주 중요하다.

변기 속의 사과 주스

심리학자 폴 로진은 학계에서 나름의 악명을 떨친 인물이다. 그가 설계한, 색깔로 인간의 혐오 반응을 관찰하는 실험 때문이다. 그는 실험 대상자들에게 이제 막 포장을 뜯은 완전 새것인 환자용 변기를 보여주었다. 그리고 이 변기가 한 번도 사용된 적이 없다는 얘기를 반복적으로 들려줬고, 실험 대상자들도 기꺼이 수긍했다. 그러고 나면 그는 그 변기에 사과 주스를 가득 채워 실험 대상자에게 마셔보라고 했다.

이럴 때 대부분의 사람은 거절한다.

그렇다고 우리의 유전자 속에 변기에 대한 혐오가 아로새겨 있거나 한 것은 아니다. 우리 조상들이었다면 이 편리하게 생긴 깨끗한 용기의 주스를 기꺼이 마셨을 것이다. 하지만 우리는 변기와 오줌 사이의 연관을 너무나 강하게 인식해왔기 때문에 변기에 담긴 주스는 마시기가 힘들다. 로진의 실험 대상자들도 주스를 마신다는 생각에 혐오를 느꼈다. "완전 새것이고, 소변은 없으며, 전혀 오염되지 않았다는 사실을 알았는데도 말이다."[1]

물건은 그냥 물건이 아니다. 물건에는 맥락이 있다. 그 맥락이 해당 물건에 대한 우리의 시선을 좌우한다.

반대로 만약 로진의 실험 대상자가 물 한 방울 없는 사막에 갇혔는데 우연히 사과 주스가 가득 든 변기를 발견했다면, 아마 한 치의 망설임도 없이 마셨을 가능성이 크다. 맥락이 다르면, 행동도 달라진다.

여러 물건에 대한 우리의 반응은 물건 자체보다 맥락에 더 많이 의존한다. 고급 시계를 하나 갖고 있다고 생각해보자. 회사 사람 다섯 명이 똑같은 시계를 샀다면 내 기분은 어떨까? 그 시계를 만든 회사가 탈세로 악명 높은 곳임을 알게 되었다면? 뉴스에서 내가 정말 싫어하는 유명인이 똑같은 시계를 차고 자랑하는 것을 본다면? 물건은 그대로인데 맥락 때문에 가치가 손상된다. 마찬가지로 똑같은 은제(銀製) 포크도 히틀러가 사용했던 것이라면 수집가에게는 더 매력적일 수도, 혹은 덜 매력적일 수도 있다.

'험프리'라는 이름의 검정과 흰색 점박이 고양이가 런던 다우닝가 10번지*에 살고 있었다. 험프리는 긴 세월 세 명의 총리와 주소를 공유했는데, 그 중에는 보수당원 마거릿 대처와 노동당원 토니 블레어

* 다우닝가에는 영국의 중앙 정부 관청들이 모여 있어 '다우닝가'라는 말 자체가 영국 정부를 가리킬 때가 많다. 그 중 10번지는 총리 관저다. —옮긴이

도 있었다. 의미심장한 어느 실험에서 영국의 유권자들에게 험프리의 사진을 보여주고 험프리가 좋은지, 싫은지 물었다. '대처의 고양이'라고 설명하자 험프리는 보수당 유권자들의 44퍼센트, 노동당 유권자들의 21퍼센트로부터 지지를 받았다. '블레어의 고양이'라고 설명했을 때는 보수당 유권자들로부터 27퍼센트, 노동당 유권자들로부터 37퍼센트의 지지를 받았다.[2] 맥락이 달라졌을 뿐, 똑같은 고양이다.

어느 물건(또는 고양이)에 대한 물리적 설명이 하나의 '진실'이라면, 해당 물건에 붙일 수 있는 다양한 맥락은 그와 경합하는 진실들이다. 그리고 이 경합하는 진실들이 우리에게 아주 다른 반응을 불러일으킬 수 있다. 이 점을 분명히 보여주는, 맥락에 따라 가격이 천차만별로 바뀌는 업계가 있다. 바로 예술 업계다.

뇌는 팩트보다 맥락에 끌린다

제2차 세계대전이 끝난 후 몇 년간 유럽은 큰 혼란을 겪었다. 도시는 폐허로 변했고, 수백만의 난민이 발생했으며, 국경이 바뀌고, 동유럽 상당 부분이 소련의 지배하에 들어갔다. 비참하고 힘든 시기였으나, 한편으로는 기회의 시기이기도 했다.

1947년 2월 덴마크 코펜하겐의 한 호텔에 웬 남자가 투숙했다. 남자는 자신이 가산을 몰수당한 헝가리 출신의 귀족이라고 했다. 남자의 스토리는 끔찍했다. 지체 높은 그의 가족들은 나치에 의해 살해되었고, 드넓은 토지며 재산은 모두 러시아에 몰수당했다. 유대인으로 동성애자이기도 한 이 남자는 전쟁 중 상당 기간을 독일의 강제 수용소에서 보냈다. 그는 게슈타포(나치의 비밀경찰)의 취조를 받다가 다리가 부러졌고, 코트 속에 꿰매두었던 다이아몬드를 국경 수비대에 뇌물로 찔러주고서야 소비에트 연방하의 동유럽을 겨우 탈출할 수 있었다. 이제 이 세상에 그에게 남은 것이라고는 파블로 피카소가 그린 그림 다섯 점이 전부였다. 한때 엄청난 부를 누렸던 귀족 집안의 마지막 유산이었다.

절박한 형편에 처한 그는 이 그림들을 팔고자 했다.

지역 미술상이 즉시 관심을 보였다. 피카소의 고전주의 시기 작품으로 보였고, 엄청난 가치가 있을 듯했다. 품위가 있으면서도 쓸쓸한 분위기를 풍기는 이 망명자의 이야기는 충분히 설득력이 있었다. 나치의 약탈과 폭격 앞에 수많은 사람이 귀한 예술품을 허겁지겁 싸서 유럽 각지로 흩어졌기 때문이다. 노련한 수집가들은 돌무더기 속에 등장한 훌륭한 작품들을 완전 헐값에 주워 올리곤 했다. 놓칠 수 없는 기회였다.

미술상은 전문가를 섭외해 그림들을 감정했고, 이내 이 작품들은 진품으로 발표되었다. 그날 저녁 스웨덴 스톡홀름에 있는 한 갤러리가 그림들을 6,000달러에 사가기로 했다. 망명 귀족은 수표를 받았다. 그가 알려준 대로 엘미르 드호리Elmyr de Hory라는 사람 앞으로 발행된 수표였다.

이 스웨덴 갤러리를 비롯해 이후 수십 년간 수많은 미술상에게 자신을 '드호리'라고 소개한 이 남자는 유감스럽게도 전문 위조범이었다. 그가 판 그림들은 피카소가 그린 게 아니라 드호리 본인이 몇 시간 만에 그린 것들이었다.

이때만 해도 드호리는 아직 이 방면에 뛰어든 지 얼마 되지 않았다. 그전 해에 그의 첫 번째 '피카소'를 우연히 판 게 전부였다. 그의 그림을 보고 피카소의 것으로 오인한 친구가 작품을 사겠다고 했던 것이다. 아무튼 전하는 바에 따르면 그렇다. 드호리나 그의 전기 작가 클리퍼드 어빙에 관해서는 뭐 하나 확실한 것이 없다(어빙 역시 날조의 달인으로 억만장자 하워즈 휴스에 대한 가짜 전기를 쓴 것으로 유명하다). 사람들은 드호리가 헝가리 부다페스트 출신의 엘레메르 얼베르트 호프먼이라고 믿고 있다. 평범한 중산층 가정에서 자란 그는 어릴 때부터 미술에 대단한 능력을 보였다. 드호리는 앙리 마티스, 파블로 피카소, 아메데오 모딜리아니, 클로드 모네, 에드가 드가를 비롯해 수많은 거장의 작품을 수백 점 위조했다. 드호리는 조력자들과 함께 범죄 인생 30년 동안 갤러리와 개인 수집가 들을 상대로 수백만 달러어치의 사기를 쳤다. 10년 이상 미국에 살았던 드호리는 가산을 빼앗긴 귀족이라는 주장이 더 그럴싸하게 보이도록 자신을 드호리 남작이라고 불렀다. 그는 이렇게 주장했다. "내가 그림을 제안했을 때 사가지 않은 미술관은 하나도 없다. 한 작품도 거절당해본 적이 없다. 단 한 작품도."[3]

그를 의심한 미국의 미술상들에 의해 정체가 노출되고 연방수사국FBI이 한참 추적하고 있는 중에도 그는 스페인 이비자섬에서 계속 위작을 만들었다. 그리고 그곳에서도 그가 가진 매력과 재능, 악명 등을 이용해 편안한 빌라에 살며 미국 배우 마를레네 디트리히나 스위스 배우 우르줄라 안드레스같은 유명인들과 교류했다.

드호리는 기존 작품을 그대로 따라 그리지 않았다. 유명한 화가가 '그렸을 법한' 새로운 그림을 그리는 게 그의 수법이었다. 그는 언제나 용의주도하게 오래된 캔버스와 캔버스 틀, 종이를 사용했다. 때로는 오래된 그림을 사서 캔버스만 재활용하기도 했고, 골동품 책에서 빈 면을 찢어내 스케치를 그리기도 했다. 현대 거장들의 스타일을 모방하는 그의 능력이 어찌나 뛰어났던지, 차이를 판별할 수 있는 전문가가 몇 되지 않았다. 화가 케이스 반 동겐은 살아생전에 드호리가 그린 그림을 자신이 그렸다고 확신했을 정도다. 뉴욕의 어느 갤러리 관장은 이렇게 말하기도 했다. "마티스의 작품만 놓고 보면 드호리가 마티스보다 낫다." 실제로 아직도 전 세계 갤러리에는 드호리의 수많은 작품이 더 유명한 예술가들의 이름표를 단 채로 전시되어 있다는 게 널리 통용되는 주장이다.

드호리는 "내 그림이 미술관에 한참 걸려 있으면 진품이 된다."고 말하기도 했다.[4]

물론 이 말에는 이론의 여지가 있지만, 한 가지 확실한 것은 진짜 피카소 작품과 드호리의 피카소 모작품 사이에 물리적 차이는 거의 없다는 점이다. 그런데도 하나는 수백만 달러의 가치가 있고, 다른 하나는 훨씬 낮은 가치밖에 없다. 드호리 자신이 물었던 것처럼, 대부분의 전문가가 구분할 수 없다면 모사의 대상인 대가들의 그림보다 드호리의 그림이 더 열등하다고 볼 이유가 무엇인가? 감식가들조차 해당 그림이 드호리의 것임을 알기 전까지는 그가 그린 마티스 작품이 진짜 마티스의 그림만큼 훌륭하다고 평가했다. 대가가 그린 그림의 진정한 가치는 대체 어디에 있는가?

이렇게 바꿔서 생각해보자. 누군가 당신에게 피카소의 〈알제의 여인들Les Femmes d'Alger〉(버전 O)과 원자 단위까지 똑같은 그림을 구매하라고 제안했다. 원작은 2015년 경매에서 1억 7,930만 달러(약 1,920억 원)*에 팔린 바 있다. 당신 손에 들린 그 그림은 해당 원작이 아니고, 앞으로도 영원히 원작 행세는 할 수 없다. 그래도 물리적으로는 원작과 완전히 똑같다면, 당신은 과연 얼마를 지불하겠는가?

아마 금액이 크지는 않을 것이다. 그림이 정말 마음에 들고 통장 잔고가 넉넉한 사람이라면 몇천 달러 정도는 지불할지도 모른다. 아무리 많아도 절대 30만 달러(약 3억 2,000만 원)가 넘지는 않을 것이다. 이 말은 곧 원작의 어마어마한 가치가 물리적인 물건 자체에 있는 게 아니라 그 물건의 맥락, 즉 해당 그림의 출처, 스토리, 브랜드 네임, 희귀성, 유일성 같은 것들에 있다는 뜻이다. 원작을 구성한 캔버스와 물감의 가치는 기껏해야 수천 달러에 불과한 반면, 맥락의 가치는 1억 7,900만 달러를 넘는다.

미친 소리처럼 들리겠지만 사실이다. 실제로 우리는 단순히 남의 기술을 흉내나 내는 사람보다는 존경받는 화가가 그렸다고 믿는 작품에서 더 큰 기쁨을 얻는다. 최근 신경과학 기술의 발달로 연구자들은 뇌에서 '쾌락 가치'와 관련된 부분의 활동을 모니터할 수 있게 됐다. 한 연구팀이 실험 대상자들에게 기능적 자기공명영상장치fMRI에 들어가 있는 동안 추상화를 여러 작품 보여주고 점수를 매기게 했다.

* 이 책에서 달러 환율은 편의상 일괄 1,070원으로 계산했다.—옮긴이

실험 대상자들이 보게 된 그림의 절반은 유명한 미술관에 있는 작품이라고 표기되어 있었고, 나머지 절반은 연구진이 컴퓨터로 만들어 낸 것이라고 표기되어 있었다.

평균적으로 실험 대상자들이 '컴퓨터' 그림보다 '미술관' 그림에 더 높은 주관적 점수를 주었다는 사실은 별로 놀라울 게 없었다. 사실 '표기'는 순전히 무작위로 붙인 것이지만 말이다. 누구라도 미적 판단을 내리면서 그렇게 강력한 맥락(표기)을 제공받는다면 영향을 안 받기가 어려울 것이다. 그런데 연구진의 눈을 휘둥그레지게 만든 것은 fMRI 데이터였다. 데이터는 실험 대상자들이 '미술관' 그림을 보았을 때 쾌락 가치와 관련된 뇌 부분의 활동이 훨씬 더 활발했다고 말하고 있었다. 실제로 실험 대상자들은 연구진이 만들었다는 그림보다는 진짜 화가가 그렸다고 '믿는' 작품을 보고 있을 때 더 즐거워했다.

그러니 〈알제의 여인들〉(버전 O)의 높은 가격은 구매자가 되팔 수 있다고 생각하는 금액을 비롯해 수많은 요소가 작용한 결과이기는 해도, 그중에는 분명 뭐가 되었든 피카소가 그렸다고 생각하는 것을 볼 때 우리가 얻는 기쁨의 가격도 포함되어 있다. 그러니 방문객들이 알 만한 화가의 작품에 미술관들이 더 많은 값을 지불하는 걸 비합리적이라고 할 수는 없다. 이름이라는 '맥락'은 캔버스와 물감의 가치에 상당한 정도의 쾌락 가치를 얹어준다.

드호리 같은 위조범들은 이미 '예술 작품의 가치가 어디에 있느냐?'라고 물었다. 흔히 3D 프린팅이라고 하는 적층제조* 기술의 발전 덕분에 이 질문은 계속해서 제기될지도 모른다. 만약 우리가 〈밀로의 비너스Venus de Milo〉나 빈센트 반 고흐의 〈별이 빛나는 밤The Starry Night〉 같은 작품의 완벽한 모작을 3D 프린터로 만들 수 있다면 예술의 가치에 대한 인식에는 어떤 변화가 생길까? 맥락이 바뀐다면, 지금 국립박물관에서 줄을 서서 봐야 하는 그림이나 조각들과 똑같이 만든 것들이 교실 벽에 붙어 있는 예술 포스터만큼이나 하찮아질까?

고급 위작의 가치가 왜 열등해야 하느냐는 도발적 질문이 드호리의 경우에는 어느 정도 일리가 있었다. 그가 그린 피카소나 모딜리아니, 모네의 위작들은 정체가 밝혀진 지금도 각각 수천 달러에 팔린다. 아이러니컬하게도 미술 시장 곳곳에는 드호리가 그린 '위작의 위작'까지 출현하고 있다. 드호리라는 이름도 위조할 가치가 있을 만큼 충분히 유명한 맥락이 되었기 때문이다. 이제 미술 수집가들은 이렇게 묻는다. "네, 그런데 진짜 드호리 작품이 맞기는 해요?"

안타깝게도 드호리는 똑같은 복수를 당해볼 만큼 오래 살지 못했다. 1976년 사기 혐의로 기소당한 그는 프랑스 송환을 앞두고 수면제 과다 복용으로 이비자섬에서 숨졌다.

혹은 적어도, 우리는 그렇게 믿고 있다.

* 재료를 깎아내는 방식이 아니라 쌓아올리는 방식으로 제품을 만드는 것. —옮긴이

청정육이냐, 가짜 고기냐

비록 예술이 대단한 쾌락 가치를 갖고 있기는 하지만, 아직까지 그렇게 많은 사람에게 와 닿는 문제는 아니다. 그보다 훨씬 체감가는 이슈는 '무엇을 먹고 살 것인가?' 하는 문제다. 그리고 여기에도 맥락이 중요한 역할을 한다.

지금 우리의 육류 소비량을 볼 때 계속해서 이런 수준으로 고기를 먹을 수는 없다. 물론 고기가 맛있고 영양가도 높은 것은 사실이지만, 농가에서 생산되는 육류는 환경이나 동물에 너무 큰 대가를 치르게 한다. 곡류의 대략 3분의 1과 전 세계 담수 공급량의 8퍼센트를 사육 농가의 동물들이 소비한다. 인위적 온실가스 배출량의 15퍼센트도 사육 동물들이 원인이다.[5] 소 방목장을 만들려고 아마존 열대우림의 상당 면적이 슥슥 사라지고 있다. 현대의 '공장식 사육 시설'은 풀도 없는 비좁은 공간 혹은 창문도 없는 축사에 수 주씩 동물들을 가둬둔다. 어떤 이들은 이런 사육장을 동물판 강제 수용소라고 생각한다. 미국에서 개발된 공장식 사육 시설이 전 세계로 급속도로 확산되면서 상상도 못할 수의 지능 높은 포유류들이 처참한 삶을 이어가고 있다. 이런 메가급 농장에서 나오는 막대한 분뇨는 지하수를 오염시키고 위험한 녹조나 적조를 유발한다. 설상가상 수백만 명의 아시아인이 중산층에 편입되면서 고기 수요는 대폭 증가할 것으로 예상된다. 그렇다면 환경이나 동물 복지에 미치는 영향은 더욱 악화될 것이다.

이게 바로 오늘날 우리가 즐겨 먹는 맛있는 스테이크와 버거의

'맥락'이다.

그러나 식품을 사거나 요리하거나 먹을 때 이런 맥락을 고려하기란 쉽지 않다. 우리는 고기의 질이라든가, 영양가, 가격처럼 좀 더 눈앞에 있는 진실에 더 신경 쓴다. 동물이 고통 받는다거나 환경이 파괴된다는 경합하는 진실은 모르고 있거나, 아니면 일부러 무시한다. 나 역시 고기를 좋아하는 한 사람으로서 이런 책임에서 자유롭지 않다. 구매 행동과 관련해 덜 와 닿는 경합하는 진실들을 못 보게 되는 것은 우리가 매일 접하는 메시지와도 관련이 있다. 대부분의 메시지는 특정한 이 육류 제품이 육즙이 풍부하다거나 저 육류는 혈관 건강에 위험하다는 등의 내용이다. 종종 먹거리 파동이 일어나지만 이내 군침 도는 새로운 레시피나 구매하지 않을 수 없는 가격 등의 광고 메시지가 휘몰아치면 그런 경고는 금세 잊히고 만다. 환경이나 동물 복지라는 맥락은 거의 눈에 띄지 않는다.

지구 환경이나 수십억 동물의 고통을 걱정하는 사람이라면 지금 가장 다급한 과제는 더 많은 사람에게 우리가 먹는 고기의 맥락을 충분히 알리는 것이다.

그런데 이 맥락이 언젠가는 아주 달라질지도 모른다. 과학자와 기업가 들이 고기를 '배양'하기 시작했기 때문이다.

2013년 마크 포스트 교수가 이끄는 네덜란드 마스트리흐트대학교 연구팀은 소의 줄기세포 샘플에서 키워낸 소고기로 버거를 만들었다. 줄기세포란 특정한 세포로 분화할 수 있게 자연이 만들어놓은 '템플릿' 같은 것이다. 독일 연구팀은 이 세포들을 조작해 근섬유와 지방으로 자라게 했다. 세계 최초로 동물에서 잘라내지 않은 고기로 만든 이 버거는 진짜처럼 보이게끔 비트beetroot(채소의 일종) 주스로 색깔을 조정해야 했고 생산하는 데 30만 달러가 들었지만, 대단한 성과임에는 분명했다. 완전히 새로운 식품 산업이 생길 수 있다는 가능성을 보여줬기 때문이다.

일부 옹호자가 청정육Clean Meat이라고도 부르는 배양육은 일반 고기와 비교할 때 투입해줘야 하는 칼로리가 절반밖에 되지 않는다. 또 물과 땅을 훨씬 적게 소비하면서 온실가스와 폐기물도 훨씬 적다. 세균이나 배설물 오염 혹은 항생제 사용 등의 위험이 없는 멸균 환경에서 배양하기 때문에 먹기에도 안전하다.

이미 여러 스타트업이 경제성 있는 배양육을 만들려고 시도 중이다. 캘리포니아의 멤피스미츠는 배양육 미트볼을 개발 중이다. 최고경영자 우마 발레티는 첫 번째 제품을 공개하면서 이렇게 발표했다. "저희 미트볼은 사상 처음으로 소를 도축할 필요가 없는 소고기 세포로 만들었습니다."[6] 이스라엘의 스타트업 슈퍼미트는 닭고기를 키우는 기계를 개발 중이다(닭을 키우는 기계가 아니다!). 슈퍼미트는 식당이나 마트, 심지어 가정에서도 이 기계를 사용할 수 있을 거라고 말한다.

농장에서 키운 것과 경쟁이 될 만큼 싼값에 배양육을 제조하려면 수 년 혹은 수십 년이 걸릴 전망이다. 또 맛 역시 농장에서 키운 고기만큼 좋을지는 두고 봐야 안다. 그렇지만 한번 상상해보자. 어느 날 배양육으로 만든 버거를 받았다. 가격도, 맛도, 보통 버거와 똑같다. 다시 말해 물건은 똑같은데 맥락이 완전히 달라졌다. 당신이라면 먹겠는가?

쩌렁쩌렁한 소리로 "네!"라고 말할 사람도 있을 것이다. 고기를 좋아하지만 윤리적인 이유로 고기를 포기했다면 신께서 내 소원을 들어주셨다고 생각할 수도 있다. 반면에 공장에서 배양한 고기라는 생각에 기겁해서 가까이 가지 않으려는 사람도 있을 것이다. 그리고 어쩌면 새로운 이 맥락을 어떤 식으로 설명 듣느냐에 따라 반응이 달라질 수도 있다. 남들은 어떻게 행동하고 대중 매체는 배양육을 어떤 식으로 묘사하는지에 영향을 받을 수도 있다. 동물 복지나 환경을 걱정하는 사람들을 비롯해 배양육 옹호자라면 이 새로운 맥락을 요령껏 잘 소통하는 문제가 아주 중요할 것이다. 어쩌면 지구의 운명이 거기에 달렸을 수도 있다.

나는 배양육 얘기를 고기 생산 확대로 인한 환경 위험 문제에서부터 시작했다. 하지만 내가 아니라 다른 작가였다면 신학부터 얘기를 꺼냈을지도 모른다. '감히 우리가 생물학을 가지고 신을 모독해도 되는가?'라고 물으면서 말이다. 신의 영역에 끼어드는 것은 도덕적·영적으로 위험하다고 지적할 수도 있다. 또 어떤 작가는 '무엇이 좋은 자연적 식품인가?'에 관한 논의로 얘기를 시작할 수도 있다. '과연 자연적 식품이 인공 식품보다 낫다고 단정할 수 있는가?'라면서 이미 마트에 들어와 있는, 얼레스트라olestra(지방 대체품)나 질산염, 경화수지처럼 문제되는 식품 기술을 언급할 수도 있다.

우리 셋은 제각각 앞으로 서로 다른 방식으로 얘기할 배양육에 관한 맥락 내지는 프레임을 설정하는 중이다. 하나의 맥락을 전면에 배치하고 다른 맥락들은 평가절하하면서 누군가 당면 이슈에 관해 생각해보기도 전에 그 사람의 사고방식을 움직여두는 셈이다. 만약 무작위로 아무에게나 배양육을 평가해보라고 한다면, 사람들은 위 셋 중 어떤 맥락을 이미 접했느냐에 따라 서로 다른 결론을 낼 것이다. 나 말고 다른 두 작가의 영향을 받은 사람이라면 환경이나 동물복지 측면의 혜택에 초점을 맞추는 사람보다는 배양육을 먹거나 장려할 마음이 훨씬 내키지 않을 수도 있다.

진실을 편집하는 법 #6

맥락을 깔아라

이렇게 프레이밍Framing 효과를 노리는 데는 여러 방식이 있지만, 커뮤니케이션 전략으로 볼 때는 내가 하려는 얘기에 도움이 될 만한 맥락을 미리 깔아두는 방법이 특히 효과적이다. 말을 아주 잘하는 사람들은 본격적으로 자기주장을 하기도 전에 벌써 상대를 납득시킨다. 해당 이슈에 대해 사람들의 반응을 결정할 맥락을 이미 깔아두었기 때문이다.

자녀가 잘 베푸는 사람이 되기를 바라는 부모들은 종종 아이에게 용돈을 주기 전에 먼저 어려운 형편의 아이들은 장난감은커녕 먹을 것조차 충분하지 않다는 얘기를 들려준다. 복지 수당을 늘리고 싶은 정치가라면 특정 지역의 처참한 빈곤 상황에 대한 이야기부터 꺼낼 수도 있다. 인력 감축이나 임금 동결을 발표해야 하는 기업의 리더라면 회사가 처한 혹독한 경쟁 현실이나 가격 압박에 관한 얘기부터 시작할 것이다.

맥락을 잘 깔아두면 상대를 설득할 수 있는 프레임이 생긴다. 그

프레임 내에서 어떤 정보가 제시된다면 사람들은 정보 처리 과정에서 전체 프레임의 영향을 받는다.

하지만 프레이밍이 때로 합의에 장애가 될 때도 있다. 복잡한 이슈가 있는데 양측이 서로 완전히 다른 프레임을 갖고 온다면 타협점을 찾기가 쉽지 않다. 안타까운 예가 이스라엘과 팔레스타인의 갈등이다. 수많은 유대인은 이 문제를 신께서 약속하신 신성한 땅이라는 관점, 혹은 적대적인 주변국 사이에서 힘겹게 확보한 안보라는 측면에서 바라본다. 반면에 팔레스타인인들은 고향과 자기 땅에서 쫓겨나는 부당한 일을 당했다는 관점에서 바라본다. 양측이 각자의 맥락과 경합하는 진실을 갖고 있다. 이렇게 프레이밍이 불일치하기 때문에 협상은 거의 불가능하다. 마찬가지로 우리는 지금 내 프레임에 맞지 않는 정보를 들어주기조차 힘들 때가 있다.

내 생각과 행동을 결정하는 프레임을 스스로는 인식하지 못할 수도 있다. 이런 프레임은 다년간 수집된 정보와, 살아가며 익힌 경험으로 축적된 내 사고방식의 일부다. 그래서 이것을 개인의 '세계관'이라고 말하는 사람들도 있다. 나는 잡식성의 서양인이라는 맥락을 갖고 있기 때문에 앞서 소고기에 관해 쓰는 것이 극히 자연스러웠다. 하지만 내가 만약 힌두교를 믿거나 채식주의자였다면 다른 예를 골랐을지도 모른다. 이 책에 나오는 생각이나 스토리가 여러분의 귀에 거슬린다면 우리가 서로 다른 세계관을 가진 탓일 수도 있다.

심지어 우리는 맥락에 따라 무의식적으로 나 자신에게까지 프레임을 적용한다. 유명한 외과의사이거나 텔레비전 앵커인 사람도 자녀의 풋볼 경기장에서 만난 사람에게 자신을 소개할 때는 "안녕하세요. 누구 아빠예요."라고 말할 것이다. 맥락이 바뀌면 내가 생각하는 내 이미지도 바뀐다.

프레임은 이미 벌어진 사건의 해석을 도와주기도 하지만, 사람을 설득하거나 조종하는 데 쓰일 수도 있다. 어떤 대화나 논쟁이 펼쳐지는 양상이 마음에 들지 않는다면, 나 자신을 위해, 또 상대를 위해 프레임을 바꿔서 대화의 물길을 돌리는 방법도 있다. 다른 맥락을 도입해서 혹은 다른 진실을 이용해서 협상이나 토론의 방향을 재설정할 수도 있다. 프레임을 다시 짜는 능력, 즉 맥락을 바꾸는 능력은 갈등을 해결하거나 혁신을 이루거나 경영의 변화를 꾀하는 데 없어서는 안 될 중요한 능력이다.

왜 모두 남자?

2014년 여름 소셜 미디어에 사진 하나가 돌더니 순식간에 조롱과 항의가 빗발쳤다. 이 사진은 첫눈에는 별 것 아닌 것처럼 보였다. 콘퍼런스에 패널이 줄지어 앉아 있는 광경은 평소 같으면 트위터Twitter 작성자들의 분노를 자극할 만한 내용이 아니었다. 그런데 자세히 보면, 무언가를 합쳐서 보면, 폭탄이 될 만한 내용이 들어 있었다. 패널들의 머리 위에는 "2014 글로벌 여성 서밋Global Summit of Women 2014"이라고 적혀 있었는데, 앉아 있는 패널은 모두 남자였다.

이 사진을 처음 트위터에 게재한 해당 콘퍼런스 참석자는 "사진 한 장이 천 마디 말을 한다."고 썼다.[7] 분노한 수많은 여성과 남성이 기꺼이 더 많은 말을 보탰다. “무슨 장난인가? 에이, 설마 장난이겠죠.”는 개중 온건한 반응이었다. “남자가 더 잘 안다 이거겠죠. 어이가 없네요.”라는 반응도 있었다.[8] 패널이 모두 짙은 색 양복을 차려입은 나이 지긋한 백인 남성이라는 점도 도움이 되지 않았다. 페미니스트 소설가 캐시 레트는 “웃어야 할지, 울어야 할지 모르겠네요.”라고 썼다.[9]

그 사진을 보고 나도 잠시 경악하며 혀를 끌끌 찼다. 그런데 그런 첫인상도 잠시, 나는 정신이 번쩍 들었다. 거기 앉아 있는 패널 중 내가 아는 얼굴이 눈에 띄었다. 그의 이름은 미셸 랜들로, 소덱소라는 프랑스의 시설 관리 용역대행업체 최고 경영자였다. 불과 몇 주 전에 나는 그와 대대적인 혁신 프로그램을 함께 만들었다. 그는 우리 팀에게 구성원들의 다양성이 얼마나 중요하고 가치 있는지 직원들이 반드시 알 수 있게 강조해달라고 요구한 사람이었다. 그는 정말로 양성평등을 지지하는 사람이라는 것을 나는 알고 있었다. 그 회사 임원단 13명 중 여섯 명이 여성이었다. 그런 미셸 랜들이 절대로 남성 중심적인 맨스플레이닝mansplaining*에 일조할 리 없었다.

그래서 나는 맥락을 확인해봤다.

글로벌 여성 서밋의 주최 측은 글로브위민GlobeWomen이라는 단체로 “전 세계적으로 여성의 경제적 기회를 대폭 확장한다는 공동의 비전 아래 공공·민간·비영리 단체 등 전 부문이 함께 모여 설립한

* ‘남자(man)’와 ‘설명(explaining)’의 합성어로 남자들이 흔히 여자 앞에서 자신이 더 잘 안다는 생각에 선생님처럼 설명조로 말하는 태도를 꼬집는 표현이다.—옮긴이

단체"라고 밝히고 있었다.[10] 짐작이 가듯이 여성들이 운영하는 단체였고 이 서밋도 여성만으로 구성된 기획위원회가 조직한 행사였다. 강연자의 대부분도, 참석자의 대부분도 여자였다. 여기에 무슨 젠더gender** 이슈가 있다면 그건 오히려 남성이 너무 부족하다는 점이었다. 논란의 사진이 촬영되기 6개월 전인 2013년 12월 18일 글로브위민이 발행한 뉴스레터 첫 부분에는 아래와 같이 씌어 있었다.

> I. 2014 글로벌 여성 서밋의 주제 - 남성 최고 경영자의 목소리
>
> 양성 관계에 대한 '지속적 교육'의 일환으로 여성 행사에 남성을 좀 더 많이 참여시켜 달라는 타지프랑스의 최고 경영자 지앙마르코 몽젤라토의 요청을 받아들여 2014년 글로벌 여성 서밋에서는 남성 최고 경영자 여러분을 초청했습니다. 대부분 프랑스인입니다. 이번 행사는 6월 5일부터 7일까지 파리에서 열리고, 70개국 이상에서 1,000명 이상의 여성이 참석할 것입니다.[11]

그날 패널을 초청한 의도 자체가 여성 승진을 지지했던 경험을 가진 남성 기업가의 얘기를 들어보는 것이었다. 양성 평등을 위한 대화에 같은 생각을 가진 남성을 초청했다는 사실은 포용력 있는 현명한 행동으로서 마땅히 환영 받았어야 할 일이다.

** '섹스(sex)'가 생물학적 성(性)을 뜻한다면, '젠더(gender)'는 사회적 의미의 성(性)을 뜻한다. —옮긴이

진실을 편집하는 법 #7

앞뒤 맥락을 무시한다

글로벌 여성 서밋의 패널이 모두 남자라며 분노하고 조롱했던 사람들은 대부분 해당 사진의 맥락을 몰랐던 오보자들이다. 그들은 논의에 참여하기 전에 마땅히 팩트를 확인해야 했지만, 그렇다고 일부러 진실을 호도하려고 한 건 아니다. 그런데 유감스럽게도 소통을 직업으로 삼는 사람들 중에는 맥락을 의도적으로 무시하거나 조작하는 경우가 많다.

정치가들은 흔히 반대 진영의 말을 맥락은 쏙 빼놓고 인용해서 상대편의 입장을 엉뚱하게 전달하거나 자기가 반박하기 쉬운 형태로 만든다. 이런 수법을 허수아비 논증이라고 한다. 허수아비를 하나 세워놓고(즉 상대의 관점을 일부러 잘못 표현해놓고) 그 허수아비를 쓰러뜨리려는 논증을 펼친다는 뜻이다. 예를 들어 영국 노동당 정치가라면 보수당 보건부 장관이 병원 시설 경영 아웃소싱에 관해 발언한 내용을 선택적으로 인용해서 마치 보건부 장관이 의료보험 민영화(영국에서는 교수형감이다.)에 찬성하는 것처럼 들리게 만들 수도 있다. 또 극우당인 '독일을위한대안AfD' 소속 정치가라면 독일 총리의 말을 앞뒤 맥락 없이 인용해서 총리가 '모든' 해외 이민자를 받아들이려 한다는 암시를 줄 수도 있다. 실제로 총리가 염두에 둔 것은 절박한 상황에 놓인 난민들인데 말이다.

비슷한 수법 중에는 앞뒤 맥락 없이 어느 존경받는 인물이 이 내용을 지지한다고 말하는 방법도 있다. 이런 '권위에의 호소'는 아이들이 가장 먼저 배우는 수사법적 기교다. 아이가 "그렇지만 엄마가 씻고 나면 텔레비전을 봐도 된다고 했어요."라고 강력하게 주장한다면, 잠시 아이를 봐주기로 했던 사람 입장에서는 '정말로 그런가?' 하고 어리둥절해진다. 아이가 텔레비전은 토요일에만 허용되는 특전이라는 맥락을 쏙 빼놓았기 때문이다. 기업 컨설턴트들도 비슷하다. 마치 최신 신경과학 연구가 자신들의 리더십 개발 프로그램을 뒷받침해주는 것처럼 말하지만, 실제로 해당 연구 결과는 교도소 수용자나 유아, 쥐에게만 적용되는 내용일 수도 있다.

2016년 미국 공화당 대선 경선 후보로 나온 테드 크루즈Ted Cruz는 도널드 트럼프Donald Trump가 다음과 같이 말하는 장면을 텔레비전 광고로 내보냈다. "미국 가족계획협회Planned Parenthood는 좋은 일을 하고 있어요."[12] 미국 가족계획협회는 성병 검사나 피임 등 임신 및 출산과 관련된 다양한 서비스를 제공하는 비영리 단체다. 하지만 이곳은 미국에서 실시하는 임신 중절 수술의 절반가량을 담당하는 것으로 더 유명하다. 많은 보수 유권자에게 낙태는 절대 금기 사항이다. 따라서 크루즈의 광고로 트럼프는 많은 표를 잃었을 수도 있다. 하지만 크루즈 측 광고 팀은 여러 차원에서 시청자들을 일부러 오도했다. 먼저 2015년 〈폭스 뉴스Fox News〉와의 인터뷰에서 트럼프가 실제로 한 말은 아래와 같다.

> 공화당을 지지하는 많은 보수주의 여성이 저한테 와서 얘기합니다. "미국 가족계획협회는 좋은 일을 하고 있어요. 그 하나(임신 중절

수술)만 빼고요."

트럼프의 원래 발언에서 한 문장만 남기고 모조리 누락시킴으로써 크루즈 측 광고 팀은 트럼프의 말뜻을 완전히 바꿔버렸다. 이는 마치 트럼프의 발언을 "공화당을 지지하는 많은 보수주의 여성이 저한테 옵니다."라고 잘라버린 것만큼이나 진실을 호도하는 문장이다. 후자처럼 잘랐다면 재미있기라도 했을 것이다.

그러나 크루즈의 광고가 두 배로 더 거짓인 이유는 문제의 발언 부분에서 일부 단어를 생략했을 뿐만 아니라, 인터뷰 전체의 큰 맥락도 무시했기 때문이다. 아래와 같이 해당 〈폭스 뉴스〉 인터뷰 전체를 보면, 당시 트럼프는 크루즈 팀이 뽑아서 인용한 대목을 말하기 전에 한참 동안 자신이 오랜 낙태 금지론자임을 피력했다.

> 어떻게 보면 미국 가족계획협회는 둘로 나눠볼 수 있습니다. 임신중절 센터라고 볼 수도 있죠. 사실 지금은 그게 거기서 하는 일 중에 아주 작은 부분이지만, 그래도 잔혹한 일이고 저는 전적으로 반대합니다. …… 미국 가족계획협회의 중절 수술 부분은 저는 절대 반대입니다. 하지만 많은 여성이 …… 공화당을 지지하는 많은 보수주의 여성이…….

도널드 트럼프에 대해, 또 트럼프와 진실의 관계에 대해 우리가 어떻게 생각하든 간에, 이 사안만큼은 크루즈 팀이 일부러 트럼프를 거짓되게 표현한 것이 분명하다.

요즘에는 정보도 딱 한 입 크기를 선호한다. 장문 형식의 저널리즘은 이미 한 줄 뉴스와 트위터 피드에 자리를 내주고 있다. 전에는 정치가의 연설 전문이 보도되었지만 이제는 연설이 저녁 뉴스에 10초라도 보도된다면 운이 좋은 편이다. 긴 기사를 소화하거나 앉아서 자세한 정책 설명이나 해외 뉴스를 찬찬히 시청하기에는 우리가 너무 바쁘다. 직장에서의 알림 메일조차 자세히 읽어야 할 것 같으면 그냥 안 읽고 지워버리기가 십상이다. 보라고 만든 정보의 그 작은 파편조차 소화할 시간이 없기 때문이다.

그래서 피할 수 없이 생기는 결과가 바로 맥락을 상실하는 현상이다. 우리는 실제로 무슨 일이 벌어지고 있는지도 모르는 채로 여러 사건과 발언, 발표 내용에 반응한다. 세상은 점점 더 빨라지고 우리의 주의력 범위는 계속 줄어들다 보니, 우리는 제대로 알지도 못하는 상황에서 위험하리만치 성급하게 행동하고 있다. 남들을 억울한 웃음거리로 만들지 않으려면, 우리를 오도하는 정치가나 평론가에게 속아 넘어가지 않으려면, 그리고 잘못 알고 내린 결정 때문에 나 자신을 해치는 일이 없으려면, 매사에 가장 중요한 맥락만큼은 반드시 짚고 넘어가야 한다.

다음과 같은 사람을 조심하라

- 충격적 뉴스라면 맥락을 몰라도 일단 공유하고 보는 오보자
- 남의 말을 인용하면서 중요한 맥락을 일부러 누락시키는 오도자

---

04 통계

숫자를 고문하라. 원하는 내용은 뭐든 불 것이다.

— 그레그 이스터브룩Gregg Easterbrook, 미국의 작가 겸 평론가

왼손잡이의 비극

왼손잡이는 사는 게 쉽지 않다. 감자칼도, 가위도, 다 오른손잡이용이다. 복싱 수업에 '왼손잡이 선수'가 있으면 수업 흐름이 엉망이 된다. 수표책이나 링 바인더에 글씨를 쓸 때도 낑낑거려야 하고, 다닥다닥 붙어 앉은 저녁 식탁에서 왼손으로 수프를 먹다가는 사고를 일으키기 십상이다. 심지어 별것 아닌 바지 지퍼조차 오른손잡이들에게 편하게 되어 있다.

그런 왼손잡이들이 훨씬 더 큰 위험에 처한 것처럼 보인 적이 있었다. 1991년 저명한 심리학자 두 사람이 왼손잡이는 오른손잡이보

다 평균 9년 정도 수명이 짧다는 연구 결과를 발표했던 것이다.

논문의 저자는 캘리포니아주립대학교 샌버노디노 캠퍼스의 다이앤 F. 핼펀 박사와 브리티시컬럼비아대학교 스탠리 코런Stanley Coren 박사였다. 두 사람은 캘리포니아의 사망자 1,000명을 조사했는데 평균적으로 오른손잡이는 75세에 사망한 반면, 왼손잡이는 66세에 사망했다는 사실을 발견했다. 〈왼손잡이: 적자생존 능력 저하의 표지Left-handedness: a marker for decreased survival fitness〉라는 논문에서 두 사람은 "왼손잡이에게 일부 위험이 증가하는 이유는 환경적 요인으로 인한 사고 위험이 높기 때문으로 보인다."라고 주장했다.[1] 각종 도구나 차량 등이 오른손잡이에 맞게 디자인되어 있다 보니, 왼손잡이는 자동차 사고나 전기톱 사고 등을 당할 확률이 더 높다는 게 저자들의 논리였다. 〈뉴욕 타임스〉도 다음과 같이 우울한 소식을 전했다. "20대들 사이에서는 왼손잡이가 13퍼센트에 이르지만 80대에 가면 1퍼센트에 불과하다."[2] 이들에 따르면 왼손잡이라는 사실은 흡연만큼이나 건강에 나쁜 징표였다.

이들 뉴스의 영향으로 왼손잡이는 단명한다는 인식은 급속도로 확산됐다. 2013년에 가서야 BBC가 이 질문을 다시 해봐야겠다고 느꼈다. "왼손잡이는 정말로 일찍 죽는 걸까?"[3]

답은 '아니다.'이다. 정말 말도 안 되는 헛소리다. 코런과 핼펀은 통계에서 찾아낸 진실을 잘못 해석한 결과 오보자가 되고 말았다.

태평한 1970년대에 어린 시절을 보낸 나는 왼손잡이임을 긍정적으로 생각하라는 격려를 받으며 자랐다. 그전까지의 세대들은 그렇게까지 사고가 열려 있지는 않았다. 유럽에서는 악마의 손길이 닿으면 왼손잡이가 된다고 믿었고, '불길하고' '서투른' 왼손잡이들에게는 늘 의심이 따라다녔다. 사람들은 왼손잡이를 기피하고 차별했다. 그러다 보니 부모들은 당연히 자녀를 오른손잡이로 키우려고 갖은 노력을 기울였다. 아이가 수저나 필기구를 '틀린 손'으로 잡으면 얼른 고쳐줬다. 자연에서 왼손잡이의 비율은 10에서 12퍼센트 정도 되지만, 19세기와 20세기에 왼손잡이로 분류된 인구 비율은 그보다 훨씬 낮다. 타고난 왼손잡이가 그대로 왼손잡이로 자랄 확률이 증가한 것은 최근에 와서야 생긴 현상이다.

사정이 이렇다 보니 1991년 왼손잡이 인구의 평균 연령은 오른손잡이 인구의 평균 연령보다 어렸다. 그러니 죽은 왼손잡이도 죽은 오른손잡이보다 어릴 가능성이 높았던 것이다. 이렇게 비유를 해보면 쉽게 알 수 있다. 죽은 디지털 네이티브digital native*의 평균 사망연령을 조사한다면 디지털 네이티브가 아닌 사람들보다 더 일찍 죽은 것으로 나온다. 그럴 수밖에 없는 것이 인터넷이 전 세계에 확산된 후 태어난 사람들은 아직 모두 25세 이하이기 때문이다. 그렇다고 해서 디지털 네이티브가 되는 게 건강에 해롭다는 뜻이 되지는 않는다.

1991년에 사망한 왼손잡이들이 오른손잡이들보다 훨씬 어린 것은 진실이다. 하지만 이 진실은 광범위하게 잘못 해석됐고, 그 결과 온 세상 왼손잡이들에게 잘못된 경고를 내보냈다. 아직도 자신의 수명이 걱정되는 왼손잡이가 있다면, 같은 나이의 왼손잡이와 오른손잡이는 기대 수명이 거의 같다는 사실에 위안을 받기 바란다.

* 태어날 때부터 컴퓨터, 인터넷, 휴대 전화 등 디지털 기기에 익숙한 세대를 말한다. —옮긴이

숫자는 경이롭다. 종종 말로는 다 표현하지 못할 세상에 숫자는 명료성을 부여한다. 숫자는 비교를 가능하게 하고, 순위를 매기고, 변화를 측정하며, 우주를 숫자 하나로 요약해준다. 숫자는 어느 문화권의 누구에게도 통한다. 숫자는 보편 언어다. 하지만 문제는 숫자를 오해하는 경우가 지극히 많다는 사실이다. 통계 교육을 받은 과학자 두 사람조차 자신들이 도출한 숫자의 의미를 제대로 보지 못하는데, 일반인들이 숫자의 의미를 혼동하는 것은 놀랄 일도 아니다.

이것은 수학 능력과는 다른 얘기다. 요새는 누구도 곱셈, 나눗셈을 머릿속으로 할 필요가 없다. 이차 방정식이 뭔지 몰라도 문제가 되지 않는다. 내 집 살림살이를 경영하는 사람이든, 책임 있는 정권에 투표를 하려는 사람이든, 중요한 것은 구체적인 특정 숫자가 무엇을 '의미'하는지 아는 일이다.

하지만 우리 같은 사람들은 신설 학교 설립 비용이나 인구 규모 같은 통계를 살펴보고 그 진짜 의미를 이해하는 게 녹록치가 않다. 오도자들이 자기네 마음대로 통계에 의미를 부여해 잘못된 현실 인식을 만들어낼 기회를 엿보는 것도 그 때문이다. 숫자는 현존하는 가장 투명한 방식의 소통 도구가 되어야 한다. 그리고 가장 오용하기 힘든 도구가 되어야 한다. 그러나 우리는 온갖 영역에서 앞 다퉈 숫자를 인용하는 충돌하는 진실들을 만나게 된다.

숫자 자체를 향해 덤벼들기 전에, 먼저 각 숫자가 실제로 나타내는 게 무엇인지부터 확인해야 한다. 고용 기록을 자랑하는 저 회사의 숫자는 정규 직원을 말할까, 비정규직을 말할까, 무급 인턴일까? 저 선동꾼이 인용하는 숫자는 모든 이민자일까, 불법 이민자일까, 경제적 이민자일까, 아니면 난민일까? 정말로 열 명 중 일곱 명은 Y제품을 선호하는 걸까, 아니면 최근에 대대적으로 Y제품 광고 캠페인을 벌인 특정 도시에서 설문 조사에 응한 사람들의 70퍼센트가 그 제품을 선호한다는 말일까? 정부 통계에서 말하는 건 가계를 말할까, 개인을 말할까? 납세자 기준일까, 거주자 기준일까? 이런 구분은 수도 없이 많고, 그 속에는 경합하는 진실이 숨어 있다.

캐나다와 호주는 전 세계에서 납치율이 가장 높은 나라다. 팩트다. 하지만 이것은 이들 국가가 멕시코나 컬럼비아보다 위험해서가 아니라 이들 국가의 정부가 자녀 양육권을 둘러싼 부모들 간의 다툼까지 납치 통계에 포함시키기 때문이다.

마찬가지로 스웨덴은 전 세계에서 두 번째로 강간 발생률이 높은데, 주민 10만 명당 60건 이상이나 된다(인도는 10만 명당 두 건).[4] 하지만 스웨덴은 성범죄 신고율이 높고 강간을 정의하는 범위가 인도보다 훨씬 넓다는 사실을 감안하면 해석은 달라진다.

2001년 미국의 딕 체니 부통령은 북극국립야생동물보호구역의 석유 탐사에 대한 당위성을 주장하려고 했다. 그러면서 석유 탐사에 영향을 받게 될 지역 면적이 2,000에이커, 즉 워싱턴 D.C.에 있는 덜러스 공항의 5분의 1 크기에 불과하다고 주장했다. 알고 보니 그 수치는 '생산 및 지원 시설'에 들어가는 토지만 계산에 넣은 것이었다. 도로 및 관련 인프라 구축에 필요한 토지 및 시추 작업으로 인해 야생 동물이 방해를 받거나 오염될 수 있는 토지 면적은 계산에 넣지 않았다. 게다가 파이프라인이 지상에 건설될 경우 파이프라인 아래에 놓이는 땅 전체를 계산에 넣은 게 아니라 파이프라인의 지지대가 차지하는 면적만 계산에 포함했다. 체니 부통령의 숫자는 진실을 크게 호도하는 내용이었고, 그의 제안은 상원에서 제지됐다.

진실을 편집하는 법 #8

유리한 기준으로 설명하라

2017년 트럼프 미국 대통령은 의회 연설에서 "9,400만 명의 미국인이 노동 인구에 포함되지 못했다."고 말했다.[5] 그는 마치 이 사람들 모두가 원하지 않는 실업 상태에 놓인 것 같은 인상을 주었다. 하지만 실제로 노동통계국이 내놓은 수치는 16세 이상의 모든 학생과 은퇴자, 일하지 않기로 선택한 사람들까지 포함한 수치였다. 2017년 초 미국의 실제 실업자 수(일하고 싶으나 일자리를 찾을 수 없는 사람)는 트럼프 대통령이 언급한 수치의 10분의 1도 안 되는 760만 명가량이었다.[6]

비슷하게 트럼프 대통령은 이런 주장을 한 적도 있다. "아프가니스탄 같은 곳이 일부 우리 도심보다 더 안전하다."[7] 시카고의 살인 사건과 아프가니스탄에서 죽은 '미국인'의 수를 비교한 내용을 그가 잘못 기억했거나 아니면 일부러 잘못 표현한 것이다. 2001년에서 2016년 사이 시카고에서는 기록상 7,916명이 살해되었고, 같은 기간 아프가니스탄에서는 2,384명의 미국인이 죽었다.[8] 아프가니스탄에서 전쟁으로 사망한 사람의 '총 수'는 이보다 훨씬 많다(학계에서는 2001년 이후 아프가니스탄전쟁에서 10만 명 이상이 죽었다고 추산하기도 한다.).[9] 아프가니스탄에 체류한 미국인이 시카고에 비해 상대적으로 적었다는 당연한 사실을 생각하면 전쟁으로 사망한 미국인의 '비율'은 시카고의 살인율보다 훨씬 높다. 트럼프의 발언은 아프가니스탄보다 (훨씬 많은 미국인이 살고 있는) 시카고에서 더 많은 미국인이 죽었다는 데까지만 사실이다. 그런 논리라면 태양 위에 사는 편이 더 안전하다고 해도 할 말이 없다.

어느 샤워젤 제품의 판촉물에 다음과 같은 내용이 있었다. "오리지널 소스 민트 앤드 티트리에는 시원한 진짜 민트 잎 7,927장이 들어 있습니다." 이 샤워젤 병에는 '7,927'이라는 숫자가 크게 인쇄되어 있었다. 민트 잎 7,927장이 많은 건가? 나도 모른다. 방향유 몇 밀리리터를 만들려면 장미 수천 송이가 필요하니, 민트 잎 7,927장은 많은 게 아닐 수도 있다. 어쨌든 이 회사는 '큰 숫자'라는 의미로 7,927을 사용한 것이 분명하다.

발랄한 브랜드 콘셉트라고 생각하면 문제될 것은 별로 없다. 하지만 다음과 같은 진술이라면 어떨까?

> '간호사 1,000명을 새로 채용합니다.'
>
> '새로 도입한 우리 배송 차량은 연간 100만 갤런의 연료를 아끼고 있습니다.'

이건 큰 숫자일까? 큰 숫자라는 뜻으로 사용한 것만은 분명하다. 하지만 맥락을 모르는 이상, '크다, 작다' 말할 수가 없다. 전체 간호사 수가 8,000명 정도에 불과한 에스토니아라면 이 정도 규모는 큰 발전이다. 반면에 전체 간호 인력이 90만 명에 이르는 독일이라면 저 정도 신규 채용으로는 티도 나지 않는다. 배송 차량이 10만 대가 넘는 유피에스처럼 큰 회사라면 연간 100만 갤런의 연료 정도는 반올림 한 번에 사라진다.

이제 영국에서 젊은 사람들이 집을 사기란 아주 어렵다. '살 만한 가격'의 주택이 부족하기 때문이다. 테리사 메이 영국 총리는 2017년 10월 어느 중요 연설에서 이렇게 공언했다. "제 임기 전체를 이 문제 해결에 바치겠습니다."[10] 그리고 이어서 이렇게 말했다. "오늘 우리는 적정 가격의 주택 마련에 20억 파운드(약 3조 원)를 추가로 투자하기로 결정했습니다." 총리는 큰 숫자처럼 들리게 말했지만, 대중매체는 금세 메이의 거품을 터뜨려버렸다. 20억 파운드로 지을 수 있는 주택은 2만 5,000채 정도다. 120만 가구가 공공주택 입주대기자 명단에 올라 있는 영국에서 이 정도 숫자는 바다 위에 떨어뜨린 물 한 방울이다.[11]

진실을 편집하는 법 #9

숫자를 더 크게 혹은 더 작아 보이게 하라

어느 숫자가 특별히 중요하다는 사실을 납득시키고 싶을 때 가장 먼저 하는 일은 그 숫자를 관련된 맥락 속에 넣어 더 많은 의미를 지닌 진실로 바꾸는 것이다. 퍼센트는 종종 실제 숫자보다 더 많은 얘기를 한다.

선파워가 태양전지판 제조에 총 14억 달러를 투자한다면 어떤가? 놀라운가? 그렇다고 선파워에 재생 에너지 혁명을 기대하기는 성급하다. 14억 달러라는 금액은 선파워가 가진 총자산의 1퍼센트도 안 되기 때문이다. 2015년 와이오밍에서는 교통사고 사망자가 145명밖에 되지 않았다. 반면 텍사스에서는 같은 해 차량 사고로 3,516명이 죽었다. 그러나 와이오밍의 인구가 58만 6,000명이라는 점을 감안하면 인구 10만 명당 연간 교통사고 사망자 수는 24.7명으로서 깜짝 놀랄 만큼 높은 수준이다. 사람이 많이 사는 텍사스에서 해당 수치는 12.8명밖에 되지 않는다.[12]

2010년 중국의 전자 제품 제조업체 폭스콘에서는 직원 18명이 자살을 시도했고 그 중 14명이 죽었다. 폭스콘은 애플의 아이폰을 비롯해 삼성, 델, 소니 등 여러 글로벌 브랜드의 다양한 제품을 제조하는 회사이기 때문에 이 소식은 전 세계적으로 화제가 됐다. 자살은 물론 안타까운 일이지만 이게 정말로 폭스콘이 가진 문제점을 드러낸 사건일까? 2010년 폭스콘의 직원은 100만 명에 가까웠다. 그렇다면 인구 10만 명당 연간 자살율이 1.5명이라는 얘기다. 중국의 인구 10만 명당 평균 자살율이 22명이다.[13] 다시 말해 폭스콘의 자살율은 중국 평균의 7퍼센트에도 못 미치는 수치다. 14명이라는 눈에 띄는 숫자가 훨씬 긍정적인 내용의 경합하는 진실을 가려버린 셈이다.

버락 오바마 전 대통령은 미국에서 테러로 죽는 사람의 수가 욕조에서 죽는 사람보다 적다고 했다가 쏟아지는 비난을 한 몸에 받았다. 하지만 그의 말은 한 점 틀린 곳이 없다. 미국안전위원회National Safety Council에 따르면 2013년 미국에서 욕조에 빠져 죽은 사람은 464명이다. 그외 야외에서 익사한 사람은 1,810명, 침대에서 사고로 질식하거나 목이 졸려 죽은 사람이 903명, 추락사한 사람이 3만 명

이상이었다.[14] 같은 해 미국에서 이슬람 테러리스트에 의해 죽은 사람은 보스턴 마라톤 대회에서 발생했던 세 명이 전부다.[15] 욕조에서 죽은 사람의 1퍼센트도 안 되었던 셈이다.

상대적인 숫자도 진실을 편집하는 데 악용된다. 큰 수치를 가리고 싶은 오도자들은 그게 더 큰 무언가에 비하면 작은 비율에 불과하다는 식으로 말한다. 절대적으로 큰 숫자이더라도 그게 무언가의 아주 작은 일부라고 말하면 대수롭지 않게 넘어가버리기 쉽다.

미국의 비영리 단체인 가족계획협회는 홈페이지에서 다음과 같이 밝히고 있다.

> 임신 중절 수술은 미국 가족계획협회가 제공하는 서비스 중에서 3퍼센트밖에 되지 않습니다.*

2014~2015년 연간 보고서를 보면 미국 가족계획협회가 제공하는 서비스의 절대다수는 성병 검사 및 치료(45퍼센트)와 피임(31퍼센트)이다.[16] 임신 중절 수술이 3퍼센트밖에 되지 않는다고 하면 미국 가족계획협회가 하는 활동 중에서 사소한 부분일 것처럼 들린다. 이 숫자는 어떻게 도출됐을까? 미국 가족계획협회의 연간 보고서에는 2014~2015년에 945만 5,582건의 '서비스'를 제공했다고 기록돼 있다. 이 중 거의 100만 건이 긴급 피임 키트 제공과 관련된 것이다. 또

* 이후 이 문구는 삭제되었으나 2014~2015년 연간 보고서에는 여전히 나와 있다.

100만 건 이상은 임신 테스트다. 350만 건 이상은 성병 검사다. 비용이나 노동력, 개인에게 미치는 영향 등을 따져보면 이것들 중 그 어느 것도 임신 중절 수술과는 비교할 바가 못 된다. 그렇지만 이런 일상적 활동의 수가 워낙 크기 때문에 같은 해에 시행된 32만 3,999건의 임신 중절 수술이 적은 것처럼 보인다. 그러나 이 수치는 (각 '임신 중절 수술'로 한 건의 낙태가 이뤄졌다고 했을 때) 미국에서 보고된 전체 낙태 건수의 거의 50퍼센트에 해당한다.[17]

영국 정부는 국민총소득GNI의 0.7퍼센트를 흔히 해외 원조라고 하는 '해외 개발 보조'에 사용한다. 1970년 이래 줄곧 국제연합은 선진국들의 해외 원조 목표치를 0.7퍼센트로 세워두었으나 이 목표를 달성한 국가는 영국을 비롯한 단 6개국뿐이다. 이렇게 후한 선심을 쓰고 있는 것을 영국의 납세자들은 자랑스러워해야 할까, 아니면 너무 많이 낸다고 생각해야 할까? GNI의 0.7퍼센트라고 하면 별 무리 없는 규모처럼 보인다. 그런데 이 비율을 금액으로 환산하면 2016년의 경우 136억 파운드(약 20조 원)로 결코 작은 숫자가 아니다.[18] 실제로 영국 정부가 대학 지원에 쓰는 돈보다 더 많고, 치안에 들어가는 비용보다 크다.

총 136억 파운드라는 돈은 부유한 국가가 매년 다른 나라의 절박한 보건, 영양, 인프라 필요에 부응하기에 적절한 금액일 수도 있다. 그러나 평론가들 중에서 이 돈이 (GNI 대비 퍼센트가 아니라) 절대 금액으로 얼마인지 생각해본 사람은 별로 없는 듯하다. 2017년 영국 선거만 돌이켜봐도 그렇다. 당시 보수당이 내놓은 4세에서 7세 학생 무료 급식(소요 예산: 6000만 파운드) 감축안과 관련해서는 끝도 없는 논쟁이 펼쳐졌으나, 그보다 훨씬 더 큰 금액인 136억 파운드 해외 원조에 대해서는 아무 얘기도 없었다.

이런 기초적 숫자를 이해하는 것도 충분히 힘든데, 정치가나 마케팅 담당자, 저널리스트 들은 숫자를 실제보다 크게 보이게 또는 작게 보이게 조정하는 데 아주 능하다. 체감상 정부 지출 금액을 최소로 느껴지게 만드는 수법 중에는 연간으로 말하지 않고 일간 단위로 말하는 방법이 있다. 심지어는 납세자 1인당 혹은 시민 1인당 드는 비용으로 말하는 방법도 있다. 〈데일리 익스프레스Daily Express〉는 충성스럽게도 이런 표제를 달았다. "이것밖에 안 들다니! 왕실은 어떻게 우리가 낸 56펜스로 1년을 살림할까."(그 해에 납세자들이 왕실을 위해 부담한 총액은 3570만 파운드(약 536억 원)였다.)[19] 어느 신문사는 특정 항암제가 "환자당 매일 43펜스밖에 들지 않는다."고 보도하기도 했다.[20] 정부가 부담하는 총비용에는 관심이 없는 게 분명했다. 숫자에 강한 어느 선거 운동가는 이렇게 말했다. "모든 미국인에게 4년간 대학 등록금을 무료로 제공했을 때 납세자 1인이 부담하는 비용은 하루 70센트에 불과합니다."[21]

반대로 숫자를 크게 보이고 싶으면 기간을 늘리면 된다. "최근 정부는 이번 국회 임기 동안 자전거 이용자와 보행자를 위해 3억 파운드 이상을 투자한다고 다시 한번 확인했다."[22] 이렇게 말하면 연간 6000만 파운드라고 말하는 것보다 더 선심을 쓰는 것처럼 들린다. "연방 정부, 추가로 810억 달러 인프라 구축에 할당"[23]이라고 하면 "캐나다, 앞으로 11년간 매년 73억 6000만 달러 추가 투자"라고 말하는 것보다 더 대단한 일처럼 느껴진다.

아니면 커피나 간호사처럼 전혀 관련 없는 측정 단위로 환산해서 싸게 또는 비싸게 보이게 만드는 방법도 있다. 최근 어느 보험 회사는 이런 광고를 냈다.

"매주 커피 한잔, 케이크 한 조각보다 적은 비용으로 우리 상해 보험에 가입할 수 있습니다."

아예 병원 하나를 통째로 측정 단위로 쓸 수도 있다. 유럽연합 통합을 회의적으로 생각하는 유럽의회 의원 대니얼 해넌은 2013년 유럽연합이 잘못 지출한 비용이 "최신 병원 열 채를 지을 수 있는 돈"이라고 주장했다.[24]

케이크 한 조각에서 병원 한 채까지 비용을 표현하는 방법이 너무 다양하다는 문제는 차치하더라도, 이런 식으로 경제적 비용을 '창의적으로' 바꿔서 말하면 위험하리만치 본질을 흐릴 수 있다. 비용은 달러나 유로, 파운드로 들어간다. 어떤 식으로든 이것을 다른 단위로 바꿔 말하는 것은 진실을 편집하는 행위다. 그리고 그렇게 바꾼 이유는 아마도 특정한 목적을 위해서일 것이다.

새빨간 통계

브렉시트Brexit(영국의 유럽연합 탈퇴) 국민 투표를 지배한 숫자가 하나 있다. 바로 다음과 같은 주장이다.

"영국은 매주 유럽연합에 3억 5000만 파운드(약 5250억 원)를 보내고 있다."

브렉시트를 앞장서서 주장했던 보리스 존슨은 위 주장을 '선전용 버스' 옆면에 커다랗게 새기고 전국을 돌기도 했다. 새빨간 거짓말이다. 진실을 다루는 이 책에서 위 문장을 달리 더 표현할 말은 없다.

그러나 사람들을 오도하기 위해 조금 더 진실이 담긴 영악한 숫자를 사용한 경우도 있었다. 영국의 재무장관 조지 오즈번은 충격적인 숫자 하나를 들이밀며 유럽연합 잔류를 주장했다. 재무성에서 발표한 예상치를 보면 영국이 유럽연합을 탈퇴할 경우 2030년이 되면 잔류했을 때보다 국내총생산GDP이 6퍼센트나 낮았다. 오즈번의 언론 배포 자료에는 이렇게 써 있었다. "영국이 유럽연합을 탈퇴하기로 결정할 경우 가구당 연간 4,300파운드(약 650만 원)의 경제적 손실을 볼 것이다."[25]

뭐가 문제일까? 첫째, 오즈번의 언론 배포 자료를 보면 영국이 '지금보다' 살림살이가 줄어들 것처럼 써 놓았다. 하지만 실제로 재무성 예상치를 보면 영국은 유럽연합을 잔류하든 탈퇴하든 2030년 예상 GDP가 지금보다 훨씬 높다. 표제를 좀 더 정직하고 온전하게 쓴다면 이렇게 되어야 했다. "영국이 탈퇴할 경우 잔류할 때보다는 경제 형편이 좋지 않지만 지금보다는 훨씬 나을 것이다."

다음으로 '가구당'이라는 구절에도 문제가 있다. 언론 배포 자료를 보면 영국의 각 가정이 쓸 돈이 4,300파운드 줄어들 것처럼 ('명시'는 아니고) 암시하고 있다(신문들은 해당 배포 자료를 정확히 그런 식으로 해석해서 썼다). 하지만 재무성 분석은 가구당 소득에 대한 얘기가 아니다. GDP는 가구당 소득과는 아주 다르다. GDP 속에는 기업 투자나 정부 지출 같은 것들이 포함되어 있기 때문이다. 2015년 1

조 8690억 파운드의 GDP와 2700만 가구를 보유한 영국은 가구당 GDP가 6만 9,000파운드를 넘겼다. 2014~2015년 가구당 가처분 소득 중앙값은 이 수치의 3분의 1이 조금 넘는 2만 5,700파운드였다. 그러니 가구당 GDP라는 개념 자체가 거의 무의미하다는 사실을 금세 알 수 있다. 오즈번과 재무성의 분석팀은 모두 이런 사실을 잘 알고 있었다. 그들이 낸 표제는 진실이었지만 일부러 오도하도록 썼다.

2016년 영국소아암재단은 "16년간 아동 및 청년 암 환자 40퍼센트 증가"라는 제목의 안타까운 보도 자료를 언론에 배포했다.[26] 그러자 평소 같으면 침착했을 〈텔레그래프The Telegraph〉도 다음과 같이 자극적인 표제를 달았다. "현대인의 생활이 아이들을 죽이고 있다."[27] 지난 10년간 영국에서 아동 암 사망률이 24퍼센트나 감소했다는 사실[28]을 몰랐던 〈텔레그래프〉는 영국소아암재단의 '과학적 조언자'가 가정의 전기 사용에서부터 헤어드라이어에 이르기까지 온갖 것들을 비난하는 내용을 고스란히 인용 보도했다.

영국에서 아동 암 환자가 증가한 것은 팩트다. 하지만 거기에는 충분히 그럴 만한 이유가 두 개나 있다. 하나는 같은 기간 영국의 아동 수가 늘어났다는 점이다. 아이들의 수가 늘었으니 아동 암 환자도 느는 것은 당연한 일이다. 또 하나 진단 기술이 눈에 띄게 발전했다는 점이다. 그래서 훨씬 많은 암 환자가 조기에 진단을 받고 치료받을 수 있게 됐다.[29] 전에는 아동기에 암이 발생해도 그런 사실을 몰라서 어른이 될 때까지 보건 통계에 기록되지 않는 경우가 많았다. 영국소아암재단은 이런 사실을 모두 잘 알고 있다. 그러니 그들이 만든 언론 보도 자료의 제목은 사실이기는 해도 사람들을 오도하는 내용이라고 봐야 한다. 또 다른 자선 단체인 영국암연구소가 추산한 바에 따르면 1990년대 이후 아동 암 발생률은 11퍼센트 증가했다.[30] 이게 훨씬 더 현실적인 수치다.

시간의 흐름에 따라 숫자들이 바뀌면서 중대한 진실이 도출되는 경우도 있다. 어느 사회적 이슈가 좋아지고 있는가, 나빠지고 있는가? 정부 지출이 늘었는가, 줄었는가? 회사가 성장 중인가, 하락세인가? 이런 것들은 수치가 즉답해야 할 질문들이다. 하지만 오도자라면 연관된 숫자 하나를 골라서 전혀 다른 얘기를 할 수도 있다. 10대가 더 많이 체포되고 있는가? 인구가 느는 중이라면 체포되는 10대의 '비율'은 줄어드는 중일 수도 있다. 16세 이하는 어떤가? 흑인 10대는? 폭력적 범죄로 체포된 10대는? 특정 도시의 10대는? 10대 상습범은? 이런 여러 잣대 중 하나쯤은 옳은 방향으로 가고 있을 것이다.

어떤 변화가 되었든 고려할 기간의 시작 연도를 달리 뽑으면 진실이 바뀔 수도 있다. 2011년 1월 미국의 기업들은 지난 2년간의 주식시장 성장을 축하할 수도 있었다. 2009년 1월 이래 S&P500 지수가 36퍼센트나 올랐기 때문이다. 반면에 기업들은 지난 3년간의 주식시장 하락을 한탄할 수도 있었다. 2008년 1월 이래 S&P500 지수가 10퍼센트 하락했기 때문이다.

2000년 1월 20일 노동당의 스핀 닥터spin doctor* 랜스 프라이스는 개인 다이어리에 이렇게 고백했다. "이번 주에 나온 범죄 관련 통계는 상당히 나빴다." 프라이스는 토니 블레어 정부 팀의 핵심 구성원이었다. "우리는 굉장한 사전 회의를 했는데 거기서 누군가 범죄율이 오르는 지역을 빼면 범죄율이 떨어지는 통계가 된다고 알려줬다! 그때 문득 똑같은 원칙을 병원 대기자 명단에도 적용할 수 있겠다는 생각이 들었다."[31]

2년 후 한 연구팀은 "노동당이 우리 선거구에 한 일"이라는 제목으로 노동당이 발표한 일련의 통계 지표들을 검토했다. 이 지표들은 교육과 의료, 치안, 경제 등 각 분야의 발전 정도를 측정한 것이었다. 연구팀은 노동당이 내놓은 숫자들이 "모든 분야에서 모든 게 나아지고 있는 것처럼 보이는 게 이상했다."고 말한다.[32] 어느 정부도 그렇게까지 훌륭할 수는 없기 때문이다. 연구팀은 각 지표를 상세히 뜯어보았다. 그리고 노동당이 어떻게 하나도 빠짐없이 모든 지표가 개선되고 있는 것처럼 보이게 만들었는지 알아냈다.

> 만약 어느 지표가 어느 기간 동안 개선되지 않았다면, 해당 선거구에서는 개선되었다는 결과가 나올 수 있는 구간으로 측정 기간을 바꾼다. 지표들을 측정한 지역 단위 역시 서로 달랐다. …… 한 예로 범죄 통계의 경우 해당 지역이나 경찰 관할 구역의 범죄가 증가했다면 그 선거구에는 영국 및 웨일스 지방 전체의 평균 수치를 지표로 제시한다. 이렇게 해서 노동당의 웹사이트에서는 어느 지역을 찾아도 모두 노동당 집권하에서 범죄율이 떨어진 것으로 나온다.

* 본래 '스핀(spin)'은 '좋게 꾸민 해석을 내놓는다'는 뜻으로, 정당이나 정치인 등의 언론 홍보 담당자를 비하하는 의미로 '스핀 닥터'라고 부른다.—옮긴이

다우닝가에서 열린 그 '굉장한 회의'가 진지한 소통 정책으로 변했던 모양이다.

진실을 편집하는 법 #10

추세와 인과관계를 조작하라

그래프를 사용할 때 오도자들은 그래프의 규모를 바꾸거나 '0'으로 시작하지 않는 그래프 축을 써서 진실을 둔갑시킬 수 있다. 나에게 유리한 축을 사용해서 데이터를 표시하면 하락세인 트렌드도 평평하게 보이고, 미미한 성장도 극적으로 보인다. 우리 지역에서 이용가능한 침상 수가 1만 5,134개에서 1만 5,326개로 증가했다면 별 볼일 없는 이 1퍼센트의 증가도 대단한 업적처럼 보이게 만들 수 있다. y축을 1만 5,000부터 시작하면 된다.

주요 제품이 잘 팔리지 않는다면 어색해질 수 있는 투자자 미팅에서 누적 판매량 데이터로 진실을 가리면 된다. 올해 판 제품만이 아니라 지금까지 판 모든 제품의 수를 보여주는 것이다. 누적 그래프가 오도자들에게 정말 좋은 점은 절대로 아래로 내려갈 일이 없다는 점이다. 어마어마한 반품 정책을 갖고 있지 않은 이상, 누적으로 표시했는데 올해까지 판매한 제품이 작년보다 적을 수는 없다. 애플의 최고 경영자 팀 쿡도 2013년에 '아이폰 누적 판매량' 그래프를 제시해서 2분기 연속 판매량이 줄었다는 사실을 숨겼다. 그는 한 달 후에도 똑같은 일을 했다. 아이패드 역시 2분기 동안 판매량이 줄었기 때문이다. 비즈니스 뉴스 웹사이트 쿼츠Quartz는 이렇게 결론 내렸다. "애플은 도표를 잘 그릴 줄 모르거나, 아니면 우리가 그 차이를 모를 거라고 생각하는 모양이다."[33]

웹에 보면 1820년 이래 지구의 평균 온도가 상승하면서 해적의 수가 줄어드는 것을 보여주는 재미난 그래프가 있다. 상관관계가 무시무시하다. 해적의 수가 줄어들면서 세계는 더 더워졌다. 먼 바다에서 범죄가 줄어들면서 대륙 간 무역이 더 활발해졌고 그런 상황이 지구 온난화를 유발한 것이다!

물론 말도 안 되는 결론이다. 오히려 인과관계는 반대 방향이다. 온도가 상승하면서 배 안의 럼주가 증발했고, 해적들의 사기가 약화되어 정직한 무역이 늘어난 것이다(오해마시라! 이 분석도 장난이다).

장난으로 만든 이 분석은 두 숫자 집합 사이에 상관관계가 관찰된다고 해서 반드시 인과관계가 있을 거라고 생각하지는 말라는 경고다. 해변 리조트에서 아이스크림 판매가 늘어나면 익사자가 늘어난다는 지적이 나온 적도 있었다. 그렇다고 해서 아이스크림이 치명적인 경련을 유발한다는 얘기는 아니다. 사람들은 날이 더워지면 아이스크림을 먹는 경향이 있고, 날이 좋아지면 수영을 하러 가는 것뿐이다. 아이스크림 소비와 늘어난 익사자 수 사이에는 아무런 인과관계도 없다. 둘 다 제3의 요인이 원인이다.

오보자들은 바로 이 함정에 잘 빠진다. 최근 선진국에서는 빈곤과 비만 사이의 연관성을 우려하고 있다. 2013년 영국의 공중보건 장관 애나 수브리는 이렇게 말했다. "이제는 누군가의 체중을 보면 집안 환경을 알 수 있을 정도입니다."[34] 영국에서 최빈층 아동은 최부유층 아동보다 비만이 될 확률이 거의 두 배나 높다. 그렇다면 빈곤이 비만을 유발하고 목숨까지 위협한다는 뜻일까?

정크 푸드의 값이 싸다는 점을 들어 실제로 그렇게 주장하는 정치가들도 있었다. 또 빈곤 감소 정책을 주장하는 사회 운동가들도 이 상관관계를 이용한다. 그러나 인과성은 분명하지 않다. 식품의 가격이 싸다고 해서 반드시 설탕과 지방이 많이 든 것은 아니다. 오히려 빈곤 지역과 연계된 교육·문화적 요소가 비만의 더 큰 원인인지도 모른다. 단순히 빈곤 가정에 경제적 지원을 늘린다고 해서 그들의 식단이 개선된다는 보장은 없다. 차라리 그 돈을 공공 인식 개선 운동이나 체육 시설, 급식 영양 개선 등에 쓰는 편이 나을 수도 있다. 빈곤 완화 조치도 필요하겠으나 빈곤과 비만 사이의 상관성을 그 근거로 내세우는 것은 경합하는 진실을 오용하는 일이다.

평균이라는 거짓말

흔히 이렇게들 말한다. "거짓말에는 세 종류가 있다. 거짓말, 새빨간 거짓말, 그리고 통계." 그럼에도 우리는 건강이나 정치, 투자, 교육, 기타 수많은 영역에서 옳은 선택을 하기 위해 통계를 참고한다. 통계는 거짓말이 아니다. 하지만 진실과 마찬가지로 통계 숫자도 단순하지 않기에, 만져서 모양을 바꿀 여지가 상당히 많다.

사람들이 가장 많이 아는 통계 중 하나가 '평균'이다. 어느 인구 집단의 평균 신장을 추정하고 싶다면 표본 75명의 키를 재서 평균치를 구하는 방법이 있다. '평균처럼 간단한 것을 두고 경합하는 진실이 생길 리야.'라고 생각할 사람도 있을 것이다. 하지만 평균에도 몇 가지 종류가 있다.

먼저 '산술 평균'. 표본에 속하는 모든 사람의 키를 더해서 표본 수 75로 나눈 것이 산술 평균이다. 다음으로 '중앙값'이라는 것이 있다. 표본 75명을 키순으로 세웠을 때 가장 중앙에 서 있는 사람의 키가 신장의 중앙값이다. 이 두 숫자는 서로 다를 수 있다.

듣는 사람이 산술 평균과 중앙값의 차이를 잘 모를 거라고 생각되면 오도자는 유리한 쪽으로 하나를 선택해서 이용할 수 있다. 2014~2015년에 영국의 세전 소득 산술 평균은 3만 1,800파운드였고, 중앙값은 2만 2,400파운드였다(둘 다 납세자만 적용).[35] 소수의 사람들이 수백만 달러를 벌어들이는 사회에서 산술 평균이 중앙값보다 높은 게 놀랄 일은 아니다. 그 소수의 사람들은 중앙값에는 거의 영향을 주지 않지만, 그들이 받는 어마어마한 보수가 산술 평균을 상당히 높여놓기 때문이다.

그래서 2015년 아래의 두 진술은 모두 진실이다.

> '연봉이 2만 8000파운드인 교사는 평균 소득 이하를 벌고 있다.'
>
> '연봉이 2만 8000파운드인 교사는 평균 소득 이상을 벌고 있다.'

대부분의 평론가들은 자신이 쓰는 평균이 어느 종류인지 굳이 밝히지 않는다. 똑똑한 정치가나 노동조합 리더, 사회 운동가라면 자신의 목적에 맞는 평균을 골라 사용한다.

진실을 편집하는 법 #11

심슨의 패러독스

산술 평균은 다른 의미에서도 믿지 못할 숫자이다. 학부모들은 자녀의 학급 크기에 신경을 많이 쓰는데, 대체로 학급 크기가 작은 것을 선호한다. 선생님이 각 아이에게 할애할 수 있는 시간이 더 많기 때문이다. 그래서 정치가들은 평균 학급 크기가 작다는 것을 보여주려고 기를 쓴다. 하지만 그렇다고 해서 평균적으로 아이들이 작은 학급에 속해 있다는 뜻은 아니다.

언뜻 이해가 가지 않는 이 현상을 쉽게 알아보려면 우리 도시에 학급이 두 개밖에 없다고 상상해보면 된다. 한 반에는 열 명의 아이들이 있고, 다른 반에는 50명의 아이들이 있다. 평균 학급 크기는 30명이다. 30명이라고 하면 그런대로 괜찮게 들린다. 하지만 아이들 대부분은 50명이 함께 듣는 콩나물 교실에 속해 있다. 그러니 '평균적인' 아이는 50명 학급에 속해 있을 것이다. 좀 더 정확히 말하면 어느 아이의 학급 크기 평균은 43명이 조금 넘는다.

그러니 정치가들이 어느 지역이나 어느 국가의 평균 학급 크기를 진실 그대로 이야기하더라도 그 수치는 '평균적인' 아이의 학급 크기보다는 낮을 것이다. 교도소나 열차, 병원 등의 과밀화에 대해서도 똑같은 속임수가 적용된다. 지역이나 국가의 평균은 언제나 평균적 개인의 경험을 과소평가할 것이다.

수수께끼가 있다. 머리카락이 평균보다 긴 남자가 바에 들어갔다. 그러자 그 바의 머리카락 길이 평균이 줄어들었다. 어떻게 된 걸까?

간단하지만 통계가 가진 문제점을 여실히 보여주는 수수께끼다. 이 문제적 측면을 소위 '심슨의 패러독스Simpson's Paradox'라고 한다. 이게 문제가 되는 이유는 똑같은 숫자가 두 개의 아주 다른 진실을 전달하고 있기 때문이다. 수수께끼에 답하기 전에 현실에서의 사례를 살펴보자.

2000년에서 2012년 사이 미국의 임금 중앙값은 물가 상승분을 조정했을 때 0.9퍼센트 상승했다.[36] 좋은 소식처럼 들린다. 하지만 같은 기간 고등학교 중퇴자의 임금 중앙값은 7.9퍼센트 하락했고, 고등학교 졸업자의 임금 중앙값은 4.7퍼센트 하락했다. 뿐만 아니라 약간의 대학 교육을 받은 사람의 임금 중앙값은 7.6퍼센트 하락했고, 하나 이상의 학위를 가진 사람의 임금 중앙값은 1.2퍼센트 하락했다. 간단히 말해 미국의 모든 경제 집단이 임금 하락을 경험했는데도 전체적으로 평균 임금은 올라갔다.

이 문제를 왜 패러독스라고 부르는지 이제 감이 오는가.

다시 앞서의 수수께끼로 돌아가보자. 답은 '평균보다 긴'이 무슨 뜻이냐에 달려 있다. 우리는 인구 전체의 '평균'을 말하는 게 아니다. 바에 들어온 남자는 '남자들 중에서' 평균보다 긴 머리카락을 가졌다. 하지만 바에는 당연히 여자들도 있을 테고, 새로 들어온 남자의 머리카락은 여자들 평균보다는 짧을 것이다. 남자라는 하위 집단의 머리카락 평균은 늘어났고, 여자라는 하위 집단의 평균은 바뀌지 않았지만, 전체 평균은 오히려 줄어들었다.

심슨의 패러독스를 푸는 핵심 열쇠는 전체 집단과 하위 집단의 차이를 인식하는 것이다.

임금 하락 문제를 다시 보자. 혹시 시간이 지나도 고교 중퇴자, 대졸자 등 각 하위 집단은 고정되어 있다고 가정했는가? 알다시피 그건 사실이 아니다. 지금 미국의 노동자들 중에는 대졸자가 훨씬 많다. 다시 말해 2000년에 비해 임금을 아주 많이 받는 하위 집단이 임금을 아주 적게 받는 하위 집단에 비해 상대적으로 커졌다. 이러니 대졸자의 임금 중앙값은 하락했지만 대졸자 수가 늘어났기 때문에 전체 평균을 끌어올린 것이다.

이렇게 전체 집단과 하위 집단 수준에서 결론이 달라지기 때문에 미국의 정치가들은 임금이 올라갔다고도, 임금이 내려갔다고도 '진실되게' 주장할 수 있다. 대부분의 사람들은 심슨의 패러독스를 들어본 적도 없고, 이렇게 모순되는 진실 두 개가 공존할 수 있다는 점을 이해할 만큼 통계학을 배운 적도 없다. 그 결과 사람들은 내가 들었던 예시를 믿을 테고, 혹시 두 가지 버전을 모두 들었다면 아예 통계에 대한 신뢰 자체를 상실할 수도 있다.

'임금이 올라갔습니다. 여기 그 증거가 되는 통계가 있어요!'

'임금이 내려갔습니다. 여기 그 증거가 되는 통계가 있어요!'

두 문장은 모두 진실이다.

이러니 사람들이 냉소적이 되는 것도 무리가 아니다.

아일랜드가 GDP를 26퍼센트나 올린 비결

어느 국가의 경제 건전성을 알아볼 때 가장 면밀히 관찰하는 척도가 바로 GDP다. 수십억 건의 거래와 투자로 이루어진 경제의 실적과 크기를 숫자 하나로 포착하는 게 GDP라고들 생각한다. GDP는 어느 경제에서 창출된 가치를 (물가 상승분을 감안해) 측정한다. 예전에는 GDP가 이자율과 국가 신용 등급, 연금 지급, 세율, 정부 지출 등을 결정했다. GDP가 오르면 사람들은 일반인의 생활 수준이 올라갈 거라고 기대한다. GDP가 2분기 연속 하락하면 정부는 '경기 침체'를 발표하고 기업과 가계는 중요한 지출을 삭감한다. 누구나 GDP의 영향을 받는다.

2015년 아일랜드의 GDP가 26퍼센트 늘어났다. 유로존Eurozone에 속하는 작은 나라치고는 대단한 성과로 보였다. 그 해 인도의 GDP 성장률이 7.6퍼센트였고 중국은 6.9퍼센트였으며 유로존 평균이 겨우 1.7퍼센트였다. 아일랜드 사람들은 대체 뭘 어떻게 한 걸까?

유감스럽지만 아일랜드의 GDP 급등과 그 국민 사이에는 별 관계가 없다. 아일랜드 사람들이 그런 급등을 만들어낸 것도 아니고, 거기서 수혜를 입을 일도 없다. 몇몇 해외 기업이 세금상의 이유 때문에 글로벌 게임에서 칩 몇 개를 옮겨놓은 것 뿐이다. 값나가는 일부 자산이 아일랜드를 터전으로 상당한 소득을 만들어내고 있다. 아일랜드는 법인세가 12.5퍼센트에 불과하기 때문에 글로벌 기업들이 합병 등의 방법으로 본사 주소를 이전할 만한 매력이 크다. 현재 700개가 넘는 미국 기업이 공식적으로 아일랜드에 본사를 두고 있다.

2015년에만 3000억 유로분의 생산성 높은 자산이 아일랜드로 이전됐다. 거기에는 네덜란드의 리스전문업체 에어캡이 보유한 350억 유로 상당의 항공기도 포함되고, 애플 같은 거대 기술 기업의 지적 자산도 있다.

하지만 이 많은 추가 자산과 국가 소득이 아일랜드 국민에게는 어떤 의미가 있을까? 별 의미는 없어 보인다. 공식적으로 수출은 2015년 2200억 유로에서 2950억 유로로 올랐지만 그 깜짝 놀랄 상승분을 만들어낸 재화나 서비스는 대부분 아일랜드에서 생산되지 않았다. 공식 주소를 아일랜드로 옮긴 미국 기업들의 생산 설비나 경영팀은 대부분 미국에 남아 있다. 법인세 수입 증가로 정부는 그동안 쪼들렸던 예산에 어느 정도 도움은 됐겠으나 아일랜드 시민 대부분의 소득에는 별 영향이 없다. 아일랜드 중앙통계청에 따르면 고용 수준도 별로 달라지지 않았다. 아일랜드 사람 대다수의 부(富)도, 향후 전망도, 이전과 별로 다르지 않을 것이다.

그렇다면 GDP라는 지표가 무슨 의미인가? 장부상 그렇게 큰 성장을 이루어도 시민 대부분이 실제로 뭔가 좋아진 것을 경험할 수 없다면 GDP라는 척도가 과연 목적에 맞을까? 아일랜드의 경우 GDP는 분명 사람들을 오도했다. 2016년 초 아일랜드는 GDP 대비 정부 부채 비율이 2013년 125퍼센트에서 100퍼센트 아래로 떨어진 사실을 자축했다. 하지만 GDP가 인위적으로 뻥튀기 되었다는 맥락에서 보면 그런 업적도 공허하게 느껴진다. 아일랜드는 아직도 전 세계에서 두 번째로 1인당 부채가 많은 국가다.

나의 불행이 GDP를 살 찌운다

아일랜드는 예외적으로 GDP가 왜곡된 사례라고 치더라도, 여전히 GDP는 보편적인 문제점을 안고 있다. 콜로라도에서 오토바이를 타던 사람이 넘어져 다리가 부러지면 당사자에게는 나쁜 소식이지만 GDP에는 좋은 소식이다. 오토바이 운전자의 보험 회사가 운전자의 구급차 호송비며 치료비, 입원비, 물리치료비, 어쩌면 변호사비까지 지불하고 새 오토바이도 한 대 사줄지 모르기 때문이다. 운전자의 불행이 곧 경제 활동의 증가를 의미하면서 GDP를 끌어올리는 것이다. 마찬가지로 아프리카의 어느 시골 마을에 가뭄이 들면 먹을 거리를 키울 수가 없어 돈을 주고 사야 한다. 이 마을의 고난이 곧장 GDP 증가로 이어지는 셈이다. 열대 우림을 벌목해서 목재를 만들거나 지진이 나서 건물을 새로 지으면 GDP가 올라간다. 반면에 자동차 회사가 더 싸고 효율적인 자동차를 생산하면 자동차와 연료 양쪽으로 지출이 줄어들어 GDP가 줄어든다. 이러니 나라의 경제 상태를 측정하는 데 GDP가 아무리 유용한 척도처럼 보이더라도 GDP의 증가가 늘 행복이나 복지의 증진을 뜻하지는 않는다. GDP가 올라갔다는 '진실'은 많은 국민의 건강이나 행복이 나빠졌다는 '경합하는 진실'과 얼마든지 공존할 수 있다.

기술 덕분에 우리의 활동 내용과 가치관이 바뀌면서 GDP가 인간의 복지와 일치하지 않는다는 사실이 점점 더 중요해지고 있다. 대부분의 선진국에서는 몇 년째 GDP가 대체로 정체되어 있고, 평론가들은 그게 우리의 생활 수준 역시 정체됐다는 의미로 받아들인다. 그러나 그 기간 동안 기계나 통신, 의료는 크게 발전했고, 우리는 지식이나 음악, 텔레비전, 책, 네트워크, 게임 등에 무한정으로 접근할 수 있게 됐다.

한때는 자동차나 옷에 열광했던 젊은 층이 이제는 페이스북에 친구를 늘리거나 인스타그램에 셀카를 올리는 데 더 관심을 가진다. 스트리밍 음악과 온라인 정보에 대한 접근성, 멀티 플레이어 게임, 직장이나 파트너 찾기, 네트워크 구축 등에서 우리는 어마어마하게 많은 가치를 획득했다. 그러나 이런 혜택은 모두 돈 한 푼 들지 않기 때문에 이 가치들의 많은 부분이 GDP 통계에는 잡히지 않는다. 자녀를 서로 돌봐주고 자동차를 공유하게 도와주는 앱App은 삶의 질을 크게 높여주지만, GDP는 오히려 더 낮게 만들 가능성이 크다. 택시나 육아 도우미에 지출하는 비용이 줄어들기 때문이다.

2016년 이런 문제를 인식한 중국 국가통계국 차관 쉬 시안춘은 공짜로 제공되는 서비스도 GDP에 포함시키자며 이렇게 말했다. "디지털 경제는 여러 새로운 비즈니스 모델을 만들어냈고 화폐가 필요 없는 거래를 수없이 많이 창출했습니다. 이런 사업에서 매출은 대부분 서비스를 이용하는 이용자가 아니라 온라인 광고에서 나옵니다. 그렇다보니 소비자에게 무료로 제공된다는 이유만으로 이 최종 서비스의 가치는 과소평가되거나 무시되는 경우가 다반사입니다."[37] 영국의 국가통계청은 GDP 산정에 공유 경제를 포함시킬 방법을 찾으라는 임무를 부여받았다. 와츠앱 메시지와 구글맵, 유튜브 영상의 진짜 가치를 어떻게 수치화할 것인가 하는 문제는 아직 해결해야 할 과제로 남았다.

통계 전문가들이 이 시대의 무료 디지털 재화와 공유 경제 서비스를 GDP에 포함시킬 방안을 찾아낸다고 하더라도 여전히 한계는 남는다. 그러니 만약 다음에 또 어느 정치가가 GDP가 약간 상승한 것을 가지고 호들갑을 떨더라도 우리는 그 한계를 떠올려야 한다. 1968년 로버트 프랜시스 케네디는 GDP와 밀접한 관련이 있는 국가총생산GNP에 관해 이렇게 말했다. "그 수치는 우리의 기지(機智)를 측정하는 것도, 용기를 측정하는 것도 아니요, 우리의 지혜나 학습, 연민이나 국가에 대한 헌신을 측정하지도 않습니다. 인생을 가치 있게 만들어주는 것들만 빼고, 다른 모든 걸 측정하는 수치입니다."[38]

숫자 해독 능력

앞서 2002년 영국 노동당의 실적 지표를 비판했던 연구팀은 다음과 같이 결론 내렸다.

> 노동당 웹사이트에 나와 있는 그 어느 수치도 엄밀한 의미의 진실은 아니라고 말하는 게 공정하다. 개선 현황에 대해 최대한 좋은 그림을 만들어내려고 연도와 지역을 짜깁기하면서 전체적으로 통계를 부정직하게 짜 맞추었다.

이런 통계 조작은 너무 흔해서 이제는 그게 마치 정당한 행위처럼 보일 정도다. 어느 한쪽에서 발표한 숫자를 믿을 만큼 순진하다면 속아 넘어가도 할 말이 없다고 말하는 사람도 있다. 하지만 숫자에 익숙하지 않은 사람이 너무나 많고, 이 사람들은 숫자만 있으면 일단 비판적 사고를 유보하고 본다. 담당 부처에서 나온 공무원이 수치를 한 가득 펼쳐 보이는데 대체 우리가 무슨 수로 의문을 제기한단 말인가? 라이벌 관계에 있는 정당이 서로 상충하는 숫자를 들이민다면 어느 쪽이 더 진실에 가까운지 어떻게 판단해야 할까?

세상에 대한 우리의 인식은 세상을 어떻게 측정했느냐에 달려 있다. 그리고 그렇게 정해진 인식이 우리의 태도와 행동과 투표를 결정한다. 숫자는 중요하다. 숫자에 대한 신뢰를 버려서는 안 된다. 그러려면 우리는 숫자를 해석하는 데 더 능해야 하고, 만약 오도자들이 수치상의 진실을 이용해 우리에게 거짓말을 한다면 반드시 책임을 지게 만들어야 한다.

다음과 같은 사람을 조심하라

- 숫자를 실제보다 더 크게 혹은 더 작게 보이게 만들거나, 추세를 실제보다 더 의미 있는 것처럼 보이게 하려는 오도자
- 연관성을 보이는 두 자료는 당연히 인과관계가 있다고 가정하는 오보자
- 통계를 내 마음대로 골라 쓰거나, 내가 쓰는 평균이 '어떤' 평균인지 밝히지 않는 오도자

---

05 스토리

팩트가 무슨 상관이야! 필요한 건 스토리라고!

— 켄 키지Ken Kesey,
《뻐꾸기 둥지 위로 날아간 새*One Flew Over The Cuckoo's Nest*》의 작가

"팩트는 됐고, 중요한 건 스토리야!"

영국중앙은행 총재를 지낸 머빈 킹Mervyn King은 2008년 세계 금융 위기가 어떻게 발생했는지 설명을 시작하며 글의 제목을 "위기의 스토리"라고 달았다.[1]

그는 이렇게 썼다. "중요한 전환점에서부터 이야기를 시작할 수밖에 없다. 베를린 장벽의 붕괴 말이다." 킹은 "계획 경제라는 사회주의 모델의 종말"이 중국과 인도 기타 국가들에게 국제 교역 시스템을 받아들이도록 자극했다고 말한다. 그 결과 국제 시스템 내부에는 노동 공급 여력이 세 배 이상 늘어났다. 이는 곧 아시아의 대규

모 무역 수지 흑자로 이어졌고, 결국 전 세계에 '저축 과잉'이 발생했다. 장기적으로 봤을 때 이자율은 전 세계 저축과 지출 사이의 균형에 의해 결정된다. 저축 과잉은 이자율 급락을 초래했고 자산 가격을 상승시켰다. 돈을 빌리는 비용이 저렴해지면서 기업들은 성과가 불투명한 프로젝트에까지 겁 없이 덤벼들었다. 한편 자산 운용사나 은행은 저율의 채권이나 차관보다 수익성이 나은 투자 기회를 찾는 데 혈안이 되어 있었다.

킹은 이 때문에 은행의 대차대조표가 급속히 불어났고 위험성이 큰 투자가 늘어났다고 설명한다. 그리고 그중에는 몇몇 사람만 그 내용을 이해하는, 새로 개발된 최신 금융 상품이 다수 있었다. 이런 상황과 세계 경제의 불균형이 합쳐지면서 불안하기 짝이 없는 경제 화약고가 만들어졌고 스파크가 튀어 불이 붙기만을 기다리고 있었다. 불투명한 고위험성 투자 목록이 계속해서 쌓여가자 은행들은 더 이상 서로의 상환 능력을 신뢰할 수 없었다. 금융 기관들은 이제 필요할 때 상대방이 현금을 구할 수 있을 거라고 확신할 수 없었고, 유동성 문제가 격화됐다. 이후 벌어진 일은 우리 모두가 뼈저리게 잘 알고 있는 그대로다. 리먼 브라더스가 무너졌고, 주식 시장은 폭락했으며, 수십억 달러의 정부 구제 금융이 투입됐다.

전 세계를 뒤흔들어 놓은, 이렇게 심각한 일련의 사건을 킹은 왜 '스토리'라고 불렀을까? 이 질문에 답하려면 스토리가 무엇인지부터 알아야 한다. 스토리라는 단어를 들으면 사람들은 용이나 스파이가 등장하고 로맨스가 펼쳐지는 소설을 먼저 떠올린다. "이야기 하나 들려주세요."는 아이들이 늘 조르는 말이다. 스토리는 재미를 찾는 사람들, 아이들, 영화, 현실 도피, 특종을 찾는 저널리스트들을 위한 것이다. 많은 사람이 스토리와 진실의 관계는 아주 느슨하다고 생각한다.

하지만 10여 년간 기업과 정부 조직에 대한 스토리를 써온 나는 스토리를 좀 다르게 정의하고 싶다.

> 스토리란 변화의 과정을 선별적이면서도 일관되게 설명하는 방법으로서 상황과 사건 사이의 인과관계를 강조한다.

맞다. 재미있는 개념을 내가 지루한 전문 용어로 망쳐버렸다. 하지만 스토리는 우리가 소통하는 데 너무나 기본적인, 근간이 되는 형식이기 때문에 그 작동 원리를 제대로 알아둘 가치가 있다. 그 어떤 스토리든 다음의 요소들은 필수불가결하게 갖추고 있다.

변화 과정 아무것도 변하지 않는다면 스토리도 없다. 영웅이 처음 시작할 때와 똑같은 모습으로 끝난다면 스토리는 없다. 영화 〈대부The Godfather〉의 마이클 코를레오네는 군인으로서 깨끗한 삶을 살다가 피도 눈물도 없는 마피아 두목으로 변신한다. 도로시는 오즈에서 집으로 돌아가지만 그때쯤 이미 돌이킬 수 없는, 다른 사람이 되어 있다. 2008년 금융 위기로 치닫는 과정은 글로벌 경제가 균형을 이루고 은행의 대차대조표가 보수적이던 시절에서 차츰 균형이 깨지고 대차대조표가 위험하게 뻥튀기 되는 시대로 이행하는 시기였다. 은행들이 매년 똑같은 금액을 예치하고 똑같은 금액을 대출한다면 스토리는 생길 수 없을 것이다.

인과관계 어떤 스토리든 원인과 결과가 핵심이다. 《땡땡의 모험*Les Aventures de Tintin*》의 주인공 땡땡은 모형 배에서 숨겨진 양피지 두루마리를 발견했기에 캐리비안으로 보물을 찾으러 떠날 수 있었다. 트로이 사람들이 거대한 목마를 성 안으로 들여오기로 결정했기 때문에 그리스인들이 트로이를 짓밟을 수 있었다. 이자율이 너무 낮았기 때문에 투자자들은 수익성을 찾아 더 큰 위험을 감수했다. 이런 것들이 바로 스토리를 논리적으로 만들고 듣는 이에게 신뢰감을 준다. 스토리텔러는 '왜' 이런 일이 벌어졌는지를 또렷이 설명한다.

촉발제 변화와 인과관계를 합치면 시나리오 작가들이 '사건의 발단'이라고 부르는 것이 만들어진다. 변화의 과정이 왜 시작되었는가에 대한 이유다. 킹은 이것을 "중요한 전환점"이라고 불렀고, 그의 스토리에서 중요한 전환점, 즉 사건의 발단은 베를린 장벽의 붕괴였다. 베를린 장벽의 붕괴 같이 말이다. 모든 스토리에는 사건이 벌어지게 만드는 첫 번째 촉발제가 필요하다. 드라큘라는 영국에 있는 부동산을 매입하려고 로펌을 고용한다. 레아 공주는 '죽음의 별' 설계도를 손에 넣고 로봇 알투디투 속에 숨긴다. 물론 그전에도 많은 일이 있었지만(최근에 나온 영화 〈스타워즈Star Wars〉 프리퀄에서 설계도를 훔치는 과정이 자세히 그려졌다.) 스토리가 제대로 시작되는 곳은 이 지점이다. 촉발제란 여러 원인과 결과 중 최초의 원인이다.

이외에도 좋은 스토리를 만들어내는 데 기여하는 요소는 여럿 있다. 영웅, 악당, 멘토, 사기꾼, 동맹군, 시련, 장애물, 비틀기, 극적인 폭로 등이 그것이다. 하지만 모든 스토리에 반드시 있어야 할 결정적 토대는 인과관계, 촉발제, 변화 과정 세 가지다. 윌리엄 셰익스피어의 《햄릿Hamlet》을 예로 보자.

촉발제 햄릿의 아버지인 선왕의 유령이 나타난다. 선왕은 햄릿의 삼촌이자 지금은 왕이 되어 왕비와 결혼한 클로디어스가 자신을 살해했다고 폭로한다.

인과관계 햄릿은 유령의 말을 의심했기 때문에 클로디어스가 정말로 아버지를 죽였는지 시험한다. 햄릿은 실수로 연인인 오필리아의 아버지를 죽인다. 오필리아는 아버지가 사랑하는 남자의 손에 죽었기 때문에 미쳐서 물에 빠져 죽는다. 클로디어스는 햄릿이 두려웠기 때문에 햄릿을 죽일 음모를 짠다. 오필리아가 죽었기 때문에 오필리아의 오빠는 복수를 꿈꾼다.

변화 과정 햄릿은 아버지의 죽음에 대한 진실을 알게 된다. 오필리아는 미친다. 대부분의 주인공이 죽는다. 덴마크의 왕위는 노르웨이의 왕자에게 넘어간다.

2008년 금융 위기의 원인에 대한 킹의 설명은 변화 과정과 인과관계, 촉발제 이 세 가지를 모두 가지고 있다.

사람들은 왜 스토리에 끌리는가

그런데 애당초 사람들은 왜 스토리를 만드는 걸까? 수 세기를 이어온 이 인지 구조에 대체 뭐가 있기에 영국중앙은행 전 총재는 그토록 복잡한 주제를 소통할 수단으로 스토리를 택했을까?

그 답은 인과관계에 있다. 인간은 설명을 갈망한다. 뭔가 중요한 일이 일어나면 우리는 그 일이 왜 벌어졌는지 이해하고 싶어 한다. 스토리는 하나의 실마리가 어떻게 다음 실마리로 이어지는지 알려주는 것처럼 보이기 때문에 우리가 혼란한 세상을 이해할 수 있게 도와준다. 금융 위기 기간 동안 수많은 일이 벌어졌고, 그중 상당 부분이 무섭고, 파괴적이고, 이해가 가지 않는 일들이었다. 킹의 스토리는 일관되고 포괄적인 하나의 논리로 뒤죽박죽인 사건들을 연결시켜준다.

아주 간단한 스토리는 하나의 원인이 모든 결과를 일으키고, 그렇게 벌어진 결과가 다시 다음 결과의 원인이 된다. 그러나 킹의 스토리는 그렇게까지 간단하지 않다. 킹은 복수의 원인이 여러 결과를 만들어낸 모습을 설명한다. 복잡한 경제, 금융적 상호관계에 관한 킹의 스토리는 몇 페이지에 걸쳐 이어진다. 그럼에도 집중력이 있는 독자라면 그의 스토리가 끝날 때쯤에는 금융 위기가 왜 일어났는지 알 것 같은 기분을 느낀다. 소통의 도구로서 스토리가 갖는 진정한 가치가 바로 이것이다. 스토리는 복잡한 것들을 일관되고 분명하게 만들어준다.

하지만 이런 일관성과 명료함에는 대가가 따른다. 스토리의 문제점은 고도의 선별 과정을 거친다는 점이다. 거칠게 말해서 스토리는 전체 그림을 제시하지 않는다. 스토리는 편집된 진실이다. 우리는 이를 영화를 보며 느낄 수 있다. 영화의 컷과 컷 사이는 상당한 시간을 건너뛴다. 카메라 앵글은 겨우 몇 개의 움직임만 잡는다. 시나리오 작가나 감독, 편집자는 무엇을 보여줄지 여러 선택지에서 취사선택한다. 찰스 디킨스는 데이비드 코퍼필드의 일생에 관해 쓰면서 겨우 몇 개의 에피소드만 들려주었다.* 작가 데이비드 니콜스는 소설《원데이One Day》에서 20년이 넘는 세월 동안 두 사람의 일생을 그리면서 1년에 딱 하루만 그날 있었던 일을 들려준다.

논픽션도 마찬가지다. 일련의 사건을 묘사할 때 시작점을 어디로 삼고, 무엇을 회상하며, 사람들을 어떻게 묘사할지, 모두가 선택 사항이다. 특히나 원인과 결과는 단순하게 표현된다. 스토리는 다음과 같이 말끔하게 정돈된다. 파리스가 메넬라오스로부터 헬레네를 훔쳤기 '때문에' 그리스는 트로이와의 전쟁을 선포했다. 히스클리프는 캐시가 자신과 결혼하면 격이 떨어진다고 말하는 것을 엿들었기 '때문에' 집을 떠나 큰돈을 벌고 워더링 하이츠의 주인이 됐다(《폭풍의 언덕Wuthering Heights》).

현실은 이렇게까지 인과관계가 분명하지는 않다. 원인이 여러 가지인 경우도 많다. X도 Y의 원인 중 하나지만, U도 V도 W도 얼마든지 원인일 수 있다. 정치인들은 국가 부채 위기며 ISIslamic State(이슬

* 《데이비드 코퍼필드(*David Copperfield*)》는 찰스 디킨스의 어린 시절을 묘사한 자전적 장편 소설이다. —옮긴이

람 수니파 무장 단체)의 출현과 같은 문제를 자신의 목적에 도움이 될 만한 단순한 원인-결과를 가진 스토리로 설명하는 게 일상이다. 그와 라이벌인 정치가는 똑같이 진실일 수도 있는, 그와는 다른 인과관계의 스토리를 들려준다. 나심 니콜라스 탈레브 같은 학자들은 심지어 '내러티브 오류'에 관해 이야기한다. "우리는 설명을 끼워 넣거나 억지로 논리적 연결을 만들지 않고서는 일련의 팩트를 잘 들여다보지 못한다."[2]

허리케인 카트리나에 관한 두 이야기

논란의 책 《쇼크 독트린*Shock Doctrine*》에서 나오미 클라인은 허리케인 카트리나 대처법에 관한 스토리를 들려준다.[3] 그녀는 조지 W. 부시 행정부가 카트리나를 하나의 '기회'로 보았다고 말한다. 뉴올리언스의 낙후된 공공 인프라에 민영화, 규제 철폐, 작은 정부, 자유 무역과 같은 신자유주의적 정책을 적용할 기회로 보았다는 것이다. 허리케인(클라인의 이야기에서 '촉발제')으로 황폐화된 뉴올리언스는 인구 구성과 지방 정부 운영에 큰 변화가 생길 수밖에 없었다. 그리고 누군가는 이곳을 자신들의 자유 시장 아이디어를 시험할 '백지 상태'로 보았다. "몇 주 만에 멕시코만 연안은 하청업체로 운영되는 정부를 위한 '내부 실험실'처럼 되었다."

노벨상 수상 경제학자 밀턴 프리드먼의 업적에 고무된 부시 행정부는 공적 기관들에 비상 자금을 지원하는 대신, 핼리버턴, 벡텔, 블랙워터 같은 재난 자본주의disaster capitalism* 민간업체들에게 34억 달러(약 3조 6천억 원)를 주었다. 재난으로 세수가 사라진 뉴올리언스 시는 직원 3,000명을 해고해야 했다. 연방 정부는 그 자리에 민간 컨설턴트를 고용해서 재건 계획을 세웠는데, 뉴올리언스 시민보다 부동산 개발업자들을 우선시했다. 금싸라기 땅에 위치한 공공주택 단지를 오랫동안 탐내온 개발업자들은 주민들이 철수하자마자 철거 작업에 들어갔다. 공립 학교들은 '자유 시장' 원칙으로 운영되는 자율적 공립 학교로 전환됐다. 부시 대통령은 지역 대기업들에 새로운 세금 인센티브를 도입하고, 노동자 및 노동자 월급을 보호하기 위한 각종 규제의 적용도 유예해주었다.

흑인이 압도적으로 많은 뉴올리언스의 영세민은 허리케인에 심각한 피해와 상처를 입어서 이런 신자유주의적 대책에 저항할 여력이 없었다. 그들은 '충격'으로 인한 항거 불능 상태였다. 그래서 클라인이 자유 시장 열광자들로 묘사하고 있는 "정부 기능을 신뢰하지 않는 사람들"은 자연 재해를 이용해 "기업의 그림자 정부"를 세울 수 있었다. 재원은 "거의 전적으로 공적 자원에서" 나온 것이었다. 클라인이 암시하는 내용은 이랬다. 부자와 중산층은 외부인 출입을 제한하는 그들만의 커뮤니티 내에서 사설 경호원과 학교, 병원을 이용하며 번성할 것이다. 빈곤층은 공공 부문이 점점 쪼그라들면서 보호받지 못해 쫓겨나거나 비참하게 살아갈 것이다.

* 자본주의가 재난을 돈벌이 수단으로 이용하는 행태를 비판하기 위해 나오미 클라인이 만들어낸 말—옮긴이

클라인의 책은 면밀한 조사를 바탕으로 쓴 인상적인 작품이다. 그녀가 들려주는 뉴올리언스 스토리를 반박할 생각은 없다. 그녀가 제시한 팩트들은 내가 아는 한 진실이다. 하지만 카트리나와 관련된 다른 팩트들을 사용한다면 완전히 다른 스토리를 들려주는 것도 가능하다.

허리케인 카트리나에 대한 공공 부문의 대응은 매우 부적절했다. 연방재난관리청은 조직 구성도 엉성하고 행동이 굼떴다. 다른 도시에서 모여든 수백 명의 자원봉사 소방관들은 애틀랜타에서 시간을 낭비했다. 뉴올리언스시장 레이 내긴Ray Nagin은 학교 통학 버스로 노약자들을 도시 밖으로 수송하게 해달라는 요청을 거절했고, 카트리나 상륙까지 채 24시간도 안 남았을 때에야 대피 명령을 내렸다. 경찰은 광범위한 약탈을 통제하지 못했다. 루이지애나주 방위군은 병력도 부족했고, 자기네 본부가 물에 잠기지 않도록 막고 수영을 못하는 병사들을 구해내느라 정신을 못 차리고 있었다. 2006년 의회 보고서에 따르면 전체적으로 정부의 대응은 "무력하고 정신없는 마비된 조직의 행태였다."

다행히도 필요한 장비와 조직을 갖추고 있던 민간 부문은 공공 부문이 해내지 못한 일에 뛰어들 준비가 되어 있었다. 핼리버턴, 벡텔, 블랙워터 같은 기업들은 아주 어려운 환경에서도 빠르고 효과적으로 대응할 수 있는 인력과 경험, 지도부를 갖추고 있었다. 이들은 사면초가에 빠진 시 당국이나 연방재난관리청보다 훨씬 더 빠르게 식량과 물을 공급하고, 의료 서비스를 제공하고, 임시 주택을 마련하고, 청소 작전을 진행했다. 네덜란드 회사 더부르De Boer는 계약을 맺고 대량으로 임시 장례식장을 제공했다. 주 정부가 보유한 시설은 예상 사망자 수에 턱없이 부족했기 때문이다. 육군 공병단은 자체적으로 쓰레기를 치울 능력이 없어 업체 네 곳과 총 20억 달러 규모의 계약을 맺었다. 엄청난 공공 수요를 맞추기 위해서 기꺼이 민간 기업을 활용한 것은 부시 행정부가 잘한 선택이다. 게다가 부시 행정부는 연방 기금이 알뜰하게 사용될 수 있도록 적절한 조치를 취했다. 하청업체들의 멕시코만 연안 작업을 감독하기 위해 국토안보부 소속 조사관 및 감사관 30명을 파견한 것이다. 처음에 카트리나에 대한 공공부문의 대응은 한심한 수준이었지만 그다음에 부시 행정부는 가용 자원을 모조리 끌어 모아 꼭 필요했던 융통성과 실용성을 보여줬다.

두 스토리 모두 대체로 정확한 팩트를 제시하고 있다. 하지만 이야기의 톤이나 전달하는 메시지는 하늘과 땅 차이이다. 신자유주의의 음모냐, 선한 의도의 실용주의냐? 조지 W. 부시와 그 고문들의 머릿속을 들여다보기 전에는 정확히 알 수 없는 사항이다. 확실한 진실이 없기 때문에 우리가 의지할 수 있는 것은 이들 스토리가 그려주는 편집된 진실뿐이다.

우리는 부시 행정부나 민영화, 음모론을 바라보는 시각에 따라 어느 한쪽의 이야기에 귀를 더 기울일 수도 있다. 우리의 사고방식이나 세계관에 따라 어느 버전의 이야기를 믿을지가 이미 정해져 있었을 수도 있다. 그럼에도 두 스토리는 모두 진실이며, 양쪽이 제시하는 팩트들도 진실이다. 그 팩트들이 어떻게 일련의 인과관계로 연결되어 최종 메시지를 만들어내느냐, 그게 바로 스토리텔링이다.

진실을 편집하는 법 #12

팩트를 선별해 인과관계를 암시하라

킹이 들려주는 "위기의 스토리"도 진실처럼 보이고 일리가 있지만, 다른 평론가들은 또 다른 스토리를 들려주었다. 킹은 베를린 장벽의 붕괴에서부터 스토리를 시작했지만, 다른 사람들은 금융서비스업계의 규제 완화와 부채담보부증권Collateralized Debt Obligation, CDO의 발명, 미국 주택 시장의 거품 등을 촉발제로 골랐다. 은행들의 탐욕에 초점을 맞춘 평론가도 있었고, 소비자의 무모함이나 정치가의 무능력 혹은 신용 평가 기관들의 부패에 주목한 사람들도 있었다.

스토리텔러들은 각자의 촉발제를 고르고 자신의 테마를 뒷받침하는 인과관계를 우선적으로 설명했다. 킹 같은 정책 입안자들을 비난하는 사람들은 킹을 비롯한 중앙은행 운영자들이 금융 기관에 대한 규제를 완화하는 바람에 재앙이 닥쳤다는 스토리를 그려냈다. 반면에 킹의 스토리처럼 거시 경제의 흐름이 압도적이었다면 중앙은행이나 규제 당국도 다가올 재앙을 막아낼 힘은 없었을 것이다.

금융 위기 사태는 너무나 복잡해서 각자가 중점적으로 생각하는 문제에 따라 도움이 될 만한 스토리를 얼마든지 만들어낼 수 있다.

나는 스토리가 어쩔 수 없이 진실을 왜곡한다거나 사람들을 오도할 수밖에 없다는 얘기를 하려는 게 아니다. 대부분 사람들은 의도하든, 의도하지 않든, 무언가를 설명할 때 스토리를 만든다. 우리가 프레젠테이션을 구성하거나 사건을 설명하는 모습을 보더라도 촉발제와 인과관계, 변화 과정이라는 스토리의 형식을 취하는 경우가 많다. 말하자면 스토리는 이미 인간의 뇌리에 장착되어 있다. 수천 년간 서로에게 하느님과 야수와 적군과 연애에 관해 들려주면서 우리의 일부가 된 것이다.

하지만 이왕에 스토리를 들려줄 거라면 제대로 된 스토리를 얘기해야 한다. 주어진 팩트로 스토리를 구성할 수 있는 방법은 여러 가지고, 듣는 이에게 유도할 수 있는 결론도 여러 가지라는 사실을 인식하고 있어야 한다.

큐 가든 구출 작전

영국에 있는 큐Kew라는 왕립 식물원은 식물 및 균류 연구와 보존에 힘쓰는 기관이다. 영국인이라면 아마 큐 가든Kew Garden에 대해 들어보았거나 어쩌면 이미 방문해본 적도 있을 것이다. 그랬다면 앞서 쓴 첫 문장이 놀라울 수도 있다. 큐 가든은 그냥 런던 남서부에 있는 오래된 아름다운 정원 아니었나?

많은 사람이 그렇게 알고 있다. 그리고 많은 영국 정치가조차 그렇게 알고 있다는 점이 문제다. 이것이 문제가 되는 이유는 큐 가든이 부분적으로 세금에 의존하는 기관이기 때문이다. 큐 가든은 영국 정부로부터 연간 2000만 파운드(약 300억 원) 정도를 지원받는다. 정원 하나에 들이기에는 꽤 많은 돈처럼 느껴진다. 유료 입장객도 충분히 많은데 말이다. 반면에 큐 가든이 생물 다양성을 보존하고, 기후 변화의 영향을 완화하며, 글로벌 식품의 공급을 확보하고, 전염병 위험을 줄인다면, 연간 2000만 파운드 정도는 우스운 금액이다.

2015년에 큐 가든은 연간 500만 파운드 이상의 자금난에 직면했다. 긴축 정책 속에서 큐 가든에 배정될 정부 예산은 대폭 삭감될 듯했다. 직원들이 해고되었고 중요한 인프라 투자도 보류됐다. 큐 가든의 책임자 리처드 디버렐은 큐 가든이 국제적으로 수행하고 있는 중요한 역할을 분명히 밝힘으로써 공적 자금을 계속 받을 수 있게 논리를 세워야 했다.

BBC 사장을 지낸 디버렐은 스토리텔링의 힘을 잘 알고 있었다. 그는 나를 불러서 큐 가든을 위한 새로운 내러티브를 만들게 도와달라고 했다. 그 시작으로 우리는 앉아서 큐 가든에 관한 얘기를 나눴다.

디버렐은 큐 가든의 초창기 이야기를 들려주었다. 역사광인 그는 조지 3세George III의 어머니인 아우구스타Augusta 공주에 관한 이야기를 열정적으로 들려주었다. 아우구스타 공주는 큐 궁전 근처에 큐 가든을 조성한 인물이다. 조지 3세는 왕실 소유였던 리치먼드 가든과 큐 가든을 하나로 합쳤고 그 정원은 1841년 국가 소유가 되었다. 우리가 함께 보낸 1시간 동안 그는 첫 15분을 이 역사 설명에 할애했다. 나는 놀라지 않았다. 디버렐의 직원으로부터 미리 받아본 그의 최근 연설문 두 개가 모두 큐 가든의 역사로 시작했기 때문이다. 둘 다 중요한 이해관계자 집단 앞에서 한 연설이었다.

큐 가든과 관련해 2015년에 내가 가장 잘한 일을 꼽으라면 큐 가든에 관한 내러티브를 빛바랜 역사에서 찾지 말라고 지적한 부분이다. 스스로를 21세기 최첨단 연구 발전소로 자리매김하려는 조직은 그래서는 안 되었다. 아우구스타 공주나 조지 3세에 관해 디버렐이 들려준 이야기는 모두 진실이지만, 스토리를 잘못 골랐다. 왕실의 재산과 은혜로운 유산을 추억하는 것은 큐 가든이 떨쳐내고 싶은 '오래된 정원'의 이미지를 강화한다. 물론 연설문에서 디버렐은 자연 보존이나 희귀 식물 수집본, 세계 최고 연구 기관들과의 파트너십에 관해서도 이야기했다. 하지만 그때쯤이면 이미 청중들은 머릿속에서 큐 가든을 '과거의 영광'이라는 구역에 할당했을 가능성이 컸다.

그래서 우리는 큐 가든의 새로운 내러티브를 런던 서남부에 있는 정원과는 아주 동떨어진 곳에서 시작했다.

우선 첫 부분에서는 큐 가든을 언급조차 하지 않았다. 그저 기후 변화나 지속 가능한 에너지 공급, 식량 안보 등 지구 차원의 수많은 도전과 관련해서 식물이 얼마나 중요한지 설명했다. 그리고 새로운 식량이나 자원, 의약품, 연료 등의 분야에서 핵심 열쇠가 될 수 있는 수많은 종의 식물이 우리가 미처 발견도 하기 전에 사라지고 있는 안타까운 현실을 얘기했다. 간단히 말해 식물은 엄청난 중요성을 띠고 있고 우리 자신의 생존을 위해서라도 그것들이 사라지기 전에 더 많은 것을 알아내야 한다고 했다.

그다음에야 스토리는 큐 가든으로 옮겨갔다. 우리는 큐 가든을 뽀얗게 먼지 쌓인 역사적 유물로 묘사하지 않았다. 큐 가든은 독보적 중요성을 가진 국제적 과학 자원으로서 세계에서 가장 많은 식물 자료를 보유하고 있었다. 정원에 있는 살아 있는 식물 수집본뿐만 아니라 건조 표본 수집품, DNA 수집품 그리고 유명한 밀레니엄 종자 은행Millennium Seed Bank 프로젝트의 씨앗 수집품까지 있었다. 빅 데이터를 숭상하는 시대에 이런 자연 자원은 영국뿐 아니라 국제 과학계에 귀중한 자산이었다. 이런 여러 자료와 함께 큐 가든은 식물학 분야의 정교한 기술을 보유하고 있었고 식물 동정(同定)* 및 배양 관련 최고 전문가들도 데리고 있었다. 마지막으로 큐 가든은 영국 정부가 자랑하는 여러 외교 관계에 필적할 만큼 전 세계 연구 기관들과 긴밀한 관계를 구축해놓고 있었다.

다시 말해 큐 가든은 인류의 생존에 공헌하게 될 식물을 연구하고 보존하는 과제에 최적화된 기관이었다.

스토리의 나머지 부분은 큐 가든이 앞으로 어떤 식으로 이 과제를 수행할 것인가에 관한 내용이었다. 전 세계가 큐 가든의 자료에 접근할 수 있도록 데이터를 디지털화하고, 식물 보존을 위한 국제적 노력의 안내자 역할을 수행하며, 인간의 복지 및 발전을 위한 생물 다양성 프로젝트에 자원을 할당할 예정이었다. 이런 노력은 결국 유전자 다양성을 보호하고 이해하는 데 도움을 줄 것이며, 새로운 식량과 자원, 연료, 의약 발견에도 이바지할 것이다.

우리의 스토리는 '종의 상실'이라는 촉발제로부터 시작됐다. 그리고 큐 가든뿐만 아니라 세계 생물 다양성이 변화하는 긴 과정을 묘사했다. 우리의 스토리는 큐 가든의 노력과 인류의 더 밝은 미래 사

* 식물이 어느 분류에 속하는지 알아내는 일—옮긴이

이에 인과관계를 보여줬다. 일관성이 있었고 무엇보다 큐 가든이라는 기관이 현대 과학의 자산으로 자리매김할 수 있는 측면들만 선별적으로 표현했다.

진실을 편집하는 법 #13

하나의 이야기에 집중하라

위 스토리에는 몇 가지 주목할 점이 있다.

첫째, 한 가지 버전의 큐 가든만 제시한다. 큐 가든은 전 세계 최고의 정원사들을 보유하고 있다. 하지만 위 스토리를 듣다 보면, 초점이 과학에만 맞춰 있어 정원사들은 관심 밖으로 밀려난 느낌이 든다. 큐 가든은 정교하고 아름다운 정원이고 이는 다름 아닌 정원사들의 훌륭한 기술과 헌신 덕분인데 말이다. 게다가 큐 가든에는 주목할 만한 역사적 건물도 여럿 있다. 빅토리아 시대의 온실인 팜 하우스, 조지 왕조 시대의 탑인 큐 가든 파고다, 그리고 큐 궁전처럼 말이다. 듣는 사람이 정원사나 역사가였다면 상당히 다른 스토리를 들려줄 수도 있었을 것이다. 아우구스타 공주와 그의 정원사 윌리엄 에이턴에서부터 이야기를 시작했을 수도 있다. 아니면 매년 100만 명 이상의 방문객을 끌어 모으는 이 정원의 아름다움과 교육적 가치에 초점을 맞췄을 수도 있다. 이런 스토리들은 모두 큐 정원에 관한 경합하는 진실들이다.

둘째, 가능성 있는 다른 인과관계들은 무시한 채 나의 인과관계를 주장한다. 우리가 만든 큐 가든 스토리의 핵심 내용은 인류의 문제를 해결하려면 식물 연구가 절실히 필요한데, 큐 가든의 자료 및 연구 활동, 식물 동정 능력이 그와 밀접히 관련된다는 것이다. 전 세계에 절실히 필요한 것이 있는데, 큐 가든이 그 필요를 가장 잘 만족시킬 수 있다고 암시하고 있다. 하지만 생각해보면 유사한 스토리를 써서 다른 식물 연구 기관을 영웅처럼 만드는 일도 얼마든지 가능하다. 또 기존의 연구 기관들이 그 필요를 충족시키지 못했으니 전 세계 정부가 모여 '새로운' 식물 연구 기관을 설립하자고 주장할 수도 있다. 그러니까 다른 인과관계를 주장하는 다른 스토리들은 앞에서 소개한 스토리에 대한 경합하는 진실이 되는 셈이다.

셋째, 미래를 말한다. 우리가 만든 스토리는 기후 변화라든가 식량 안보 같은 문제점과 함께 현재에서 시작한다. 이어서 큐 가든이 그런 문제 중 일부를 해결하는 데 도움이 된다며 미래로 옮겨간다. 사람들은 스토리가 과거에 일어난 일이라고 생각하지만, 사실 내가 쓴 기업 스토리들을 생각해보면 대부분 사업이 미래에 어떤 궤도를 그릴지 이야기했다. 기업이 어디를 향해 가고 있고, 어떻게 하면 거기 도착할 수 있는지 알려주는 것은 이해관계자들의 의욕을 고취할 수 있는 강력한 방법이다. 그러나 이렇게 되면 경합하는 진실은 더 많이 생길 수도 있다. 미래를 응시하면 우리가 어디로 가고 있는지, 똑같이 타당한 이야기를 얼마든지 다양하게 만들어낼 수 있기 때문이다.

큐 가든에 관해 '할 수 있는' 이야기는 너무나 많다. 문제는 '해야 할' 이야기가 무엇인가 하는 점이다. 이미 큐 가든을 과거의 유물로 보고 있는 국회의원이나 관료 들에게 역사 이야기를 한 마디라도 더 할 필요는 없었다. 그래서 우리의 스토리는 역사 대신에 과학과 데이터에 초점을 맞췄다. 과거가 아니라 미래를 바라봤다. 큐 가든을 관목숲과 우아한 건축물, 수백 년 된 나무들이 있는 곳이 아니라, 마치 일류 대학교의 과학대학처럼 묘사했고, 그런 스토리 속에서 정원 자체는 큰 비중을 차지하지 않았다.

이듬해 큐 가든은 새로운 예산을 확보했다. 광범위한 긴축 재정에도 불구하고 정부는 향후 4년간 매년 2,000만 파운드의 보조금을 지급하기로 보장했고, 주요 프로젝트에 관해서는 추가로 5,000만 파운드를 지원하기로 했다.

짧은 이야기, 큰 파급력

비즈니스 스토리텔링은 이제 꽤 큰 산업이 됐다. 그렇게 된 데에는 내가 오랫동안 근무한 스토리텔러스The Storytellers라는 영국 기업의 선구적 활동도 한몫을 했다. 그러나 비즈니스 스토리텔링은 대개 큐 가든 스토리 사례 같은 미래 지향적 기업 스토리와는 좀 다른 형식을 취한다. 인사부서나 마케팅 임원이 얘기하는 스토리텔링은 보통 일화나 창립 설화를 이용해 모범 사례를 공유하거나 특정 행동을 장려하거나 브랜드 이미지를 구축한다는 뜻이다.

기업의 창립 설화는 직원들을 하나로 묶거나 고객의 관심을 환기하기 위한 인기 있는 소재다. 노스페이스나 파타고니아는 설립자 본인이 모험에 사용하려고 장치나 의류를 새로 고안해냈다는 스토리를 통해 브랜드 이미지가 한층 업그레이드되는 효과를 누린다. 은행

바클레이스는 퀘이커 교도인 설립자들을 자랑스럽게 여긴다. '정직, 성실, 깨끗한 거래'라는 설립자들의 원칙은 지금까지도 직원들의 좌우명으로 톡톡히 역할을 한다. 물론 이런 것들은 선별된 역사다. 기업의 과거 중에서 오늘의 기업을 좋아 보이게 하는 요소만 되새기기 때문이다.

나이키는 공동 설립자이자 육상 코치였던 빌 바워먼을 중심으로 복잡한 신화를 구축해놓았다. 나이키의 스토리에 따르면 바워먼은 팀원들에게 더 좋은 운동화를 만들어주려고 녹인 고무를 와플 기계에 부었다고 한다. 나이키는 1970년대에 스토리텔링 프로그램을 시작해 고위 임원들에게 '회사의 스토리텔러'가 되어 달라는 임무를 부여했다. 에킨스Ekins(나이키Nike를 거꾸로 쓴 것이다.)로 알려진 스토리텔링 홍보 대사들은 나이키의 창립 설화에 나오는 핵심 장소들을 방문하는 등의 교육을 받고, 바워먼이 코치로 있었던 헤이워드필드 운동장 트랙도 직접 달렸다.

어느 기업이든 일화는 강력한 툴이다. 일화는 특정 인물이나 사건에 관한 부분적 진실로서 더 많은 사람의 사고방식이나 행동을 변화시키는 것을 목적으로 한다. 전형적인 기업 일화는 예컨대 다음과 같은 식이다.

> 샐리 포싯은 406호를 청소하다가 노부부를 만났고, 남편인 브래드쇼 씨에게 인슐린 주사가 필요한 것을 알았다. 화요일 아침 샐리는 터틀아일랜드에 다녀온다며 브래드쇼 부부가 부두로 향하는 것을 보았다. 브래드쇼 부부의 방을 청소하러 간 샐리는 브래드쇼 씨의

인슐린 주사 상자가 침대 위에 그대로 놓인 것을 보았다. 가져가려고 했던 건가? 샐리는 브래드쇼 씨가 꼭 필요한 의료 약품 없이 섬에 갇힐 수도 있겠다는 생각이 들었다.

그래서 샐리는 주사 상자를 챙겨 부두로 달려갔다. 배는 이미 떠난 후였지만, 샐리는 바로 옆 해안에 배를 가진 친구가 있었다. 샐리는 매니저의 차를 빌려 친구에게 달려갔다. 그리고 터틀아일랜드로 데려다 달라고 부탁했다. 섬에 도착해보니 브래드쇼 부부가 애타게 인슐린 주사 상자를 찾고 있었다. "샐리가 저를 위해 그렇게 적극적으로 나서준 게 얼마나 고마운지 몰라요." 나중에 브래드쇼 씨는 그렇게 말했다. 브래드쇼 부부는 내년에도 골든샌즈에 2주간 묵으려고 이미 예약을 마쳤다.

실화는 아니다. 많은 기업이 직원들에게 동기를 부여하고 행동 가이드를 제시할 때 사용하는 일화와 비슷하게 만들어본 허구이다. 이 스토리는 자신을 고객의 입장에 놓고 능동적으로 생각하면서 자원을 창의적으로 활용하고 의무를 넘어 적극적으로 행동할 때 일어나는 좋은 일들을 보여준다. 고객에 대한 세심한 봉사가 회사의 성공과 직원에 대한 인정으로 직결되는 모습이다. 매니저들은 샐리의 스토리를 직원들과 공유하면서 다른 직원들도 샐리처럼 해주기를 바랄 것이다. 문학 평론가라면 샐리의 스토리가 진부하다고 시비를 걸 수도 있겠지만, 비즈니스 맥락에서는 이런 종류의 직설적이고 진정성 있는 설명이 동기 부여에 유용할 수 있다.

진실을 편집하는 법 #14

사람은 팩트보다 스토리에 설득된다

이렇게 단순하고 직설적인 스토리가 영향을 줄 수 있는 대상은 단순 업무를 하는 사람들뿐이라고 생각할지 모른다. 하지만 내가 썼던 기업 스토리 중에는 단백질결정학을 이용해 의약 물질을 설계하는 과학자, 홍콩에서 금융 사기를 적발하는 은행 전문 인력, 새로운 치료법을 개발하는 건강 관리 전문가, 심지어 플루토늄을 재가공하는 원자력 전문가에 관한 것도 있었다. 이 모든 스토리가 고도로 숙련된 직원들에게 행동의 가이드를 제공하고 의욕을 불어넣는 데 성공했다. 아무리 복잡한 분야라도 간단한 일화 하나가 엄청난 힘을 발휘할 수도 있다.

그러나 정치가나 저널리스트가 논란이 될 만한 주장을 제시하려고 일화를 활용할 때는 좀 다른 울림을 주기도 한다. 다음을 보자.

> 1월 23일 월요일 오후 3시가 막 지났을 때였다. 런던 북서부에 위치한 캐피털아카데미중학교에서는 늘 그렇듯 몰려나오는 아이들의 왁자지껄한 소리가 가득했다. 그러다가 갑자기 뚝 소리가 끊겼다. "평소처럼 아이들이 뛰어다니고 있었어요. 그런데 일순간 사방이 조용해지는 거예요. 저는 자리에서 일어나 커튼을 들췄지요. 아이들이 달아나며 비명을 지르고 있었어요." 한 이웃의 증언이다.
>
> 15세 학생 콰마리 반스가 칼에 여러 번 찔렸다. 반스는 교문에서 겨우 몇 미터 떨어진 곳에 쓰러져 있었다. 한 여자가 반스를 품에 안

고 있었고, 응급 요원들이 헐레벌떡 현장으로 달려와 반스를 정신없이 병원으로 옮겼다.

2017년 〈가디언〉에 실린 어느 주요 기사의 첫머리다.[4] 기사는 영국의 10대 흉기 범죄를 다루고 있었다. 반스는 결국 부상으로 사망했다. 반스가 다른 소년의 손에 죽은 것은 비극이다. 그러나 이 기사가 반스의 스토리를 꺼낸 이유는 따로 있다. 흉기 범죄에 대해 담담한 팩트를 균형 있게 나열하는 것보다 자기 학교 앞에서 칼에 찔린 아이의 이야기가 훨씬 더 눈길을 사로잡는 오프닝이기 때문이다.

그러나 이렇게 어렵고 정치적으로 민감한 사안을 다루면서 감성을 자극하는 스토리로 프레임을 씌우는 게 과연 책임감 있는 행동일까? 이 기사를 쓴 개리 영은 최근의 10대 흉기 소지 및 흉기 범죄 급증과 관련해 청소년 상담 및 아동 정신 건강 치료, 치안, 교육 관련 정부의 보조금 삭감을 비판했다. 그는 이렇게 썼다. "상황을 악화시키기만 하는 정부의 조치들 때문에 문제에 적극적으로 개입하려는 여러 가지 노력이 빛을 발하지 못하고 있다." 과연 반스의 스토리가 이런 주장을 조금이라도 뒷받침할까?

해당 기사는 온라인("칼끝을 넘어: 영국의 흉기 범죄에 관한 진실Beyond the blade: the truth about knife crime in Britain")에서 접할 수 있으니 직접 읽고 판단하기 바란다. 하지만 내가 보기에 오프닝에 나오는 일화는 영의 중심 주장과는 별 관련이 없다. 반스의 살인과 공공 서비스 감소 사이에 아무런 인과관계가 없기 때문이다. 이 저널리스트는 우리의 감성을 아프게 건드려서 그의 관점을 받아들이게끔 비극적 사건

하나를 동원했을 뿐이다.

기사 첫머리를 일화로 시작하는 것은 저널리스트들이 워낙 흔히 쓰는 기술이어서 이제는 더 이상 눈에 띄지도 않는다. 내가 특별히 이 기사를 고른 것은 많이 생각해서 영리하게 잘 썼기 때문이다. 똑같은 장치에 의존하면서 이보다 훨씬 못한 기사도 수천 개는 더 있다. 설득을 위해 일화를 동원하는 건 저널리스트만 하는 일이 아니다. BBC에서 학생용으로 제작한 〈설득과 주장, 조언을 위한 글쓰기 Writing to persuade, argue and advise〉를 보아도 그렇다. 거기에는 '설득을 위한 도구 상자'가 제시되는데 그 첫 번째로 나오는 게 일화다.[5] 테드TED 강연 역시 그날의 주제를 돋보이게 하는 스토리로 시작된다. 모금 행사를 기획하는 사람들은 자신들의 활동을 통해 인생이 바뀐 수혜자 한 명의 스토리를 내세운다.

정치가들은 열악한 환경에 놓인 유권자들의 스토리를 들려주며 새로운 정책을 주장하는 경우가 많다. 토니 블레어 전 영국 총리는 유권자 한 명의 일화를 기초로 좌익 노동당의 캐릭터와 이데올로기를 쇄신하기도 했다.

> 제가 만난 어느 분은 포드 시에라 자동차를 닦고 있었습니다. 그 분 아버지는 노동당에 투표했다고 하더군요. 본인도 전에는 노동당을 찍었다고요. 그런데 이제 집을 샀다고 했습니다. 먹고 살만 하다고요. 그리고 말하더군요. "그래서 제가 이제는 토리당(보수당)을 지지한답니다." 차를 닦던 그분의 생각은 명확했어요. 이제는 출세할 차례인 거지요. 노동당은 당연히 자신을 가로막을 거고요.[6]

이 책은 스토리로 가득하다. 다양한 내 주장을 뒷받침해주는 스토리들이다. 우리 시대에 가장 사랑 받는 논픽션 작가들은 설득력 있는 일화를 바탕으로 책 한 권을 완성하기도 한다. 작가, TED 강연자, 정치가, 자선 단체, 저널리스트 등 자신의 주장을 내세우고 싶은 사람들은 인간 심리의 아주 기본적인 특징에 부응하고 있다. 바로 '사람들은 스토리를 좋아한다.'는 특징 말이다. 그리고 더 중요한 것은 '사람들은 스토리가 설득력 있다고 생각한다.'는 점이다.

그러나 정작 스토리는 그 무엇의 증거도 될 수 없다. 스토리는 기껏해야 개별 데이터 하나에 불과하다. 이 데이터가 충분히 모여야만 어떤 주장을 위한 일종의 근거가 될 수 있다. 하나의 일화가 인간의 조건이나 유권자 행동, 10대 흉기 범죄에 관해 말해주는 것은 단일 사건에 불과하다. 특정 개별 사례에서 일반 법칙을 끌어내는 것은 논리적 오류다.

그렇다면 옹호자가 어느 주장을 뒷받침하기 위해 스토리를 활용해도 되는 경우는 언제일까? 스토리를 가장 잘 활용하는 경우는 무언가를 '증명'하려고 할 때가 아니라 이럴 수도 있다는 '가능성'을 보여줄 때다. 진실한 스토리는 가능성을 보여준다. 왼손잡이의 수명에 관한 스토리는 숫자가 어떻게 잘못 해석될 수 있는지 '가능성'을 보여주지만, 그 이상의 확실한 무언가를 증명하지는 않는다. 모든 과학자가 통계에 무지하다거나 모든 전문가가 틀렸다고 증명하는 것은 결코 아니다.

나는 스토리텔러다. 스토리는 내 글에 힘을 불어넣고 정보를 제공한다. 하지만 나는 일화를 오직 개별 데이터로만, 예시로만 사용하려고 노력한다. 결코 주장의 근거로는 사용하지 않는다. 이 책을 쓰는 내내 나는 스토리로 색깔을 입힌 흥미로운 아이디어들을 제시하려고 했지만, 무언가를 증명하고 싶을 때는 냉철한 숫자와 팩트를 고수하려 애썼다.

스토리의 힘은 대단하다. 때로는 정당화될 수 없을 때조차 손쉽게 사람들을 설득해낸다. 스토리에 이런 힘이 생기는 것은 스토리가 우리로 하여금 복잡한 세상을 이해할 수 있게 도와주기 때문이다. 스토리는 태곳적부터 내려오는 인간 심리의 패턴을 활용한 구조를 취하고 있기 때문에 우리는 스토리를 무조건 '진실'로 생각하려는 경향이 있다. 때로는 그 스토리가 '여러 진실 중 하나'에 불과할 때조차 말이다.

우리는 늘 스토리로 소통한다. 어떤 사건을 묘사하거나 상황을 설명하거나 결과를 예측할 때 스토리 형식을 사용하지 않고서는 아마 하루도 버티기 힘들 것이다. 그러니 스토리를 듣거나 말할 때는 그 스토리가 그려내는 진실이라는 것이 얼마나 유연한 것인지 반드시 기억해야만 한다.

다음과 같은 사람을 조심하라

- 실화를 이야기하면서 실제로는 없는 인과관계를 마치 있는 것처럼 말하는 오도자
- 개별 일화를 더 일반적인 주장의 증거라도 되는 것처럼 말하는 오보자

주관적 진실

내가 믿는 것이 곧 진실이다

06 도덕성

사람을 죽이는 것은 금기다. 그래서 모든 살인은 처벌을 받는다. 많이 죽여 나팔 소리를 울렸을 때는 예외다.

— 볼테르, 프랑스의 계몽 사상가

마사게타이에서는 부모를 먹어야 효자다

기원전 4, 5세기쯤 그리스에서 만들어진 놀라운 문서가 있다. 작자 미상의 누군가는 자신이 관찰한 내용을 다음과 같이 진술했다.

스파르타에서 어린 소녀는 체육을 해야 하며 튜닉도 안 입고 맨팔로 돌아다니는 게 예사다. 그러나 이오니아에서 그런 행동은 고상하지 못한 일이다. 트라키아에서 어린 소녀는 장식 삼아 문신을 새긴다. 하지만 다른 곳에서 문신 자국은 무언가 나쁜 일을 한 데 대한 처벌이다.

그래 뭐, 문화는 다양하다. 놀랄 일은 아니다. 정작 놀랄 일은 그다음에 이어지는 내용이다.

스키타이에서는 사람을 죽이면 반드시 머리 가죽을 벗겨 말고삐에 씌우는 게 당연한 일이다. 두개골은 금박을 하거나 안쪽에 은박을 대어 술을 담아 신에게 바쳐야 한다. 그러나 그리스인이라면 누구라도 그런 행동을 한 사람과는 한 공간에 있으려고도 하지 않을 것이다.

마사게타이 사람들은 부모를 잘라서 먹는데, 부모는 자식 속에 묻히는 게 세상에서 가장 아름다운 무덤에 묻히는 것이라 생각한다. 하지만 그리스에서 누가 그런 짓을 했다면 끔찍한 모욕죄로 여겨 나라 밖으로 추방당하고 불명예스러운 죽음을 맞을 것이다.

이뿐만이 아니다. 저자에 따르면 페르시아에서 남자는 자신의 어머니나 누나, 여동생, 딸과도 얼마든지 성관계를 해도 되고, 리디아에서는 어린 소녀가 결혼 전까지는 당연히 매춘으로 돈을 벌어야 한다고 생각했다. 그리스에서 그런 짓은 혐오의 대상이다.

《디소이 로고이*Dissoi Logoi*》는 고대 기이한 문화들을 모아놓은 인류학 조사서가 아니다. 이 책은 학생들에게 어느 주장의 양 측면을 모두 살피도록 가르치려고 만든 수사학 연습서다. 저자는 좋고 나쁜 것이 절대적이지 않으며 누군가에게는 좋은 일이 다른 사람에게는 나쁜 일일 수도 있다는 관점을 취하고 있다. 그 증거로 문화권에 따라 서로 다른 도덕관이 형성되었음을 보여주고 있다. 자식이 부모의 육신을 먹는 것을 우리는 끔찍하다 생각하지만 마사게타이 사람들은 그렇지 않았다. 많은 사회에서 매춘은 오명이지만 리디아에서는 으레 있는 일이었다.

저자는 이렇게 말한다. "모든 사람에게 각자 수치라고 생각하는 것을 모두 가져와 한 쪽에 쌓아라. 그리고 각자 당연한 행동이라고 생각하는 것을 거기서 가져가라고 하면 무더기에는 아무것도 남지 않을 것이다."

도덕적 진실에 관해서는 철학자, 신학자, 정치가 들이 긴 세월 많은 얘기를 했다. "미국이 자신들의 가장 핵심적인 역사적 경험에서 얻은 도덕적 진실을 지켜나가기만 한다면 미국은 계속해서 전 세계를 위한 자유의 등불로 남을 것입니다."[1] 교황 요한 바오로 2세의 말이다. 한편 마거릿 대처는 이렇게 말했다. "기독교는 유대교의 위대한 영적·도덕적 진실 다수를 구현하고 있습니다."[2] 미국 공화당 대통령 경선 후보에 나왔던 릭 샌토럼은 이렇게 말했다. "공정한 사회의 규준이 되어야 할 도덕적 진실은 누구나 알 수 있다."[3]

나머지 우리는 다소 비장한 저런 표현은 잘 안 쓰지만, 그래도 여전히 자명하게 진실인 도덕적 관점들이 있다고 생각하려고 한다. 아래와 같이 말이다.

'도둑질은 나쁘다.'

'자선 단체에 기부하는 것은 좋은 일이다.'

'어려운 사람은 도와야 한다.'

하지만《디소이 로고이》가 보여주듯이, 내가 도덕적 진실이라고 생각하는 것이 다른 문화에서는 일탈일 수 있다. 이 점은 오늘날 문화권에 따라 도덕관이 다르다는 점에서 가장 확실하게 발견할 수 있다. 안락사나 성생활, 낙태, 여성의 옷차림, 먹을 수 있는 음식, 자원 배분, 범죄자 처리 등에서 전 세계 여러 사회는 아주 상반되는 관점들을 갖고 있다. 또한 시간이 지나면 도덕적 진실이 바뀌기도 한다. 최근 수십 년간 우리는 동성애나 무신론에 관한 의견이 크게 변화하는 모습을 목격했다. 선악은 불변이 아니다.

사회심리학자 조너선 하이트는 도덕의 '기초'가 되는 항목이 여섯 가지가 있는데 집단이나 문화에 따라 서로 다른 항목을 강조한다고 했다. 진보주의자들은 '공정, 배려, 자유'를 더 중시하고, 보수주의자들은 그에 못지않게 '권위, 충성심, 신성함'을 중시한다. 하이트에 따르면 우리는 태어날 때 모두 똑같은 도덕적 기초를 갖고 있다. 다만 사회마다 우리에게 다른 조합의 도덕적 기초를 발전시키도록 부추기는 것뿐이다. 그래서 우리는 공통의 도덕적 관념이 있더라도 그것을 적용하는 면에서는 완전히 달라진다.

도덕적 관념 중에서 진화하거나 문화에 따라 달라지는 것들은 서로 경합하는 진실로 볼 수 있다. 다른 경합하는 진실과 마찬가지로 도덕적 진실도 조작이 가능하다. 노련한 사람들, 특히 사회에 도덕적 가이드를 제시하는 사람들은 물건이나 사건, 심지어 사람에 대해서도 기존과는 다른 도덕적 조명을 비추어 우리의 현실 인식을 바꿔놓을 수 있다.

진실을 편집하는 법 #15

악마를 만든다

에이다 러브레이스Ada Lovelace는 수학계의 영웅이자 페미니스트의 아이콘이다. 찰스 배비지의 해석 기관Analytical Engine을 바탕으로 러브레이스가 진행했던 연구를 높이 평가하는 사람들은 그녀를 최초의 컴퓨터 프로그래머라고 부른다. 러브레이스는 마약 중독자이기도 했다. 천식과 소화불량이 있던 그녀에게 의사들은 아편과 아편팅크(아편을 물약 형태로 만든 것)를 진통제로 처방해줬고, 그게 습관이 되어 그녀의 길지 않은 인생 내내 아편팅크에 의존했다.

이런 상황은 러브레이스만 겪은 일이 아니었다. 아편의 일종인 아편팅크는 19세기에 진통제로 널리 사용되었다. 미국의 영부인 메리 토드 링컨도 아편 중독자였다. 영국의 시인 새뮤얼 테일러 콜리지도 마찬가지다. 아편팅크를 상습적으로 사용했던 작가로는 찰스 디킨스, 루이스 캐럴, 조지 엘리엇, 브램 스토커 등이 있다. 노예 무역 폐지론자였던 윌리엄 윌버포스는 복통을 덜기 위해 아편을 즐겨 사용했다. 마더베일리Mother Bailey에서 나온 콰이어팅 시럽Quieting Syrup 같은 아편 제제는 아기에게까지 사용되었다.

한편 빅토리아 여왕과 교황 레오 13세는 두 사람 모두 빈 마리아니Vin Mariani를 즐겨 마셨는데, 이 제품은 와인 1온스 속에 6밀리그램의 코카인이 들어 있었다. 코카인 기초의 비알콜 음료는 1886년 출시되었는데 기억하기 쉽게 이름을 '코카콜라'라고 붙였다. 시어스 로벅은 1890년대에 코카인 키트를 1.5달러에 판매했는데, 코카인 병과 피하 주사기가 함께 들어 있었다.

오랫동안 아편과 코카인이 도덕적으로 문제가 된다고는 전혀 생각하지 않았다. 식물에서 추출한 중독성 있는 환각성 물질은 수천 년간 지구상 거의 모든 문화권에서 일상적으로 사용되었다.

그러나 20세기 후반, 헐리우드 영화를 보면 마약상보다 더한 악당은 없다. LA경찰청장 대릴 프랜시스 게이츠는 1990년 열린 상원 청문회에서 마약을 가볍게 즐기는 사람들까지 "끌고 나가 쏴 죽여야" 한다고 했고, 나중에는 마약 사용을 '반역'이라고까지 했다.[4] 중요한 약학적·오락적 가치를 지닌, 도덕적으로 중립적이던 전통적 식물 추출물이 불과 몇 십 년 만에 악의 화신으로 바뀌었다.

왜 이렇게 됐을까? '어떤 경로로' 이렇게 됐을까?

영국에서 처음 마약에 관한 법률이 제정될 당시 사람들은 이들 물질과 관련해 아주 실질적인 건강상의 위험을 인식하고 있었다. 그래서 아편제나 코카인을 독성 물질로 표기하도록 했지만, 어느 것도 금지하지는 않았다. 19세기 말쯤 미국에서 중독율이 높아지자 마약을 남용했을 때의 잠재적 위험성에 대한 인식이 높아졌다. 그럼에도 1906년 미국의학협회는 당시 발명된 헤로인이라는 물질을 의학적 용도로 승인해도 된다고 생각했다. 사회 일반에서는 아편제나 코카인 사용이 부도덕하다기보다는 그저 지각없는 행동으로 여겼다.

그러다가 모든 게 바뀌었다.

20세기 초가 되자 국제 조약 및 입법으로 마약의 생산, 거래, 사용을 통제하게 됐다. 센트럴유러피언대학교의 비교정치학 교수 줄리아 벅스턴은 이렇게 말한다. "그와 함께 정부는 마약 및 마약 이용자를 악마화하는 일종의 캠페인을 일사불란하게 벌였다. 인쇄 및 방송 매체들이 이 운동을 강력히 지원했다. …… 미국과 마찬가지로 유럽에서도 마약 반대 운동을 벌여 외(外)집단을 위협하는 위험한 물질이 범죄와 밀접한 관련이 있다고 강조했다."[5]

마약 중독을 소수 인종이나 동성애자, 예술가, 나중에는 반전주의자 같은 외집단과 연결시킨 것은 마약 금지의 역사에서 특히나 악랄한 부분이다. 1914년 〈뉴욕 타임스〉의 어느 기사는 "흑인 코카인쟁이들, 남부의 새 골칫거리가 되다"라고 표제를 달고, "살인과 정신 착란"이 "흑인 하층민들" 사이에 자리 잡고 있다고 자세히 전했다.[6] 펜실베니아주 약사위원회 위원장인 크리스토퍼 코크는 이렇게 단언하기도 했다. "남부에서 백인 여성에 대한 공격은 대부분 코카인 때문으로 정신이 나간 흑인들 머리에서 나온 것이다."[7] 미국아편국장은 "매춘과 관계된 자들이 어린 소녀들을 타락시키기 위해" 코카인을 사용하고 있다고 주장했다.[8] 여성 잡지 〈굿 하우스키핑Good HouseKeeping〉은 "나이 많은 유색 인종 남성이 쉬는 시간에 학생들에게 플레이크flake나 코크coke라는 이름으로 코카인을 팔고 있다."고 주장해 독자들을 공포로 몰아넣었다.[9]

1920년대와 1930년대에 수전 스피커는 〈사회사 저널Journal of Social History〉에 다음과 같이 썼다. "작가들은 마약 및 마약 이용자나 판매자를 일상적으로 악마로 묘사하면서 약물 중독을 통해 미국 사회와 미국의 가치관을 훼손하려는 거대하고 사악한 음모가 진행 중이라고 자주 암시하거나 주장한다."[10] 유럽의 마르크스주의자들에게도 비슷한 연결 고리가 만들어졌다.

미국은 계속해서 마약에 대한 공격적 선전 활동을 이어갔고, 마약에 대한 공포는 리처드 닉슨과 로널드 레이건 대통령하에서 최고조에 도달했다. 낸시 레이건 영부인은 "싫다고 하세요." 캠페인에서 이렇게 주장했다. "마약 범죄자들은 교묘합니다. …… 그들은 매일 같이 어떻게 하면 우리 아이들의 인생을 더 잘 훔쳐갈까 하며 새로운 음모를 짜고 있습니다."[11] 2016년 〈하퍼스Harper's〉의 한 기사에서 댄 바움Dan Baum은 닉슨의 국내 정책 고문인 존 얼리크만이 다음과 같이 인정했다면서 그의 말을 인용했다.

> 닉슨 백악관에…… 적이 둘 있어요. 하나는 좌익 반전주의자들이고 다른 하나는 흑인이지요. 무슨 말인지 알겠어요? 전쟁에 반대하거나 흑인인 것을 불법으로 만들 수는 없잖아요. 그래서 대중이 '히피'하면 마리화나를 연상하고, '흑인'하면 헤로인을 떠올리게 만든 거예요. 그러고 나서 둘 다 강력한 범죄로 만들어버리면 그쪽 커뮤니티를 초토화시킬 수 있는 거죠. 지도부를 체포하고, 집을 압수 수색하고, 모임을 해산시키고, 밤마다 저녁 뉴스에서 저들을 비방하는 거예요. 마약 관련해서 우리가 떠들던 말이 거짓인 걸 알았냐고요? 당연히 알았죠.[12]

정치가, 경찰, 저널리스트 들은 엄청난 노력을 기울여 마약을 사악한 물질로 만들었다. 2017년 미국에서는 마약성 진통제 위기론이 점점 크게 대두되고 있다. 법무부 장관 제프 세션스는 마약 사용자에게 더 엄격한 양형 기준을 마련한 것이 '도덕적이고 공정하다.'고 공언했다.[13] 수십 년간 수백만 명의 사람이 수감됐고, 이렇게 수감된 사람들은 정신 건강이나 가족 관계, 이후의 취업 활동 등에서 처참한 일들을 겪어야 했다. 특히 미국의 경우에는 이들 중 다수가 단순 소지 혐의로 수감된 사람들이다.

마약에 대한 도널드 트럼프 행정부의 태도는 앞서 말한 것과 같지만, 더 넓게 사회 전반적으로는 일종의 반전이 일어나고 있다. 마약 합법화 옹호자들은 일반인들이 마약 중독을 '건강 문제'라는 새로운 프레임으로 보게 만들려고 캠페인을 벌이고 있다. 마약 중독은 처벌이 필요한 도덕적 실패가 아니라 치료가 필요한 건강 문제라는 주장이다.

현재 200만 명이 넘는 미국의 마약성 진통제 중독자에게 필요한 것은 비난이 아니라 도움이다. 버락 오바마 대통령의 마약 대책 총괄 길 컬리카우스키도 이 같은 메시지를 채택해 2013년 다음과 같이 말했다. "저는 평생을 경찰에 있었습니다. 그 37년 대부분을 저도 남들처럼 약물 중독자는 도덕적으로 문제가 있는 사람이라고 생각했습니다. 의지가 박약한 사람이라고 생각했습니다. 제가 틀렸습니다. 중독은 도덕적 결함이 아닙니다."[14]

이에 대응해 마약 금지 옹호자들은 마약 중독자가 도덕적으로 나쁘게 보이게 만들 수 있는 새로운, 아주 현대적인 방법을 시험 중이다. 금지 옹호자들은 마약 중독자가 마약을 구매함으로써 그것을 공급·운송하는 국가에 사회적·생태학적으로 엄청난 피해를 주고 있다고 말한다. 이제 마약을 둘러싼 도덕 전쟁은 유해한 국제적 공급망에 대한 소비자의 책임 문제로까지 확산되고 있다.

도덕적 진실의 딜레마

동족을 잡아먹는 것이 도덕적으로 수용 가능한 일이라고 생각할 사람이 있을까? 있었다. 동성애 때문에 사형을 받을 수도 있을까? 있었다(일부 지역에는 지금도 있다). 조상들은 우리가 마약 때문에 도덕적 문제에 휩싸인 것이 황당할 테고, 그 점은 아마 우리 후손들도 마찬가지일지 모른다. 이처럼 시대와 사회에 따라 도덕적 진실은 달라진다.

이쯤 되면 내 도덕적 상대주의가 껄끄럽게 느껴지는 사람도 있을 것이다. '동성애는 도덕적 잘못이 아니고, 과거에도 늘 그랬다는 걸 이제는 우리도 안다고요!' 그러나 사회에 따라서는 정반대의 말을 하는 사람도 있을 것이다. 어느 쪽이 되었든 상대편의 도덕적 관점이 '진실'이라는 주장에는 강력히 반대할 것이다. 그런데 그게 바로 도덕성이 가진 문제점이다. 도덕이 본질적으로 어떤 심리적 적응이라고 보든, 사회적 개념이나 신이 정해둔 보편 법칙이라고 보든, 이 세상에 우리와 아주 다른 도덕적 진실을 가진 사람이 살고 있다는 사실만큼은 부인할 수 없다. 그리고 나에게 나의 도덕적 진실이 틀림없는 것처럼, 다른 사람들에게는 그들의 도덕적 진실이 틀림없는 사실이다.

오래된 몇몇 이슈에 대해서는 도덕적으로 다른 가능성을 생각하는 것조차 힘든 사람도 있다. 마약은 사악한 것이라는 사고방식이 확고히 뿌리내린 사람을 다른 쪽으로 설득해볼 방법은 거의 없다. 그렇다면 아직까지 확고하게 정립된 의견이 없는 이슈를 살펴보는 편이 도덕적 진실이 혹시나 가변적이지는 않은지 판단하는 데 더 도움이 될 것이다.

생전의 장기 기증, 특히 모르는 사람에게 이타적인 마음으로 장기를 기증하는 일은 도덕적으로 칭찬할 만한 행동으로 보인다. 하지만 소셜 미디어를 통해 장기를 기증한다면 어떨까? 원래 아낌없이 주는 마음으로 신장이나 간의 일부를 낯선 사람에게 주기로 결정한 사람은 내 장기를 누가 받을지는 선택할 수 없다. 그런데 이제는 페이스북과 매칭도너스(MatchingDonors.com) 같은 전문 플랫폼을 통해 내 장기를 받을 수 있는 환자를 온라인으로 찾아보고 선택할 수 있다. 기증자는 수증자의 가족 상황이나 배경, 직업, 인종, 신념, 혹은 그냥 외모만 보고도 수증자를 고를 수 있다. 안 될 이유가 무엇인가? 내가 내 한쪽 신장을 희생하기로 했는데, 이제 막 하버드대학교 장학생이 된 예쁘고 기독교를 믿는 백인 소녀한테 주면 안 될 이유가 무엇인가?

아마도 그건 사진발이 잘 안 받는 환자에게 불공평하기 때문이 아닐까? 혹은 풍부한 상상력과 스토리텔링 기술을 갖지 못한 환자나 소셜 미디어에서 존재감이 없는 환자, 또는 인터넷으로 자신을 홍보하는 게 내키지 않는 환자에게 불공평하기 때문이 아닐까? 어쩌면 그런 미인 대회 방식의 선발로 생사를 가름하는 것이 심히 부적절하기 때문은 아닐까? 감성적인 유튜브 영상이 누군가의 마음을 휘저어 나중에 혹시 후회할 일을 일을 만들 수 있기 때문은 아닐까? 아니면 수십 년간 기증자와 수증자를 효율적으로 연결해주었던 잘 확립된 기존 장기이식 시스템을 침해하는 일이기 때문은 아닐까?

분명 의료계 종사자들은 이 방식이 도덕적으로 문제가 있다고 생각하는 듯하다. 소셜 미디어로 연결된 기증자와 수증자 사이의 이식 수술을 여러 의료팀이 거절했기 때문이다. 이런 거절은 과연 도덕적으로 정당화될 수 있을까? 그렇게 원칙을 고수하는 바람에 수증자가 될 뻔한 사람이 목숨을 잃는다면?

새롭게 등장한 이 도덕적 난제는 우리가 풀어야 할 숙제다. 소셜 미디어 장기 기증과 관련해서는 각 사회가 저마다의 도덕적 진실을 결정할 테고 사람들은 그 진실을 고수할 가능성이 크다. 그 진실이 뭐가 될지는 앞으로 지켜봐야 알겠지만, 그 진실의 내용은 대중 매체나 소셜 미디어 캠페인이 제안하는 경합하는 진실들 사이에서 결정될 가능성이 크다.

"우리 편이니까 옳다!"

사람들은 대개 정당이나 기업, 학교, 운동 동호회, 지역 모임, 종교 단체 같은 곳에 속해 있다. 그리고 우리는 내 집단에 널리 퍼진 도덕적 진실에 순응하는 경향이 있다. 도덕적으로 논란이 되는 문제가 생기면 우리는 다수 집단의 반응을 따라가게 마련이다. 내가 속한 정치적 성향의 사람들이 공항에서 쫓겨난 무슬림을 지지하는 트윗을 올리면, 나도 아마 같은 행동을 할 것이다. 만약 내가 자란 동네에서 낙태를 살인으로 본다면 나도 아마 낙태 반대 항의 시위에 참가할 것이다. 도덕적 진실은 집단을 하나로 묶어준다. 사실 진화생물학자들은 도덕성을 집단 내에서 협력을 촉진하기 위해 발전된 심리적 적응이라고 본다. 집단 내부의 구성원들이 각자 다른 도덕적 진실을 채용하기 시작하면 도덕성의 협력 기능은 사라져버리고 집단 전체가 흔들린다. 그 결과 어느 문화에서나 구성원들은 집단의 도덕적 진실에 따르라고 개인을 강하게 압박한다.

어느 도덕적 이슈에 대해 내 집단의 입장이 도전을 받게 되면 우리는 그 입장을 방어하려고 한다. 심지어 내 집단의 입장에 의구심이 생기기 시작했을 때조차도 그렇다. 그래야 내 집단을 보호할 수 있고 내가 이 집단의 소속이라는 점을 정당화할 수 있기 때문이다. 심지어 도덕적 진실이 서로 상충한다는 점을 들어 타 집단과 대비되는 내 집단을 규정하게 될 수도 있다. 이처럼 도덕적 구분을 기준으로 '우리 대 저들'로 나눈다면 이질적인 두 사회는 더욱 멀어질 것이다. 특히나 우리가 타 집단을 '부도덕'하게 보고 저들은 마땅히 공격을 받아도 된다고 생각한다면 말이다.

어느 사회 내의 개별 집단은 다른 집단과는 아주 다른 도덕적 진실을 믿기도 한다. 이런 도덕적 '이탈'은 상대적으로 고립된 집단이 차츰차츰 밀려나며 발생한다. 하지만 더 흔한 경우는 리더나 영향력 있는 자들이 (이유가 뭐가 되었든) 해당 집단을 특정한 도덕적 방향으로 끌고 가고 싶어서 고의적으로 획책하는 경우다.

기독교의 기초가 되는 스토리들을 살펴보면 예수가 추종자들을 설득해 나머지 유대교 사회와는 다른 방식으로 사물을 보게 만들었다고 한다. 예수가 정의보다 용서를 앞세우며 다른 쪽 뺨을 돌려 대기 전까지는 "눈에는 눈, 이에는 이"가 아주 공정한 방식이었다. 소통에 능한 사람들은 집단 전체가 새로운 도덕적 진실을 채용하게 만들 수도 있다.

진실을 편집하는 법 #16

집단의 특수성을 강조하라

보편적 도덕 법칙이라고 충분히 주장할 만한 도덕적 진실이 하나 있다면 '서로를 죽여서는 안 된다.'는 주장이다. 그럼에도 대부분의 사회가 의존하고 있는, 명령에 따라 기꺼이 사람을 죽여야 하는 집단이 있다. 바로 군인 집단이다. 사회는 군인들에게 특정 상황에서는 사람을 죽이는 것이 옳다는 도덕적 진실을 주입하려고 노력하지만, 이게 좀처럼 쉬운 일이 아니다.

제2차 세계대전 기간에 S. L. A. 마셜 준장이 실시한 조사에 따르면, 미군 중 전투에서 무기를 발사한 사람은 4분의 1도 안 되었다. 그는 이렇게 썼다. "전투가 실패하는 원인 중 가장 흔한 것은 '죽을까 하는 두려움'이 아니라 '죽일까 하는 두려움'이다."[15]

오늘날 군인은 수많은 방법으로 살인에 익숙해지는 훈련을 한다. 총검으로 찌르고 적군 이미지를 쏘는 연습을 반복적으로 실시한다. 공격적 무술을 하고 잔인한 조건에 노출된다. 그러나 정작 살인의 도덕적 프레임을 새로 짜는 것은 '언어'다. 군인은 일상 용어와는 다른 언어를 사용한다. 전장에서 사람을 죽이는 것은 살인이 아니다. 심지어 '죽이는' 것조차 아니다. 군인은 적과 '교전하고' 적을 '쓰러뜨린다.' 나를 죽일 수도 있는 적군을 죽이는 행위에는 '정당방위'라는 프레임이 씌워진다. 그리고 그 행위는 무엇보다 공적인 의무다. 미국

육군사관학교의 철학 교수 피트 킬너는 이렇게 썼다. "군인이 전장에서 적군을 죽이는 것은 도덕적으로 허용될 뿐만 아니라 도덕적 의무이기도 하다. 군인은 필요한 무력을 사용해 그에게 의존하고 있는 사람들의 권리를 지켜야 한다."[16]

공중보건 담당자는 보통의 의사나 간호사와는 좀 다른 도덕적 진실을 갖고 있다. 시민에게 봉사해야 하는 그들은 전염병이나 건강상의 위험이 확산될 것을 고려해 주민 전체에게 이익이 되도록 위험을 판단하고 자원 조달 결정을 내려야 한다. 이와 달리 병원에 있는 의료 인력은 개별 환자의 건강과 복지에 초점을 맞춘다. 결과적으로 공중보건 담당자는 값비싼 약품을 배급하고, 항생제 남용을 억제하고, 개인의 자유를 제한하고, 감염성 질환에 노출된 사람을 강제로 격리 조치할 수도 있다. 그 과정에서 일부 환자가 고통을 받더라도 말이다. 한편 병원 의사는 공동체에 다소의 비용이나 위험이 발생하더라도 개별 환자에게 해롭거나 고통을 주는 일을 피하려고 최선을 다한다. 처방전을 쓰는 의사가 환자보다 공동체를 우선했다면 지금처럼 항생제 내성이 문제가 되지는 않았을 것이다.

세계보건기구WHO나 미국 질병통제예방센터Centers for Disease Control and Prevention, CDC, 기타 이와 유사한 공중보건 단체에서 일하는 사람은 전 세계적으로 수천 명이 넘는다. 이런 곳에서 일을 잘하려면 개인보다는 집단 전체의 이익을 우선하는 도덕적 진실을 보유하거나 개발해야 한다. 에볼라 발병처럼 극단적인 경우에는 다수를 보호하기 위해 일부를 죽도록 내버려둘 수도 있어야 한다. 반면에 우리 같은 사람이 주치의를 고른다면 그렇게 공리주의적인 도덕적 진실을 가진 사람은 피하려고 할 것이다.

하버드대학교의 심리학자 조슈아 그린이 이끄는 연구팀은 공중보건 담당자들이 다양한 윤리적 딜레마 속에서 어떻게 반응하는지 시험했다. 연구팀이 발견한 바에 따르면 공중보건 담당자들은 우리 같은 일반인은 물론이고 다른 의사보다 더 공리주의적인 태도를 취했다. 공중보건 담당자들은 가상의 시나리오를 받았을 때 여러 사람을 구하기 위해서라면 한 사람을 해치거나 죽이는 결정도 남들보다 쉽게 내렸다.

그렇지만 공중보건 내에서도 경합하는 도덕적 진실이 공존한다. 선진국에서 공중보건에 가장 큰 위협은 흡연과 나쁜 식습관이다. 일부 공중보건 담당자는 이들 '질병'을 억제하기 위해 강제적 조치를 시행하는 것이 도덕적으로 옳다고 생각한다. 흡연자나 비만인 사람에게 세금을 물리거나 공공 자원을 이용하지 못하게 하는 것까지 포함해서 말이다. 반면에 자유주의 철학자 존 스튜어트 밀의 도덕적 지침을 따르는 사람들도 있다. 밀의 주장은 이렇다. "어떤 시민이 되었든 그의 의사에 반해 권력을 행사하는 것이 정당한 유일한 경우는 남에게 해를 끼치는 것을 예방할 때다. 육체적으로든 도덕적으로든 그 사람 자신을 위한 것은 충분한 근거가 될 수 없다."[17] 밀의 주장을 따르는 이들이 흡연 금지를 주장하는 이유는 흡연자를 나쁜 습관에서 구제하기 위한 것이 아니라 간접흡연을 줄이기 위해서다. 이들은 성인의 식습관을 바꾸기 위한 강제적 조치에 대해서는 어떤 것도 인정하지 않는다. 보다 권위주의적인 공중보건 담당자들이 설탕에 세금을 매기거나 술에 최저가를 책정하는 것에 찬성하는 경우도 있는 것과 대조적이다. 공중보건 정책이 의료 불평등 해소를 지향해야 하는지, 아니면 전체의 공중보건을 최적화하면 그만인지를 둘러싼 사회 정의 문제와 관련해서는 더 많은 도덕적 의견차가 생긴다.

군인이나 공중보건 담당자가 왜 우리와는 다른 도덕적 진실을 가질 수밖에 없는지에 관해서는 이해할 수 있다. 사실 그들이 그렇게 해주는 게 우리에게도 필요한 일이다. 그러나 집단 내에서 발달한 도덕적 진실이 사회 전체의 혐오를 사는 경우도 있다.

영국 사우스요크셔 경찰이 호된 비난을 받은 일이 있다. 전 세계 많은 경찰이 공유하고 있는 듯한 집단 도덕성을 드러냈기 때문이었다. 1989년 힐즈버러 경기장에서 축구 경기 중 96명이 사망하는 참사가 일어났다. 그런데 이후 사우스요크셔 경찰은 해당 사건에서 경찰이 저지른 실수는 덮어버리고, 술 취해 난동을 부린 팬들의 '압살'로 비난의 화살을 돌리려는 시도를 반복적으로 했다. 사우스요크셔 경찰은 진실이나 정의보다는 동료에 대한 충성심을 더 중요한 가치로 여기는 듯했다. 미국에서는 이렇게 진실보다 충성심을 더 중시하는 경찰의 도덕률을 '침묵의 푸른 벽(경찰의 푸른색 제복을 의미)'이라고 부른다.

거짓말을 하는 경찰에게 도덕성을 들먹이는 자체가 순진한 생각이다. 하지만 나는 그렇게 위험하고 중요한 일을 맡은 사람들이 처음부터 악한 의도를 가졌을 거라고는 믿지는 않는다. 오히려 일부 경찰에게는 동료를 보호하는 일이 최우선의 도덕적 의무였다고 보는 편이 좀 더 그럴듯한 설명일 것이다. 어떤 도덕적 희생을 감수하든 그렇게 하는 게 옳은 일이라고 믿게 됐다고 말이다.

또 일부 경찰은 자신이 범죄자라고 믿는 사람을 잡아넣을 수만 있다면 (법정에서조차) 거짓말을 하는 것도 도덕적으로 용인된다고 여기는 듯하다. "법정에서 경찰이 약물 소지와 관련된 불법 검색을 정당화하기 위해 위증을 하는 것은 흔히 있는 일이다. …… 미국 법정 어디서나 일상적으로 일어나는 일이다."[18] 전직 샌프란시스코 경찰청장 피터 킨의 말이다. 아마도 이런 도덕관은 어렵고 위험한 일을 하는 동료를 보호하고 악당을 잡아넣기 위한 진심에서 출발했을 것이다. 그러다가 일부 경찰관은 더 이상 진실이 문제되지 않는 도덕적 진실을 갖기에 이르렀을 것이다.

부메랑

똑같이 걱정스러운 집단 도덕성을 기업에서도 찾아볼 수 있다. 이 경우에는 '어느 덕목이 다른 덕목보다 우선하느냐'가 아니라 '과연 이게 도덕성이 적용되는 영역이냐'부터 문제가 된다.

일부 기업은 사회 구성원 대부분이 비난하는 행동을 자사 직원은 '도덕적으로 중립'이라고 믿게끔 부추기는 듯하다. 도덕적으로 훌륭한 것은 아니지만 그렇다고 잘못된 것도 전혀 없다는 식이다. "우리가 하는 일이 불법이라는 건 다들 알고 있었습니다." 지멘스의 매니저였던 라인하르트 지카체크는 불법 뇌물용 비자금 조성 혐의로 유죄를 선고 받은 후 그렇게 말했다. "사실 윤리적 관점에서는 생각조차 해본 적이 없어요. 회사를 위해 한 일이니까요."[19]

엔론의 경영자들은 주주와 조세 당국을 기만하고 중요한 전력 공급에 문제를 일으켰다. 폭스바겐의 엔지니어들은 우리의 건강을 보호하기 위한 배기가스 테스트를 고의적으로 방해했다. 롤스로이스의 직원들은 20년 이상 부정한 판매 관행을 묵인했다. 웰스파고 은행 직원들은 300만 개가 넘는 불법 계좌를 만들었다. 고베제강 매니저들은 비행기와 기차, 차량, 심지어 우주선 발사 로켓에까지 쓰이는 금속 제품의 품질 관리 데이터를 위조했다. 짐작건대 이런 기업에서 일하는 사람들도 처음부터 나쁜 짓을 하려고 마음먹지는 않았을 것이다. 다만 어쩌다보니 자신의 행동이 회사라는 맥락 내에서는 허용되는 일이라고 믿게 됐던 것 뿐이다.

투자 은행은 대체로 법을 준수하고 금융 규제 당국이 정해놓은 무수히 많은 복잡한 규칙을 따르려고 한다. 하지만 그들 중 다수가 자신에게 그 이상의 도덕적 의무는 전혀 없다고 생각한다. 고객을 희생시키더라도 합법적으로 돈을 벌 수 있다면 많은 투자 은행가가 그렇게 할 것이다. "사람들이 태연히 고객을 뜯어먹는 얘기를 나누는 게 역겹다." 고위 은행가였던 그레그 스미스가 동료에게 한 말이다. 2012년 〈뉴욕 타임스〉의 "내가 골드만삭스를 떠나는 이유"라는 기사의 한 대목이었다.[20] 조리스 루옌디크는 런던 시내에 있는 여러 은행의 직원 수백 명을 인터뷰했다. "은행 직원들은 리스크 속에서 일하며 규제를 준수해야 한다. 법률 부서 및 내부 감사가 말하기를 늘 문제는 '규칙 내에서 시스템을 어떻게 갖고 놀 것인가?'라고 했다.

…… 은행 직원들은 자신이 한 일이 합법인지 알고 싶어 했다. 그리고 만약 합법이면 대화는 그걸로 끝이었다."[21]

이들 집단은 모두 나머지 사회와는 심각하게 괴리된 도덕적 진실을 발전시켰다. 도덕적 진실은 주관적이며 바뀔 수 있다. 자신들만의 도덕적 진실을 형성한 집단이 보이는 행동은 나머지 우리와는 아주 다를 것이다. 군인이 기꺼이 사람을 죽일 수 있고 공중보건 담당자가 공동체의 이익을 우선하는 것은 우리에게도 필요한 일이다. 하지만 또 우리는 걱정할 수밖에 없다. 우리가 의존하는 그 외의 집단들이 우리와 크게 다른 도덕적 진실을 가진다면 어떻게 해야 하나?

이것은 기업의 리더도 우려해야 할 점이다. 직원에게 다른 식의 도덕적 진실을 권장하는 것이 단기적으로 아무리 득이 된다 하더라도, 사회 나머지 분야의 도덕적 진실과 괴리된 회사로 인식된다면 결국에는 브랜드 가치나 채용, 정부 관계 등에서 큰 대가를 치르게 될 것이기 때문이다. 이 점은 소셜 미디어 시대에 더욱더 유념해야 한다. 소셜 미디어 시대에는 직원들이 사회가 선호하는 도덕적 진실을 무시하는 것으로 보이는 순간, 기업의 명성이 순식간에 추락할 수 있기 때문이다.

집단에 해로운 도덕적 진실이 나타난다면 바꾸려고 노력해야 한다.

진실을 편집하는 법 #17

공감, 예시, 인센티브

로스앤젤레스 LGBT센터*가 개척한 캠페인 전략이 있다. 사람들을 대화에 참여시켜 나와 다른 사람의 시각을 갖게 만드는 전략이다. 이 전략의 효과는 이제 과학적으로도 입증되었다. 한 연구는 56명의 운동원으로 하여금 501세대를 방문해 10분간 대화를 나누게 했다. 이들은 트랜스젠더가 얼마나 부당한 대접을 받는지 이야기하면서 집주인도 그렇게 부당한 대접을 받은 적이 있는지 함께 비교했다. 연구팀은 이 대화 후에 트랜스젠더에 대해 집주인들의 태도가 상당히 바뀌었고 또 그런 태도가 지속된다는 사실을 발견했다.

로스앤젤레스 LGBT센터의 옹호자들은 방문을 통해 만나는 사람들에게 공감할 수 있는 자극을 제공함으로써 도덕적 진실을 바꾸고 있다. 사실 이 방법은 LGBT 운동보다 훨씬 오래전부터 있던 것이다. 철학자와 성직자 들은 남의 입장이 되어봄으로써 자신의 도덕적 진실을 성찰하고 변화시키려는 노력을 오랫동안 경주해왔다. 20세기 철학자 존 롤스는 공정하게 정의의 원칙을 세울 수 있는 유일한 방법은 무지의 베일veil of ignorance 뒤에 서는 것이라고 주장했다. 우리가 만약 사회 속에서 자신의 위치를 잊는다면, 즉 남자인지 여자인지, 흑인인지 백인인지, 재소자인지 간수인지, 부자인지 가난한지 잊

* LGBT는 레즈비언(Lesbian), 게이(Gay), 양성애자(Bisexual), 트랜스젠더(Transgender)의 앞글자를 딴 것으로 성 소수자를 의미한다. —옮긴이

는다면 우리 모두에게 적용될 규칙을 더 잘 결정할 수 있을 것이다. 무지의 베일이라는 사고 실험은 어쩔 수 없이 남의 입장을 상상해보게 만든다. 연극 연출가 리처드 에어가 말한 것처럼 말이다. "변화는 이해에서 시작되고, 이해는 나를 남과 동일시함에서 시작된다. 한 마디로 공감이다."[22]

공감은 자신이 속한 조직의 도덕적 문화를 바꾸고 싶은 리더라면 누구에게나 반드시 필요한 도구다. 충성심과 진실됨 사이에서 균형점을 옮기기로 결심한 경찰청장이라면 부하들에게 자신의 거짓말이 자신이 보호해야 할 사람들에게 어떤 영향을 줄지 생각해보게 하면 좋을 것이다. 엉뚱하게 수감되거나 경찰의 거짓말로 부당하게 배척당하는 것이 어떤 것인지 억지로라도 장시간 생각해보고 이야기해본 경찰관이라면 아무리 동료 경찰관을 위해서라고 하더라도 향후에는 거짓말을 할 가능성이 줄어들 것이다. 공감이 마법의 묘약은 아니다. 도저히 자신 때문에 피해를 당하는 사람의 입장이 되어볼 수가 없거나, 그러고 싶지 않은 경찰관도 있을 것이다. 혹은 자신의 행동을 바꾸는 데 관심이 전혀 없는 경찰관도 있을 수 있다. 하지만 몇 안 되는 사람이라도 자신의 관점을 바꾼다면 변화가 만들어지고 동료들 사이의 도덕적 진실이 조금씩 바뀌는 출발점이 될 수 있다. 〈프라이드Pride〉나 〈킨키 부츠Kinky Boots〉, 〈초대받지 않은 손님Guess Who's Coming to Dinner〉 같은 영화는 솔선수범하는 한두 사람으로 인해 더 큰 집단의 편견(혹은 도덕적 진실)도 바뀔 수 있다는 것을 보여준다.

또 다른 접근법은 집단 내에서 칭찬할 만한 행동이 뭔지를 재정의하는 방법이다. 투자 은행가나 자산 운용가, 무역업자는 다른 그 어떤 것보다 실적을 칭찬하는 경향이 있다. 거래 규모, 펀드의 가치, 위험 대비 수익률처럼 단순한 수치로 표현되는 것들 말이다. 그런데 실적은 '승리'로 정의될 수도 있다. 경쟁자를 이겼다거나 우려스럽게도 규제 당국을 이긴 것처럼 말이다. 은행가들이 규제를 피해나간 동료를 칭찬하고 있다면 조직은 머지않아 곤경에 처할 것이다. 어느 은행의 조직 문화를 진단했더니 이런 경향이 나왔다면 지도부는 조직의 가치관을 재설정하도록 힘써야 한다. 해당 은행은 장려하고 싶은 윤리적 자질을 기준으로 실적을 재정의해야 한다. 고객의 자본을 가지고 무모한 위험을 감수해 만들어낸 이윤이 아니라 윤리적 방법으로 성사시킨 큰 거래를 축하하도록 직원들을 설득해야 한다. 무엇이 바람직하고 칭찬할 만한 일인지에 관한 진실이 어떻게 바뀔 수 있는지에 대해서는 다음 장에서 살펴볼 것이다.

때로는 증거를 내세워 새로운 도덕적 진실을 주장하는 게 가능한 경우도 있다. 말하자면 지금 일하는 방식이 우리 자신의 이해관계에 해가 된다는 점을 보여주어 상대가 행동을 바꾸도록 설득하는 것이다. 공감 위주의 개입으로는 반응이 신통치 않거나 분석적으로 사고하는 사람들에게는 이 방법이 가장 효과적일 때가 많다. 예전에 나는 어느 제조사와 함께 대대적인 조직 문화 혁신 프로그램을 추진한 적이 있다. 나는 새로운 도덕적 진실을 이미 받아들인 직원들의 경우 더 나은 성과를 보이고 있다는 내용의 자세한 스토리를 수십 개 수집했다. 이 스토리들은 데이터가 되었고, 분석적 사고를 하는 회의적인 사람들까지 새로운 도덕적 진실을 채용하도록 설득해냈다.

마지막으로 공감하려고도 하지 않고, 새로운 정의를 내려도, 지적으로 접근해도 도덕적 진실을 받아들이지 않는 사람들에게는 전통적 윤리에 강하게 뿌리를 둔 마지막 수단이 있다. 아리스토텔레스는 이렇게 썼다. "도덕은 습관의 결과로 드러나는 것이다. 도덕 중에 우리가 타고나는 것은 없다. …… 우리는 의로운 행동을 함으로써 의로워지고, 절제된 행동을 함으로써 절제하며, 용감한 행동을 함으로써 용감해진다." 다시 말해 우리가 그런 '척' 행동한다면 실제로 그렇게 될 수도 있다는 얘기다. 곧장 그런 결과가 드러나지는 않을 것이다. 하지만 매일매일 더 협조적이고 더 관대해지도록 스스로를 몰아붙인다면 그 습관이 결국 내면화되어 도덕적 진실이 될 것이다.

이것은 도덕적 난관에 처한 조직의 리더에게 어떤 의미일까? 아리스토텔레스가 맞다면 옳은 일을 하게끔 인센티브를 주다보면 결국에는 직원들도 옳은 방식으로 생각하게 될 것이다. 바람직한 도덕적 진실에 맞춰 행동한 사람에게 보너스를 주고 그를 승진시킨다면, 처음에는 직원들이 아무리 회의적인 태도로 따라온다고 하더라도, 결국에는 바람직한 도덕적 진실이 뿌리내리기 시작할 것이다. 그러니 다른 방법이 모두 실패한다면 여러분이 원하는 도덕적 진실에 동의한 사람처럼 행동하게끔 인센티브를 제공하라. 미덕인 척 행동하는 것이 결국에는 진짜 미덕이 될 것이다.

도덕적 진실을 얘기하면서 우리는 《디소이 로고이》에서 출발해 다시 아리스토텔레스로 돌아왔다. 놀랄 일은 아니다. 그리스 사람들은 잘 사는 게 어떤 것인지를 고민하는 데 상당한 시간을 할애했기 때문이다. 미덕은 인간의 행복에 필수불가결한 것으로 여겨졌다. 하지만 앞서 본 것처럼 무엇이 미덕이고 무엇이 훌륭한지에 대해서는 깔끔한 의견 일치를 본 적이 단 한 번도 없다.

우리에게는 무엇이 도덕적 진실인지 의견을 모으고 정의를 내리는 것은 사회가 정하기 나름이다. 아이디어와 기술이 발전하고, 어려운 문제가 대두되고, 소수자의 이해관계가 보다 분명해지면서, 도덕적 진실은 변하고 진화할 수밖에 없다. 사회의 연결성은 점점 더 커지고 우리 손에 들린 소통의 도구는 계속 늘어나고 있다. 이제는 누구에게든 이 사회가 지켜야 할 도덕적 진실이 형성되는 과정에 참여할 수 있는 기회가 있다. 오래된 도덕적 딜레마에 대해 새로운 시각을 제시할 수도 있고, 해묵은 도덕적 진실을 바꿔보려는 운동에 성원을 보낼 수도 있다. 우리가 이미 케케묵은 편견이라고 줄을 그어버린 도덕적 진실로 우리를 다시 끌고 가려는 지도자가 있다면 확고한 저항의 목소리를 크게 낼 수도 있다.

우리가 선택해서 전파하는 진실이 우리 주변인들의 행동을 좌우할 것이다. 마약 중독자로 가득 찬 교도소에 무분별하게 재정을 낭비하지 않으려면, 경찰관들의 거짓말로 부당한 일을 당하지 않으려면, 돈만 좇는 은행가들 때문에 경제적 불평등이 생기지 않으려면, 그 외에도 이 사회를 훼손하는 수많은 일을 피하려면, 우리가 주의 깊게 도덕적 진실을 선택하고 그렇게 선택한 진실을 잘 알려야 한다.

다음과 같은 사람을 조심하라

- 도덕적으로 중립적인 물건이나 사람을 악마로 만들려는 오도자
- 한 가지 도덕적 진실을 다른 것보다 우선시하여 사회에 해악을 끼치는 집단

07 바람직함

누군가에게는 음식인 것이 남에게는 쓰디쓴 독이다.

— 루크레티우스Lucretius(고대 로마의 시인, 철학자),
《만물의 본성에 관하여*De Rerum Natura*》 중에서

바람직한 취향

도덕적으로 '옳다, 그르다'보다 우리에게 훨씬 더 큰 동기가 되는 것은 '좋다, 싫다'의 문제다. 우리는 맛있는 음식, 최신 패션을 찾아다니고, 해외 휴가를 가려고 장시간 일한다. 마주치기 싫은 사람 때문에 건너지 않아도 될 길을 건너고, 불쾌한 냄새가 나면 슬그머니 방을 나간다. 쾌락이나 흥미, 흥분을 주는 것에는 끌리고, 혐오나 공포, 역겨움을 주는 것은 멀리한다. 이런 감정들이 우리를 움직이는 힘은 다른 심리적 요인의 위력보다 훨씬 크다. 우리는 미움 때문에 테러를 저지르고 사람을 죽일 수도 있다. 흥분해 평소답지 않은 모험

을 감행하기도 한다. 공포에는 얼어붙고, 열정이 생기면 상상도 못할 노력을 경주한다.

감정마다 우리를 움직이는 방식이 다르지만, 단순화해서 본다면 긍정적인 감정을 일으켜 우리를 끌어당기는 자극을 뭉뚱그려 '바람직하다, 바랄 만하다'고 표현할 수 있다. 그리고 우리에게 부정적 감정을 일으키는 자극들은 '바람직하지 않다, 탐탁지 않다'고 표현할 수 있다.

옛날 유럽 사람들은 긴 신발을 신었다. 아주 긴 신발이었다. 풀레느Poulaine라고 하는 이 신발은 긴 부리가 있었다. 얼마나 기냐면 발가락 부분이 발 길이의 절반만큼이나 될 정도였다. 부리가 땅에 끌리지 않게 비단 실이나 은사슬로 무릎에 묶어야 하는 것들도 있었다. 이 신발은 걷기도 힘들고 계단을 오르는 건 거의 불가능했다. 그럼에도 유럽 전역의 중세 귀족이나 상인 들은 기꺼이 불편을 감수했다. 그들이 보기에는 이 신발이 너무나 바람직했기 때문이다.

반면 동시대의 어떤 이들은 풀레느를 극도로 탐탁지 않게 여겼다. 풀레느가 천박한 사치와 퇴폐의 증거라고 생각하는 사람들도 있었고, 남근의 상징이라며 경건한 사회에 어울릴 수 없는 물건이라 보는 사람도 있었다. 이들은 풀레느를 금지했다. 법률로써 발가락 부분의 길이를 2인치로 제한했다. 지금 우리가 신발 가게를 찾았는데 누가 그런 신발을 내민다면 제정신이 아니라고 생각할 것이다. 걷기도 힘든 신발을 대체 누가 신는단 말인가? 그런데 이상하게도 우리는 하이힐은 유난히 좋아한다. 누가 알까? 200년 후 후손들은 15센티미터짜리 스파이크 힐을 보고 뭐라고 생각할지.

바람직함이 주관적이고 가변적이라는 사실을 패션만큼 잘 보여주는 것도 없다. 발사믹 식초와 베트남 돼지에서부터 보이 밴드와 측면에 흰 띠가 있는 타이어까지. 취향은 사람마다 다르고 시간이 지나면 바뀐다. 누군가는 좋아하는 것들, 4륜구동 자동차, 잔디밭, 늑대, 총기, 스냅챗, 비행기, 예쁜 벨소리, 조찬 회의, 어나니머스(국제적 해킹 집단), 조깅, 유명인, 전자레인지 같은 것을 누군가는 싫어한다. 내가 바람직하다고 생각하는 것을 남들은 그렇지 않다고 생각한다. 그 결과 내가 구매하고, 지지하고, 선전하고, 구축하려고 하는 것에 남들은 전혀 다른 반응을 보인다.

하지만 모두가 동의할 수 있는 것도 분명 있다. 정도에 따라 다양하게 쪼개지는 바람직함의 스펙트럼 위에 절대적 위치를 점하는 것들 말이다. 어쨌거나 지카 바이러스를 좋아하는 사람은 아무도 없지 않을까? 갓 태어난 새끼 고양이를 마다할 사람이 있을까?

어쩌면 그럴 수도 있다. 알고 보면 바람직함이란 열혈 패셔니스타가 상상할 수 있는 것보다도 훨씬 더 변덕스럽다.

그때는 틀렸고 지금은 맞다

카스 필립스는 기업 행사 시장을 그 누구보다 잘 이해한다. 그녀는 자신이 조직한 콘퍼런스 중에서 손실이 난 경우는 단 한 번도 없다고 말한다. 2009년 필립스는 샌프란시스코에서 수십 년간 누구도 상상하지 못했던 콘퍼런스를 개최했다. 바로 실패를 기념하는(혹은 적어도 연구하는) 페일콘FailCon이다.

당시 실리콘밸리에는 스타트업이 넘쳐났는데, 그중 다수가 고전하고 있었다. 필립스는 이런 실패에서 배우는 교훈이 다른 기업가들에게 도움이 되리라 생각했다. 제1회 페일콘에는 400명이 넘는 사람이 모여들었고, 이 연례 콘퍼런스는 캘리포니아 북부의 또 다른 성공 스토리가 되어 전 세계 다른 도시로 수출되었다. 도처에서 실패에 매력을 느끼는 사람은 계속 늘고 있다.

아마도 이것은 바람직함과 관련해 우리 생애 가장 일어나지 않을 법했던 변화일 것이다. 실패는 수천 년간 나쁜 것이었다. 실패를 딛고 성공한 사람들조차 '처음부터 실패하지 않았더라면' 하고 바랄 정도였다. 그렇지만 지금은 많은 업계와 기업이 실패를 기념하고 있다. 실패한 사람들이 실패의 과정에서 얻게 된 경험과 특질을 높이 사기 때문이다.

인사 담당자들이 실패한 기업가를 채용하는 이유는 이들을 모험가 또는 혁신가로 보기 때문이다. 약간의 의도된 분란이 필요한 정체된 회사에 색다른 관점과 태도를 가져올 수 있는 사람이라고 보는 것이다. 실패한 사람만 가입할 수 있는 인기 있는 모임도 있다. 여기서는 더 화려하고 처참하게 실패한 사람일수록 모임 내 등급이 높다. 이들은 상향 실패failing upward라는 말을 쓴다. 실패 덕분에 자신의 커리어가 사실상 '향상됐다'는 뜻이다.

서점의 서가나 신문을 보아도 마찬가지다. 이전에는《목표가 이끄는 삶: 사업과 인생에서 성공하는 법*Driven: How to Succeed in Business and in Life*》같은 제목의 책들이 넘쳐났다. 이제는 예컨대《실패의 선물The Gift of Failure》*이라든가 "성공의 비결이 실패라면?" 같은 제목의 책이나 기사도 찾아볼 수 있다. 이제 실패는 더 나은 시도와 분명한 생각, 창의적인 해결책의 안내자로 인정받고 있다. 직원들이 실패를 기꺼이 인정하도록 격려하면 미래의 더 큰 문제를 피할 수 있고 결국에는 더 효과적인 프로세스나 업무 방식으로 이어질 수 있다. 한 번 실패했던 사람은 다시 실패하는 것에 두려움이 덜하기 때문에 아직 증명되지 않은 것을 기꺼이 더 시도할지도 모른다.

이런 생각이 처음 나온 것은 아니다. 제약회사 릴리Lilly는 1990년대부터 이미 '실패 파티'를 열어왔다. 훌륭한 연구였지만 결실을 맺지 못한 작업들을 기념하는 파티다. 그 즈음부터 경영학의 권위자 톰 피터스는 기업 리더들에게 '실패를 적극 포용하라.'고 촉구해왔다. 윈스턴 처칠은 "성공이란 실패에서 실패로 걸려 넘어지면서도 한 톨의 열정도 잃지 않는 것이다."라고 말했다.

그러나 요즘처럼 실패에 이토록 화려한 색이 입혀진 적은 없었다. 지금 수많은 기술 전문가와 기업가가 실패를 두 손 벌려 환영하는 이유는 실패가 성공으로 가는 길을 더 빨리 터줄 통과의례라고 생각하기 때문이다. 포스트 모텀Post mortem** 블로그의 포스트는 이제 명함처럼 쓰인다. "빨리 실패하고 자주 실패하라."는 실리콘밸리의 주문은 다른 지역과 산업에까지 확산되고 있다. 실패를 중심으로 새로운 기업 문화도 생겼다. 한 가지 비즈니스 모델이 성공하지 못할 경

* 국내에서는《똑똑한 엄마는 서두르지 않는다》라는 제목으로 출간되었다. — 옮긴이

** 포스트 모템은 원래 사망 원인을 찾기 위해 죽은 자의 몸을 검사하는 것을 말한다. — 옮긴이

우 다른 쪽으로 방향을 돌리는 추세가 그것이다. 제품을 살짝 '손질'하고 업무 방식을 '재발견'한다. 디자인 컨설팅 회사 아이디오IDEO는 '자주 실패해야 더 빨리 성공한다.'는 슬로건을 채택했다. 파산을 훈장이라 여기는 사람도 있다.

지금은 실패가 바람직하다는 이 새로운 진실이 곳곳에서 힘을 얻고 있다. 하지만 옛날에는 실패가 여러 사람에게 막대한 비용을 지운다는 가혹한 진실을 더 일리있는 것으로 여겼다. 사실 페일콘에서 속내를 털어놓으며 찬사를 받는 기업가 한 명 한 명마다 그들의 벤처 실패로 수천 달러에서 수백만 달러를 잃은 투자자들이 있다. 일자리를 잃은 직원이 있고, 돈을 내고 제품을 받지 못한 고객이 있고, 깨진 계약의 보상을 받지 못할 협력사들이 있다.

이런 흐름을 두고 BP의 최고 경영자를 지낸 존 브라운은 어떤 기업에게는 "실패가 거의 성공과 맞먹는 모양"이라고 빈정댔다.[1] 브라운의 퇴임 후 BP는 경영 실패로 멕시코만에서 우리 시대 최악의 환경 재난 사고를 냈다. 실패는 파괴를 의미할 수도 있다. 고통과 죽음을 의미할 수도 있다. "자주 실패하라."는 말이 항공 관제사나 심장 수술 전문의에게 훌륭한 조언이 될 수는 없다.

실패는 바람직할까? 으레 그렇듯이 이 문제도 맥락에 따라 달라진다. 하지만 선조들이었다면 우리가 이런 질문을 제기한다는 사실 자체에 깜짝 놀랐을 것이다.

현대의 삶을 가능하게 해준 가장 위대한 혁신을 꼽아보라고 하면 전기의 발명이나 인터넷보다 훨씬 앞서 농경이 인류에게 끼쳤던 중요한 영향을 인정하지 않을 수 없다. 도시에 사는 사람들은 자신이 먹고 사는 옥수수나 밀, 쌀이 자라는 들판에 대해 생각할 일이 별로 없다. 그러나 농경이 지금과 같은 분업과 사회 구조를 마련해주지 않았다면 다른 그 어떤 것도 인류는 이뤄내지 못했을 것이다. 작물을 심기 이전에는 대부분의 인간이 매일 일정 시간을 할애해 먹을 거리를 찾아다니거나 사냥을 해야 했다. 농경을 통해 얻은 잉여 식량 덕분에 인류라는 종이 번성하고 다수의 사람이 건축이나 무역, 전투, 발명, 설교, 통치 등에 전력할 수 있었다.

실제로 농사는 아주 바람직하다.

그러나 유발 하라리가 쓴 《사피엔스*Sapiens*》를 보면 실제 농경에 종사하는 사람은 대부분 그렇게 생각하지 않는 것 같다. 하라리는 도발적이게도 신석기 시대의 농업 혁명을 "역사상 최대 규모의 사기"라고 부른다. 농사가 "일반적으로 채집가에 비해 농부의 삶을 더 힘들고 덜 만족스럽게 만들었다."는 것이다.[2] 그는 농부들이 그들의 조상들보다 더 오랜 시간 일하면서 먹는 것은 훨씬 형편없었다고 주장한다. 사냥꾼이나 채집가들은 딸기, 견과, 육류, 생선, 과일, 뿌리식물, 꿀 등 다양한 식단을 즐겼음에 비해, 농부들은 한 가지 작물로 연명하는 경우가 많았다. 그렇기 때문에 질병이나 기상 변화, 적군 침입 등의 상황에서 중요한 수확물이 몽땅 다 파괴되는 취약한 처지에 놓였다. 인간의 몸과 마음은 사냥꾼과 채집가로 사는 게 더 체질에 맞았다. 우리는 나무를 오르고 미지의 세계를 탐험하고 무언가를 쫓아가고 새로운 걸 발견하게 만들어졌다. 정신적으로도 육체적으로도 우리는 땅 파고 돌 치우고 거름 나르며 허리가 부러질 듯 지루한 일을 반복하는 재래식 농업에 맞지 않았다. 그런데도 지난 1만 년간 거의 대부분 세월 동안 수많은 인류는 그런 일을 하지 않으면 안 되었다.

그들의 시각에서는 농사는 철저하게 탐탁지 않은 일이었다.

반면 농사는 엘리트를 성장할 수 있게 해주었다. 소수의 인류는 먹기 위해 일하는 고된 생활을 벗어나 군대를 만들고 종교를 발전시키고 예술가를 후원하는 일에 집중할 수 있게 됐다. 농사에 지나치게 가까이 갈 필요는 없었던 엘리트에게 농경은 언제나 대단한 발명품이었다.

중산층의 삶을 살고 있는 우리는 조상들이 그렇게 끔찍한 수천 년을 살아낸 것에 감사해할 수도 있다. 왜냐하면 조상들의 그런 노력 덕분에 결국은 지금 우리가 당연시하는 이 모든 편의와 쾌락이 가능했기 때문이다. 기계화된 농경과 현대 식물유전학, 여러 농약 덕분에 우리는 놀랄 만큼 낮은 가격에 필요한 모든 영양분을 얻고 있다. 그러나 세계 곳곳에는 아직도 육체노동을 하며 농사를 짓는 사람이 많이 있다. 어쩌면 이들은 정말로 사냥꾼이나 채집가가 되는 편이 나았을지도 모른다.

"선이나 악은 없다. 생각이 그렇게 만들 뿐이다."

실패나 농사 같은 사례는 표면적으로는 널리 바람직하거나 바람직하지 않게 보이는 일들이 전혀 다른 색깔을 띨 수도 있음을 보여준다. 이뿐만이 아니다. 빅토리아 시대의 신사들은 가공의 중세 기사들이 명예를 철저히 지키며 전투를 치르는 모습을 상상하며 전쟁의 기사도를 찬양했다. 밖에서는 크림전쟁이 참혹하게 펼쳐지고 있었는데 말이다.

피에로 만초니는 캔 90개에 대변을 담아 〈예술가의 똥Artist's Shit〉이라는 이름을 붙이고 예술 작품이라고 선언하면서 일부 집단이 자신의 대변을 아주 바람직한 것으로 여기도록 하는 데 성공했다. 오늘날에는 무언가를 아는 것, 즉 '지식'이 나쁜 것일 수도 있다고 말하는 사람들도 있다. 예컨대 어느 지식이 우리에게 장래의 질병과 죽음에 관해 너무 많은 것을 알려주거나, 다른 곳에 사는 사람들은 얼마나 잘 사는지 보여준다면 우리를 불행하게 만들기 쉽다는 주장이다. 어떤 과학자들은 집안을 너무 깨끗하게 하는 게 오히려 천식과 같은 알레르기나 자가 면역 질환을 일으킨다고 말한다. 농사나 위생, 지식도 바람직하지 않을 수가 있고, 실패나 전쟁, 똥도 바람직할 수 있다면, 바람직함이 얼마나 끝도 없이 주관적인 개념인지 알 수 있다.

윌리엄 셰익스피어의 햄릿이 말했듯이 "선이나 악은 없다. 생각이 그렇게 만들 뿐이다."

달리 표현해보면, 무엇이 됐든 바람직함과 관련해서 경합하는 진실이 있다.

물론 자동차 사고가 나는 것보다는 뜨거운 태양 아래 휴가를 즐기는 게 바람직하겠지만, 휴가도 관점에 따라 바람직함의 정도가 달라질 수 있고, 자동차 사고도 마찬가지다. 일을 정말로 좋아하는 누군가는 휴가 때문에 중요한 시기에 업무를 못 보는 것이 싫을 수도 있다. 누군가는 자동차 사고를 계기로 정말 중요한 게 뭔지를 깨닫고 더 열심히 살게 될 수도 있다. 바람직함은 결코 불변이 아니다.

바람직함은 주관적인 것이어서 제대로 된 경합하는 진실을 만나면 생각이 바뀔 수도 있다. 목욕용품 브랜드 도브는 리얼 뷰티Real Beauty 캠페인을 통해 바람직한 신체에 대한 전통적 관점에 도전했다. 도브는 여성의 사진 옆에 두 개의 체크 박스가 있는 광고를 시리즈로 내보냈다. 나이 많은 여성의 사진 옆에는 '흰머리?/멋지다?'라고 썼고, 주근깨가 많은 여자 옆에는 '잡티?/완벽하다?'라고 썼다. 이 광고는 남들에게나, 우리에게나, 아름다운 게 뭔지는 정하기 나름이라고 말한다.

우리의 행동은 무엇이 바람직하고 또 무엇은 바람직하지 않은지에 대한 생각에 크게 좌우되기 때문에 제대로 된 경합하는 진실을 만나면 행동이 크게 바뀔 수 있다. 이 점은 생활에 변화를 주고 싶을 때 아주 유용하다. 이론적으로 우리는 나에게 좋은 것을 원하는 방향으로 자신을 이끌 수 있고, 남들도 같은 방향으로 이끌어줄 수 있다.

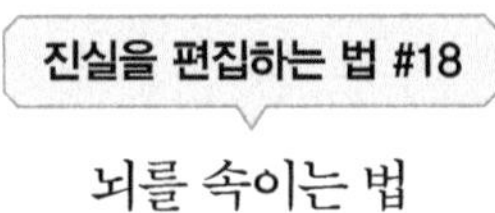

뇌를 속이는 법

비만 때문에 사람들이 죽어가고 있다.

전 세계적으로 사람들은 나쁜 음식을 너무 많이 먹고 있어서 보건 재앙의 위험이 날로 더 커지고 있다. 20억 명이 넘는 사람이 과체중이거나 비만이다. 특히 5세에서 19세 사이 아동 및 청소년 중 3억

4000만 명 이상이 과체중이나 비만이다. 해당 연령대 인구의 18퍼센트에 해당하는 수치다. 1975년에는 그 비율이 고작 4퍼센트에 불과했다. 더 이상 비만은 잘 사는 나라들만의 문제가 아니다. 아프리카 어린이 1000만 명 이상이 과체중이거나 비만이다. 전 세계 보건 지출의 20퍼센트가 비만 또는 심장병이나, 제2형 당뇨처럼 비만과 관련된 질환의 예방과 치료에 쓰이고 있다. 그에 따라 정부 예산도 사람들의 허리둘레만큼이나 위험하게 늘어나고 있다.

우리는 피할 수도 있는 문제에 오히려 스스로 뛰어들고 있다. 고지방·고설탕 식품을 먹기 때문이다. 이런 식품을 먹는 이유 중에는 다른 영양가 높고 살이 덜 찌는 식품보다 고지방·고설탕 식품이 값싼 경우가 많은 탓도 있다. 하지만 또 하나의 이유는 '맛'이다. 우리는 고지방·고설탕 식품을 렌틸콩이나 케일, 셀러리보다 더 '열망한다.' 실제로 연구에 따르면 우리는 건강하지 않은 식품이 더 맛있을 거라고 기대할 뿐만 아니라, 건강하지 않다고 믿는 식품을 먹을 때 실제로 더 맛있어 한다.[3]

비만과 싸울 때 우리가 가장 흔히 쓰는 전략은 원하는 식품을 피하도록 나 자신에게 뇌물을 주거나 스스로를 괴롭히는 것이다. 각국의 정부는 식품 제조업자들로 하여금 기름이나 설탕 사용을 줄이도록 설탕세 부과나 규제 도입을 고려 중이다. 수십 년간 '욕구 억제'를 기초로 하는 식단 계획이 급증했다. 부모는 아이에게 브로콜리를 먹이려고 파스타 소스 속에 브로콜리를 숨기거나 브로콜리를 먹으면 나중에 고설탕 식품을 주겠다고 약속한다. 이런 작전들 중에 성공하고 있는 건 없는 것 같다. 우리는 매년 식단 계획과 식품 대체제, 설사약에 수십억 달러를 쓰고 있지만 비만율은 계속 오르기만 한다.

성공률이 더 높아 보이는 접근법은 영양가 있는 저설탕·저지방 식품을 다르게 보게 만드는 방법이다. 몸에 좋은 식품을 더 바랄 만하게 만들어야 한다.

딱 맞게 자극을 주기만 하면 인간의 뇌는 맛을 얼마든지 바꿀 수 있다는 흥미로운 실험 결과가 있다. 연구팀은 실험 대상자에게 똑같은 와인 두 잔을 주고 맛을 보게 하면서 각 잔에 든 와인의 가격이 다르다고 했다. 실험 대상자들은 더 싸다고 믿는 와인을 마실 때보다 더 비싸다고 믿는 와인을 마실 때 더 만족스럽다고 답했다. 이는 상상의 작용이 아니다. fMRI 속에서 똑같은 실험을 해보면, 더 비싸다고 믿는 와인을 마시는 사람은 쾌락을 경험하는 것과 관련된 뇌 부분의 신경 활동이 더 활발해진다. '진품' 그림의 경우처럼 실험 대상자들은 실제로 더 맛있어 했다. 초콜릿으로 실험했을 때도 같은 결과가 나왔다.

무언가를 즐기게 될 거라고 예상하면 실제로도 그것을 즐길 가능성이 커지는 듯하다. 영화에서 맥주에 이르기까지 다양한 소비자 제품에서 관찰되는 이런 현상을 마케팅 플라세보 효과marketing placebo effect라고 한다. 마케팅 플라세보 효과가 일어나는 이유는 생물학적으로 말해서 쾌락은 그 자체가 목적이 아니라, 음식이나 성관계처럼 진화적으로 유용한 어떤 것을 추구하도록 우리를 설득하기 위한 메커니즘이기 때문이다. 이 메커니즘은 영점을 새로 맞출 수 있다.

"뇌가 쾌락을 만든 이유는 어떤 활동은 반복하고 어떤 것은 피해야 하는지 학습하는 데 유용하기 때문이다. 결정을 잘 내리려면 경험의 질을 잘 측정해야 한다." 와인 실험팀에 속한 앤토니오 랭걸 Antonio Rangel의 말이다. "측정의 정확도를 높이는 한 가지 방법은 해당 경험에 대한 다른 정보들까지 활용하는 것이다. 특히 (아마도 이전의 경험 때문에) 어떤 경험이 좋다는 인식이 확실하다면, 그 인식을 지금 쾌락을 측정하는 데 활용할 수도 있다."[4] 와인 실험의 경우에는 가격이 비싸다는 말이 실험 대상자들에게 맛있는 와인을 맛보게 될 거라고 믿게 만들었고 그래서 실제로 맛있게 먹은 것이다.

그렇다면 브로콜리가 맛있을 거라고 나 자신을 설득할 수 있다면 실제로 맛있을 수도 있다. 복내측 전전두엽 피질ventromedical prefrontal cortex에서 쾌락과 관련된 신경 활동이 실제로 일어나면서 말이다. 이런 방법은 브로콜리에 대한 생각이 이미 확고한 어른들을 대상으로는 효과를 보기 어렵다. 하지만 이 연구 결과를 그대로 인정한다면, 아이들이 건강한 음식을 먹게 하는 데는 좀 더 효과가 있을지도 모른다. 태어났을 때는 내가 어떤 음식을 좋아하는지 모른다. 우리는 부모나 주변 사람들을 통해 음식을 배운다. 아이들에게 뇌물을 주거나 인상을 써서 채소를 먹이거나, 채소를 소스나 케이크 속에 숨기는 것처럼 많이 쓰는 방법은 건강한 식품은 맛이 없을 거라는 예상을 더 강화시킬 뿐이다. 그리고 이것은 다시 자기 실현적 예언이 된다. 그러지 말고 부모나 건강한 식습관 옹호자들이 그와 경합하는 진실, 즉 건강한 음식이 맛있다는 사실을 알려줄 수 있다면, 와인 실험에서와 같이 아이들도 정말로 건강한 음식이 맛있다고 느끼며 평생 건강한 식습관을 키우게 될지 모른다.

이게 말처럼 쉽지 않다는 사실은 나도 충분히 인정한다. 하지만 연구 결과들을 보면 아이들에게 채소를 줄 때 만화 속 채소 캐릭터를 옆에 놓아준다거나[5] '엑스레이 비전 당근'처럼 재미있고 매력적인 이름을 붙여주면 아이들이 자발적으로 채소를 더 많이 먹는다고 한다.[6] 부모가 먼저 시금치나 현미에 열광하거나 콜리플라워를 좋아하는 인형이나 장난감과 연상시키고 버섯과 월넛을 '보상'으로 생각한다면 좋은 본보기가 될 것이다.

어쩌면 우리 뇌에도 똑같은 마법을 부릴 수 있을지 모른다.

스탠퍼드대학교 심리학과 연구 팀은 이름과 이름표가 음식 선택에 미치는 영향을 조사했다. 연구 팀은 어느 대학교의 카페테리아에 나오는 채소를 임의로 선택하여 '시트러스를 코팅한 꽈배기 당근', '다이너마이트 칠리와 톡 쏘는 라임이 들어간 비트', '달콤하게 익힌 완두콩' 같은 '먹음직스러운' 이름표를 붙였다. 그리고 다른 날에는 똑같은 채소를 똑같은 방법으로 요리해 '완두콩', '저칼로리 저탄수 완두콩'처럼 좀 더 보편적이거나 건강하게 들리는 이름표를 붙였다.

연구팀은 '먹음직스러운' 이름표를 붙였을 때 채소를 고르는 사람의 수와 채소 총소비량이 크게 증가하는 것(각각 25퍼센트, 23퍼센트 증가)을 관찰했다. 건강함을 강조하는 이름표를 붙인 채소들은 평범한 이름표를 붙였을 때보다 인기를 끌지 못했다. 전통적인 공중보건 전략에 중요한 의문을 제기하는 발견이다. 똑똑한 스탠퍼드대학교 학생들조차 건강을 이유로 채소를 고르게 설득할 수 없다면 이 방법이 더 넓은 인구층에 효과가 있기를 기대하기는 힘들다. 이 연구는 채소를 '바랄 만하게' 만드는 편이 훨씬 더 효과적인 방법임을 보여주었다.

오래전부터 인간은 설탕과 지방을 열망했다는 글을 많이 봤을 것이다. 그러나 신경학적으로 우리가 케이크보다 양배추를 더 갈망하도록 뇌를 훈련하지 못할 이유는 전혀 없다. 인간은 잡식성이다. 우리는 어떤 음식이든 좋아할 수 있다. 음식 저널리스트 비 윌슨은 이렇게 말했다. "우리는 채소를 더 많이 먹으려고 노력하지만 채소를 더 즐기려고는 노력하지 않아요. 오래된 입맛을 버리고 새로운 입맛을 배우는 게 아예 불가능하다고 다들 확신하기 때문이겠지요. 하지만 그건 절대로 사실이 아니에요."[7]

노동이 즐거워지려면

대부분의 사람은 생계를 유지하려면 일을 해야 한다. 그런데 일이 주는 돈 말고, 일 자체는 과연 바람직할까?

기관사 에이미 카펜터Amy Carpenter는 이렇게 말했다. "나는 고객과 교류하는 게 좋아요. 내 지식을 이용해서 누군가의 여행을 편하게 만들어주는 것도 좋고, 플랫폼에 들어서며 들떠 있는 아이에게 손을 흔들어주는 것도 좋아요. 하지만 가장 기본적으로는 그냥, 기차를 운전하는 게 너무너무 좋아요."[8] 아스펜밸리 병원에 있는 어느 간호사는 익명으로 운영되는 회사 평가 웹사이트 글래스도어에 이렇게 썼다. "저는 절대로 다른 곳에서 일하고 싶지 않아요!"[9] 같은 사이트에서 NBC유니버설의 한 직원은 "가져본 직업 중 최고에요!"라고 썼다.[10] 기술 기업가 마이클 슬리윈스키는 "매일 아침 일어날 때마다

얼른 회사에 가고 싶습니다. 저한테는 그게 세상에서 가장 보람찬 경험이에요."라고 썼다.[11]

이들은 "나는 내 일이 너무 좋아서 돈 한 푼 못 받더라도 계속하고 싶다."고 말할 수 있는 운 좋은 사람들이다. 그러니 어떤 사람들에게는 일이 바람직하다.

하지만 안타깝게도 다른 많은 이에게는 그와는 다른 진실이 존재한다. 2013년 갤럽Gallup은 두고두고 회자될 놀라운 조사 결과를 공표했다. 142개국에서 실시한 이 조사에 따르면 전 세계 노동 인구 중에서 13퍼센트만이 '일에 몰두한다.'고 한다.[12] 63퍼센트의 직원은 '몰두하지 않는다.'고 했다. 즉 "동기가 부족하고, 조직의 목표나 결과에 자발적 노력을 투자하지 않았다." 나머지 24퍼센트는 "적극적으로 딴청을 피웠다." 이 말은 곧 거의 4분의 1에 가까운 직원들이 자기 일을 싫어한다는 뜻이다. 이들은 "직장에서 행복하지 않고 비생산적이며 동료들에게 부정적 기운을 퍼뜨릴 가능성이 높다." 그렇다면 대략 3억 4000만 명의 사람들이 깨어 있는 시간의 많은 부분을 비참하게 보낸다는 얘기다. 그 외 거의 10억에 가까운 사람들은 주된 생활 활동으로부터 월급 외에는 별로 얻는 게 없다는 뜻이다. 직장에서의 태도가 가장 긍정적이라는 미국과 캐나다에서조차 70퍼센트가 넘는 직원들이 "몰두하지 않거나" "적극적으로 딴청을 피웠다."

이것은 결코 좋은 현상이 아니다. 사실 그런 무관심으로 인류가 치러야 하는 엄청난 심리적·경제적 비용을 생각하면 이건 거의 스캔들 수준이다.

어떻게 하면 일을 좀 더 '바람직하게' 만들 수 있을까? 쾌적한 근무 환경, 자율성 확대처럼 도움이 될 만한 요소는 많겠지만 아마도 가장 중요한 것은 분명하고 가치 있는 '목적'일 것이다. 사람들은 '내가 하는 일이 중요하다.'는 느낌이 필요하다. 경제학자 존 케이는 이렇게 말했다. "숨을 쉬는 게 삶의 목적이 아니듯이 이윤을 내는 게 사업의 목적이 아니다."[13] 사람들은 내 고용주를 부자로 만들어주는 것 외에 어떤 목표를 갖고 싶어 한다.

경영자에게 돈 버는 것 말고 회사의 목적을 설명해보라고 하면 종종 멍한 표정을 짓거나 기다렸다는 듯이 '고객에 대한 봉사' 같은 진부한 말을 주워섬기는 경우가 있다. 사실 영리 단체에 주주 가치의 증가 외에 다른 어떤 목적이 있다는 생각 자체를 짜증스럽게 여기는 리더도 있다. 이러니 그 많은 직원이 일로부터 유리되는 것이다.

직원 입장에서 기여할 만한 가치 있는 목적은 있을 수도 있고 없을 수도 있다고 생각하는 사람도 있을 것이다. 하지만 목적이 중요한 것이기는 해도, 어느 정도까지는 우리 상상의 소산이다. 누구는 내 인생 최고의 목적은 아이들을 잘 키우는 것이라고 말할 것이다. 또 누구는 만나는 사람들에게 기쁨을 전해주는 것이라고 말할 것이다. 오래 살아남는 회사를 만들거나, 올림픽 메달을 따거나, 우리 동네 최고의 드러머가 되거나, 폐암의 치료책을 찾는 것일 수도 있다. 하나 이상의 목적을 추구할 수도 있다. 매일 아침 자리에서 일어나는 이유는 여러분 자신에게 달렸다. 그러니 목적을 임의로 만들어낼 수 있다고 해서, 그 목적이 한 치라도 덜 소중해지는 것은 아니다.

나는 회사의 목적을 분명히 밝히고 알리는 작업을 수십 개 회사와 진행했다. 그중에는 경쟁이 목적이라고 내세우는 회사도 있었다. 사람들은 내가 경쟁자보다 더 잘 하고 있다는 느낌을 좋아한다. 그러니 경쟁사를 능가하기 위한 끝없는 투쟁이 충분히 동기 부여가 되는 직원도 있다. 콜라 시장의 약자인 펩시Pepsi의 경우 "코카콜라를 무찌르자."라는 단순한 야심이 직원들에게 믿기지 않을 만큼 큰 동기 부여가 됐다. 그밖에도 어떤 목표나 혁신을 그 누구보다 먼저 달성하자는 결의가 직원들에게 큰 의욕을 불어넣는 기업들이 있다. 하지만 대부분의 경우 효과적인 목적은 남을 돕거나 보호하거나 남들의 삶을 더 좋게 만들자는 내용인 경우가 많다.

영국중앙은행이 그들의 목적을 정리해달라고 내게 문의한 적이 있다. 영국의 새로운 건전성감독청Prudential Regulation Authority으로 선정된 직후였다. 우리는 미시 건전성 정책과 판단에 기초한 전향적인 감독, 유럽연합의 자기자본 요구 지침, 회계 비용과 정리가능성 평가, 적극적 개입과 상대의 리스크 같은 복잡한 문제들을 냉철히 검토했다. 그렇게 해서 떠오른 아주 중요하면서도 간단한 목적이 바로 "우리는 영국 금융 시스템을 보호한다."였다. 글로벌 금융 위기 참사와 영국의 대형 은행 두 곳이 파산 직전까지 간 이후였기 때문에 이 정도면 그 어떤 금융 규제 당국에도 의욕을 불어넣기에 충분한 목적이었다.

이타적 목적이라고 해서 반드시 세상을 바꿔놓을 만큼 거창할 필요는 없다. 몇 년간 제라늄이나 팬지, 시클라멘 같은 관상용 식물의 씨앗과 묘목을 판매하는 회사에 자문을 해준 적이 있다. 공중보건이나 세계 평화를 위해 꼭 필요한 회사는 아니었지만, 원예를 좋아하는 수백만 명의 행복에 이 회사가 실제로 어떤 기여를 하고 있는지 표현할 수는 있었다. 이 회사는 연구개발 부서가 강력했다. 회사는 영양 불균형이 있거나 물을 너무 적게 또는 너무 많이 주어도 잘 견딜 수 있는, 회복력 있는 새 품종을 개발했다. 관상용 식물을 구매하는 사람은 자기 잘못으로 식물이 죽는 것을 몹시 가슴 아파한다. 이 회사의 새 품종은 바로 그 문제를 해결해주었다. 그래서 우리는 보기 좋을 뿐만 아니라 돌보기 좋은 화초를 만들어 삶을 풍요롭게 한다는 목적을 직원들에게 제시할 수 있었다. 대단한 것은 아니어도 전 세계의 행복에 실질적으로 기여하는 목적이었고, 직원들에게 힘을 불어넣어주기에 충분했다.

사업에 대해 이데올로기적 혐오를 가진 사람이라면 놀랄 만한 얘기가 있다. 회사에 다니는 사람들은 대개 어떤 식으로든 자신이 남에게 도움이 된다고 생각하면 일을 더 즐거워하고 더 성실하게 일한다. 회사를 세우는 것은 돈을 벌기 위해서일 수도 있다. 하지만 거기서 일하는 사람들은 세상을 좋게 만들고 싶은 갈망을 가진 경우가 많다. 그리고 이런 갈망은 나날이 커지고 있는 것으로 보인다. 우리가 일을 좀 더 바람직하게 만들고 싶다면, 바로 그 갈망을 이해하고 거기에 답을 주어야 한다.

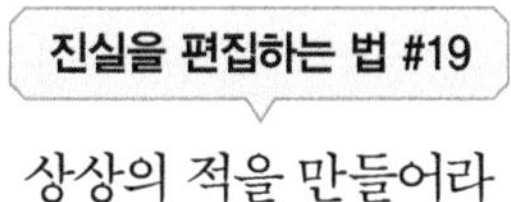

상상의 적을 만들어라

경합하는 진실이 대개 그렇듯이 바람직함을 다루는 데도 어두운

면이 있다. 앞서 우리는 어떻게 하면 건강한 음식이나 유용한 일을 사람들이 더 열망하게 만들지에 대해 이야기했다. 하지만 우리에게 혹은 사회 전체에 해가 되는 일을 열망하게 만드는 것도 가능하다. 수십 년간 광고업계가 해온 일이 바로 그것이다. 아직도 제작되고 있는 담배 광고는 흡연을 미화하고, 자신을 서서히 죽음으로 몰아갈 수도 있는 제품을 젊은이들이 열망하게 만든다. 패스트푸드업계의 마케팅은 기름 범벅의 프라이와 설탕이 잔뜩 든 음료를 갈망하게 함으로써 우리 사회의 비만 문제를 키웠다.

이보다 더 은밀하게 진행되는 것들도 있다. 우리를 설득해 특정 기관이나 개인, 대상 혹은 집단으로부터 등을 돌리게 만드는 여러 작전이 바로 그것이다. 신문이나 정치가 들은 이렇게 비도덕적인 방식으로 막대한 영향력을 행사하면서 우리를 스포츠 팬이나 사회 복지 수급자, 싸움꾼, 여행객, 싱글맘, 사회주의자, 유전자 변형 식품, 채식주의자, 무슬림, 비만 인구 같은 다양한 대상으로부터 등을 돌리게 만든다. 오늘날 그중에서도 가장 악독한 것은 이민자를 반대하는 선전 활동이다.

다들 보았듯이 도널드 트럼프 대통령은 멕시코 이민자와 시리아 난민을 맹비난했다. 영국의 독립당, 프랑스의 국민전선, 독일의 독일을위한대안, 네덜란드의 자유당 , 오스트리아의 자유당 모두 이민자들을 악마로 만들며 정치적 힘을 크게 키웠다. 〈브레이트바트 뉴스Breitbart News〉나 〈데일리 메일Daily Mail〉, 〈데일리 익스프레스Daily Express〉 같은 언론은 이런 운동을 크게 지지했다. 유명 평론가 케이티 홉킨스는 심지어 〈선Sun〉 신문의 선동적 기사에서 이민자들을

"바퀴벌레"에 비유했다.

이런 언어 공세는 이민자가 바람직한가에 대한 평범한 시민들의 생각에 어떤 영향을 주었을까? 여론 조사 결과나 브렉시트 국민 투표, 2016년 오스트리아 대선 등을 보면 상당한 영향을 끼친 듯하다. 정치나 대중 매체가 여론에 미치는 영향을 특히 잘 보여주는 경우가 헝가리다. 헝가리는 집시만 제외하면 유난히 똑같은 백인만으로 인구가 구성되어 있고 국경 내에서 다른 문화를 경험할 일도 거의 없다.

타르키사회조사연구소는 이민자에 대한 헝가리인의 태도를 수십 년간 추적했다. 이 연구소는 응답자들을 외국인 친화자, 외국인 혐오자, 중간 그룹으로 나눴다. 2002년에서 2011년 사이 외국인 혐오자로 분류된 헝가리인의 비율은 24퍼센트에서 34퍼센트 사이를 오르락내리락했다. 그리고 그때부터 비율이 눈에 띄게 오르더니 2016년에는 조사를 시작한 이래 최고치인 53퍼센트에 이르렀다. 같은 기간 외국인 친화자로 분류된 헝가리인은 6~12퍼센트에 불과했고 2016년에 이르러 이 비율은 1퍼센트로 추락했다.[14]

외국인에 대한 혐오와 불신이 이토록 극적으로 증가한 원인이 뭘까? 2015년 시리아 및 아프가니스탄, 이라크에서 수십만 명의 인구가 헝가리로 들어왔다. 그러나 그 대다수는 헝가리를 최대한 빨리 통과해 독일이나 오스트리아로 갔다. 이 해 헝가리가 받은 망명 신청은 11만 7135건(유럽에서 인구당 비율로는 최대)이었지만, 승인된 것은 502건에 불과했다. 망명 신청자 중 90퍼센트가 넘는 사람이 결정이 나기도 전에 헝가리를 떠났다. 놀랍게도 대부분의 헝가리인은 이민자를 실제 만나본 적조차 없었다. 이 역사적 대이동의 영향으로 어떤 형태로든 위협을 당하거나 생활 수준이 하락하거나 불편을 겪은 헝가리인은 '0'에 가까웠다. 이민자들의 곤궁을 안타깝게 생각한 어느 헝가리인은 이렇게 말하기도 했다. "외국인 혐오자들이 평생 만나본 이민자는 외계인보다 적을 것이다."[15]

이민자에 대한 직접 경험의 부족을 과도하게 메워준 것은 헝가리 정부였다. 정부에서 출연한 어느 광고는 이렇게 말했다. "파리 테러 공격이 이민자 짓임을 아십니까?" 이런 것도 있었다. "유럽에서 이민자 위기 발발 후 여성 성추행이 증가한 것을 아십니까?"

2015년 초 빅토르 오르반 총리가 이민자 반대 캠페인을 시작하자, 타르키연구소의 조사에서 외국인 혐오증이 급증했다. 이민자에 대한 시각과 관련해 총리의 선전 활동은 새로운 경합하는 진실을 아주 효과적으로 퍼뜨렸다. 2015년 여름 헝가리 전역에서 대이동이 벌어지는 동안 타르키연구소가 기록한 외국인 혐오자의 수는 실제로 '줄어'들었다. 어마어마한 고통을 겪는 이민자의 모습을 매일 텔레비전에서 보다 보니 헝가리인들이 잠시 자신의 의견을 누그러뜨린 듯했다. 그러나 대이동이 끝난 뒤에도 이민자를 반대하는 논조는 계속되었고, 외국인 혐오자로 분류된 헝가리인의 비율은 계속 늘어나 사상 최고치를 찍었다. 헝가리에 남은 이민자나 망명 희망자는 거의 없었는데 말이다.

이민자에 반대하는 선동가와 대중 매체는 서방 세계 전역에서 새로운 경합하는 진실을 만들어내는 데 성공했다. 앞선 세대는 이민자를 새로운 아이디어와 모험심, 에너지, 문화의 보고로 여겼지만, 이제 이민자는 바람직하지 않은 사람들로 널리 인식된다. 북미와 유럽은 장기적으로 심각한 정치·사회적 영향을 받을지 모른다.

취향을 바꾸는 것은 쉽지 않지만 가능한 일이다. 사실 이미 우리는 그런 일을 당하고 있다. 마케팅 담당자나 정치가, 저널리스트들이 바람직한 것을 재정의하려고 들 때 우리 모두가 좀 더 잘 눈치 챌 필요가 있다. 그들의 방식은 우리나 남들에게 해가 될 수도 있기 때문이다.

반면에 나의 열망이 얼마나 가변적인지를 알고 그것을 잘 활용한다면 내 삶을 더 좋게 바꿀 기회도 얼마든지 많다. 기존의 내 열망이 파괴적이고 문제가 있다면 경합하는 진실을 이용해 바람직함에 대한 (나 또는 남의) 생각을 바꾸는 편이 더 효과적이고 윤리적일지 모른다. 노력만 한다면 나 자신에게 이로운 것을 '원하는' 일도 틀림없이 가능하다.

다음과 같은 사람을 조심하라

- 어느 집단 전체를 미워하게 하려는 선동가 또는 오도자

---

08 가치

내가 지불하는 건 가격이고, 내가 얻는 건 가치다.

— 워런 버핏Warren Buffet

4만 달러짜리 곰팡이

당신은 곰팡이 한 덩어리에 얼마를 지불하겠는가?

아마 금액을 논하기 전에 정보를 더 원할 것이다. 크기는? 색깔은? 상태는?

이 곰팡이는 지름이 2.5센티미터 정도 된다. 색깔은 녹색을 띤 회색이다. 동그란 유리판 두 장 사이에 끼어 있고, 투명 테이프로 봉해져 있다. 오래되고 죽은 곰팡이다. 실제 쓰임새는 전혀 없다.

얼마의 가치가 있을까? 아마 '0'에 가까울 것이다. 어쩌면 그 곰팡이를 내 집에 들이지 않는 조건으로 돈을 줄 수도 있겠다.

2016년 12월 7일 먹지도 못할 이 곰팡이 조각이 뉴욕 본햄스 경매에서 4만 6,250달러에 팔렸다. 경매사는 이 곰팡이를 '원조 페니실린 곰팡이 배양균'으로 마케팅했다.

1928년 의학 연구원 알렉산더 플레밍은 포도상 구균을 연구 중이었다. 포도상 구균은 인후염과 종기, 패혈증을 일으키는 박테리아의 일종이다. 휴가에서 돌아와 보니 포도상 구균이 들어 있는 배양 접시 중 하나에 곰팡이가 피어 있었다. 우연히 오염된 것이었다. 그런데 놀랍게도 이 곰팡이 주변으로 둥글게 박테리아가 없는 구역이 존재했다. 플레밍은 곰팡이가 생산하는 어떤 물질이 박테리아를 죽이거나 억제하는 게 틀림없다고 생각했다. 이 곰팡이가 바로 과학적으로 최초로 소명된 항생제의 원료인 페니실리움 크리소게늄*Penicillium chrysogenum*이다.

이 우연한 발견으로 플레밍은 유명세를 탔고 1945년 노벨 생리의학상을 공동 수상했다. 교황이나 영화배우 마를레네 디트리히를 비롯한 당대의 유명인들에게 이 기적의 곰팡이 샘플을 보낸 것을 보면 플레밍은 자신의 명성을 즐겼던 듯하다. 본햄스 경매에서 팔린 곰팡이는 1955년 이웃 사람이 강도를 쫓아준 것에 대한 고마움으로 플레밍이 준 것이었다. 샘플에는 플레밍의 서명이 들어 있고, 그와 그의 가정부가 이웃에게 쓴 편지가 딸려 있었다. 플레밍의 가정부는 이렇게 써놓았다. "P.S. 혹시나 해서 드리는 말씀인데 …… 이 동그란 게 원조 페니실린 곰팡이 얼룩이에요. 고르곤졸라 치즈랑 헷갈리시면 안 돼요!!!"

자, 이제 맥락을 알았다. 이 작은 곰팡이 뭉치는 얼마만큼의 가치가 있는가?

아마 처음에 생각보다는 가치가 좀 올라갔을 것이다. 의학사의 한 부분을 소유하는 대가로 몇백 달러 정도는 지불할 의향이 있을지도 모른다. 똑똑한 투자자라면 몇천 달러를 지불할 수도 있다. 하지만 4만 6,250달러를 지불하기는 쉽지 않을 것이다. 사실 본햄스가 일을 제대로 했다면 이 곰팡이의 가치를 그렇게 높이 평가할 수 있는 사람(혹은 단체)은 아마 세상에 한 명뿐일 것이다. 경매를 낙찰 받은 바로 그 구매자 말이다.

이 구매자는 남들과 똑같은 물건에 입찰했다. 이 곰팡이의 맥락에 대해 아는 내용도 남들과 똑같았다. 그런데도 왜 구매자는 이 곰팡이의 금전적 가치를 달리 매겼을까?

가치 결정의 알고리즘

앞서 7장에서 뭐가 됐든 우리가 그 대상을 좋아하게도, 싫어하게도, 설득당할 수 있음을 보았다. 그런데 만약 무언가를 좋아하게 됐다면 우리는 그 대상을 '얼마나' 좋아하는 걸까? 혹은 거칠게 표현해서 우리는 그걸 위해 얼마를 지불할 수 있을까? 그 물건의 금전적 가치는 어떻게 결정될까?

이게 왜 쉬운 질문이 아닌지는 경매를 보면 알 수 있다. 똑같은 물건이라도 입찰자에 따라 매기는 가격이 달라진다. 우리는 이 주관적 가치 평가를 경합하는 진실로 생각할 수 있다. 다른 사람이 더 높은 가격을 불렀다고 해서 내가 내린 가치 평가가 '틀린' 것은 아니기 때문이다.

경매장을 벗어나서 생각해보면 우리는 어떤 재화나 서비스에 고정된 가격이 있고 그게 그 재화나 서비스의 가치라고 생각하는 경향이 있다. 하지만 가격은 어떻게 결정될까? 많은 사람이 아마 본능적으로, 예컨대 자동차의 가격은 자동차에 들어간 자재, 그것을 조립하는 데 필요한 노동력 비용과 밀접한 관련이 있을 거라고 생각한다. 거기에 관리비와 마케팅 비용을 더하고, 다시 합리적인 수준의 이윤을 더하면, 그게 그 자동차의 공정한 가격이라고 말이다. 하지만 몇 가지 사례만 간단히 생각보아도 이런 개념은 산산조각 난다.

'피카소의 그림은 한 사람이 며칠 만에 그려낸 것인데 왜 여러 사람이 수천 시간 동안 만든 비행기보다 더 비쌀까?'

'200명의 엔지니어가 갖은 노력을 기울여 채굴한 에메랄드라면, 내가 잠비아에서 하이킹을 하다가 우연히 발견한 똑같은 에메랄드보다 더 비싼 값을 쳐줄까?'

'1,000명이 1년 동안 작업해서 얼음 조각끼리 딱 붙일 수 있는 기계를 만들었다면 그들의 노동이 그 기계를 가치 있게 해줄까?'

위 각각의 예를 보면 알 수 있듯이 가격은 제조 과정에 들어가는 노력만으로 정해지지 않는다. 오히려 가격은 우리가 다 같이 그 물건을 얼마나 가치 있다고 생각하느냐에 따라 결정된다. 플레밍의 곰팡이가 팔린 가격처럼 가격은 우리의 주관적 가치 평가에 따라 결정된다.

흔히 보는 50밀리미터짜리 맹꽁이자물쇠와 스테인리스 잠금 장치를 생각해보자. 만약 내가 소지품을 몽땅 넣은 사물함을 당장 잠가야 한다면 이 자물쇠에 큰돈을 지불할 수도 있다. 하지만 제조업자가 나 같은 경우만 생각해서 가격을 책정하면 자물쇠를 그리 많이 팔지 못할 것이다. 제조업자는 그 자물쇠로 체육관 사물함을 잠글 사람과 오래된 자전거를 묶어둘 사람, 혹은 파리의 어느 다리에 기념으로 달아 놓을 사람까지 고려해야 한다. 부유한 사람과 가난한 사람을 고려해야 하고, 당장 자물쇠를 사야하는 사람과 느긋하게 둘러볼 사람까지 생각해야 한다. 자물쇠를 찾는 사람마다 기꺼이 지불할 의사가 있는 가격은 조금씩 다를 것이다.

이렇게 다양한 주관적 가치 평가로부터 경제학자들은 '수요 곡선'을 도출한다. 가격이 낮으면 많은 사람이 살 테고, 가격이 오르면 잠재적 구매자는 줄어들 것이다. 경제학자는 여기에 '공급 곡선'을 짝지어준다. 공급 곡선은 똑같은 종류의 재화를 생산하고 판매할 의향이 있는 제조업자들이 제시하는 서로 다른 가격을 표시한 곡선이다. 공급 곡선과 수요 곡선이 만나면 이론적으로 수요와 공급을 일치시킬 수 있는 완벽한 가격이 정해진다.

우리의 주관적 가치 평가, 즉 자물쇠의 가치에 대한 경합하는 진실들이 시장 가격의 설정 과정을 돕는다.

금전적 가치에 대한 경합하는 진실은 거래를 위한 필수 조건이다. 우리가 물건을 교환하거나 거래하는 주된 이유는 우리가 생각하는 해당 물건의 가치가 서로 다르기 때문이다. 만약 사과 농장주가 자신의 창고에 있는 사과의 가치를 고객들과 똑같이 생각한다면 사과를 하나도 팔려고 하지 않을 것이다. 그러나 개별 사과 하나하나의 가치를 따지면 농장주보다는 근처에 사는 요리사에게 더 가치가 있기 때문에 두 사람 모두 만족하는 가격을 찾을 수 있다.

흔들의자를 만든다고 생각해보자. 여러분은 완성된 제품 하나의 가치가 50달러라고 생각한다. 그 이하의 가격이면 파느니 그냥 갖고 있는 편이 낫다. 나는 의자가 하나 필요하고 400달러까지는 지불할 의향이 있다. 이 두 가격 사이에서 거래를 할 수 있다면 우리 두 사람 모두 이익이 된다. 그래서 우리가 200달러에 합의를 봤다고 치자. 여러분은 여러분이 매긴 의자의 가치보다 150달러를 더 벌었고, 나는 400달러 가치의 흔들의자를 200달러나 아끼며 얻었다. 이 거래를 통해 우리는 도합 350달러의 이득을 얻었다.

세상의 부(富)는 대부분 이런 식으로 만들어진다. 원유가 캘리포니아에 사는 땅 주인에게는 직접적인 쓸모가 없지만, 정제업자에게 팔고자 하면 땅 주인이 생각하는 주관적 가치보다 훨씬 비싼 값에 팔 수 있다. 3억 대의 아이패드가 애플의 주주들에게는 큰 쓰임이 없지만, 우리에게 팔 때는 우리 각자가 생각하는 아이패드의 가치보다 싼값에 팔 수 있어 모두가 이득을 보게 된다. 금전적 가치에 대한 경합하는 진실은 인류를 풍요롭게 만들어주었다.

왜 우리는 서로 다른 가치 평가에 이르게 되는 걸까? 재화나 서비스의 가치를 매기는 방식은 다양하고, 각 방식마다 다시 개인차가 있다.

나에게 주는 편익 무언가에서 뽑아낼 수 있는 편익은 이용할 사람의 취향과 상황에 따라 달라진다. 음악을 좋아하는 사람이라면 음악 스트리밍 서비스의 가치가 클 것이고, 너무 바빠서 한 달에 한 번밖에 로그인하기 힘든 사람이라면 그 가치가 크지 않을 것이다. 지붕을 꼭 수리해야 한다면 사다리가 필요하겠지만, 이미 사다리가 하나 있다면 필요 없다. 자동차가 나에게 큰 가치가 있을 수도 있지만 내가 감당할 수 없는 수준으로 기름 값이 올랐거나 새로운 전철 노선이 생겨 대중교통이 편해졌다면 그렇지 않다. 시간을 보낼 다른 방법들이 생겼다면 영화표가 별로 가치를 못 가질 수도 있다.

내가 무언가를 사서 얻는 편익은 반드시 직접적인 용도에만 국한되지는 않는다. 인스타그램에 올릴 사진을 건지지 못해도 휴가 여행 패키지가 나에게 똑같이 가치 있을까? 한정판 휴대 전화를 샀다고 자랑할 수 있다면 이 전화기의 가치가 증가할까? 요트를 보관하고 관리하는 데 비용이 든다면 요트의 순 가치에 어떤 영향을 미칠까?

남에게 주는 편익 어떤 것이 나에게는 전혀 편익이 없어 보이더라도 내가 다른 사람에게 팔 수 있다고 생각하면 높은 가치를 매길 수 있다. 금이나 고급 와인, 예술품처럼 거래가 가능한 자산의 가치가 그토록 높은 것은 이 때문이다.

주식 시장의 거래자들은 종종 남들이 이 증권의 가치를 어떻게 생각할까에 따라 증권의 가치를 매기기도 한다. 이론적으로 회사 주식 한 주의 가치는 해당 주식으로부터 기대되는 미래 소득 흐름에 따라 결정된다. 하지만 실제 주식은 그보다 훨씬 높은 가격에 거래될 수 있는데, 거래자들이 다른 거래자가 해당 주식을 터무니없이 높게 평가할 거라고 믿을 때다. 주식시장에 거품이 있을 때 바로 이런 일이 벌어진다. '현명한' 거래자는 주식 가격이 과대평가되었다는 사실을 알지만 나중에 그보다 더 높은 가격으로 해당 주식을 사줄 '바보 같은' 거래자가 있기 때문에 수익이 날 거라고 믿는다. 이게 바로 더 큰 바보 이론greater fool theory이라는 재미난 이름을 가진 현상이다. 물론 다른 거래자도 그렇게까지 바보는 아닐 수 있지만, 이번의 투자를 정당화시켜줄 '더' 바보 같은 거래자가 또 있을 거라고 생각할 수는 있다.

희소성 '남들이 가치를 높게 평가할 만한 것'이라는 기준으로 무언가를 사둘 거라면 유일무이하거나 공급 부족인 물건인지를 확인하는 편이 좋다. 남들도 물이야 필요하겠지만 수도꼭지만 틀면 나온다면 굳이 나에게서 물을 사가지는 않을 것이다. 희소성은 투자형 자산에도, 사치품에도 중요하다. 희소성은 실질적 제약에 기초할 때도 있지만, 가치를 높게 유지하기 위해 인위적으로 제약을 만들어내는 경우도 많다.

희소성은 인기 있는 공연이나 스포츠 경기의 티켓 가치에도 영향을 준다. 미국에서 어마어마한 히트를 기록한 뮤지컬 〈해밀턴Hamilton〉은 2016년 최고 좌석 공식 티켓 가격이 849달러까지 올라갔다. 브로드웨이 신기록이다. 그래도 이건 중고 시장에서 팔린 티켓 가격에 비하면 훨씬 싼값이었다. 공연 애호가들이 이런 희귀한 자산에 얼마나 큰 가치를 부여하는지 알 수 있는 대목이다.

희귀하거나 하나뿐인 것을 소유하는 데서 기쁨을 느끼는 사람들도 있다. 이런 사람들은 겉보기에 아무 가치가 없는 물건에도 큰돈을 지불하려 한다. 영화배우 윌리엄 섀트너는 자신의 신장에서 나온 돌을 2만 5,000달러에 팔았다. 그의 〈스타 트렉Star Trek〉 의상은 10만 달러가 넘는 가격에 팔렸다. 헐리우드에서 이 정도는 약과다. 영화 〈7년만의 외출The Seven Year Itch〉에서 지하철 환풍구의 바람에 날리던 마릴린 먼로의 흰색 원피스는 자그마치 460만 달러(약 49억 원)에 팔렸다.

구매 위험 이베이eBay에서는 훌륭한 전자 제품을 정가보다 훨씬 싼값에 건지는 경우가 있다. 누군가 소유했던 물건이지만 닳은 흔적조차 찾을 수 없는 때도 많다. 깨끗한 저 텔레비전이 왜 저렇게 싼 거지? 왜냐하면 판매자가 그 텔레비전을 떨어뜨린 적이 있는지, 엉뚱한 전원에 꽂은 적이 있는지, 알지 못할 다른 손상을 준 적이 있는지 알 수 없기 때문이다. 그 텔레비전을 구매하는 것은 위험을 감수하는 일이고, 그 위험 때문에 텔레비전의 가치가 낮은 것이다. 마찬가지로 땅을 구매하려는 개발자는 그 땅이 건축 허가를 받을 수 있을지 확신할 수 없을 때도 있다. 그러면 도시계획 당국에서 결정을 내려줄 때까지는 위험성 때문에 이 땅의 가치가 낮게 평가된다.

위험이나 불확실성은 객관적 정량화가 쉽지 않기 때문에 경합하는 진실이 만들어지는 중요한 출처다. 다른 사람은 이베이의 저 텔레비전이 1년 후에 망가질 확률을 10분의 1로 예상하는데, 나는 2분의 1이라고 생각할 수도 있다. 이렇게 회의적인 태도 때문에 나에게는 저 텔레비전의 가치가 더 낮게 평가된다.

미래 상황 우리의 판단은 미래에 대한 예측에 의존할 때가 너무나 많다. 금전적 가치 평가도 예외는 아니다. 전기 차가 급증할 거라고 생각하는가? 그렇다면 리튬 배터리 주식의 가치는 남들이 생각하는 것보다 높을 수도 있다. 기후 변화로 날씨가 더 종잡을 수 없게 될까? 그렇다면 종합 주택 보험이 헐값으로 느껴진다.

앞으로 부족해질 거라는 두려움이 물건에 대한 현재 가치를 높이기도 한다. 2012년 스낵 회사 호스티스브랜즈가 조만간 파산할 거라는 발표가 나오자, 이 회사의 히트 상품인 트윙키Twinkie를 좋아하는 사람들은 패닉에 빠졌다. 원래는 한 박스에 몇 달러 안 하던 트윙키가 파산 발표 후 이베이에서 가격이 급등하는 현상이 나타났다.

우리의 주관적 가치 평가는 우리의 부에 의존한다. 부자일수록 무언가에 돈을 더 지불할 의향이 생긴다. 그래서 '앞으로' 더 부자가 될 거라고 생각하면 지불할 의향이 더 커질 수도 있다. 새 직장에 출근하려면 아직 석 달을 기다려야 하지만, 지금 새 냉장고를 장만해야 한다고 했을 때 취업이 되기 전에 비하면 돈을 좀 더 쓸 수도 있을 것이다.

진실을 편집하는 법 #20

"다이아몬드는 영원하다"

이런 면면에서 우리는 남들의 영향을 강하게 받는다. 이 점이 중요한 이유는 주어진 재화나 서비스에 대한 금전적 가치 평가는 곧 소비자 행동으로 이어질 수 있기 때문이다. 우리는 가격보다 큰 가치가 있다고 생각할 때에만 물건을 산다. 그런데 우리의 가치 평가를 바꾸기 위해 제품이나 서비스의 편익, 인기, 희소성, 위험, 미래 상황에 대해 편집된 진실을 제시하는 경우가 있다.

그렇게 생겨난 산업 분야가 바로 광고 에이전시와 마케팅 임원, 세일즈맨이 활약하는 영역이다. 이 사람들은 구매 행동을 일으키는 적정 가격에 해당하는 가치 이상으로 물건에 대한 소비자의 가치 평가를 높여놓는 것을 업으로 한다. 금전적 가치에 대해 우리가 갖고 있는 경합하는 진실들을 그들이 원하는 위치로 옮겨놓음으로써 기업들은 매장이나 온라인에서 우리의 행동을 바꾸려고 한다.

아무리 반짝거려도 작은 돌멩이 하나로 우리가 할 수 있는 일은 거의 없다. 인류 역사 대부분 동안 다이아몬드가 널리 가치를 인정받지 못한 것은 아마도 그 때문일 것이다. 잘 세공된 다이아몬드는 아름답다. 그래서 이것들은 최상위 부유층의 보석함 속에 오랫동안 자리했다. 하지만 20세기가 되기 전까지 그 외의 사람들은 다이아몬드를 한번 본 적도 없었다.

다이아몬드가 희소하던 시절에는 몇몇 사람이 다이아몬드의 가치를 높게 평가하는 게 문제가 되지 않았다. 이게 바뀐 것은 1876년 한 10대 소년이 남아프리카공화국 오렌지강에서 반짝거리는 조약돌을 발견하면서였다. 소년은 여동생에게 주려고 조약돌을 집으로 가져왔는데, 이 돌이 22캐럿짜리 다이아몬드 원석으로 밝혀졌다. 어마어마한 다이아몬드 러시가 일었다. 다이아몬드를 캐려는 사람들이 주변 충적층을 샅샅이 탐사한 결과, 몇 년 사이 킴벌리 근처의 바위와 땅에서 광부들이 무더기로 다이아몬드를 캐냈다. 전에는 세계 다이아몬드의 대부분이 인도에서 나왔고, 인도 광산은 대부분 고갈 상태였다. 불과 10여 년 만에 남아프리카공화국은 인도가 수백 년간 생산한 것보다 더 많은 다이아몬드를 생산했다.

새로운 다이아몬드가 쏟아져 나오자 즉각 가격이 떨어지기 시작했다. 다이아몬드는 더 이상 희귀하지 않았고 구매자들은 값을 훨씬 많이 깎을 수 있었다. 게다가 상대적으로 다이아몬드가 풍부해지자 귀족들은 다이아몬드에 흥미를 잃어 '덜 흔한' 루비나 에메랄드로 눈을 돌렸다. 남아프리카공화국의 광산에 수많은 돈을 투자한 다이아몬드 사업가들은 이제 과잉 생산 때문에 스스로 자산의 가치를 파괴할 위험에 처했다.

공급 과잉 문제를 해소한 이는 영국의 젊은 다이아몬드 사업가 세실 로즈Cecil Rhodes였다. 그는 충분한 자금 지원을 확보해 남아프리카공화국의 다른 다이아몬드 사업체를 모두 사들이거나 합병했다. 그렇게 탄생한 회사 드비어스는 그 독점적 영향력을 이용해 다이아몬드 공급을 제한함으로써 다이아몬드가 부족하다는 착각을 만들어냈다. 그리고 수십 년간 시장 가격을 마음대로 주물렀다. 세계 곳곳에서 새로운 다이아몬드 광산이 발견될 때마다 드비어스는 얼른 그곳을 장악해 공급 과잉이 발생하는 일을 막았다. 그런데 이렇게 되자 두 번째 문제가 생겼다. 팔지 않은 다이아몬드가 산처럼 쌓인 것이다.

겉으로 보이는 희귀 가치를 파괴하지 않으면서 돈이 되도록 이것들을 처리할 방법이 없을까? 확실한 해결책은 더 많은 사람이 다이아몬드를 사게 만드는 것이었다. 그러려면 다이아몬드가 더 가치 있는 물건이라고 수백만 명을 설득해야 했다. 제2차 세계대전 이전에는 월급이 넉넉한 보통 사람들의 눈에 다이아몬드가 유용한 저축 수단은 아니었다. 또 이 반짝거리는 탄소 덩어리에 어떤 실용적 필요성이 있지도 않았다. 대부분의 사람에게 다이아몬드의 주관적 가치는 낮았다. 드비어스는 어떻게든 사람들이 평가하는 다이아몬드의 가치를 쏠쏠한 이윤을 낼 수 있는 가격 이상으로 높여놓아야 했다. 그러려면 구매자들이 자신의 다이아몬드를 시장에 되파는 일이 없어야 했다. 다이아몬드가 중고 시장에 나오면 가격이 떨어질 것이기 때문이다.

1938년 드비어스는 뉴욕의 광고 회사 N.W.에이어앤드선N.W.Ayer&Son을 찾아갔다. '다양한 형태의 선전 활용'이 미국에서 수요를 끌어올릴 수 있을지 알아보기 위해서였다. 두 회사의 파트너십은 이후 어마어마한 다이아몬드 시장을 창조해내게 된다. 바로 '결혼반지' 시장이었다.

수천 년간 반지는 사랑과 결혼 서약의 상징으로 사용됐다. 역사적으로 수많은 문화권에서 구리, 금, 심지어 땋은 머리카락까지 결혼반지로 사용했다. 그중 보석 장식이 들어가는 경우는 아주 적었다. 진실한 사랑의 증표로 다이아몬드 결혼반지가 지배적 위치를 점하게 된 것은 현대에 와서다. 이는 드비어스와 N.W.에이어앤드선이 만들어낸 발명품이었다.

두 차례의 세계대전 사이에 미국에서 다이아몬드 소비는 절반으로 줄었다. N.W.에이어앤드선은 이런 하락세를 뒤집으려면 다이아몬드를 로맨스와 결부시켜야겠다고 생각했다. 다이아몬드의 질과 크기가 구혼자의 사랑의 크기를 대변한다고 여성들을 설득해야 했다. N.W.에이어앤드선은 목표를 이렇게 잡았다. "결혼을 약속하는 모든 사람이 다이아몬드 결혼반지를 살 수밖에 없는 환경을 조성한다."

N.W.에이어앤드선은 커다란 다이아몬드와 진정한 사랑 사이에 떼려야 뗄 수 없는 연관을 만들어내기 위해 총천연색 광고와 영화 속 간접 광고, 잡지 스토리 등을 활용했다. 1948년 드디어 "다이아몬드는 영원하다A Diamond is Forever."는 광고가 나왔고, 이후 다이아몬드 결혼반지를 되파는 것은 비열한 행동이라는, 심지어 사랑의 명백한 배신이라는 영악한 암시가 지속됐다. 명문가의 피앙세가 손가락에 인상적인 다이아몬드 반지를 끼고 있는 초상화가 제작됐고, 켄터키 더비*에 참석하는 명사들은 다이아몬드 장신구를 대여해갔다. 텔레비전이 등장하자 로맨스와 다이아몬드를 연결시키는 메시지가 미국의 거실에까지 전달됐다.

N.W.에이어앤드선은 1947년 전략 기획서에 이렇게 밝혔다. "우리가 다루고 있는 것은 군중 심리의 문제다." 다이아몬드 구매를 '심리적 필요'로 만들겠다는 포부였다. 놀랍게도 N.W.에이어앤드선은 고등학생을 대상으로 한 주입 교육 프로그램까지 만들었다. "이들 강연은 모두 다이아몬드 결혼반지를 중심으로 하고 있으며, 최고의

* 미국 켄터키 주에서 열리는 유명한 경마 대회—옮긴이

교육 기관에서 열리는 집회와 수업, 비공식 모임에서 수천 명의 소녀들을 만나고 있다." 게다가 대체재는 인정될 수 없었다. N.W.에이어앤드선은 "어디서나 결혼의 상징으로 받아들여지고 인식되는 것은 다이아몬드뿐이다."라고 장담했다. 나중에는 다이아몬드에 대한 남성들의 주관적 가치 판단을 바꾸기 위한 노골적 광고까지 나왔다. "영원히 지속되는 것에 두 달 치 월급이면 적지 않나요?"

이 캠페인은 눈부신 성공을 거두었다. 1950년대 말 N.W.에이어앤드선은 이렇게 보고했다. "젊은 세대는 다이아몬드 반지를 사실상 모든 사람의 결혼 필수품으로 여기고 있다." 2015년 드비어스는 미국 다이아몬드 보석 시장을 연간 390억 달러 규모로 평가했다. 오늘날 미국의 신부 네 명 중 세 명은 다이아몬드 반지를 낀다. 결혼반지를 되파는 여성은 거의 없고, 그 덕분에 가격은 높이 유지되고 있다. 신부들이 생각하는 다이아몬드의 주관적 가치가 다이아몬드를 다시 내다팔았을 때 받을 수 있는 가격보다 훨씬 높기 때문이다.

미국에서 임무를 완료한 드비어스는 다른 시장으로 관심을 돌렸는데 특히 경제 대국으로 부상하던 일본 시장에 주목했다. 전통이 강한 일본에서는 1960년대 이전까지 다이아몬드 결혼반지에 대한 얘기를 들어볼 수도 없었다. 그러나 일본의 젊은이들은 점차 서양의 영향력에 마음을 열고 있었다. 드비어스는 아름다운 서양 여성이 요트나 캠핑 같은 현대적 야외 활동을 즐기면서 다이아몬드 반지를 자랑하는 광고 활동을 벌였다. 그로부터 20년도 지나지 않아 일본의 신부 60퍼센트가 다이아몬드 반지를 꼈다. 비슷한 사고방식의 변화는 중국에서도 이뤄졌다. 30년 전에는 아무도 다이아몬드 반지를 끼지 않던 중국이지만 지금은 결혼하는 신부의 30퍼센트 이상이 다이아몬드 반지를 낀다.

1960년대에 드비어스는 또 한 번 과잉 공급 문제에 직면한다. 소련이 시베리아에서 새로운 다이아몬드 매장층을 발견한 것이다. 이곳의 다이아몬드는 크기는 아주 작았지만 양이 많았다. 세계 시장에 풀리면 다이아몬드가 희소하다는 귀중한 착각을 심각하게 손상시킬 수 있었다. 그래서 드비어스는 소련의 다이아몬드 마케팅을 도맡기로 하는 계약을 체결했다. 처음에는 이 조그만 다이아몬드로 뭘 할 수 있을지 아무도 몰랐다. 그러다가 드비어스는 고대의 전통을 변형한 '영원 반지'라는 개념을 생각해냈다. 아주 작은 다이아몬드를 촘촘히 박아 넣어 시베리아에서 공급되는 다이아몬드 생산량을 흡수할 수 있었다. 탐사 저널리스트 에드워드 제이 엡스타인Edward Jay Epstein은 이렇게 말했다. "감성은 필요에서 탄생했다. 나이 많은 미국 여성들이 아주 작은 다이아몬드가 촘촘히 박힌 반지를 받게 된 것은 남아프리카공화국의 어느 기업이 소련에게 시장 한 귀퉁이를 내주어야 했기 때문이다."[1] 원래 아주 작은 다이아몬드의 주관적 가치는 그 크기만큼이나 작았지만, 드비어스는 마케팅 장치를 통해 우리가 그 가치를 재평가하도록 만들었다.

수십 년간 센세이션을 만들어낸 다이아몬드의 마케팅 성공 스토리가 특히 흥미로운 이유는 마케팅한 제품이 특정 브랜드가 아니었기 때문이다. 이 캠페인에서 회사 로고는 찾아볼 수 없었다.* N.W.에

* 독점금지법 때문에 드비어스는 미국에서 최근까지 영업이 금지되었다.

이어앤드선은 다이아몬드에 대한 우리의 주관적 가치 평가를 바꾸어 놓은 것이지, 드비어스에 대한 가치 평가를 바꿔놓은 게 아니다. 어느 브랜드 제품에 대한 우리의 주관적 가치 판단을 획기적으로 바꿔놓은 유명 광고 활동은 많지만, 브랜드가 아닌 제품 자체를 이처럼 성공적으로 홍보했던 광고 활동은 드비어스가 바라는 다이아몬드의 희소성만큼이나 희귀하다.

잘못된 이해

현실을 한번 돌아보자. 금전적 가치에 대한 주관적 평가를 이야기하면서 나는 마치 우리 각자가 물건의 가치에 대해 분명한 의식을 갖고 있는 것처럼 얘기했다. 하지만 대니얼 카너먼, 아모스 트버스키, 리처드 탈러, 댄 애리얼리 같은 행동 경제학자나 심리학자 들의 실험을 보면 우리의 가치 평가 능력은 아주 형편없음을 알 수 있다. 마케팅 담당자들은 이런 인간적 약점을 마음껏 파고든다.

좋은 낚싯대에 얼마까지 지불할 수 있는지 낚시 애호가한테 물어보라. 아마 시장 평균 가격과 비슷한 답을 내놓을 것이다. 하지만 낚싯대 시장에 관해 아무것도 모르는 초보자라면 그보다 훨씬 높거나 낮은, 주관적으로 평가한 가치를 이야기할지 모른다. 참조할 게 아무것도 없는 사람은 낚싯대가 얼마만큼의 가치를 가져야 하는지 모르기 때문이다. 경제학자라면 이 사람이 가진 돈으로 살 수 있는 다른 모든 물건과 비교해서 낚싯대의 가치를 추리하면 된다고 말한다. 하지만 실제로 그런 식으로 사고하는 사람은 거의 없다. 주관적 가치를 평가할 때 우리는 뭐가 되었든 그 순간에 참조할 수 있는 것을 찾아서 힌트로 삼는다. 그리고 그 힌트는 종종 세일즈맨이나 그들이 제공하는 마케팅 자료가 된다.

헬리콥터를 타고 내가 사는 도시를 한 시간 돌아보는 경험은 당신에게 얼마만큼의 가치가 있을까? 아마 한 번도 생각해보지 않았을 테지만, 그 가치를 100달러라고 평가했다고 치자. 그런데 출근하다가 그런 헬리콥터 비행을 800달러에 광고하는 것을 봤다. 나한테는 그 정도 가치는 없다고 결론 내렸겠지만, 헬리콥터 비행에 대한 내 주관적 가치는 여전히 100달러일까? 만약 길모퉁이를 도는데 누군가 똑같은 비행을 200달러에 제안한다면 혹시 유혹을 느끼지 않을까? 만약에 그렇다면 가격 신호 하나로 주관적 가치 평가가 두 배로 뛴 셈이다.

새로운 식당을 방문했는데 리소토와 훈제 파프리카를 곁들인 가리비 요리가 눈에 들어왔다. 가격은 37달러다. 메뉴판 가리비 옆에는 와규 비프 스테이크가 89달러라고 써 있다. 이걸 보는 순간 가리비의 가치가 갑자기 훌륭해 보인다. 고급 식당임에 분명한데 가리비가 저 가격이면 헐값 아닌가!

더 이상 고민이 되지 않는다면 스스로에게 한번 물어보라. 정말로 37달러(더하기 팁 더하기 세금)로 살 수 있는 다른 모든 것보다 가리비 몇 개와 쌀을 먹고 싶은 건가? 하지만 저 메뉴라는 맥락에서는 그런 외적인 것들을 생각해볼 마음이 싹 사라지고 만다. 저 비싼 스테이크에 비하면 가리비는 좋은 선택처럼 보인다. 사실 이 식당은 89달러짜리 스테이크는 거의 팔지 못할 가능성이 크고, 팔 거라고 '기대' 조차 하지 않는다. 스테이크는 다른 '덜' 바가지요금인 요리들의 가치를 평가할 때 영향을 주려고 메뉴에 올려 놓은 미끼 상품일지 모른다.

우리는 절대적인 가치 평가보다는 상대적 평가에 훨씬 능하다. 미리 가격에 대한 정보가 없으면 사실 우리는 뭐가 얼마여야 할지 전혀 모른다. 그러나 이게 저것보다 가치가 더한지 덜한지는 보통 알 수 있다. 마케팅 담당자들은 이런 대조 효과를 적극 활용해서 자기네 제품에 대한 우리의 가치 평가를 높일 수 있는 '비교용 가격'을 심어 놓는다. 비싼 메뉴도 이런 비교용 가격의 일종이다. 또 다른 비교용 가격으로는 '세일가'로 판매하는 제품의 정가 표시를 들 수 있다. 당초의 정가 옆에 세일가가 써 있으면 가게 주인이 실제로 받으려는 가격이 저렴하게 느껴진다.

진실을 편집하는 법 #21

비교대상을 심어 가치판단을 흔들어라

인간이 가진 심리적 약점 중 하나로 '위험'에 대한 태도를 들 수 있다. 일반적으로 우리는 위험을 좋아하지 않는다. 확률 전문가가 나빠질 확률보다 좋아질 확률이 더 크다고 장담해줘도 마찬가지다. 이 말은 곧 교통 상황이든 식품 배달 시간이든 보험 배상금이든, 확실성을 위해서라면 엄밀하게 합리적인 가격보다 더 많은 돈을 지불한다는 뜻이다. 마케팅 담당자들이 이런 편향을 이용해 '보장, 확실, 약속' 같은 단어를 사용하는 것은 우리가 주관적으로 평가하는 가치를 높이기 위해서다.

인간은 또 부당함을 느끼면 비합리적으로 반응한다. 판매자가 이윤을 너무 많이 취하거나 나를 이용한다고 생각되면, 가격이 내가 생각하는 주관적 가치보다 낮더라도, 그 물건을 사지 않으려 한다. 폭우가 쏟아지는데 가게 주인이 우산 가격을 올린다면 우리는 그 우산을 사지 않을지도 모른다. 올린 가격을 지불할 돈이 없거나 우산의 가치를 그 정도로 높이 평가하지 않아서가 아니라, 날씨 때문에 잠깐 곤란해진 상황을 이용해먹는 그 가게에 화가 나기 때문이다.

우리는 또 상당한 편익을 주는 물건도 생산 비용이 적다고 생각되면 가치를 더 낮게 평가한다. 열혈 독자들은 소설에서 아주 큰 즐거움을 얻는다. 때로는 책 한 권에 몇 주씩 빠져 있기도 한다. 그러면 독자는 그 책의 가치를 끝없이 높게 평가할까? 아니다. 만약 이 책이 전자책이고 전자책을 생산하는 비용이 종이책보다 적게 든다고 생각한다면 일부 독자는 책의 가격에 불만을 터트릴 것이다. 겨우 몇 분의 즐거움을 약속하는 칵테일 한 잔에는 그보다 다섯 배나 되는 돈도 기꺼이 쓰면서 말이다. 요즘 많은 사람이 디지털 재화에 돈을 한 푼도 지불하지 않으려고 하는 것은 그 때문이다.

지금까지 이야기한 것은 물건의 금전적 가치와 관련해 우리가 이상하고 고집스럽게, 혹은 비합리적으로 생각하는 몇몇 경우를 예로 든 것에 불과하다. 어떤 가치를 평가하는 사고 과정에 흠결이 있었다고 해서, 그것으로 우리의 가치 평가가 틀린 것이 되지는 않는다. 그렇게 평가한 가치는 우리에게는 '진실'이다. 밀레니얼 세대에게 가리비 몇 개에 37달러를 쓰는데 음악 트랙의 가치는 더 높이 쳐줘야 하는 것 아니냐고 말해봤자 소용없다. 결국 우리는 시장 경제 내에서 선택하는 것이고, 결과는 우리 몫이다.

나의 시간은 얼마인가

지금까지 우리는 주관적 진실이 금전적 가치 판단과 구매 행동에 미치는 영향에 관해 이야기했다. 하지만 중고 거래 사이트에 물건을 내놓거나 집에 있는 오래된 물건들을 처분하거나 혹은 집을 내놓을 계획이 있을 때, 즉 '판매'의 경우에도 똑같은 원칙들이 그대로 적용된다. 우리는 해당 물품에 대해 돈을 지불하려는 사람이 생각하는 가격이 내가 생각하는 가치보다 더 높을 때 물건을 판다. 그러니 해당 물품에 대한 나의 주관적 가치 평가에 구매자가 어떤 영향을 미치느냐에 따라 물건을 팔지 말지의 판단이 달라질 수 있다.

보통의 사람들은 물건을 팔 일이 자주 없다. 그러나 대부분의 사람이 일상적으로 팔고 있는 게 하나 있는데, 바로 자신의 '시간'이다. 노동 시장이 빠르게 바뀌면서 소위 긱 경제gig economy에서는 점점 더 많은 일이 단편적으로 주어진다. 일이 조각조각으로 나눠지면 상황에 따라 내가 내 시간의 가격을 어떻게 매길지 더 많은 고민이 필요하다. 앞으로 내 시간의 주관적 가치를 똑똑하게 평가하는 일이 아주 중요해질 것이다.

몇 년 전 내가 작은 회사를 차렸을 때의 일이다. 웹사이트를 위해서 눈에 띄는 아이콘 몇 개가 필요했다. 그래픽 디자이너의 도움이 필요했지만 내 예산이 워낙 한정되어 있었기 때문에 구글에 문의해 봤더니 곧 디자인크라우드를 안내해줬다.

호주 회사인 디자인크라우드는 디자인 콘테스트라는 흥미로운 서비스를 제공했다. 별로 비싸지 않은 수수료를 내면 나는 필요한 것을 설명한 내용을 디자인크라우드의 웹사이트에 올릴 수 있다. 그러면 전 세계 프리랜서 디자이너들이 내 설명에 맞는 아이콘을 만들어준다. 내가 가장 마음에 드는 것을 고르면 해당 디자이너가 수수료의 대부분을 가져가고 나머지는 디자인크라우드가 가진다. 제출된 디자인이 모두 마음에 들지 않으면 나는 돈을 돌려받는다.

고객 입장에서는 매력적인 서비스다. 하지만 이런 크라우드소싱crowdsourcing 모델이 디자이너들에게는 어떨까? 나는 완성된 디자인을 수십 개나 받았다. 각 디자인은 내 요구 사항에 맞춰 주문 제작된 것들이고, 만드는 데 적어도 몇 분(경우에 따라 몇 시간) 이상은 걸렸을 것이다. 그런 노력 대부분이 아무런 보상도 못 받고 끝나버렸다. 이 디자이너들은 자기 시간의 가치를 어떻게 평가하고 있는 걸까?

그중에는 취미로 디자인을 하는 사람도 있을 것이다. 이들은 재미로 응모하는데 자신의 디자인이 선택받으면 예상 밖의 보너스를 받는 정도로 이 일을 대한다. 보다 일반적인 디자이너라면 위험-보상 판단을 내릴 것이다. 이는 경쟁에 들어가는 시간 비용 대비 콘테스트에서 우승할 가능성을 평가해보는 방식이다. 이때 생활비가 적게 드는 국가의 디자이너들은 서양의 디자이너들보다 자기 시간에 대한 가치를 더 낮게 평가할 수도 있다. 부양가족이 있고 다른 경제적 부담이 있는 사람이라면 또 계산이 달라진다. 이론적으로는 여기에 잘못된 것은 없다. 합리적인 디자이너라면 잠재적 보수가 그럴 만한 가치가 있을 때에만 자기 시간을 내놓을 것이다. 하지만 앞서 보았듯이 가치 평가와 관련해서는 인간이 합리적이지 못한 때도 자주 있다.

디자인크라우드는 빠르게 커지고 있는 주문형 노동 업계의 수많은 주자 중 하나에 불과하다. 아마존의 메커니컬 터크는 의뢰자가 '인간 지능 업무'를 게시하면 프리랜서들이 할당된 수수료를 받고 과제를 완료한다. 업워크는 전 세계 기업과 전문 프리랜서를 서로 연결해준다. 파이버도 같은 역할을 하는데 5달러부터 시작하는 마이크로잡micro-job을 취급한다. 크라우드플라워는 멀리 떨어진 곳의 수많은 프리랜서를 인공지능 기술과 연결해 고객들에게 인간 참여형 데이터 서비스를 제공한다. 태스크래빗은 개를 산책시키거나 청소, 짐 운반, 가구 조립, DIY 작업 등을 할 의향이 있는 사람에게 작은 일감들을 찾아준다. 기그워크를 활용하면 각 브랜드는 먼 도시에 사는 사람들에게 매장 진열 상황을 확인하거나 가게 사진을 찍거나 지역 데이터를 수집해달라고 일을 의뢰할 수 있다. 클라이언트파트너스는 외로운 일본인들에게 대화를 나눌 '친구'나 결혼식에 함께 갈 사람 혹은 셀카를 같이 찍을 사람을 빌려준다.

통근을 하면서 한 가지 일만 하고 엄격한 출퇴근 시간을 지키는 것 같은 일을 할 수 없거나 원하지 않는 사람들에게 긱 경제를 대표하는 이런 기업들은 신이 보내준 선물이다. 성실한 일부 프리랜서는 큰돈을 벌기도 한다. 디자인크라우드를 이용하는 디자이너 중에는 5

년간 100만 달러를 번 사람도 있다. 디지털 서비스 혹은 책상에서 하는 업무를 위한 여러 플랫폼은 가난한 국가의 노동력을 글로벌 경제에 편입시켜 불평등을 감소시키고 개발을 돕는다. 주문형 노동은 유연하고 효율적이어서 고용자와 고용주 모두에게 좋은 일이 될 수 있다. 가격 설정이 적절하기만 하다면 말이다.

문제는 우리 대부분이 내 시간의 가치를 현명하게 평가하는 데 서툴다는 점이다. 우리는 진짜 내 가치를 잘 모르며 특정 업무를 맡을 때의 숨겨진 비용이나 위험에 대해서도 철저히 검토하지 않는다. 나 같은 작가들은 책 한 권을 쓰는 데 몇 년이 걸리는데 책이 한 권도 안 팔릴 수도 있다. 개인 트레이너들은 수수료를 내고 무료 첫 세션을 제공해야 체육관에서 영업을 할 수 있다. 이들이 투자하는 시간과 돈에 비하면 개인 고객으로부터 얻는 순수익은 열악할 수 있다. 태스크래빗과 기그워크에서 일하는 사람들은 일감이 있는 곳까지 가는 시간과 비용은 제대로 계산하지 않고 소일거리를 맡을 수도 있다. 시간당 임금이 아니라 응모 방식이나 분량으로 돈을 받는 사람들은 해당 업무의 실제 시간 비용을 과소평가할 수도 있다.

프리랜서는 세금과 연금, 모성 보호, 건강, 상해 보험, 기타 모든 비용을 감당하려면 시간당 얼마를 벌어야 하는지 과소평가하는 경향이 있다. 그 결과 자신의 시간에 대한 주관적 가치를 낮게 평가해서 필요한 것보다 낮은 가격으로 일감을 수락한다. 이것은 그들 자신에게도 안 좋지만 프리랜서들이 경쟁하는 다른 모든 노동자에게도 좋지 못한 일이다. 시장 가격을 지속 가능한 수준보다 끌어내리기 때문이다. 혹시 최저임금제가 존재하더라도 자영업자들에게 적용되는 경우는 거의 없고 디자인 콘테스트 같은 응모 방식의 업무 모형에는 무의미하다. 안타깝지만 프리랜서가 자신을 과소평가하면 전체 자영업 노동력에도 손해다. 지금 우리는 주문형 노동의 가격이 바닥으로 치달으면서 사실상 저임금 착취의 공간이 될 위험에 처해 있다.

긱 경제로 이동하는 사람이 늘수록 자영업자들은 모두를 위해 자신의 가치를 더 잘 평가할 필요가 있다.

우리는 가치 평가를 기준으로 선택을 내리고, 그 선택의 직접적 결과로 기업이 번성하거나 실패하고 경제가 붐이 일거나 붕괴한다. 지구상에서 가장 고도로 발달한 유력한 여러 기업은 어떻게든 우리의 심리적 약점을 이용하려고 한다. 그들은 금전적 가치에 대한 우리의 진실에 영향을 미쳐서 소비자 행동을 멋대로 좌우하려고 한다. 대부분의 지역에서는 마케팅 담당자가 어떤 것에 특정 프레임을 씌우는 게 불법이 아니다. 그들은 비교용 가격을 사용하기도 하고, 다이아몬드 같은 재화를 우리의 당초 생각보다 훨씬 가치 있는 것으로 믿게 만들기도 한다. 그러니 우리가 그런 세일즈 수법과 심리적 함정을 잘 의식하는 게 중요하다. 지금 사려고 하는 저 군침 돌고 빛나고 매력적인 물건이 '정말로' 나에게 그 가격보다 높은 가치가 있는지 계속해서 자문해야 한다. 그리고 나 자신을 팔 때는 내가 매기는 내 시간의 가치에 영향을 줄 수 있는 수많은 요소를 모두 심사숙고해야 한다.

가치와 관련해서는 늘 조금만 더 고민해본다면 후회하지 않을 것이다.

다음과 같은 사람을 조심하라

- 비교용 가격 같은 심리 수법을 이용해 나의 가치 평가에 영향을 미치려는 오도자
- 내 시간과 노동의 가치를 과소평가하게 만드는 환경이나 플랫폼, 비즈니스 모델

인위적 진실

존재하지 않아도 존재하는 것

09 단어

내가 어떤 단어를 썼을 때 그 의미는 내가 선택한 의미야.
그 이상도 그 이하도 아냐.

— 루이스 캐럴의 《거울나라의 앨리스*Through the Looking-Glass*》에 나오는 험프티덤프티HUMPTY DUMPTY의 말

단어 하나가 가진 힘

"정말 센 단어이고, 강력한 영향을 미칩니다."

뭐가 떠오르는가? 욕설? 종교적이거나 영적인 단어? 하느님?

이렇게 말한 사람은 브렌던 패디였다. 그는 위기 상황이 발발했을 때 영국의 주요 자선 단체 13곳이 함께 모이는 재난구호위원회Disasters Emergency Committee의 홍보팀장이었다. 이어서 그는 말했다. "우리는 이 단어를 아주 정확하게 써야 합니다. 늦기 전에 경고를 내보내는 것도 중요하지만, 양치기 소년이 돼서도 안 됩니다."[1]

패디가 그토록 조심해서 사용해야 한다고 강조한 단어는 구호 요원이나 국제 원조 전문가들 사이에서 일명 에프 워드*로 통하는 단어, 기근famine이었다.

이 단어가 너무 중요해서 그 정확한 정의를 내리려고 다양한 국제연합 기구와 비정부 기구NGO 단체들이 한데 모였다. 통합식량안보단계분류국Integrated Food Security Phase Classification, IPC은 오직 다음의 경우에만 기근임을 발표해야 한다고 주장했다. "그 지역 가구의 적어도 20퍼센트가 극심한 식량 부족에 직면했고 대처 능력이 부족하며 급성 영양실조율이 30퍼센트가 넘을 것. 그리고 사망률은 인구 1만 명당 하루 두 명이 넘을 것."

어린아이도 역사 시간에 배우는 단어의 의미를 가지고 왜 이렇게 호들갑을 떠는 걸까? 기근의 의미를 정한다고 해서 국제 공동체에 어떤 행동을 해야 할 법적 의무가 생기는 것도 아니다. 중요한 것은 이 단어가 갖고 있는 여론을 형성하는 힘이었다.

"에프 워드를 사용하면 기부자나 정치가에게 아주 강력한 메시지를 던질 수 있습니다. 언론을 타고 뉴스 목록에 들어가죠. 이게 없다면 대중은 기근이 발생했는지조차 모를 거예요."[2] 옥스팜의 이언 브레이의 말이다.

1984년 수십만 명의 목숨을 앗아간 에티오피아 기근을 다들 기억할 것이다. 여러 원조 기구의 호소와 마이클 뷰어크 같은 저널리스트들의 강력한 보도, 싱어송라이터 밥 겔도프와 그 친구들의 모금 노력

* 원래 영어에서 'f-word'는 욕설(fuck)을 뜻한다.—옮긴이

등으로 2억 달러가 넘는 돈이 긴급 구호에 기부되었다. 전 세계적으로 이 정도의 후원이 이뤄진 일은 이례적이다.

구호 요원들은 이 정도의 호응을 얻기가 결코 쉽지 않다는 사실을 잘 안다. 그렇기 때문에 '기근'이라는 단어는 그런 경우를 위해, 즉 대규모 아사를 막으려면 국제적 노력이 절대적으로 필요한 예외적인 경우를 위해 아껴두어야 한다. 기근이라는 단어를 남발했다가는 자칫 양치기 소년이 될 수 있다. 그렇게 되면 한 지역의 연속 변수인 식량 불안 수준(거칠게 말해서 '굶주림')이 기근이냐, 아니냐의 두 가지 값밖에 갖지 못하는 이산 변수로 바뀌어버릴 수 있다.

2014년 한 식량 안보 전문가팀이 남수단의 주바를 방문했다. 그곳의 열악한 상황이 기근에 해당하는지 평가하기 위해서였다. 이 평가에 많은 게 달려 있었다. "(기근을) 선언한다면 이곳의 위기에 투입될 지원 수준이 크게 달라질 수도 있습니다."[3] 이렇게 말한 사람은 미국국제개발처United States Agency for International Development, USAID가 만든 조기 경보 시스템 퓨즈넷FEWS NET의 크리스 힐브러너였다. 남수단의 영양실조율, 작물 황폐 수준, 가축 감소 수준 등을 검토한 조사팀은 이곳 상황이 IPC 4단계(긴급)는 충족시키지만 5단계(기근)에는 미치지 않는다고 결론 내렸다.

"이 말은 곧 이미 끔찍한 상황에 처해 있는 사람들을 돕기 위해 인도주의적 기관들이 추진하는 모금 과정이 훨씬 더 힘들어진다는 의미이고, 상황 악화를 막기 어렵다는 뜻이다." 세이브더칠드런Save the Children의 다비나 제프리는 그렇게 썼다. "IPC 4단계도 긴급 상황이라는 것을 알려주기는 하지만, 대중 매체는 거의 관심을 갖지 않을 테고 재난구호위원회도 소집되지 않을 게 거의 확실하다. 모금액이 급격히 늘어나는 일은 없을 것이다."[4]

기부자를 충분히 확보하지 못하면서 남수단의 상황은 계속해서 악화돼 결국 2017년 기근을 선언하게 됐다. 기근이라는 용어가 공식적으로 사용된 지 6년만이었다. 효과는 즉시 나타났다. 3주 만에 영국에서만 자그마치 5000만 파운드(약 750억 원)가 모금됐다.

단어 하나의 효과가 이렇다. 법적인 효력은 없지만 단어 하나가 수천 명의 생사를 가를 수 있다.

그렇다면 상상해보라. 법적 효력을 가진 단어의 힘은 과연 어느 정도일지…….

진실을 편집하는 법 #22

단어에 맞춰 상황을 해석하라

1994년 르완다에서는 불과 몇 주 사이 80만 명이 살해된 것으로 추정된다. 대통령이 암살당하는 일이 벌어지자 다수족인 후투족Hutu은 소수족인 투치족Tutsi을 말살하기 위해 악랄한 작전을 전개했다. 국제연합과 언론 보도를 통해 학살이 자행되고 있다는 소식이 빠르게 퍼져나갔다. 후투족 살인자들이 손에 든 무기는 마체테(날이 넓은 칼)와 기본 화기가 전부였으니, 만약 서양의 군사 개입이 있었다면 상대도 되지 않았을 것이다. 그러나 아무도 오지 않았다.

기밀 해제된 정부 문서를 보면 르완다 사태가 발발한 지 16일이 되었을 때 미국 정부의 관리들은 사적인 자리에서 제노사이드

genocide(종족 말살)라는 단어를 쓰고 있었다. 그러나 빌 클린턴 대통령 행정부는 학살이 일어난 지 49일이 지날 때까지 공식적으로 이 단어를 쓰지 않았고, 49일이 지났을 때조차 '제노사이드 행위'라고 지칭했다. 로이터Reuters 통신원 앨런 엘스너는 난감해하는 외무부 대변인에게 이렇게 물었다. "제노사이드 행위가 얼마나 많이 일어나야 제노사이드가 됩니까?"[5] 클린턴 행정부는 동아프리카에서 벌어지고 있는 끔찍한 참상을 인정할 의향이 전혀 없어 보였다.

그 이유는 이랬다.

논의 사항

1. 제노사이드 조사: 이 용어 사용시 인권 침해 및 제노사이드 협약 위반 여부에 대한 국제적 조사 필요.

조심할 것. 국무부 법무팀이 어제 이 문제 우려. 제노사이드로 밝혀질 경우 미국 정부가 실제로 '뭔가' 해야 할 수 있음.[6]

위 글은 미국 국방부 회의 문서에서 나온 것이다. 1994년 5월 1일로 되어 있으니 학살이 시작된 지 아직 채 1개월이 안 된 시점이다. 1998년에 기밀에서 해제된 이 문서를 보면 행정부가 왜 르완다에 관해 얘기할 때 제노사이드라는 단어를 공식적으로 쓰지 않으려고 했는지가 정확히 드러난다. 국무부 법무팀은 학살 사태를 제노사이드로 명명할 경우 미국 정부가 개입해야 할 의무가 생길 것을 우려했다. 몇 달 전 소말리아에서 인도적 차원의 군사 개입을 했다가 낭패를 본 미국 정부는 더 이상 남의 나라 일에 끼고 싶지 않았다.

제노사이드라는 개념은 비교적 최근에 도입된 법적 개념이다. 그 시초는 제2차 세계대전 이후 나치 전범들을 처리한 뉘른베르크 재판이었다. 이 단어를 처음 만든 사람은 라파엘 렘킨Raphael Lemkin이라는 유대인 변호사인데, 그는 가족 대부분이 홀로코스트에서 살해당하는 비극을 겪었다. 1948년 제노사이드 방지 및 처벌에 관한 협약 1조를 보면 (미국을 비롯한) 협약국들은 "평시이든 전시이든 제노사이드는 '적극 나서서 방지하고' 처벌해야 할 국제법하의 범죄임을 확인한다."고 쓰고 있다. 그러니 만약 르완다 사태가 제노사이드라면 미국과 기타 국가들은 정말로 '뭔가' 해야 했다.

그러나 1948년 협약에도 나와 있듯이 제노사이드의 정의는 특정 집단의 구성원 다수를 살해하는 물리적 행위 외에도 해당 집단의 전체 또는 일부를 파괴하겠다는 '의도'가 있어야 했다.

투치족 다수가 살해되었다는 점은 부정할 수 없는 사실이지만 '전체 또는 일부'의 투치족을 말살하겠다는 의도는 살해 몇 주만에 쉽게 증명할 수 있는 내용이 아니었다. 후투족이 장악한 라디오 방송국은 나가서 투치족을 죽이라고 청취자들에게 촉구하고 있었지만 그게 과연 어느 집단을 파괴하겠다는 의도의 증거가 될까? 후투족에 따르면 그들은 자신들의 대통령이 암살됐기 때문에 내전을 치르는 중이었다. 그리고 이게 정말로 내전이라면 다른 나라들이 간섭할 사항이 아니었다.

그렇기 때문에 1994년 르완다에서 제노사이드가 진행 중이었던 것은 사실이지만, 아직 제노사이드라고 선언하기에는 의도에 대한 증거가 충분치 않은 때도 있을 수 있다는 걸 알 수 있다. 바로 이 단어의 정의 때문에 미국을 비롯한 여러 국가는 책임을 회피할 수 있었다. 나중에 클린턴은 만약 미국이 더 일찍 개입했더라면 적어도 30만 명은 구할 수 있었을 거라고 시인했다.

"수천 명이 굶어 죽을 수 있다."와 "수천 명이 기근으로 죽을 수 있다."는 두 개의 경합하는 진실이다. 얼추 비슷한 상황을 설명하고 있지만 만들어내는 결과는 전혀 다르다.

"수천 명이 살해당하고 있다."와 "수천 명이 제노사이드로 살해당하고 있다." 역시 완전히 다른 결과를 가져온다.

강력한 단어가 아주 정확히 정의되어 있으면 상황을 그 단어에 맞추고 싶은 유혹이 생긴다. 클린턴 행정부가 르완다 사태를 조직적 제노사이드 의도를 인정하지 않는 방향으로 해석했던 게 바로 그런 유혹이었다. 또 선의의 구호 요원이라면 인도주의적 참사를 세상에 알리기 위해 영양실조율을 조작하고 싶은 유혹을 느낄 수도 있다.

하지만 대부분의 단어는 이렇게까지 정확히 정의되어 있지는 않아서 어느 정도의 여지가 있다. 이런 경우는 오히려 단어를 상황에 맞추고 싶은 유혹을 느끼거나 그럴 기회가 생긴다.

진실을 편집하는 법 #23

상황에 맞춰 단어를 비틀어라

헤어용품이나 스킨제품, 위생용품을 팔아야 하는 마케팅 담당자들이 즐겨 쓰는 문구가 있다. '과학적으로 증명' 혹은 '임상 실험으로 증명' 같은 것들이다. 확신이 없는 소비자에게 제품이 과학적으로 확인됐다는 문구는 외면하기 힘든 장점이다. 예를 들어 유니레버의 슈어 맥시멈 프로텍션Sure Maximum Protection(데오도란트 제품)은 "과도하게 땀 흘린 후에도 도움이 되는 것으로 과학적으로 증명"되었다.[7]

대체 '과학적으로 증명'되었다는 게 무슨 뜻일까?

이렇게 가정해보자. 평균적으로 인구의 10퍼센트가 1년에 한 번은 특정 바이러스에 감염된다. 실험용 약을 100명에게 주었는데 (열 명이 아니라) 아홉 명이 바이러스에 걸렸다. 이 결과는 이 약이 바이러스에 효과적이라는 '증거'가 될까? 일곱 명만 걸렸다면? 과학자들은 통계를 이용해 각각의 결과가 나올 수 있는 확률을 계산한다. 그리고 이 확률로부터 약의 효과를 믿을 수 있는 각 결과의 신뢰도를 판단한다. 100명 중 일곱 명이 바이러스에 걸렸다면 약이 효과가 있다고 약간은 신뢰했을지 모른다. 네 명만 바이러스에 걸렸다면 신뢰 수준은 더 클 것이다. 하지만 과학자들은 좀처럼 이것을 '증거'라고 말하지는 않는다.

제대로 된 진단법만 있다면 바이러스가 있다 없다를 결정하는 문제는 단순해 질 수도 있다. 하지만 '피부가 더 부드러워졌다'거나 '입 냄새가 좋아졌다'는 건 객관적으로 측정하기가 훨씬 어렵다. 이름 있는 과학자라면 특정 화학 물질의 조합이 머리카락을 훨씬 부드럽게 (그게 무슨 뜻이든 간에) 만들었다는 사실을 증명하는 일은 안 맡으려고 할 것이다. 게다가 원하는 위생적·미적 결과치를 측정하는 복잡한 과정이나 그 통계적 의미에 관해서는 마케팅 담당자나 소비자 둘 다 어리둥절할 뿐이다. '과도하게 땀 흘린 후에도 도움이 되는 것으로 과학적으로 증명'되었다는 말을 잘 분해해보면 정확히 뭘 약속하는 건지 알 수가 없다. 극한 상황을 제외하면 이 데오도란트는 효과가 '없다'는 뜻인가? 그리고 대체 '도움이 된다'는 건 정확히 무슨 뜻인가?

'과학적으로 증명'이라는 말은 무게감 있고 분명하고 반박될 수 없을 진실처럼 들린다. 그러나 이 문구를 사용하는 마케팅 담당자들에게는 안된 이야기지만 이 문구가 강력히 반박된 경우는 많이 있었다. 프랑스의 식품 회사 다농의 자회사 다논은 미국에서 집단 소송을 당하고 수백만 달러에 합의를 봐야 했다. 액티비아 요거트가 소화계를 조절해주는 것으로 과학적으로 증명됐다고 주장한 게 화근이었다.[8] 합의 조건을 보면 다논은 제품 및 광고에서 '임상 실험으로 증명', '과학적으로 증명'이라는 문구를 빼고 '임상 연구가 보여주듯이' 같은 문구로 대체해야 했다. 그런데 이 새로운 문구조차 미심쩍은 주장이다. 왜냐하면 '소화계를 조절한다.'는 말은 의학적 · 과학적으로 아무 의미 없는 소리이기 때문이다. 그럼에도 다논은 본인들의 말이 진실이라는 주장을 굽히지 않았다. 다논은 이렇게 발표했다. "다논은 광고의 입장을 유지하며 잘못한 부분은 전혀 없습니다."

흔히 단어의 정의를 극한까지 밀어붙이는 것은 생수 제조업체들이다. 예컨대 '순수하다'는 건 대체 무슨 뜻일까? 미네랄워터는 그 정의에서부터 순수하지 않다. 미네랄이 들어 있지 않은가? 미네랄워터는 '오염된 H_2O'라고 말하는 편이 더 정확할지도 모른다. 그런데 어떻게 된 노릇인지 우리는 이 맥락에서는 '순수하다'의 다른 뜻을 인정해준다. 아마도 '오염되지 않은 자연적 수원에서 나왔다.'는 정도의 의미로 말이다. 문제는 단어의 정의가 이처럼 두루뭉술할 경우

부도덕한 마케팅 담당자들이 많은 자유를 누리게 된다는 점이다. 오염되지 않은 자연적 수원은 대도시 밑 지하수를 가리킬 수도 있다.

2003년 네슬레는 폴란드 샘물Poland Spring Water 때문에 집단 소송을 당했다. 네슬레는 이 물을 '메인 지역 깊은 숲속에서 발견된 자연 샘물'이라고 마케팅했다. 그러면서 실제로는 원조 폴란드 샘에서 물을 끌어오지 않고 인근 여러 우물에서 물을 가져왔다. 단어의 정의에 대해 네슬레는 이렇게 말했다. "폴란드 샘은 우리가 말하는 그대로 '자연 샘물'이다. 자연 샘물에는 많은 기준이 있다."[9] 네슬레는 허위 광고라는 사실을 인정하지 않은 채 합의를 봤다.

2004년 코카콜라는 영국에 다사니 생수를 출시했다. 다사니는 미국에서 입지를 굳힌 후였고 영국에서는 '만날 수 있는 가장 순수한 물'로 마케팅됐다. 하지만 얼마 지나지 않아 이 제품이 실은 런던 인근 시드컵 지역의 수돗물을 처리한 것에 불과하다는 사실이 밝혀졌다. 출시 결과는 실패였다. 영국인들은 다음과 같은 코카콜라의 '진실'을 인정해주지 않았다. "아주 복잡하고 정교한 정수 과정"을 거쳐 "박테리아, 바이러스, 염분, 미네랄, 설탕, 단백질, 독성 입자"를 제거했기 때문에 런던 수돗물이 "순수"해졌다는 설명 말이다.[10]

생수에 쓰여 있는 "필수 미네랄 함유"라는 문구도 사람들을 오해하게 만든다. 영양학적으로 중요한 미네랄이 아주 조금 들어 있지만 함량이 너무 낮아서 건강에 아무런 도움도 되지 않기 때문이다. 실제로 하루 필수 미네랄 섭취량을 채우려면 그 생수를 호수만큼 마셔야 한다. 프리미엄 바다 소금 역시 필수 미네랄이 들었다고 자랑한다. 하지만 한 가지 필수 미네랄(염화나트륨)만 잔뜩 들어 있을 뿐 다른 미네랄이 영양학적으로 유의미할 만큼 든 경우는 거의 없다.

그래도 바다 소금은 '천연 식품'이긴 하잖아? 이게 또 아주 이상한 생각이다. 염화나트륨은 염화나트륨일 뿐이다. 바닷물을 증발시켰건, 암석을 캤건, 실험실에서 염소와 나트륨을 결합시켰건 마찬가지다. 물리적 차이가 전혀 없다. 그러면 대체 마케팅 담당자들이 말하는 '천연'은 뭔가? 법적·과학적으로 아무 의미가 없는 말이다. 마케팅 담당자들은 우리가 천연 식품은 대자연으로부터 직접 나왔다고 믿기를 바라면서, 오염되지 않고 가공으로부터 자유로울 거라는 암시를 풍긴다. 사바나에 살던 우리 조상들이 먹던 것과 똑같다고 말이다. 그 어느 것도 사실이 아니다.

2010년 펩시는 레몬 및 라임 맛이 나는 소프트드링크 시에라 미스트Siera Mist를 시에라 미스트 내추럴Siera Mist Natural로 이름을 바꿨다. 콘시럽을 일반 설탕으로 교체했다는 이유였다. 그런데 사실 '콘'은 사탕수수만큼이나 '내추럴'하다. 탄산음료조차 '내추럴'이라고 마케팅할 수 있다면, 용인 가능한 '내추럴'의 정의는 아주 모호한 것이 틀림없다. 3년 뒤 펩시는 상품명에서 '내추럴'을 다시 뺐다. "이 용어 사용에 대한 자세한 규제 지침이 없기 때문"이었다.[11]

'내추럴' 같은 단어를 언제 써야 할지 '자세한 규제 지침'이 필요할 정도라면, 마케팅 담당자들은 이미 현실과는 아주 멀어졌다고 봐야 한다.

조지 오웰은 "'민주주의, 사회주의, 자유' 같은 단어들이 종종 의식적으로 부정직하게 사용된다. 해당 단어를 쓰는 사람은 자기만의 정의가 따로 있으면서도 듣는 사람으로 하여금 전혀 다른 뜻이라고 오해하게 만든다."고 했다.[12] 오늘날 우리는 오웰의 부정직한 단어 목록에 '장인의 기술, 미식가를 위한, 프리미엄, 아이콘, 차세대, 최고의, 지속 가능한, 전문가의 손길, 예술의 경지, 가치, 명품, 세련된, 맞춤식, 진정한' 등 한때는 순수했던 수많은 단어를 추가해야 할지도 모른다. 오웰의 걱정은 정치와 독재였다. 하지만 그가 지적한 '의식적으로 부정직한 단어 사용' 관행은 현재 마케팅 영역에서 상상을 초월할 만큼 찬란하게 꽃을 피우고 있다.

"나는 그 여자와 성관계를 갖지 않았습니다"

단어의 한계를 밀어붙이는 주체는 기업만이 아니다. 2013년 영국의 대형 노숙자 지원 단체 셸터는 다음과 같이 감성을 자극하는 홍보 자료를 배포했다. "이번 크리스마스에 홈리스인 아이가 8만 명입니다."[13]

당신이라면 위 제목을 어떻게 해석할까? 홈리스homeless라고 하면 우리는 보통 노숙자를 떠올린다. 널빤지 박스, 문 앞의 침낭, 잡동사니가 가득한 쇼핑 카트, 수염을 덥수룩하게 기르고 구걸하는 모습을 떠올린다. 검색창에 '홈리스'를 치고 이미지를 누르면 정확히 그런 사진들이 나타난다.

겨울에 8만 명의 아이들이 길바닥에서 잔다는 것은 상상하기조차 싫을 만큼 끔찍한 일이다. 셸터의 표제는 당연히 널리 보도되었다. 하지만 그 표제 아래에 있던 홈리스의 정의는 잘 알려지지 않았다. 셸터는 노숙자를 의미한 게 전혀 아니었다. 자기 집이 없는 가정, 그래서 지방 정부가 임시 숙소를 마련해준 가정의 자녀들을 의미했다. 이들 가정의 다수는 지방 의회의 비용으로 잠자리와 아침 식사를 제공하는 숙소에 묵었다. 그런 숙소 중 일부는 상당히 열악한 게 사실이었지만, 겨울은커녕 1년 내내 영국에서 자녀를 둔 가정이 지붕 없는 곳에서 자야 할 경우는 없다고 봐야 했다. 이런 정부 시설이 아이가 크리스마스를 보내기에 이상적인 장소는 아니지만, 그 표제를 읽은 사람들이 상상했을 꽁꽁 얼어붙은 공원 벤치와는 거리가 멀었다.

캠페인에 저런 문구를 쓴 것은 정당할까? 저 표제를 읽고 주머니를 털어 '홈리스 아이들'을 도운 사람들 중에는 아이들이 이미 숙소에 묵고 있다는 사실을 짐작조차 못한 경우도 많을지 모른다. 그럼에도 정부 시설이 집은 아니니 엄밀히 말하면 그 아이들은 '홈리스'인 게 맞다. 표제를 잘못 이해한 사람들이 있었다고 해도 셸터는 진실한 주장을 하고 있었다.

사실 셸터의 웹사이트는 그들의 주된 관심이 안정된 주거지가 없는 사람임을 명확히 밝히고 있다.

> 홈리스 가족은 우리 주변 어디에나 있습니다. 그렇지만 보이지 않을 거예요. 숨어 있으니까요. 때로는 오늘과 내일 다른 곳에서 묵어가기도 합니다. 비록 어딘가 지붕 아래서 잠을 청하긴 하지만 '집'이라 부를 수 있는 곳은 아닙니다. 저녁을 먹을 만한 곳도, 숙제를 할 만한 곳도 아니지요. 수많은 사람과 욕실을 공유합니다. 그리고 가장 안타까운 것은 하루의 끝에 잠글 문이 없다는 사실입니다.

영국에 집이 없다면, 혹은 세계 어디에도 내 자리가 없다면 여러분도 홈리스입니다. 길바닥에서 자야만 홈리스인 것은 아닙니다.[14]

셸터는 사실상 '홈리스'의 사전적 의미를 재정립하려고 시도하고 있다. 우리가 검색창 이미지에서 확인할 수 있는 더 보편적인 정의 말고, '영구적으로 거주하는 장소'가 없는 사람이라는 뜻으로 말이다.

클린턴 대통령이 백악관 인턴과 성관계를 했다는 주장이 제기됐을 때 그는 교육에 관한 어느 텔레비전 담화에서 다음과 같은 말로 끝을 맺었다.

미국인에게 한 가지 이야기하고 싶습니다. 제 말을 귀담아 들어주세요. 다시 한번 말하겠습니다. 나는 그 여자, 르윈스키 양과 성관계를 갖지 않았습니다.

클린턴은 그 전에도 전직 직원인 폴라 존스Paula Jones가 제기한 민사 소송에서 증언 도중 모니카 르윈스키Monica Lewinsky와의 성관계 사실을 부인한 바 있었다. 하지만 얼마 못가 클린턴이 르윈스키와 '성적 만남'를 여러 번 즐겼다는 주장이 제기됐고, 특히 구강 성교와 시가를 이용한 행위가 있었다고 했다. 미합중국 대통령이 법정에서 선서를 하고 거짓말을 한 것처럼 보였다. 위증죄는 탄핵감이므로 아주 심각한 혐의였다.

클린턴은 과연 거짓말을 했을까?

클린턴은 변호사이므로 단어의 정의가 얼마나 중요한지 누구보다 잘 아는 사람이다. 그러니 이번 장에서 그가 두 번이나 등장하는 것도 놀랄 일은 아니다. 폴라 존스 사건의 법정에서 클린턴의 법률팀은 '성관계'에 대한 법원의 정의를 다음과 같이 좁히는 데 성공했다.

> 누군가의 성적 욕망을 불러일으키거나 만족시킬 의도로 누군가의 엉덩이, 허벅지 안쪽, 가슴, 고환, 항문, 성기와 접촉하는 것.

나열된 신체 부위 중 '입'은 없기 때문에 클린턴은 나중에 대배심에서 '누군가' 자신에게 구강 성교를 해준 것은 위 정의에 따른 성관계가 아니라고 주장했다. 그는 이렇게 증언했다.

"증인이 누군가의 구강 성교를 받았다면 그 접촉은 목록에 있는 그 어떤 신체 부위도 아닌 다른 사람의 입술을 통한 것입니다."

기이하게도 이 주장에 따르면 르윈스키는 성관계를 하고 있었고 클린턴은 안 하고 있었다. 클린턴의 주장은 위 '누군가'를 '다른 사람'으로 해석하고 있기 때문에 클린턴 자신은 배제된다. 이런 해석이 과연 합리적인가에 대해서는 이후 열띤 토론이 일었다. 예컨대 이 해석에 따르면 법원이 정의하는 성관계는 강간을 포함하지 못한다. 강간범이 피해자를 성적으로 흥분시킬 의도가 아닌 이상에는 말이다.

성관계의 정의에서 클린턴의 법률팀이 없애버린 부분은 다음과 같다. '사람의 성기 또는 항문과 다른 사람의 신체 모든 부위 사이의 접촉.' 이렇게 정의했더라면 클린턴이 받은 구강 성교도 성관계에 포함된다. 클린턴이 이 구절을 없애고 싶어했다는 사실은 그가 이미 단어의 정의를 어떻게 비틀어서 현실을 재구성할지 계획을 세우고 있었다는 뜻이다.

성관계의 의미를 어지럽히는 것으로도 모자라, 클린턴은 '이다is'의 의미까지 분해했다. 대배심 앞에서 그는 지난번에 그가 했던 발언, 즉 모니카 르윈스키와 관련해 "우리 사이에는 아무 것도 진행 중이지 않습니다."라고 했던 발언을 방어해야 했다. 그의 대답은 '단어의 정의'를 더할 나위 없이 잘 활용하고 있었다.

> '이다'의 의미가 뭐냐에 따라 달라집니다. '이다'가 지금도 그리고 과거에도 한 번도 없었다는 뜻이라면 진실이 아닙니다. 그게 하나고요. '이다'가 지금 아무것도 없다는 뜻이라면 제 진술은 철저히 진실이었습니다. …… 그러니까 그날 누군가 그날 저에게 르윈스키 양과 성관계를 갖고 있냐고 물었다면, 다시 말해 현재형으로 물었다면, 저는 아니라고 했을 겁니다. 그리고 그건 철저히 진실이었을 겁니다.[15]

클린턴은 하원에서 탄핵을 받았지만 상원에서 탄핵을 면했다. 다수의 상원 의원이 그에게 위증죄가 없다는 데 투표했다. 상원은 클린턴의 배배 꼬인 진실을 인정했고, 클린턴은 대통령직을 유지했다.

프로파간다와 스핀 닥터

단어의 정의는 불변이 아니다. 단어의 정의는 시간과 함께 진화한다. 그래서 우리가 묘사하고 헤쳐 나가야 하는 세상이 더 복잡해진다. 이 책의 주제를 보자. 나는 내 주제를 정의하기 위해 '경합하는 진실'이라는 말을 만들어냈다. 하지만 서점이나 검색 엔진용으로 이 책을 분류하자면 선전propaganda이나 스핀spin 같은 핵심 단어를 쓸 수밖에 없다. 오늘날 두 단어는 반쯤 거짓말이거나 결코 정직하지 않음을 암시하는 경멸에 찬 표현이다.

선전이라는 말은 1622년 교황 그레고리오 15세가 만든 전교회office for the propagation of the faith에서 나왔다. 전교회는 선교 사업 및 신교도와의 투쟁을 감독하는 기관이었다. 수백 년간 선전은 진실을 널리 알린다는 의미 외에 음흉한 뜻은 전혀 담고 있지 않았다. 적어도 교회의 눈에는 그랬다. 신교 국가들 중에는 이 단어의 기원이 가톨릭이라는 점 때문에 나쁘게 생각하는 경우가 있었다. 하지만 선전이 불순한 개념으로 자리잡게 된 것은 순전히 나치 독일의 선전부 장관 요제프 괴벨스 때문이다. 내가 갖고 있는 사전을 보면 선전의 첫 번째 뜻은 "정보, 특히 편향되거나 진실을 호도하는 성격의 정보로서 어떤 정치적 대의나 시각을 선동하기 위해 사용된 것"이다. 오늘날 '선전부'의 장관이 되고 싶은 사람은 아무도 없을 것이다.

더 최근을 보면 선거를 치르는 정치가들 사이에 스핀 닥터Spin Doctor의 역할이 중요해졌다. 원래 '진실을 스핀한다spin the truth.'라는 말은 어떤 것이 조명을 잘 받게 만들고 몇 가지 불편한 팩트를 빼놓는다는 정도의 의미였다. 사람들이 늘 자신의 페이스북이나 링크트인Linked In 프로필에서 하는 것처럼 말이다. 내 사전을 보면 스핀의 정의는 "정보를 특정한 방식, 특히 나에게 도움이 되는 방식으로 제시하는 것."이라고 되어 있다. 이렇게 말하면 스핀은 우리가 소통할 때 늘 사용하는 바로 그 방식이 된다.

어느 스핀 닥터도 자신의 주장이 진실의 '전체'라고 주장하지 않는다. 그들은 자신이 선택해서 말하는 진실이 분별 있고 전략적이고 도덕적으로 중립적인 방식으로 자신이 모시는 사람의 목표를 달성해준다고 생각한다. "저는 스핀 닥터인 것이 아주 자랑스러웠습니다."[16] 랜스 프라이스의 회상이다. 토니 블레어 밑에서 일하기 전에 그는 BBC의 존경 받는 정치부 특파원이었다. 프라이스는 스핀과 허위를 명확히 구분했다. "거짓말은 스핀이 아닙니다. 그냥 거짓말이죠." 이게 만약 지금의 보편적 시각이라면 나는 이 책에서 '스핀'이라는 단어를 더 많이 썼을 것이다. 하지만 블레어의 다우닝가 사무실에 있는 프라이스나 그의 상사 앨러스테어 캠벨 등의 노력에 힘입어 스핀은 이제 너무 더러운 단어가 됐다.

선전과 스핀의 보편적 정의는 긍정적 또는 중립적 개념에서 훨씬 나쁜 쪽으로 옮겨갔다. 그래서 독자들이 이 책을 잘 이해할 수 있게 나는 두 단어 모두 가급적 사용하지 않았다. 이 책은 진실을 말하는 법에 대한 책이다. 이 책은 진실을 '선별적으로' 말하는 법에 대한 책이다.

"당신은 페미니스트입니까?"

단어의 정의는 자연히 진화할 수도 있지만 일부 단어는 우리가 건설적인 방향으로 유도할 수도 있다. 양성 평등이 아직은 요원한 꿈인 세상에서 그런 도움이 좀 필요한 단어가 바로 '페미니즘'이다.

2005년 CBS 뉴스 여론 조사에 따르면 조사에 응한 미국 여성의 24퍼센트가 자신을 페미니스트라고 생각했다.[17] 17퍼센트는 이 단어를 모욕적이라고 생각했다. 12퍼센트는 칭찬이라고 생각했다. 여성의 권익 향상을 다룬 영화 〈델마와 루이스Thelma and Louise〉의 스타 수전 서랜던은 2013년 이런 질문을 받았다. "자신이 페미니스트라고 생각하십니까?" 그녀는 이렇게 답했다. "저는 제가 휴머니스트라고 생각합니다. 왜냐하면 페미니스트를 빽빽거리는 암캐들이라고 생각하는 사람들을 덜 소외시키는 단어인 것 같아서요."[18] 페이스북의 '페미니즘에 반대하는 여성들Women Against Feminism' 페이지에는 4만 5,000명이 '좋아요'를 눌렀다. 이 단체는 자신들을 이렇게 표현한다. "현대 페미니즘과 독이 되는 그 문화에 반대하는 여성들의 목소리. 우리는 페미니즘을 사전적 의미가 아니라 그들의 행동으로 판단한다."[19] 실리콘밸리에서 가장 힘 있는 여성 중 한 명인 야후Yahoo의 최고 경영자 머리사 메이어는 이렇게 말한 적이 있다. "저 자신을 페미니스트라고 생각할 것 같지는 않습니다. …… 저는 말하자면 호전적인 욕구라든가 종종 그에 동반하는 적대적 태도 같은 건 없으니까요."[20]

그러니까 페미니즘이라는 단어는 이미지에 문제가 있다. 그러나 앞서 말한 CBS 뉴스 여론 조사에 따르면 페미니스트의 정의를 "양성의 사회·정치·경제적 평등을 믿는 사람"이라고 제시한 경우, 자신을 페미니스트라고 생각하는 여성의 비율은 24퍼센트에서 65퍼센트로 올랐다. 같은 정의가 제시되면 남성의 58퍼센트도 자신을 페미니스트라고 생각했다. 반면 페미니스트라는 단어의 정의가 주어지지 않았을 때는 자신이 페미티스트라는 질문에 14퍼센트만이 그렇다고 답했다. '페미니즘에 반대하는 여성들'이 사전적 의미를 얼마나 무시하든 간에 여론 조사 결과를 보면 단어의 정의는 확실히 중요해 보인다.

특정 행동과 연관시키면 단어의 정의가 바뀌기도 한다. 어쩌면 '페미니즘에 반대하는 여성들'이 하고 싶은 말도 그것일지 모른다. 자신을 페미니스트라고 말하는 여성들이 남성에 대한 적대감을 내뱉는다면 페미니즘의 실질적 정의는 나쁜 쪽으로 돌아섰다고 결론내도 할 말이 없다. 훨씬 긍정적인 정의는 2014년 영국에서 나타났다. 남녀 정치 지도자들이 여성단체 포셋소사이어티Fawcett Society에서 만든 티셔츠를 입고 사진을 찍을 때다. 티셔츠에는 "페미니스트는 이렇게 생겼습니다."라는 메시지가 적혀 있다. 노동당 당수와 부총리는(둘 다 남자였다.) 이 티셔츠를 입고 〈엘르Elle〉의 페미니즘판 사진을 찍었다. 데이비드 캐머런 총리는 티셔츠를 입어달라는 〈엘르〉의 요청은 거절했으나 이렇게 말했다. "그게 여성에게도 동등한 권리를 줘야 한다는 뜻이라면 맞습니다. 페미니스트라는 단어를 그런 뜻으로 쓴 거라면 맞아요, 나는 페미니스트예요."[21]

영국의 남성 총리가 스스로를 페미니스트라고 선언하게 만들었으니 이것도 페미니즘 운동의 승리라 할 만했다. 마거릿 대처조차 하지 않은 일이기 때문이다. 대처는 이렇게 말했다고 전해진다. "페미니스트들이 저를 싫어하지 않나요? 그 사람들을 원망하지는 않아요. 제가 페미니즘을 싫어하니까요. 페미니즘은 독이에요."[22] 보수당의 두 리더가 어쩌면 저렇게 다른 관점을 가질 수 있을까? 그 답은 캐머런의 발언 속에 들어 있다. "그런 뜻으로 쓴 거라면……."

모든 건 페미니즘을 어떻게 정의하느냐에 달려 있다.

페미니즘이라는 단어를 좀 더 긍정적으로 정의해보려고 하면 곧장 '여성이라는 게(혹은 남성이라는 게) 어떤 의미인가?'하는 의문이 따라온다. 기저에 있는 유전자는 바뀌지 않았다. 하지만 성별의 한계에 대한 우리의 생각은 바뀌었다. 옛날에는 데이비드 보위, 잔다르크, 그레이스 존스Grace Jones 같은 '젠더 유연성'이 예외적인 일이었다. 하지만 점점 젠더 유연성은 주류의 선택이 되고 있다. 어떤 사람들은 이분법적인 젠더 정체성을 부인한다. 2016년 성전환자인 제이미 슈프Jamie Shupe는 최초로 이분법적 성별이 아닌 사람으로 법의 인정을 받은 미국인이 됐다. 이와 함께 여권이나 운전 면허증, 입사 지원서 등에 제3의 젠더 칸이 추가될 전망도 높아졌다. 인도와 독일, 파키스탄, 호주는 이미 제3의 젠더 칸을 도입했다.

자신을 이분법적 젠더가 아니라고 생각하는 사람들은 '그'나 '그녀'보다는 '그들'이라는 대명사를 더 선호하는 경우가 많다. '단수형 그들singular they'은 미국방언협회American Dialect Society가 정한 2015년 '올해의 단어'였다. 꼬리표를 거부하는 사람들 혹은 어느 범주에 넣기가 거의 불가능한 맞춤형 정체성을 채택하는 사람들도 있다. 이런 추세는 젠더나 성적 취향과 관련해 전통적으로 사용되던 단어의 정의가 도움이 안 된다거나 심지어 억압적이라고 보는 경우가 많아졌다는 뜻이다.

단어의 정의가 현실을 재구성하는 힘을 가장 분명히 알 수 있는 경우는 그런 정의를 받아들이지 않겠다고 거부할 때다. 그렇게 되면 단어의 정의를 부정하는 행위 자체가 일종의 경합하는 진실이 된다. 그리고 이 진실은 분류되지 않은 채 인생을 살고 싶어 하는 사람들의 현실을 구성한다. 가수 마일리 사이러스는 인스타그램의 해시태그를 통해 이렇게 말했다. "아무것도 날 규정할 수 없어! 전부 다 되어도 상관없잖아!"[23]

현실을 바꾸고 싶다면 단어부터 손봐라

젠더와 성적 취향이 점점 유동적으로 변한다면, 성관계 자체의 정의도 클린턴이 억지로 쥐어짜낸 정의를 훨씬 넘어서까지 확장될지 모른다. 텔레딜도닉teledildonics이라는 우울한 이름으로 알려진 원격 조종 자위 기구가 개발되면서 블루투스와 인터넷만 있으면 서로 다른 대륙에 있더라도 애인끼리 촉각적 자극을 주고받을 수 있게 됐다. 가상 현실 덕분에 머지않아 훨씬 더한 것들도 가능해질지 모른다. 지금은 원격 성관계가 뜨거운 이슈다. 하지만 그게 정말 성관계일까? 앞으로 알아내야 할 부분이다.

당신의 정의에 따르면 같은 방에 있지 않은 사람과의 성관계가 가능한가? 만약 그게 성관계가 아니라면, 애인이 아닌 사람과(혹은 컴퓨터와) 원격으로 이 장치들을 사용하는 게 바람을 피우는 것인가? 만약 그게 성관계라면 제3자가 여러분도 모르게 여러분의 컴퓨터를 해킹한다면 그건 어떻게 정의해야 하는가?

기술은 수많은 영역에서 단어의 정의에 도전하고 있다. 일, 돈, 우정, 교육, 전쟁, 언어의 의미가 성관계의 정의만큼이나 정신없이 바뀌고 있다. 한 국가가 다른 국가의 인프라에 사이버 공격을 가했다면 '동적' 대응(살상 병력)을 정당화할 수 있는 적대 행위에 해당할까? 정부에서 지원하는 해커들이 중요 해외 은행의 계좌를 비워버리면 이것은 강도 행위일까, 전쟁일까? 페이스북 '친구'는 정말 친구일까? 소셜 미디어에 넘쳐나는 좋아요like와 말 중간중간에 들어가는 '인 것 같은like'은 요즘 어떤 의미일까? 온라인 공개 강좌를 비롯한 온라인 정보원이 급증하고 있는데 '배우다' 혹은 '교육하다'라는 단어를 새로 정의할 필요는 없을까? '일'이나 '커리어'라는 단어가 아직도 우리가 생각하는 그 의미가 맞을까? '죽음'은 앞으로도 정말 최종적이고 돌이킬 수 없는 것일까?

현실 인식을 바꾸고 싶은 마케팅 담당자나 사회 혁신가, 기술 선지자들에게는 기술 때문에 단어의 정의가 계속 바뀌는 현상이 황금 기회다. 하지만 그 외 많은 사람에게는 살아 있는 것 자체가 불안한 시대이기도 하다. 단어의 정의가 바뀔 수 있는 세상을 잘 헤치고 나아가는 게 조만간 어디서나 인간의 필수 능력이 될지도 모른다.

다음과 같은 사람을 조심하라

- 중요한 단어의 정의에 맞추려고 상황을 다르게 해석하는 오도자
- 흔히 쓰는 단어에 미심쩍은 자기만의 정의를 사용하는 오도자

10 사회적 산물

상상은 현실이 되는 경향이 있다.

— 앙드레 브르통André Breton, 프랑스 작가

아프리카에 있는 유럽

아프리카 북서단에서 이상한 일이 벌어지고 있다.

몇 년 전 역사적인 세우타 항구의 출입을 통제하기 위해 반도를 가로질러 약 8킬로미터 길이의 울타리가 설치됐다. 그리고 얼마 지나지 않아 처음의 울타리 옆으로 또 다른 울타리가 설치됐다. 울타리에는 동작 감지 센서가 설치됐고 타고 오를 수 없는 철조망이 둘러졌으며 꼭대기에는 칼날이 달린 철선이 쳐졌다. 매일 선별된 일단의 사람들만 울타리에 난 문을 통과할 수 있었다. 그곳을 통과하는 사람들은 어마어마하게 큰 짐을 날랐다. 가끔 또 다른 무리의 사람들은 울타리를 기어오르려고 했다. 그러면 다시 세 번째 무리의 사람들이 이들을 쫓아버렸다. 울타리를 오르려는 사람들은 집요했다. 철선에 걸려 여기저기가 찢어지고 울타리에서 떨어지면 골절이나 뇌진탕을 당할 수도 있었지만 그들은 시도를 멈추지 않았다. 헤엄을 쳐서 울타리를 돌아가려던 사람들이 물에 빠져 죽기도 했다.

왜 이런 일들이 벌어지는 걸까?

세우타에서 벌어지고 있는 이 이상하고 위험한 행동들을 이해하려면 먼저 아프리카의 이 도시가 엄밀히 말하면 스페인의 일부임을 알아야 한다. 이곳은 아프리카에 있지만 유럽연합의 일부인 셈이다. 그렇다면 이 도시에 사는 사람들은 누구라도 아무런 방해 없이 유럽 전역 어디든 여행할 수 있다는 뜻이 된다. 그리고 이 도시 내에서는 유럽연합의 모든 재화를 무관세로 구매할 수 있고 이웃의 모로코로 가져갈 수 있다는 뜻이다. 또 다른 스페인령 아프리카 항구인 멜리야도 마찬가지다.

스페인은 1998년부터 북아프리카에 있는 소수 민족 거주지에 울타리를 치기 시작했다. 유럽연합도 이 프로젝트에 수백만 달러를 출연했다. 그때부터 아프리카 이민자들은 계속해서 유럽의 남쪽 방어선을 시험했다. 2016년에만 1,000명 정도의 이민자가 이 울타리를 넘어갔을 것으로 추정된다. 모두가 다 그렇게 운이 좋지는 못했다. 2014년에 헤엄을 쳐서 세우타의 울타리를 돌아가려다가 사망한 사람이 15명이었다. 스페인의 국경 수비대원들은 헤엄을 치는 사람들에게 고무 탄환을 쐈다. 나중에 수비대원들은 물에 빠진 사람들을 구할 수 없었던 것이 모로코 영해로 들어갈 수 없었기 때문이라고 주장했다. 스페인 민경대에 붙잡힌 이민자들은 망명 신청을 할 기회조차 부여받지 못하고 곧장 모로코로 송환됐다. 국제연합에 따르면 이는 국제법 위반이다.

한편 세우타와 멜리야 지역 국경을 넘는 것이 허락된 모로코인들이 있었다. 이들은 80킬로그램이나 나가는 커다란 짐을 모로코까지 운반해주고 한 번에 5달러씩 받았다. 이들에게 돈을 주는 사람들은 국경을 지나는 개인이 운반하는 것은 무엇이든 수입 관세 없이 '개인 수화물'로 취급하는 법률의 맹점을 활용했다. 그래서 배나 트럭으로 운송해야 할 유럽의 옷이며 타이어, 전자 제품, 냉장고, 공구 등이 가난한 이들의 등에 실려 모로코로 들어왔다.

세우타와 밀리야에서 목격되는 이상한 행동들은 어떤 물리적 현상의 결과가 아니다. 두 개의 도시가 있고, 울타리와 바다가 있고, 총을 든 사람들이 있는 것은 물론 사실이다. 하지만 등이 부러지도록 짐을 나르고 죽음을 무릅쓰고 울타리를 오르는 것은 다른 요인들 때문이다. 국경, 유럽연합, 국제 협정, 이민법, 경찰 규칙, 유로 투자, 무역 관세 같은 요인들 말이다. 이 모든 요소에는 한 가지 공통점이 있다. 해당 요소가 존재하는 유일한 이유는 우리가 다 함께 그러기로 동의했기 때문이다. 이것들은 금붕어나 산소처럼 '실재'하는 것은 아니다. 이것들은 모두 인간 상상의 소산이다.

이처럼 상상의 소산이지만 진실인 것들을 '사회적 산물'이라고 한다. 사회적 산물은 울타리나 서류, 건물, 상징물처럼 물리적 형태가 있는 것도 있다. 하지만 사회적 산물은 물리적 형태가 없어도 우리의 생각 속에 얼마든지 완벽하게 존재할 수 있다. 우리가 스페인이라고 부르는 사회적 산물은 세우타나 밀리야의 울타리들이 철거된 후에도 여전히 건재할 것이다. 유럽연합 역시 브뤼셀과 스트라스부르에 있는 건물들이 모두 철거되어도 건재할 수 있다. 유럽중앙은행과 모로코 중앙은행이 유통되는 모든 지폐와 동전을 회수하고 사람들에게 디지털 계정을 준다고 해도 짐꾼들은 여전히 유로나 디르함(모로코의 화폐 단위)으로 품삯을 받을 수 있다. 짐꾼들이 국경 너머로 나르는 미슐랭 타이어는 분해될 수 있지만, 미슐랭이라는 브랜드와 기업은 앞으로도 한동안 건재할 것이다. 스페인이나 유럽연합, 유로, 디르함, 미슐랭이 진실인 이유는 어떤 물리적 실체 때문이 아니다. 우리가 다 함께 그러기로 합의했기 때문이다. 그것들이 의미를 갖고 힘이 있는 이유도 우리가 다 함께 합의했기 때문이다.

유발 하라리는 사회적 산물을 "우리의 집단적 상상의 소산"이라고 했다.[1] 사회적 산물이 진실이 되는 것은 오직 우리 중에 충분히 많은 사람이 그것을 믿을 때만이다. 사회적 산물의 중요성이나 영향력을 평가절하하려고 하는 말이 아니다. 미국 달러화, 인도라는 국가, 페이스북 같은 사회적 산물은 수많은 삶을 형성한다. 달러화는 '진실이 아니다.'라고 말하거나, 누구 한 사람이 페이스북을 더 이상 믿지 않는다고 해서 달러화나 페이스북이 사라질 거라고 생각할 사람은 없다.

인간의 집단적 상상의 산물인 사회적 산물은 수많은 사람이 조금씩 혹은 크게 다른 생각과 열망을 거기에 담았기 때문에 결국에는 금붕어나 산소 같은 실제 세계의 존재보다는 훨씬 더 유연한 진실이 될 때가 많다. 사회적 산물은 탁자 위의 알이나 창밖으로 보이는 풍경에 비해 편집될 방법이 훨씬 더 다양하다. 어느 사회적 산물에 찬성하거나 혹은 반대하는 주장을 펼치고 싶은 사람에게 이런 유연성은 선물과 같다.

"우리는 유럽연합을 떠납니다, 그게 뭐였든"

영국이 역사적 국민 투표를 통해 유럽연합을 떠나기로 결정한 후 몇 시간 동안 영국의 구글 검색 상위어 중에는 "유럽연합이 뭔가요?"가 있었다고 한다.[2] 수많은 조롱과 비웃음이 뒤따랐지만, 사실 바보 같은 질문은 아니다. 방대하고 고도로 복잡한 사회적 산물인 유럽연합을 설명할 방법은 많다. 브렉시트 토론이 그토록 험악했던 데는 이런 이유도 있었다. 양측은 자신들 주장에 유리한 대로 유럽연합을 설명했기 때문에 종종 잔류론자와 탈퇴론자는 서로 다른 언어를 사용하는 것처럼 보이기도 했다.

유럽연합의 전신은 유럽경제공동체다. 회원국들의 자유 무역과 경제적 통합을 도모하는 공동 시장이자 관세 동맹이었다. 다수의 잔류론자는 이런 역사를 되돌아보며 유럽연합을 대체로 무역의 관점에서 바라보았다. 잔류론자는 영국이 유럽경제공동체 가입 이후 수십 년간 경제가 회복되고 성장했음에 주목했다. 잔류론자는 영국 경제의 번영과 세계 최대 단일 시장의 회원국 지위 사이에 직접적 관련이 있다고 생각했다. 이들에게 유럽연합에 관해 가장 중요한 진실은 모두 무역과 관련이 됐다. 이 단일 시장을 떠났다가는 경제적 손실이 초래될 것이 분명하다.

반면에 탈퇴론자는 유럽연합에 대해 좀 더 최신 개념을 갖고 있었다. 그들은 '브뤼셀에 본부를 둔 빠르게 진화하는 사회적 산물'이라고 생각했다. 탈퇴론자들은 유럽연합의 관심사와 활동 영역이 무역 분야를 훨씬 뛰어넘었다는 사실을 지적했다. 2016년의 유럽연합은 환경오염 한도에서부터 산업 안전과 전기 제품의 사양에 이르기까지 수많은 문제와 관련된 법률, 규제를 도입한 상태였다. 유럽연합은 영국 바다에서 누가 낚시를 해도 되고, 영국의 진공청소기는 얼마나 강력해야 하며, 영국 제품의 포장은 어떻게 해야 하는지까지 규정했다. 영국의 시민과 기업은 자신이 선출하지 않은 사람들, 대부분 남의 나라 출신인 사람들이 만들어놓은 규칙에 얽매인 기분이었다. 심지어 분쟁이 생기면 유럽재판소의 외국 재판관들에게 중재를 받아야 했다. 저 영국 해협 너머로 보이는 유럽연합은 어느 한 국가의 시민이 내는 민주적 목소리는 별로 중요하지 않은, 슈퍼 국가가 될 것 같았다. 이런 개념의 사회적 산물에 대한 반감이 잘 드러난 것이 바로 탈퇴론자들의 슬로건 "통제권을 되찾자."였다.

많은 잔류론자도 이 사회적 산물이 유럽 공동 시장 이후 많이 바뀌었다는 사실을 인정한다. 다른 점이라면 그들은 변화의 방향을 마음에 들어했다. 이들에게는 유럽연합이 전 세계의 슈퍼 파워 2강, 즉 중국과 미국에 대항해 균형을 맞출 수 있는 중요한 정치·경제적 연합이었다. 유럽연합은 언론의 자유라든가 민주주의, 과학 발전, 법치주의처럼 소중한 유럽적 가치를 옹호했다. 유럽연합은 테러라든가 기후 변화, 이민자, 법인세 같은 초국가적 문제에 관해 협의할 수 있는 완벽한 토론의 장이었다. 그리고 다시 대두되고 있는 러시아의 위협에 맞서 평화를 유지하고, 유럽 대륙의 남쪽을 에워싼 여러 세력들을 와해시키는 중요한 역할도 할 수 있었다.

유럽연합은 사회적 산물로서 진화하고 있었기 때문에 잔류론자도, 탈퇴론자도 완전히 상반된 방식으로 유럽연합을 묘사할 수 있었다. 자유 무역 지대이자 비선출 입법 기관이고 정치적 슈퍼 파워이며 도덕적 대변자, 방어벽이 돼 주는 보호자이기도 했다. 유럽연합은 이 모두에 해당했다. 결국 유럽연합의 진실은 회원국들이 원하는 바에 따라 결정될 것이다. 그러나 영국은 더 이상 이 문제에 대해 발언권이 없어질 것이다.

유럽연합과 같은 사회적 산물에 대한 인식은 경합하는 진실의 영향을 쉽게 받는다. 그리고 이것들은 상상적 실체이기 때문에 사회적 산물의 '실체' 자체도 변할 수가 있다. 어떤 때는 고작 말 몇 마디로 그런 일이 벌어지기도 한다. 실제로 일부 사회적 산물은 특정 사람의 말 몇 마디로 그것에 대한 진실이 바뀌곤 한다.

나는 기업 리더들이 자신의 회사를 재정의하는 일을 돕는다. 그럴 때 우리가 사용하는 방법이 단어 선택을 달리 가져가는 것이다. 이 회사가 무슨 일을 하고, 어떤 고객을 상대하며, 무엇을 가치 있게 생각하고, 특별한 점은 무엇이며, 어디로 가는지를 다른 단어로 묘사해본다. 새로 선택한 단어들은 이전에 썼던 단어들만큼이나 진실을 담고 있다. 새로운 단어는 보통 이전에 중점을 두었던 활동은 축소해서 표현하고, 사업의 다른 측면을 강조한다. 회사의 사무실도, 공장도,

창고도 바뀌지 않았다(재정의한 후 그 결과로 바뀔 수는 있겠지만.). 하지만 직원이나 고객, 규제 당국은 이 회사에 대해 전혀 다른 생각을 갖게 된다. 경합하는 진실이 기업이라는 끝없이 유연한 사회적 산물을 재구성했기 때문이다.

진실을 편집하는 법 #24

글로벌 브랜드에서 배우다

많은 기업이 중요한 자산으로 꼽는 것 중 하나가 브랜드다. 상상 속 진실인 브랜드는 어디에나 있다. 제품의 브랜드, 자선 단체의 브랜드, 정부 운동의 브랜드, 심지어 군대의 병과에도 브랜드가 있다. 이 중 어느 것도 실재하지 않는다. 해당 브랜드가 대표하는 제품이나 서비스, 사람들이 아무리 견고하다고 해도 말이다. 브랜드는 관념적 산물이다. 이미지나 단어, 음악, 경험, 연상, 신념 같은 것들이 결합돼 브랜드를 떠올리게 만든다. 사회적 산물이 다들 그렇듯이 브랜드 역시 자연스럽게 진화할 수도 있고 의도적으로 수정될 수도 있다.

노키아라는 브랜드는 대단한 여정을 거쳐왔다. 초창기 핀란드 소비자들에게 노키아라는 브랜드는 종이를 만드는 펄프를 의미했다. 그리고 그다음에는 고무 부츠를 의미했다. 우리 세대에게 노키아는 잘빠진 작은 휴대 전화이다. 마이크로소프트의 인수로 디바이스 사업이 해체되면서 노키아는 자신의 브랜드를 다시 한번 조정해야 했다. '노키아'라는 이름은 특별한 의미를 바탕으로 만든 게 아니다. 노키아는 그냥 핀란드에 있는 어느 동네 이름이다. 그러니 어쩌면 처음부터 노키아라는 브랜드는 유연했다고도 볼 수 있다. 반면에 마이크로소프트라는 브랜드는 어떨까? '마이크로' 컴퓨터를 위한 '소프트'웨어일까? 노키아를 인수하기 전까지 마이크로소프트는 엑스박스나 서피스 태블릿 같은 하드웨어 분야로 잠시 외도는 했어도 여전히 주력 제품은 윈도와 오피스라는 두 거대 독점 상품이었다. 즉 소프트웨어의 뿌리에 상당히 충실한 회사였다. 하지만 이제는 이 오래된 브랜드 정체성을 내다버려야 했다. 마이크로소프트는 현재 애플의 라이벌로서 통합 하드웨어/소프트웨어 브랜드로 자신을 내세우고 있다.

애플은 또 애플 나름대로 브랜드 확장이라는 모험을 진행해왔다. 데스크톱 컴퓨터에서 시작해 음원 소매업을 거쳐 스마트폰, 매핑mapping, 텔레비전, 출판, 기타 여러 곁가지로 말이다. 한때 '애플'하면 그냥 컴퓨터였다. 지금 애플은 '쿠퍼티노*의 최면술사'가 되어 디자인과 품질, 이용성, 개성 등이 추상적으로 결합된 브랜드가 됐다. 그리고 어쩌면 이것은 자연스럽게 태양 전지판이나 우주여행, 주방용품으로까지 확장될 수도 있을 것이다.

과연 브랜드가 무엇이냐를 생각해보면 이 모든 게 상당히 놀라운 일이다. 브랜드의 정의는 전문가마다 다르게 내리겠지만 핵심 요소는 '고객에 대한 약속'이다. 우리가 더 싼 경쟁사 제품이 아니라 특정 브랜드의 제품을 사는 이유는 그 이름 속에 함축된 약속을 신뢰하기 때문이다. 어느 브랜드의 이름과 로고, 색상 전략이나 마스코트는 그 제품이나 서비스가 (종종 표현되어 있지 않거나 심지어 말로 표현이

* 애플 본사가 위치한 캘리포니아 주의 도시명 — 옮긴이

불가능할 때도 있지만) 어떤 특정한 방식으로 우리에게 편익을 줄 거라고 약속한다. 그리고 그 약속이 신뢰를 받으려면, 거래가 반복되어도 계속해서 가치를 가지려면, 그 약속이 (적어도 어느 정도는) '진실'해야 한다.

그렇다면 노키아, 마이크로소프트, 애플처럼 많이 바뀔 수 있는 브랜드의 진실은 과연 뭘까? 브랜드가 경합하는 진실을 가질 수도 있을까? 사람에 따라, 시간과 장소에 따라 브랜드가 다른 의미를 가질 수도 있을까? 그러면서도 브랜드의 통일성이 유지될까?

버진이나 삼성처럼 브랜드 전환에 성공한 스토리들도 있지만, 그에 못지않게 우리가 경계로 삼아야 할 '지나치게 멀리 나간 브랜드' 스토리들도 있다. '지포(라이터 브랜드) 향수'나 '콜게이트(치약이 유명하다.) 식품'처럼 말이다. 어느 지역에서는 럭셔리함을 대표하지만 다른 곳에서는 저가 소비자를 타깃으로 삼았던 소비자 브랜드들은 글로벌화가 진행되고 인터넷이 확산되면서 모든 게 폭로돼 브랜드 이미지를 망치기도 한다. 은행 브랜드가 어느 소비자 층에는 신중하고 안전한 금융을 내세우면서 다른 소비자 층에는 고위험 고수익을 약속한다면 불장난을 하고 있는 셈이다.

그럼에도 대체적인 추세는 초창기 브랜드 경영의 특징이었던 엄격한 통일성은 멀어지고, 현재 이용 가능한 온갖 대중 매체 및 소셜 미디어 플랫폼을 통해 융통성을 발휘하는 쪽으로 흘러가고 있다. 과거에는 브랜드 정체성이 핵심 제품이나 서비스와 밀접히 묶여 있었다면(예컨대 BMW는 자동차, 질레트는 면도기), 지금 브랜드 담당자들이 더 많은 관심을 기울이는 것은 핵심 원칙이나 가치 또는 정서다. 거의 원시적이라고 할 만큼 오래되고 깊은 의미를 갖는 근본적인 것들 말이다. 물론 이렇게 되면 한없이 큰 융통성을 갖고 수많은 제품과 서비스에 해당 브랜드를 붙일 수 있다는 장점이 있다. '환경에 대한 책임, 재미, 가족 방문'을 표현하는 브랜드 이미지를 만든다면, '안전한 항공 여행'이라는 이미지를 내세웠을 때보다는 앞으로의 사업 활동에 제약이 훨씬 적을 것이다. 전 세계 기업이 자신의 사업을 근본적으로 다시 생각해보는 세상에서 이런 유연성은 분명 도움이 된다.

그러나 이 점은 문제가 될 수도 있다. 어느 브랜드가 내가 실제로 구매하는 제품이나 서비스와 직접적으로 연결되어 있지만 그런 상품에 대해 더 이상 아무 것도 약속하지 않는다면 그래도 이 브랜드가 실질적 의미가 있는 어떤 진실을 전달한다고 말할 수 있을까? 어느 옷에 말보로나 할리 데이비슨의 브랜드가 달려 있다면 대체 거기서 옷에 대한 무슨 진실을 끄집어내야 하는 걸까? 대출 상품이나 당좌 계좌에 세인스버리나 테스코 같은 슈퍼마켓 로고가 붙어 있을 때는?*

궁극적으로 브랜드는 '우리는 당신이 들어봤을 법한 성공한 회사니까 우리 제품은 제대로 작동할 거라고 믿어도 돼요.'보다는 더 많은 진실을 제공해야 한다. 브랜드는 제품이나 서비스에 또 다른 층의 가치를 부여해야 한다. 그게 기술적 완성도든, 환경에 대한 책임이든, 매력이나 의미든 말이다. 급격하고 과격한 혁신이 점점 더 일상이 되어가고 있는 비즈니스 환경에서도 브랜드는 그런 역할을 해

* 유명 슈퍼마켓 체인인 두 회사 모두 실제로 은행업에 진출했다. — 옮긴이

내야 한다. 그렇기 때문에 브랜드에는 하나 이상의 진실이 존재할 수 밖에 없고, 그중 어떤 것들은 서로 모순되는 것처럼 보일 것이다. 진화하는 사업 영역의 이런저런 면들이 아무리 잘 뒷받침해주더라도 말이다. 브랜드와 관련해 경합하는 진실이 대두될 때는 그 모든 게 어떻게 맞아 들어가는지를 보여주는 훌륭한 스토리가 하나 필요하다. 그리고 기업의 모든 구성원이 그 스토리를 지속적으로 표현해야 한다.

압제를 막아주는 상상의 방패

사회적 산물은 변할 수 있기만 한 게 아니라 창조되거나 제거될 수도 있다. 마법의 주문처럼 딱 맞는 단어는 사회적 산물을 창조하기도 한다. 이전까지는 진실이 아니었던 게 진실이 되는 것이다.

우리가 창조한 진실 중 하나가 '인권' 개념이다. 인권이 인류에게 처음부터 주어져 있었다고 믿는다면 역사를 되돌아보라. 너 나 할 것 없이 모든 대륙에서 수많은 사람이 자신의 권리는 생각해볼 겨를도 없이 굶주리고 노예로 살고 살육당했다. 역사의 대부분 기간 동안 논의된 적도, 알려진 적도 없는 권리를 '타고난 것, 내재하는 것'으로 인식하는 일은 쉬운 게 아니다.

심지어 인권에는 모순되는 측면도 있다. 인권의 심장부에 놓여 있는 것이 '개인의 자유'지만 그 외 대부분의 인권은 누군가의 자유를 제약한다. 하다못해 '타인을 해칠 자유'라도 말이다. 저명한 철학자 제러미 벤담은 인권의 전신인 자연권의 개념을 "애들 장난 같은 헛소리"라고 비웃었다.

그럼에도 몇몇 탁월한 발언가는 오직 말만 가지고 인권을 전 세계에 법적 효력을 가진 진실로 만들었다.

생명권이나 자유권 같은 인권을 보편적이고 양도할 수 없는 천부적 권리로 주장하는 운동을 최초로 펼친 이들은 존 로크, 임마누엘 칸트, 토머스 페인, 장 자크 루소 같은 계몽주의 철학자들이었다. 버지니아 권리 선언(1776년)은 이렇게 천명했다. "모든 인간은 천부적으로 똑같이 자유롭고 독립적이며 여러 생득권을 가진다." 조지 메이슨이 초안을 쓴 이 문서에서 영감을 받아 토머스 제퍼슨은 미국 독립선언서에서 더 유명한 주장을 펼쳤다. "모든 인간은 평등하게 창조되었고 창조주로부터 양도할 수 없는 특정 권리를 부여받았다. 거기에는 생명권, 자유권, 행복추구권이 포함된다." 몇 년 뒤 프랑스 혁명이 일어났고 프랑스인권선언(1789년)은 다음과 같이 천명했다. "그 권리란 자유권, 소유권, 안전권, 압제에 저항할 권리다."

하지만 인권이 전 세계적으로 지금처럼 중요해진 것은 제2차 세계대전 이후다. 홀로코스트의 잔학함에 경악한 전 세계 정치 지도자들은 새롭게 만들어진 사회적 산물인 국제연합의 후원 아래 한 자리에 모여 세계인권선언(1948년)을 발표했다. 사상 최초로 포괄적인 기본적 인권이 선언되었고, 이 인권들을 보호하기로 전 세계가 다 함께 동의했다. 선언의 전문은 다음과 같이 시작한다. "모든 인류 구성원이 천부의 존엄성과 동등하고 양도할 수 없는 권리를 갖는다고 인정하는 것이 세계의 자유, 정의 및 평화의 기초다."

선언문의 30개 조항에는 생명권, 자유권, 법 앞의 평등, 노예 제도 및 고문으로부터의 자유 등 논란의 여지가 없는 사항들이 담겼다. 또 그보다는 덜 명백한 여러 아이디어, 예컨대 국적을 가질 권리, 작가의 물질적 이익을 보호받을 권리, 여가를 가질 권리, 예술을 향유할 권리 등도 포함됐다. 이렇게 임의적으로 보이는 여러 주장이 우리 DNA에 새겨 있다거나 하느님이 우리에게 주신 거라고 주장하기는 어렵다. 기특한 주장들이기는 하지만 소위 '권리'라는 이것들 중에 적어도 일부는 우리 DNA에 내재한다기보다는 인간 사고나 경험의 소산이라는 데 다들 동의할 수밖에 없다. 2016년 국제연합은 또 하나의 결의안을 통과시켰는데 "온라인 정보에의 접근이나 그 유포를 의도적으로 방해하거나 어지럽히는 조치들"은 인권법 위반이라고 규정했다.[3] 인터넷 접근성 역시 적어도 40세 이상의 사람들에게는 인간 조건의 필수 요건으로 보기는 어렵다.

그러나 인위적일지라도, 글로벌 공동체가 그토록 강력히 주장하고 강화해온 인권이라는 아이디어는 인류에 막대한 공헌을 했다. 인권은 우리에게 미치는 국가의 힘을 가장 확실하게 견제해주는 수단이 됐다. 아무리 가혹한 독재자도 인권 침해 사실이 공개되면 행동을 조심할 수밖에 없다. 계속 억압적이고 잔인한 정책을 추구하는 정부조차 인권을 존중한다는 인상을 주려고 갖은 노력을 기울인다.

물론 인권 관련 법률은 사회적 산물이기 때문에 온갖 해석을 낳았다. 유럽인권재판소는 몇몇 외국인 범죄자에 대해 강제 송환을 금지하면서 그들에게 투표권을 주라고 명령하는 바람에 영국에서 크게 인기를 잃기도 했다. 영국의 한 타블로이드는 유럽인권재판소의 최근 판결들이 유럽인권조약(1951년)을 "범죄자들을 위한 헌장 및 좌파 변호사들의 노다지로 만들었다."고 주장하기도 했다.[4] 모든 법률은 사회적 산물이기 때문에 선례와 해석을 통해 진화할 수 있다. 국제인권법은 다른 입법 규정에 비해 다소 막연하고 정치적이며 유토피아적이어서 어쩌면 그 작성자들은 결코 의도하지 않은 방식으로 적용될 여지도 있다.

그럼에도 많은 사람에게 이 놀라운 상상 속 진실, 즉 인권이라는 아이디어는 우리 조상들이 겪은 것과 같은 가혹한 처우를 받지 않게 도와주는 최고의 방어 수단으로 남아 있다. 인권은 보물처럼 여겨야 할 허구다.

금을 찍어내다

인류의 진보에 돈 만큼 많은 기여를 한 사회적 산물도 드물다. 조개껍데기에서부터 금, 유로, 비트코인에 이르기까지 다 함께 동의한 수많은 가치 저장 수단 덕분에 교역을 하고 경제 활동을 계획하고 기업에 투자를 할 수 있게 됐다. 가치 저장 수단이 없었다면 우리는 아직도 불안한 석기 시대에 살고 있을 것이다. 그러나 이런 가치 저장 수단은 모두 상상의 산물이다. 우리가 사용하는 돈은 법정 화폐fiat money인데, 기본 가치를 가진 어떤 자산을 대표하는 것이 아니라 정부의 포고로 만들어졌다는 뜻이다. 'fiat'은 '되게 하라.'는 뜻의 라틴어다. 전지전능한 신이나 미치광이에게 기대할 법한, 무에서 유를 창조하는 그런 종류의 명령 말이다. 이런 법정 화폐의 가치를 인정하려면 그것을 만든 정부나 중앙은행(이것들 역시 사회적 산물이다.)을 신뢰하거나 믿어야 한다.

돈이 제 기능을 하려면 우리가 다 같이 상상력을 발휘하고 다 함께 불신을 거둬야 한다. 이를 뼈저리게 알 수 있는 경우는 특정 가치 저장 수단이 사람들의 신뢰를 상실했을 때다. 아르헨티나의 페소나 짐바브웨의 달러, 바이마르공화국의 마르크가 급격히 다른 의미로 변질된 것은 사람들이 그것을 발행하는 정부와 해당 화폐에 대한 신뢰를 잃었기 때문이다. 이 화폐들에 관한 진실은 불과 수 주 만에 완전히 뒤바뀌고 말았다.

하지만 대부분의 경우 가치 저장 수단(화폐)은 지극히 잘 작동하기 때문에 애써 만들어낼 만한 가치가 있다. 유로화만 보더라도 1990년대에 순전히 정치적인 의지에 의해 느닷없이 만들어졌지만, 전 세계에서 가장 강력하고 널리 인정받는 화폐가 됐다. 유로화가 만들어진 과정을 보면 사회적 산물의 본질이 상상이라는 사실을 여실히 알 수 있다. 유로화가 탄생한 것은 1999년 1월 1일이지만 2001년 말까지는 이용할 수 있는 지폐나 동전이 하나도 만들어지지 않았다. 하지만 지갑에 넣을 수 있는 물리적 실체가 생기기 한참 전부터 사람들은 유로화로 대출을 받고 온갖 물건을 구매할 수 있었다.

유로존 국가에 사는 사람들은 현재 유로로 월급을 받고 물건을 사야 한다. 다른 선택은 별로 없다. 하지만 선견지명을 가진 기술 전문가들은 이런 현실을 바꿔볼 궁리를 하고 있다. 비트코인 같은 암호화폐는 오랜 역사를 가진 가치 저장 수단들 사이에서 가장 최근에 일어난 혁신이다. 암호 화폐는 여느 화폐와 마찬가지로 상상의 산물이지만 '진짜'라는 사실 역시 조금도 덜하지 않다. 법정 화폐와 암호 화폐의 주된 차이는 전자는 중앙 정부가 그 가치를 보증한다는 점이다. 그러나 브라질, 아르헨티나, 짐바브웨, 바이마르 공화국 시절의 독일 등에서 보았듯이, 이런 보증이 제대로 작동하지 않는 경우도 있다. 실제로 여러 정부가 자국 통화로 된 국가 부채의 부담을 덜려고 통화 가치를 일부러 떨어뜨려서 '보증과 달리' 해당 통화를 보유한 사람들이 피해를 보기도 한다.

이 때문에 암호 화폐 지지자들은 암호 화폐가 국가로부터 독립적이라는 점을 강조한다. 비트코인을 비롯한 암호 화폐의 가치는 전적으로 우리의 집단적 신념에 의존하고 있다. 그 어느 정부나 중앙은행도 암호 화폐의 가치를 보증하지 않지만, 그렇기 때문에 그 누구도 일방적으로 암호 화폐의 가치를 떨어뜨릴 수 없다. 비트코인 같은 암호 화폐의 기반이 되는 블록체인 기술에는 그 외의 장점들도 있다. 비트코인을 위조하는 것은 사실상 불가능하고 제3자가 압류할 수도 없다. 거래가 추적되거나 차단되지도 않고 거래 비용은 없다고 봐도 무방하다. 그러나 많은 사람이 암호 화폐의 가장 큰 장점으로 꼽는 것은 우리가 국가라고 부르는 또 다른 사회적 산물들로부터 독립되어 있다는 점이다. 비트코인의 가치는 오직 그 이용자들만이 결정할 수 있다. 고도로 민주적인 가치 저장 수단인 셈이다. 암호 화폐가 계속해서 충분히 많은 사람의 집단적 상상의 산물로 남을지는 지켜봐야 안다.

중국의 사회적 신용 등급

앞으로 여러 사회적 산물은 우리를 어디로 데려갈까? 우리는 어떤 새로운 진실을 꿈꾸게 될까? 그리고 그 진실은 우리에게 힘이 되어줄까, 아니면 옭아맬까? 이런 미래의 사회적 산물로 유력하게 지목되는 것이 개인 평가 시스템이다.

개인 평가 시스템은 우버 택시나 에어비앤비 같은 기술 플랫폼을 통해 보편화됐다. 순전한 상상 속 콘셉트지만 이미 택시 운전사나 육아 도우미, 목수, 기타 프리랜서 노동자들에게 커다란 영향을 미치고 있다. 이 콘셉트가 우리 생활의 다른 영역까지 확장된다면 어떻게 될까? 친구나 애인까지 이런 방식으로 평가하게 된다면?

디스토피아를 그린 기발한 텔레비전 시리즈 〈블랙 미러Black Mirror〉에 비슷한 생각을 담은 에피소드가 있다. 모든 사람이 공공의 평가를 받는데, 나를 만나는 모든 사람이 그 점수를 높일 수도, 내릴 수도 있다. 높은 평가를 받으면 온갖 행사에 초대되고 취업이나 주거 선택의 기회도 넓어진다. 낮은 평가를 받으면 당황스러운 표정과 불신을 마주해야 한다. 이 에피소드 속 세상에서 사람들은 처음 보는 사람한테도 무리를 해서까지 잘 보이려고 하지만, 어쩌다 불운이 겹치면 결국은 배척당하고 왕따가 되는 수밖에 없다.

어쩌면 바로 이런 방향으로 나아가고 있는 나라가 중국이다. 중국 정부는 현재 금융 신용 점수를 개인의 법률·사회·정치적 입장에 대한 평가와 결부시켜 각 시민에 대한 단일한 신뢰도 평가제를 만들려고 시스템을 개발 중이다. 이 '사회적 신용 등급'에 따라 각 시민은 이용할 수 있는 서비스나 국가 자원이 달라진다. 서양인들이 청구서를 지불하지 않은 기록이 있으면 담보 대출을 받거나 신용 카드로 냉장고를 구매하기가 힘들어지는 것처럼, 이제 중국인들은 공중도덕을 몇 번 이상 어기거나 주차위반 딱지를 뗄 경우 기차에서 좋은 좌석 예약, 인기 있는 아파트 입주, 우수 학교 진학 등에서 배제될 수 있다. 연로한 부모님을 찾아뵙지 않았을 경우 해외여행이 금지될 수도 있다. 이 시스템을 설계한 사람들은 이렇게 말한다.

"한 곳에서 신뢰가 깨지면 모든 곳에 제한을 가한다."

어쩐지 조지 오웰의《1984》가 불길하게 떠오르는 이 사회 통제 수단은 "신뢰 위반 행위를 신고하는 사람에게는 보상을 줄 것"이라고 중국 정부의 기안 문서에서는 말하고 있다.

중국 정부의 계획은 다양한 중국 기업이 이미 사용하고 있는 사회적 신용 등급 시스템을 본뜰 가능성이 크다. 예컨대 전자상거래업체 알리바바는 고객들의 신뢰도를 평가하는 시스템을 쓰고 있다. 그리고 이 점수들을 조건 좋은(회사가 보기에) 개인들을 서로 짝지어주는 중매 서비스 회사 같은 협력사에 제공된다. 점수가 높은 고객들은 자랑스럽게 자신의 점수를 소셜 미디어나 데이트사이트 프로필에 게재하고, 이 사회적 산물의 진실성은 더욱 강화된다.

이 점수들이 정확히 어떻게 계산되는지는 공개되지 않았다. 중국 정부의 계획 역시 불투명할 가능성이 크다. 그러나 알리바바의 한 임원은 다음과 같은 변수도 포함된다고 폭로한 바 있다. "예를 들어 하루 10시간 비디오 게임을 하는 사람은 게으른 사람으로 간주되는 거지요. 기저귀를 자주 구매하는 사람은 부모로 간주되고, 결국 더 책임감 있는 사람일 가능성이 크죠."[5] 고객의 구매 내역이나 온라인 활동이 이런 점수에 영향을 준다는 사실을 알 수 있다. 댓글이나 '좋아요'를 누른 기록도 점수에 영향을 줄까? 개인이 남긴 디지털 흔적은 모조리 자신에게 불리하게 사용될 수도 있을까? 점수 시스템이 단순한 절차상의 오류나 악성 해킹에 취약하지는 않을까?

중국의 사회적 신용 등급 시스템은 수백만 명의 삶을 심각하게 바꿔놓고 있다. 이런 일이 가능한 것은 사람들에 대한 사소한 정보 하나하나까지도 점점 더 많이 저장되고 디지털화되고 있으며, 또 그런 추세가 새로운 빅 데이터 분석 기술과 결합됐기 때문이다. 이제는 수집되는 정보가 너무 많기 때문에 정부와 기타 힘 있는 기관들이 그 정보를 이용해 더 많은 사회적 산물을 만들어내고, 또 그것을 이용해 우리가 별로 원치 않는 방식으로 내 삶에 영향을 끼칠 가능성도 얼마든지 있다.

그런 일이 벌어졌을 때 우리가 반드시 기억해야 할 사항은 사회적 산물은 인위적 진실이고, 그렇기 때문에 바꿀 수 있다는 진실이다. 우리 마음에 들지 않는다면 언제든 우리가 뭉쳐서 그 새로운 사회적 산물을 바꾸거나 제거할 수 있다. 물의 끓는점을 바꿀 수는 없지만 '유럽연합'이나 '비트코인', '사회적 신용 등급 시스템' 따위는 원한다면 얼마든지 바꿀 수 있다. 사회적 산물이라는 진실이 의미를 갖고 힘을 갖는 것은 오직 우리가 다 함께 동의할 때만이다.

다음과 같은 사람을 조심하라

- 중요한 사회적 산물에 대해 심하게 왜곡된 인상을 심어주는 오도자
- 악성 사회적 산물을 만들어내는 사람이나 기관, 정부

11 이름

장미의 이름이 '장미'가 아니라 '엉겅퀴'나 '앉은부채'였다면 지금처럼 멋질 것 같지 않아.

— 루시 모드 몽고메리Lucy Maud Montgomery의 《빨강머리 앤*Anne of Green Gables*》에 나오는 앤 셜리의 말

인류세

인류는 약 1만 1700년 전 마지막 빙하기부터 시작된 충적세(沖積世)에 등장했다. 우리가 죽을 때쯤에는 이 첫 문장이 진실이 아닐 가능성이 크다. 그때쯤이면 우리가 인류세에 태어났다고 말할 가능성이 크기 때문이다.

이런 질문을 해보자. 호모 사피엔스가 지구에서 사라진다면 어떤 흔적이 남을까? 대부분의 종은 돌처럼 굳은 뼈 외에는 남기는 게 별로 없다. 일부 예외적으로 진흙 속에 발자국을 남기거나, 호박 속에

약간의 DNA를 남기는 정도였다. 반면 우리가 멸종한다면 수많은 것을 우리 뒤에 남기게 될 것이다. 폐허가 된 도시, 고속도로, 논밭, 수로, 철로, 가라앉은 배, 셀 수 없이 많은 플라스틱 조각 등 지질학자들은 이렇게 인간이 만든 물건 중 얼마나 많은 게 지질학적 기록으로 남을까 자문해보기 시작했다. 우리가 사라지고 100만 년이 흐른 뒤 외계인 지질학자는 어떤 증거를 통해 우리의 존재를 알게 될까?

인간의 흔적으로 오래도록 남을 만한 것 중 하나는 콘크리트다. 물론 지금과 같은 모양은 아닐 테지만. 미래의 지질학자들은 여기저기 흩어진 콘크리트 돌멩이들을 감별해 오랜 세월 잊혀진 도시 유적지를 찾아낼지도 모른다. 퇴적 환경이 적절하다면 일부 플라스틱은 무한히 남을지도 모른다. 화석 연료를 태우고 사방에 인공 비료를 사용한 영향 때문에 미래 지구의 화학 성분은 지금과는 아주 다를 것이다. 댐이나 광산, 운하도 오랫동안 흔적으로 남을 것이다. 어쩌면 가장 많은 이야기를 들려주는 증거는 다른 종들이 남긴 화석 유물이 급격히 달라진 점일지 모르겠다. 코끼리와 호랑이의 화석은 점점 줄어든 반면, 닭의 화석은 수도 늘고 지금의 거의 모든 대륙에서 발견될 테니까.

대기 화학자 파울 크뤼천은 미래의 지질 기록상에 남게 될 인간의 흔적을 예상하며 우리가 '인류세'라는 새로운 지질 시대에 들어섰다고 주장했다. 그의 주장은 어느 정도 지지를 확보해 일단의 지질학자가 인류세를 정식 시대로 채용하자고 제안했다. 현재 이 문제를 놓고 다양한 지질학 단체들이 토론 중이며, 비공식적으로 이 용어를 쓰기 시작한 과학자들도 많다. 여기서 핵심 질문은 '인류세의 시작을 언제로 볼 것이냐'이다. 누구는 산업혁명을 제안하고, 또 누구는 신석기 혁명을 제안한다. 인류세를 본격 연구 중인 집단이 정확한 지질학적 경계로 쓸 수 있다고 보는 뚜렷한 화학적 흔적은 최초의 핵무기 실험 때 전 세계로 흩어진 방사성 원소다.

인류가 등장한 지질학적 시기의 이름을 새로 붙이는 게 왜 중요할까? 크뤼천 같은 기후 옹호자들에게는 이 새로운 이름이 우리가 지구에 남긴 충격, 앞으로도 지속될 그 영향력을 나타내는 중요한 상징이다. 환경 운동가들에게는 이 새로운 이름이 우리 모두가 생활 방식을 바꿔야 한다는 사실을 알려주는 경종일 수 있다. "인류세는 우리가 불장난을 하고 있다는 사실, 이 무모한 행동을 앞으로 후회하게 될 거라는 사실을 알려줍니다."[1] 기후 과학자 크리스 래플리의 말이다.

물론 정말로 바뀌는 것은 우리 자신과 지구에서 인류의 역할에 대한 우리의 '인식'이다. 이름을 바꾸자는 제안은 바로 그 인식을 생생하게 요약한다. 2011년에 "인류세에 오신 것을 환영합니다."라는 제목으로 발행된 〈이코노미스트The Economist〉는 다음과 같이 천명했다. "이것은 코페르니쿠스가 지구가 태양을 돈다는 사실을 간파했던 순간처럼 과학을 훨씬 뛰어넘어서까지 사람들의 인식을 뒤집어놓을 수 있는 과학적 각성의 순간이다."[2]

"정치적 선언문이 됐어요. 많은 사람이 그걸 바라죠."[3] 인류세를 공식적으로 인정할지 여부를 최종 투표하게 될 국제층서위원회의International Commission on Stratigraphy 회장을 지낸 스탠 피니의 말이다.

대부분의 지질학자는 인간이 지구에 미치는 영향에 대해 가치 판단은 피하려 하겠지만, 새로운 이름이 우리 행동의 결과에 대해 더 깊이 생각하게 만든다면 결코 나쁜 의도는 아니다. 크뤼천은 이렇게 썼다. "이렇게 이름을 바꾸면 지구의 관리자로서 인간의 책임이 얼마나 큰지 강조할 수 있을 것이다."[4] 이름 변경이 우리의 사고방식과 행동에 미칠 영향, 그리고 그게 지구의 미래에 가져올 결과를 한번 상상해보라.

진실을 편집하는 법 #25

이름 붙이기

이름을 짓는 것은 종종 마법 같은 행동으로 여겨졌다. 사람이나 물건에 부여하는 이름이 세상의 시각을 바꿔놓기 때문이다. 장군의 이름이 커스버트Cuthbert*라거나 외과 의사의 이름이 폭시Foxy**라면 이들을 진지하게 받아들이기가 쉽지 않을 것이다. 결과적으로 이름은 우리가 사람이나 사물에 보이는 반응에 영향을 준다. 어느 연구에 따르면 보스턴이나 시카고에서 가짜 입사 지원서에 '백인처럼 들리는' 이름을 쓰면 '흑인처럼 들리는' 이름을 썼을 때보다 서류 전형을 통과할 가능성이 50퍼센트가 더 높다고 한다.[5] 또 흔치 않은 이름을 가진 사람은 채용될 가능성이 줄어든다는 연구 결과도 있다.[6]

* 징병기피자를 뜻하는 속어—옮긴이

** '섹시하다' 또는 '교활하다'는 뜻—옮긴이

우리 이름도 괴상한 방식으로 스스로에게 영향을 줄 수 있다. 마케팅 및 심리학 교수들로 이루어진 연구팀의 실험에 따르면 사람들에게 '기분'에 따라 초코바의 순위를 매겨보라고 했더니, 자신의 이름과 첫 글자가 똑같은 브랜드에 집단 평균보다 높은 순위를 주었다고 한다.[7]

이름이 가진 강력한 힘이 배가되는 경우가 있다. 새로운 상품, 단체, 사회 운동, 회사, 심지어 법률을 만들 때가 바로 그런 경우다.

범죄자가 일단 사회에 진 빚을 갚고 나면 두 번째 기회를 부여받고 남들과 똑같은 대접을 받아야 한다는 게 일반적인 사람들의 생각이다. 하지만 미국에서 성범죄자는 그렇지가 않다.

1994년 가석방된 성범죄자가 일곱 살의 메건 캔커를 강간하고 살해한 이후 캔커의 고향인 뉴저지주에서는 메건법이 제정되었다. 메건법은 우리 지역에 사는 고위험 성범죄자의 신상을 공개하도록 했다. 2년 후에는 연방 정부가 메건법을 통과시켰고 얼마 지나지 않아 미국의 모든 주가 비슷한 형태의 법률을 제정했다. 결과적으로 미국의 성범죄자들은 떨쳐낼 수 없는 사회적 낙인을 안고 살아야 한다. 이들은 집이나 직장을 구하기가 매우 어렵고 새로운 인간관계를 형성하기도 쉽지 않다. 언어적·신체적 폭력을 겪는 사람들도 있고 자경단*의 희생자가 되기도 한다.

이미 곤란에 빠져 있는 개인에게는 가혹한 처사다. 어떤 사람은

* 원래는 지역민들이 조직한 자치 경찰을 뜻했지만, 지금은 법적인 권한 없이 떼로 몰려가 정의라는 이름으로 사적 보복을 저지르는 사람들을 가리킬 때가 많다.—옮긴이

본인도 아직 미성년자인 상태에서 성범죄자로 등록되기도 한다. 성범죄 발생을 줄이는 데 효과가 있다면 이런 조치는 사회적 차원에서 정당화될 수 있다. 하지만 이런 조치가 아직 메건법이 바라던 결과(성폭력의 감소)를 낳았다는 증거는 거의 없다.

저명한 아동 자선 단체 전국아동학대예방기구National Society for the Prevention of Cruelty to Children, NSPCC는 이렇게 말한다. "메건법이 부모들에게는 인기가 좋지만 성범죄자 등록부를 누구나 열람할 수 있다고 해서 아동의 안전이 실제로 증진된다는 증거는 없습니다. 메건법이 재범을 줄였다는 증거는 전무합니다."[8] 러트거스대학교와 뉴저지 교정국이 함께 실시한 연구도 같은 결론에 이르렀다.[9] 미성년자를 대상으로 한 성범죄 가해자의 절대 다수가 가족이나 지인임을 고려하면 놀랄 일은 아니다. 미국에서 모르는 사람이 미성년자 성범죄 가해자인 경우는 7퍼센트에 불과하다.[10] 게다가 일부 성범죄는 "동네에 알려지는 게 두려워서" 신고 되지 않는다는 증거도 있다.[11] 메건법은 또한 성범죄자들을 지하로 숨게 만들어 더 위험하게 만든다는 지적을 받고 있다. 미미한 효과와 부작용에도 불구하고 대중들의 강력한 지지를 받고 있는 메건법에 도전하거나 수정을 시도한 노력은 대부분 실패했다.

이 일련의 사건들은 매건법의 이름과 얼마만큼 관련이 있을까? 이 법률의 이름을 듣는 순간 우리는 누구나 그 어린 소녀를 생각하고 그 아이가 겪었을 고통을 떠올리게 된다. 그것 때문에 이 법률의 효과나 공정성을 평가할 때 우리가 영향을 받지 않을까? 소녀를 연상시키는 이 법률의 이름과, 대중이 계속해서 극단적이고 징벌적인

이 수단을 지지하는 것은 전혀 연관성이 없을까?

"메건법과 같은 법안에 반대하는 사람들은 은연중에 메건이나 그 가족 혹은 동일 범죄의 피해자들에게 무심한 것처럼 그려진다." 공법학을 가르치는 브라이언 크리스토퍼 존스 박사가 〈덤덤한 이름에서 연상시키는 이름으로: 법률의 이름은 정책 과정에 어떤 정보를 주고 어떻게 조종하는가From the Innocuous to the Evocative: How Bill Naming Manipulates and Informs the Policy Process〉라는 논문에서 밝힌 말이다. (존스 박사는 법률의 이름 때문에 법률에 반대하는 것이 거의 불가능한 또 다른 예로 '미국애국자법'을 들었다.) 그는 아래와 같이 말했다.

> 그런 법률은 제목에 등장하는 사람에 대한 추모의 의미를 담고 있으며, 중요한 법적 효과를 가진다. 따라서 해당 개인에게는 연민을 느끼지만 제안된 법안에 대해서는 동의하지 않는 반대파 입법자들은 투표시에 아주 곤란한 위치에 놓인다.[12]

그러고 보면 메건법이 미국 하원에서 418대 0의 찬성 의견으로, 상원에서 만장일치로 통과된 것도 놀랄 일이 아니다. 이게 바로 이름의 힘이다.

모욕을 주고 논점을 흐리기 위해 즉흥적으로 이름이나 별명을 짓는 경우도 있다. 2017년 영국 선거에서 테리사 메이의 대표 정책 중 하나는 성인들의 사회적 돌봄 서비스 지원금을 조정하는 것이었다. 제안된 법안에 따르면 가정에서 돌봄을 받는 사람이 본인의 집을 포함해 10만 파운드 이상의 자산이 있는 경우에는 이전보다 많은 비용을 부담해야 한다. 단, 돌봄을 받던 부동산 소유주가 사망하면 부동산으로 비용을 충당하기로 약속하는 경우에는 사망 전까지 비용을 내지 않아도 된다. 평균 수명이 늘면서 영국의 사회적 돌봄 서비스 비용이 급증하고 있었기 때문에 이 정책은 합리적인 시도였다. 또 이렇게 되면 사회적 돌봄 서비스 비용의 부담이 자기 집 한 채 사기도 힘든 젊은 납세자들로부터 주택 가격 급등으로 혜택을 누리고 있는 나이 든 사람들에게로 이동하므로 어찌 보면 공평한 법안이라는 평가를 받았다.

그러나 이 법안은 통과되지 못했다. 별명 때문이다. 반대당인 노동당은 이 새로운 법안을 설명하며 오래되었지만 여전히 반감을 불러일으키는 용어를 끄집어내 '치매세'라고 불렀다. 알츠하이머학회에 따르면 "치매를 가진 사람은 어느 집단에 속하든 돌봄 비용이 가장 많이 들고 가장 큰 의료비를 부담해야 한다. 의료비 부과를 '치매세'라고 부르는 것은 이 때문이다."[13]

가정에서 돌봄 서비스를 받아야 하는 사람들 중에는 치매가 없는 사람도 많다는 사실은 아랑곳없이 이 별명은 해당 정책을 충분히 나쁘게 보이게 만들 만큼 강력했다. 세금 부담을 덜게 되어 기뻐했어야 할 젊은 유권자들이 오히려 메이를 자신들의 병약한 조부모를 공격하는 괴물로 보았다. 보수당은 선거 운동 내내 여론 조사에서 크게 밀렸는데 주로 이 정책 하나 때문이었다. 값나가는 집을 보유한 나이 든 사람들에게 본인의 치료비를 더 내게 하는 게 어떤 장점이 있든 상관없이 이제 이 '치매세'라는 별명 때문에 영국에서 똑같은 법안을 용기 내 제안할 정치인은 거의 없다.

진실을 편집하는 법 #26

부정적 별명 붙이기

구글도 이름 때문에 좌절을 겪은 적이 있다. 구글 글래스Google Glass라는 머리에 쓰는 컴퓨터 디스플레이를 출시했을 때다. 정확히 한쪽 눈앞에 위치하게 되는 이 제품은 이용자가 이동하면서도 온전히 인터넷에 접속할 수 있게 해주었다. 이용자들은 걸으면서 지도를 볼 수 있고, 세탁을 하면서 이메일을 읽을 수도, 롤러코스터에 매달려 영상을 촬영할 수도, 조깅을 하러 가서 페이스북 알림을 받을 수도 있었다. 과학기술 전문가들과 SF 팬들이 오랫동안 기다려온 놀라운 제품이었다.

그런데 구글 글래스에 다소 불쾌한 측면이 하나 있었다. 이용자는 윙크만으로 사진을 찍을 수 있었는데, 안경을 낀 기술 애호가가 윙크를 보내면 주변 사람들은 사생활을 침해받는 기분을 느꼈다. 윙크 기능을 설명한 구글 페이지는 아래와 같이 안내하고 있다.

> 에티켓
>
> 윙크를 하실 때는 각별히 유의하시기 당부드립니다. 윙크를 할 때는 상대방에 유의하고 주변을 잘 살피시기 바랍니다. 오해를 불러일으키고 싶지는 않으실 테니까요. ;-)[14]

좀 더 일반적으로 구글은 구글 글래스 이용자들에게 "소름끼치거나 무례한" 행위는 하지 말라고 당부했다.[15] 다른 사람의 사생활을 존중하라고 말이다. 그러나 이용자들에게 에티켓을 안내하는 정도의 시도로는 (종종 자신이 알지도 못하는 채로) 사진이나 영상을 찍히고 싶지 않은 수많은 사람을 달래기에 역부족이었다. 또 구글 글래스 이용자들이 대화 도중에 트위터나 페이스북 피드를 확인하는 버릇에 화가 나는 사람들도 있었다. 마주 앉은 사람이 구글 글래스를 사용하고 있을 경우 상대방은 이 사람이 무얼 하는지 전혀 알 길이 없었다. 더 두려운 공포에 사로잡히는 사람들도 있었다. 만약 구글의 이미지 인식 소프트웨어를 통해 구글 글래스 이용자가 길 가는 사람이 누구인지 알 수 있다면? 그런 일이 가능해진다면 지금 이토록 소중하게 여기는 도시 생활의 익명성을 더 이상은 누리지 못하게 되는 게 아닐까?

반발은 별명에서부터 시작됐다. 얼마 못 가 사람들은 구글 글래스 이용자를 글래스홀Glasshole*이라고 부르기 시작했다. 이 방법은 기막히게 효과가 있었다. 땅거미가 지는 것을 바라보며 이메일을 읽는 게 아무리 좋다 한들, 사이보그처럼 도심을 활보하며 최첨단 기술 이미지를 만드는 게 아무리 좋다한들, 솔직히 저런 이름으로 불리는 걸 참을 수 있는 사람이 있을까? 글래스 프로젝트에 돈을 얼마나 투자했는지는 밝혀지지 않았으나(아마도 막대한 양일 것이다.) 2015년 1월 구글은 이 제품을 철수했다. 2017년에 산업용으로 재출시하기는 했지만, 가까운 시일 내에 소비자들이 다시 구글 글래스를 쓸 것 같지는 않다.

* 구글 글래스(glass)와 싫은 사람(asshole)의 합성어—옮긴이

남들을 웃음거리로 만들려고 별명을 지어내는 게 늘 효과가 있는 것은 아니다. 2016년 미국 대통령 선거를 두 달 앞둔 어느 뉴욕의 후원금 모금 행사에서 민주당 후보 힐러리 클린턴은 이렇게 말했다.

"심하게 일반화시키면 트럼프 지지자의 절반은 제가 '개탄스러운 자들'이라고 부르는 바구니에 들어갈 거예요. 아닌가요? 인종차별주의자, 성차별주의자, 동성애 혐오자, 외국인 혐오자, 이슬람 혐오자……. 끝도 없죠."[16]

힐러리 클린턴은 이들에게 개탄스러운 자들Deplorables이라는 별명을 붙였다. 이전까지는 사전 편찬자들이 신경도 쓰지 않았던 이 복수형 명사가 이제는 편협한 태도가 의심되는 트럼프 지지자들을 부를 때 진보주의자들이 선택하는 꼬리표가 됐다. 하지만 이 이름을 사용한 게 힐러리에게는 역풍으로 돌아왔다. 유권자의 4분의 1을 한 문장으로 무시해버린 힐러리는 이제 잘난 척하는 엘리트주의자이자 거만한 사람으로 비쳤다. 한편 트럼프의 팬들은 독설에 찬 이 이름을 그대로 받아들였고 "나는 개탄스러운 자다."라는 글이 적힌 모자나 티셔츠를 입고 자랑스럽게 집회에 나타났다. 트럼프의 취임식 전야제 때 그의 열혈 지지자들은 개탄 무도회DeploraBall를 열어 축하했다.

눈송이 세대

척 팔라닉의 1996년 소설 《파이트 클럽*Fight Club*》에는 명문장이 많다. 그 중 상대를 깔아뭉개기 위해 다음과 같이 끝내주는 표현이 나온다.

너는 특별할 게 없어. 아름답고 유일무이한 눈송이가 아니라고.

20년 후 눈송이Snowflake라는 단어는 젊은이에 대한 새로운 멸시의 표현으로 등장했다. 극도로 예민하고, 자기중심적이며, 자만한 세대 말이다. 이제 눈송이는 자기 안에 빠져 있고, 다소 유아적이며, 책임을 지지 않고, 사소한 일조차 공격으로 받아들이는 민감한 밀레니얼 세대를 가리키는 말로 널리 통하고 있다. 그들의 캐리커처는 제대로 된 일자리가 없고, 셀카 찍기의 달인이며, 아직도 부모와 살고 있으며, 애쓴 후에는 칭찬을 바라고, 격렬한 논쟁이나 동의하지 않는 시각을 괴로워하는 사람들로 그려진다. '눈송이'라는 별명은 어디까지나 경멸의 뜻이다. 예컨대 소설가 브렛 이스턴 엘리스는 팟캐스트에서 "쬐그만 눈송이 정의의 투사들"을 "찡찡거리는 나약한 나르시시스트들"이라고 비난했다.[17]

눈송이 세대snowflake generation라는 인식이 얼마나 정확하고 온당하냐와는 상관없이, 이 이름은 정치 성향을 막론하고 자주 인용된다. 미국의 극우성향 보수주의자들은 이민자 권리나 기후 변화에 대한 밀레니얼의 태도가 못 마땅해서 눈송이 세대를 조롱한다. 진보주의자들은 안전 공간safe space*과 사전 고지trigger warning**를 요구하고, 자기가 싫어하는 시각을 드러내는 객원 강연자를 참지 못하는 눈송이 세대를 한탄한다. 어쨌거나 이 이름이 나이든 사람들에게는 우리 사회 젊은이에 대한 인상과 꼭 맞아 들어갔던 모양이다. 2016년에 콜린스 사전은 '눈송이 세대'를 올해의 단어 열 개 중 하나로 꼽았고, 〈파이낸셜 타임스〉는 '눈송이'를 올해의 단어 12개 중 하나로 선정했다.

이토록 조롱 섞인 별명이 그토록 빨리 뿌리를 내린 이유는 뭘까? 대체 우리는 왜 그렇게 쉽게 한 세대 전체를 모욕하게 됐을까? 오늘날 두 단어는 반쯤 거짓말이거나 결코 정직하지 않음을 암시하는 경멸에 찬 표현이다. 어쩌다 기성세대가 이토록 야비해졌을까?

기성세대가 위협을 느꼈기 때문이다. 가방끈이 긴 특정 연령대의 평론가들은 "당신은 특권 집단이잖아요check your privilege."*** 같은 표현을 들으면 적잖이 당황한다. 또 특정 견해나 일부 단체 가입 등을 이유로 대학이 강연을 차단하거나 검열하는 일이 빈발하자(뭐, 새로운 일도 아니지만) 불안을 느끼는 듯 보인다. 엘리스 역시 팟캐스트에서 장황하게 늘어놓는 얘기를 들어보면 그런 불안이 엿보인다. "언어 단속에 나선 새파란 나치들이 새로운 규칙을 들고 나와 사람

* 원래는 LGBT 커뮤니티에서 시작된 것으로 소외되기 쉬운 집단에 대한 적대적 언어 표현 등을 금지하는 공간이라는 의미다. 일부 소수자만 출입 가능한 자율 공간을 가리킬 때도 있다.—옮긴이

** 원래는 기사나 게시물 등에 충격적 내용이 포함되어 있음을 미리 알려주는 것을 뜻한다. 미국에서는 강의 내용에 대해서도 일부 불편할 수 있는 내용이 포함될 경우 '사전 고지'를 통해 해당 수업을 빠질 수 있게 하는 제도를 채택한 대학교도 있다. 그러나 '학습'이라는 목적에 부합하지 않는다는 반론도 있고, 강연자의 '편협한 사상'이 '불편'의 이유가 되느냐, 학문의 자유나 언론의 자유를 침해하는 것 아니냐 등 이 제도의 필요성에 대해서는 아직 논란이 많다.—옮긴이

*** 주로 백인 남성 등에게 너는 소수 집단이 아니니 입 다물고 있으라는 뜻으로 쓰는 말—옮긴이

마다 이 표현은 해도 되고, 저 표현은 하면 안 된다고 명령하고 있습니다." 언론의 자유를 보호하는 미국의 수정헌법 제1조를 들먹이는 것을 보면 아마도 그는 자신이 조롱하는, 바로 그 눈송이 세대들 때문에 언론의 자유가 위협받고 있다고 믿는 듯하다. 그는 이렇게 주장한다. "우리는 이제 권위주의 문화의 시대에 들어섰습니다. 얼마나 퇴행적이고 소름끼치고 믿기지가 않는 노릇인지, 마치 SF 영화 속에 들어온 것 같아요. 한 가지 방식으로밖에는 나를 표현하면 안 되는 세상이에요."

언론의 자유에 재갈을 물릴까 걱정하는 게 비이성적인 건 아니다. 역사의 많은 부분을 되돌아봐도 그렇다. 원하는 대로 생각하고 말할 권리는 민주 사회의 필수 요소다. 이민이나 인종, 젠더, 성적 취향 문제와 관련해 젊은이들이 매체를 장악하고 여러 표현의 기준을 정해놓았다고 생각하면서 그것을 마음에 들어하지 않는 사람도 많은 게 사실이다. 진보적 관점이 우세한 곳이면 어디서나 가장 흔한 불평이 "더 이상 내 생각을 말하면 안 되더라."이다. 늘 내가 생각하는 게 주류의 관점이라고 생각해왔던 이슈에 대해 젊은 세대가 도덕적 우위를 주장할 때 불안을 느끼는 것은 당연한 반응이다.

그러니 '눈송이'가 그토록 널리 퍼지게 된 배경에는 두려움과 원망이 자리 잡고 있을 가능성이 크다. 이는 위험하다. 왜냐하면 정말로 이유가 그것일 경우 눈송이라는 이름은 더 이상 농담으로 사용되는 것도, 가벼운 놀림도 아닌, '무기'로 사용되고 있기 때문이다.

이름에는 집단 간의 분열을 고조시키는 힘이 있다. 기성세대가 눈송이라는 캐리커처를 그대로 믿고 그 이미지를 모든 젊은이에게 대입하는 것은 위험하다. 그런 사람들은 미투me too운동조차 눈송이 세대의 또 다른 과민함으로 치부하며 무시해버릴지 모른다. 우리가 헐리우드, 영국 의회 등에서 본 것처럼 말이다.

한편 이미 취업난이며 학자금 대출, 집값 상승 등으로 충분히 곤란을 겪으며 싸울 태세가 되어 있는 밀레니얼 세대로서는 나머지 사회 구성원에 대해 악감정을 품을 이유가 또 하나 늘어나는 셈이다. 환경에 대한 관심이나 사회 구성원에 대한 포용적 시각 등 밀레니얼 세대는 칭찬할 만한 특징을 갖고 있다. 세대 간에 서로를 경멸한다면 그런 장점들은 주목받지 못하고 짓밟히게 된다. 젊은이들과 덜 젊은이들 사이의 골이 더 넓어지기를 바라는 게 아니라면, 이렇게 많은 뜻을 담고 있지만 궁극적으로는 파괴적인 별명은 사용하지 말아야 한다.

진실을 편집하는 법 #27

이름이 인식을 규정한다

이름은 확고불변한 것처럼 여겨진다. 이름을 하나 고르고 나면 이제 진실은 그것뿐이라고 말이다. 하지만 이름은 무덤 앞에 새겨진 묘비명처럼 불변하는 것이 아니다. 창세기에서 천사가 야곱의 이름을 '이스라엘'로 다시 짓는 것은 중요한 순간이다. 서구권에서 여성들이 결혼 후 남편의 성을 쓰는 것은 상황과 약속이 바뀌었음을 알리는 강력한 선언이다. 그토록 싫었던 이름을 어른이 되어서 버리기도 하고, 두려움이나 유명세에 성(姓)을 바꾸는 사람도 있다. 어느 은행에 불만을 품은 고객은 과도한 수수료에 항의하는 의미로 개명서를 가지고 자신의 이름을 "요크셔은행 유한회사는 파시스트 잡놈들이다."로 바꿨다. 은행은 이 사람의 계좌를 폐쇄하면서 저 이름 앞으로 수표를 써주어야 했다.

독립을 기념하거나 새로운 이데올로기 지향을 나타내기 위해 나라의 이름을 바꾸기도 하고 유명한 사람을 기념해 도시나 거리의 이름을 고치기도 한다. 러시아의 도시 상트페테르부르크는 이름이 두 번이나 바뀌어 결국 옛날 이름으로 돌아갔다. 사이공은 이 도시를 정복한 북베트남 지도자의 이름을 본따 호치민 시로 개명되었고 완전히 새로운 색깔을 입게 됐다. 2015년 좌익 성향의 마드리드 지방 정부는 30개 거리와 광장명을 다시 짓기로 했다. 이전의 이름들이 독재자 프란시스코 프랑코 장군을 연상시켰기 때문이다.

그보다 2년 전에는 짐바브웨의 로버트 무가베 대통령이 식민 잔재를 없애기 위해 빅토리아 폭포의 이름을 '모시 오아 툰야(천둥소리를 내는 연기)'로 개명한다고 발표했다. 호주에서는 좀 더 여러 단계를 거쳤다. 호주 노던주에 있는 바위산 에어즈록의 이름은 1993년 '에어즈록/울루루'로 바뀌었다가, 2002년에는 다시 '울루루/에어즈록'으로 바뀌었다. 토착민인 아난구 사람들의 권리를 인정하기 위해서였다.

기업과 기타 단체들은 본인들의 미션을 분명히 하거나 바꾸려고, 새로운 시장에 호소하려고, 안 좋은 이미지를 연상시키는 불운을 탈출하려고 이름을 바꾼다. 도쿄츠신코교(東京通信工業)였다면 외국인들이 발음하기 어려웠을 테지만, '소니'라고 하니 잘 팔린다. 자선단체 스패스틱스소사이어티Spastics Society는 스코프Scope로 이름을 바꿨다. 스패스틱spastic이 욕설처럼 됐기 때문이다. 구닥다리 느낌의 히즈매스터스보이스His Master's Voice는 앞글자만 땄더니 'HMV'라는 좀 더 세련된 레코드숍 이름이 됐다. 앵글로페르시안석유회사라는 고루한 이름으로 시작한 브리티시페트롤리엄British Petroleum은 글로벌 사업 영역과 소유권을 반영해 BP로 이름을 바꿨다.

사람의 이름은 법적으로 얼마든지 바꿀 수 있다. 국가나 기업, 도시의 이름도 바꿀 수 있다. 물건의 이름은 당연히 바꿀 수 있다. 그리고 스탠퍼드 채소 실험에서 본 것처럼 무언가의 이름을 바꾸면 그것의 의미도 바뀌고 그에 대한 사람들의 반응도 바뀐다.

이름 하나 바꿨을 뿐인데

파타고니아 이빨고기Patagonian toothfish는 아름다운 동물은 아니다. 남쪽 바다 심해에 사는 이 거대한 회색 동물은 냉정히 말하면 거의 괴물처럼 생겼다. 튀어나온 눈 아래로 비뚤어진 입이 벌어져 있고 그 사이로 뾰족한 이빨은 물고기치고도 정말 못생겼다. 입맛이 뚝 떨어지는 외양을 더욱 강조해주는 것은 그 이름이다. 대체 '이빨고기'를 먹고 싶어할 사람이 누가 있을까?

파타고니아 이빨고기를 건져 올린 어부들도 이 물고기에는 큰 관심이 없었다. 살이 기름지면서도 심심했기 때문에 심해에서 시험삼아 잡아올린 놈들도 물로 도로 던져버리곤 했다. 이렇게 맛없는 물고기를 굳이 끌어올려 다듬고 요리할 필요가 뭔가?

1977년 미국의 생선 수입업자 리 란츠는 우연히 칠레 발파라이소의 항구 도시 부둣가에서 비막치어*Dissostichus eleginoides*가 몇 마리 놓여 있는 것을 보았다. 그는 이렇게 말했다. "정말 대단하게 생긴 놈이네요. 대체 그게 뭐요?" 돌아온 대답은 "바칼라오 데 프로푼디다드bacalao de profundidad.", '심해의 대구'라는 뜻이었다.

칠레인인 그의 파트너가 말했다. "그걸 대체 어디다 써야 할지 아무도 모른다네."

며칠 뒤 란츠는 칠레의 수도 산티아고에 있는 어시장을 돌아다니다가 또 다른 놈을 보았다. 호기심이 생긴 란츠는 살코기를 사서 한 번 튀겨보았다. 정말이었다. 별 맛이 없었다. 하지만 촉촉하고 기름지고 부드러웠다. 흰살이 거의 입안에서 녹는 듯했다. 란츠는 생각했다. '미국인들은 이 심심한 맛을 좀 더 참을 수 있을지도 몰라. 그리고 이 부드럽고 기름진 질감을 산티아고 사람들보다는 좋아할지도 모르지.' 실제로 아무 맛이 느껴지지 않는다는 게 어쩌면 장점이 될 수도 있었다. 백지 같은 이 생선 위에 미국의 요리사들이 입맛대로 소스를 더하고, 허브를 올리고 양념을 쳐서 자기네가 좋아하는 맛을 내면 되니까 말이다.

하지만 이름이 문제였다. '심해의 대구'는 도무지 느낌이 안 났고, '파타고니아 이빨고기'는 아무도 주문을 안 할 것이다.

란츠는 여러 이름을 떠올리면서 일단 첫 번째 파타고니아 이빨고기 선적분을 싣고 미국으로 왔다. 란츠는 미국 식당들이 농어를 좋아한다는 사실을 알고 있었다. '안 될 게 뭐 있어?' 농어라는 이름을 쓰는 물고기 종은 100가지가 넘는데 하나쯤 추가한다고 무슨 일이 있을라고. 파타고니아 이빨고기는 살이 농어처럼 흰색이고 조각조각으로 부서졌다. 그러니 식당들이 기겁할 일은 없을 것이다. 비막치어는 농어과가 아니라 남극암치과에 속한다는 사실은 란츠에게 전혀 문제가 되지 않았다.

란츠는 자신이 발견한 이 물고기를 '남아메리카 농어' 혹은 '태평양 농어'라고 부를까도 생각했지만 둘 다 너무 포괄적이었다. 그래서 자신이 이 물고기를 처음 발견했던 발파라이소의 부두를 떠올리며 '칠레 농어(메로)'라고 부르기로 했다. 없는 이름이고 이국적이며 고급스러웠다. 완벽한 이름이었다.

그로부터 17년 후 미국 식품의약국FDA은 칠레 농어를 파타고니아 이빨고기 및 그 인접 어족인 남극 이빨고기의 '시장용 대체명'으로 인정했다. 하지만 이때쯤에는 이미 비막치어가 아무도 안 찾는 심해어가 아니라 인기있는 생선이 되어 있었다. 칠레 농어는 처음에는 은대구처럼 더 잘 알려진 흰 살 생선의 값싼 대용품으로 각광받았지만, 이제는 뉴욕의 아쿠아그릴Aquagrill(된장 조림)이나 런던의 하카산Hakkasan(트러플 소스 볶음) 같은 유명 식당에서 가장 즐겨 찾는 값비싼 메뉴가 됐다. 생선의 이름을 바꾼 것이 이토록 잘 팔리는 기적을 만들어낸 것이다.

하지만 이름을 바꾼 게 이 생선한테는 좋은 일은 아니다. 종의 역사 내내 평화롭게 잘 살고 있던 파타고니아 이빨고기는 이제 낚싯바늘을 1만 5000개씩 달고 바다 밑으로 수 마일 뻗어 있는 낚싯줄을 장착한 어선들의 타깃이 됐다. 이들 어선 한 척은 하루에 물고기를 20톤씩 잡을 수 있다. 어획 활동을 규제하고 통제하려는 시도는 있었지만 파타고니아 이빨고기는 대부분 시야를 멀리 벗어난 공해에서 잡혔고, 불법 어획이 성행했다. 2000년대가 됐을 때쯤에는 파타고니아 이빨고기의 개체 수가 급격히 줄어들었다. 걱정이 된 자연보호론자들은 칠레 농어 먹지 않기 캠페인을 조직하고, 수만 곳의 식당 셰프들에게 메뉴에서 칠레 농어를 없애도록 설득했다.

소비자에게 알려져서 세계적인 인기를 얻고 그 인기로 개체 수가 급감해 자연보호론자들이 다시 불매 동맹을 하는, 이런 어질어질한 사이클을 겪은 어종은 파타고니아 이빨고기만이 아니다. 아귀와 부시돌치 역시 비슷한 길을 걸었다. 곱상어는 한때 지구상에서 가장 흔한 상어였는데 지금은 개체 수가 약 95퍼센트 정도 감소한 것으로 추정된다. 이 네 어종의 공통점이 무엇일까? 넷 모두 이름을 바꾼 후에 소비자에게 인기를 끌었다. 몽크 피시monkfish는 아귀Goosefish에서 조금 나아진 정도지만, 돌연어rock salmon는 곱상어Spiny dogfish보다 훨씬 좋게 들리고, 오렌지 러피orange roughy는 부시돌치slimehead보다 100만 배는 맛있게 들린다. 지금은 네 어종 모두 그린피스에서 정한 식용 금지 목록에 올라 있다. 2009년 〈워싱턴 포스트The Washington Post〉에서 보도한 것처럼 "부시돌치가 아직도 부시돌치였다면 이렇게까지 고난을 겪지는 않았을 것"이다.[18]

물고기의 이름을 바꾸어서 부정적 결과만 있었던 것은 아니다. 역겨운 느낌을 주는 머드버그mudbug는 가재crawfish로 이름을 바꾸고 나서 계속 잘 양식되며 루이지애나의 대표 메뉴로 자리를 잡았다.

돌핀 피시donphin-fish는 식당 손님들이 내가 예쁜 돌고래를 먹는 건가 걱정할까봐 마히마히mahi-mahi라는 하와이어 이름을 받았다.

정어리pilchard는 코니시 가르댕cornish cardine이 되어 르네상스를 누렸다. 지금은 아시아 잉어Asian carp로 이름을 바꿔 북아메리카 내에서 확산되는 것을 막으려는 노력이 진행 중이다.

이런 대형 민물고기들은 미주리강이나 일리노이강 같은 미국의 하천 생태계에 큰 위협이 되고 있다. 아시아 잉어가 오대호에 들어오지 못하게 막으려고 쓰고 있는 돈만 수억 달러에 이른다. 아시아 잉어는 1970년대에 미국이 일부러 도입했는데 몇몇 중요한 수로에서 개체 수가 몇 배로 늘더니 이제는 다른 종을 대부분 밀어내는 지경까지 갔다. 환경주의자들과 어부들 모두 이놈을 없애려고 필사적으로 노력 중이다.

파타고니아 이빨고기 사례에서 보았듯이 물고기 개체 수를 급감시키는 효과적인 방법은, 로스앤젤레스에서 두바이까지 식당들이 이들 물고기를 요리하게 만들게 하면 된다. 그러나 안타깝게도 미국인들은 대부분 아시아 잉어에 맛을 못 느낀다. 하지만 영양가 좋은 이 물고기가 고향인 중국에서는 진미로 통한다. 그래서 필립 파롤라 셰프 팀은 칠레 농어의 스토리를 차용해 아시아 잉어의 이름을 실버핀silverfin™으로 바꾸었다. 이들은 이 새로운 이름이 미국의 식당들에게 큰 호소력을 발휘해 더 많은 어선이 이 물고기를 타깃으로 삼기를 바라고 있다.

마케팅 담당자들은 주로 상업적인 이유로 식품의 이름을 바꾸지만, 때로는 식품 이름이 정치적 싸움판이 될 때도 있다. 제1차 세계대전 기간에 미국인들은 독일 김치(사우어크라이트)를 자유 양배추liberty cabbage로 바꿔 불렀다. 인기 있는 이 식품에서 독일이라는 이미지를 지워버리기 위해서였다. 미국 의회도 비슷한 시도를 한 적이 있다. 이라크 침공 때 프랑스가 미국을 지지하지 않자 프렌치 프라이를 자유 프라이freedom fries로 부른 것이다. 덴마크 어느 신문에 예언자 무함마드의 캐리커처가 실리자, 이란의 빵 가게들은 데니시 페스트리의 이름을 예언자 무함마드의 장미Roses of the Prophet Muhammad로 바꾸라는 지시를 받기도 했다.

아시아 잉어는 2015년 정치적인 이유로 또 한 번 이름을 바꿔야 했다. 미네소타주 의회는 아시아 잉어의 이름을 외래 잉어invasive carp로 바꾸는 조치를 승인했다. 환영받지 못하는 이 생선의 이름에 아시아Asian가 들어가는 게 모욕으로 여겨졌기 때문이다.

새로운 이름은 새로운 진실이다

정치에서 네이밍은 중요한 문제다. 어느 이슈가 논란이 될 때 효과적인 작전 중에 하나가 핵심 논쟁 요소의 이름을 바꾸는 것이다. 낙태 금지 운동가들은 자신들이 생명 지지pro-life 운동가로 불릴 때 훨씬 큰 호응을 얻는다는 사실을 오래 전부터 알고 있었다. 그 반대편에 있는 사람들은 낙태 지지보다는 선택권 지지pro-choice 운동가로 불리는 편을 훨씬 선호한다.

때로는 잘 지은 이름 하나로 대중 전체의 지지를 받기도 한다. 영국의 전 국방장관이었던 마이클 헤슬타인은 핵무기 보유 주장이 마침내 받아들여진 과정을 이렇게 설명했다. 핵무기를 포기하는 것은 원래 '단독 무장 해제', 즉 '아주 편안하고 온건한 종류'[19]로 불리고 있었다. 하지만 헤슬타인의 선전팀은 1983년 핵무기 포기를 '일방적 무장 해제'라고 이름을 바꾸었고, 그 덕분에 장관들까지 핵무기를 포기하는 것에는 반대 입장으로 돌아섰다. '일방적'이라고 하면 반대편이 이득을 보고 우리만 손해를 보는 것처럼 들린다. "그게 바로 논의의 핵심이었죠. 두 단어에 모든 게 요약됐으니까요."[20] 헤슬타인의 말이다.

영국의 정치 컨설턴트 프랭크 런츠는 공화당의 정책 목표를 달성하기 위해 '꼬리표를 재정의'하는 전략으로 악명 높았다. 과체중에 칠칠맞지 못한 모습이지만 이상하게도 소년 같은 얼굴을 한 런츠는 양복에 고급 스니커즈를 매치시키는 취향의 사람이었다. 그는 크게 성공한 여론 조사가이자 소통 전문가가 되어 텔레비전과 기업 최고 경영자들에게 주목받았다. 런츠는 옥스퍼드대학교의 정치학 박사 학위 보유자지만 이렇게 주장했다. "나는 아무것도 모릅니다. 그냥 미국 사람들이 무슨 생각을 하나, 그것만 압니다."[21] 그 통찰력 덕분에 그는 어떤 이름과 꼬리표를 붙이는 게 대중에게 울림을 줄지 아주 잘 알았다.

런츠 글로벌의 웹사이트는 아래와 같이 말하고 있다.

> 정치라는 무대에서 우리 회사 최고 경영자 런츠 박사는 수많은 이슈의 논의 방향을 재정의하도록 도왔습니다. 런츠 박사의 가장 잘 알려진 사례는 미국인들이 '유산세'를 있는 그대로 '사망세death tax'라고 부르도록 한 것입니다. 런츠 박사는 부모들이 '스쿨 바우처'에는

관심이 없어도 '기회 장학금'에는 관심이 많음을 보여주었습니다. 또한 미국인들이 '석유 시추'를 원하지 않고 '미국 에너지 탐사'를 원한다는 사실을 보여주었습니다.*

미국의 유산세는 대부분 유럽 국가의 상속세에 비하면 그다지 부담스러운 수준이 아니다. 2017년 미국의 유산세는 유산 가치가 500만 달러를 넘을 때만 부과됐기 때문에 실제로 유산세를 내는 미국인은 극소수였다. 2000년대에 들어서도 100만 달러 이상의 가치가 있는 부동산을 가진 부부가 죽더라도 정부는 1원 한 푼 손댈 수 없었다. 그럼에도 유산세는 오랫동안 공화당의 골칫거리였고, 2017년 도널드 트럼프 대통령의 세제 개혁 계획의 일환으로 폐지될 예정이었다.

처음에 유산세 폐지를 선전한 정치인들은 유권자의 관심을 크게 끌지 못해 애를 먹었다. 부자들이 죽을 때 사회에 더 조금 더 많이 기여하는 것을 굳이 막아야 할까? 많은 사람이 공감하지 못하는 것은 당연한 일이었다. 원래 '사망세'라는 말을 만든 사람은 선거 운동가 짐 마틴이라고들 얘기한다. 하지만 흔해빠진 '유산세'보다 '사망세'라고 했을 때 훨씬 많은 유권자가 싫어한다는 사실을 결정적으로 보여준 사람은 런츠였다. 그는 새로운 이름은 유산세를 도덕의 관점에서 보게 만들었다. '죽음이라는 비극 앞에 세금을 요구하는 게 어떻게 옳을 수가 있지?' 또한 이 이름은 누구라도 이 세금을 낼 수 있다

* 2017년 1월 접속했을 당시 있던 문장은 삭제되었다.

는 인상을 풍겼다. 모든 사람이 언젠가는 죽을 테니 말이다. "다 마케팅의 문제죠." 마틴은 소름끼치게도 유산세를 "가장 뻔뻔한 세금"이었다고 칭하며 그렇게 말했다.[22]

런츠는 1994년 공화당의 '미국과의 계약'에 이 새로운 이름을 배치했다. 그는 공화당 상하원 의원들에게 효과를 배가할 수 있게 지역 장례식장에서 기자 회견을 열라고 추천했다. 빌 클린턴 대통령 역시 런츠의 강력한 용어에 맞서기 위해 귀를 사로잡는 새로운 이름을 제안했다. 그는 유산세 폐지안을 "부자들의 횡재"라고 불렀다. 하지만 클린턴 대통령의 갖은 노력에도 불구하고 2001년이 되자 미국인의 80퍼센트는 사망세의 폐지를 지지했다.

런츠는 이렇게 말했다. "언어란 불과 같죠. 어떻게 사용하느냐에 따라 집을 따뜻하게 할 수도 있고, 다 태워버릴 수도 있습니다."[23]

런츠는 이름 붙이기 마술을 귀신 같이 어디에든 써먹었다. "제가 만약 바니bunny(토끼를 귀엽게 부르는 말)를 악마로 만들고 싶다면 '설치류'라고 부르겠죠. 설치류는 정원을 망쳐 놓습니다. 언어 유희예요. 바니는 귀엽지만 정원을 망치는 설치류는 해충이나 마찬가지죠."[24]

런츠는 대형 정유사들이 '미국 에너지 탐사'라는 용감하고 애국적으로 들리는 옷을 입고 여기저기 마음대로 땅을 파는 것을 가능하게 했을 뿐만 아니라, 지속 가능한 에너지와 교통 발전을 더디게 하는 데 중요한 한몫을 담당했다. 조지 W. 부시 행정부 1기 때 런츠는 공화당 의원들에게 '지구 온난화'라는 용어를 피하고 좀 더 온건한 '기후 변화'라는 용어를 쓰라고 조언했다. '지구 온난화'라는 말이 화석 연료를 태워서 뜨거워진 지구가 녹아내리는 이미지를 연상시킨다는 이유였다. 2003년 유출된 런츠의 문서를 보면 아래와 같이 적혀 있다.

> '기후 변화'가 '지구 온난화'보다 덜 위협적이다. 표적 집단 심층 면접 때 한 참석자가 이야기한 것처럼 기후 변화는 "피츠버그에서 포트로더데일로 가는 것처럼" 들린다. '지구 온난화'는 재앙을 연상시키는 반면, '기후 변화'는 좀 더 통제 가능하고 덜 감성적인 난관 같은 느낌을 준다.[25]

런츠의 말이 맞았다. 11년 후 예일대학교 기후변화소통 프로젝트 및 조지메이슨대학교 기후변화소통센터에 따르면 미국인들은 '지구 온난화'를 '기후 변화'보다 위협으로 느낄 가능성이 13퍼센트가 더 높았다. 연구 팀들은 이렇게 말했다. "기후 변화라는 용어의 사용은 실제로 이 문제에 대한 관심을 '감소'시킨 것으로 보입니다."[26]

런츠는 이렇게 말했다. "제 일은 감성을 자극하는 단어를 찾아내는 겁니다. 단어야 사전에도 있고 전화번호부에도 있지요. 하지만 감성을 담은 단어는 운명을 바꾸고, 인생을 바꿀 수 있지 않습니까. 알다시피 단어가 역사를 바꿨고, 행동을 바꿨습니다. 전쟁을 일으킬 수도, 중단시킬 수도 있어요. 단어와 정서가 합쳐지면 인류의 가장 큰 힘이 되는 거지요."[27]

이름은 중요하다. 우리가 사람이나 법률, 개념, 사물에 붙이는 이름과 꼬리표가 세상의 시각을 형성한다. 그리고 그 관점이 우리의 행동을 결정한다. 이름을 제대로 붙이면 식당들이 잘 모르는 생선을 찾게 만들 수도 있다. 이름을 잘못 붙이면 전 세계적으로 중요한 문제에 대해 유권자들이 무관심하게 될 수도 있다. 논쟁 중인 이슈에 감성을 자극하는 이름을 붙이면 주장을 내놓기도 전에 논쟁에서 이길 수 있다. 이름은 중립적이지 않다. 이름은 힘이 있고, 울림이 있다. 행동을 불러일으킬 수도 있고 막중한 손해를 끼칠 수도 있다. 그러니 지금 당신의 제품이나 운동, 사업의 이름이 원했던 결과를 내지 못하고 있다면 이름을 바꿔라. 새로운 이름은 새로운 진실이다. 새 이름이 현실에 대한 새로운 인식을 만들어내면 모든 게 달라질지도 모른다.

혹시나 해서 하는 말인데, 11장에 란츠라는 사람의 스토리와 런츠라는 사람의 스토리가 함께 등장하는 것은 순전히 우연이다.

내 생각에는 그렇다.

다음과 같은 사람을 조심하라

- 무언가가 연상되는 이름을 써서 부적절한 행동이나 투표, 구매 등을 설득하는 사람
- 나나 내 프로젝트에 손상을 끼치는 별명을 붙이는 사람
- 논쟁에 사용된 용어를 바꾸어서 결과를 바꾸려는 오도자

밝혀지지 않은 진실

믿는 것을 예측하라

12 예측

무슨 일이 벌어질지 모를 때는 지출, 투자, 채용은 물론이고
'일자리를 알아볼 것인지'조차 결정해선 안 된다.

— 마이클 블룸버그Michael Bloomberg, 전 뉴욕시장

"전쟁을 막기 위해 전쟁을 합시다!"

1967년 6월 5일 아침 이스라엘 공군 소속의 전투기라는 전투기는 모조리 기지를 이륙해 지중해로 출격했다. 서쪽으로, 서쪽으로 가다가 포트사이드를 지나자 갑자기 남쪽으로 방향을 돌려 이집트로 향했다. 예기치 못한 출격이었다. 1956년의 수에즈 위기(제2차 중동전쟁) 이후 이스라엘과 이집트 사이에는 조마조마한 평화가 지속되고 있었다. 이스라엘은 공식적인 선전 포고를 하지도 않았고, 정치가들이 그런 의도를 내비친 적도 없었다. 이집트는 공중 방어 시스템을 보유하고 있었지만 이스라엘의 제트기들이 너무 낮게 비행하고 있

었기 때문에 이집트의 레이더망에 걸리지 않았다. 이스라엘 공군은 이집트군이 새벽 정기 순찰을 돌고 난 직후를 공격 시간으로 정하고, 이집트 공군 조종사들이 아침 식사를 하고 있는 동안 나일계곡으로 쳐들어갔다.

이집트 공군 기지에는 항공기들을 보관하는 튼튼한 격납고가 따로 없었고 대부분의 비행기가 활주로 옆 노천에 세워져 있었다. 이스라엘 공군의 1차 공격은 11개의 이집트 기지를 목표로 삼았다. 특수 설계된 폭탄으로 활주로를 못 쓰게 만들고 189대의 항공기를 파괴했다. 이스라엘 제트기들은 기지로 돌아가 연료를 재충전하고 무기를 실은 뒤 몇 분 후 다시 이륙해 이집트로 향했다. 두 차례 더 이어진 공격으로 이집트의 공군 기지 19개가 무력화되었고, 300대가 넘는 이집트 항공기가 파괴됐다. 이날 아침 시리아와 요르단, 이라크는 이스라엘의 이집트 공격에 대한 대응으로 자체 전투기를 띄워 이스라엘의 목표 지점을 향해 보냈다. 이 공격은 전략적으로 별 효과를 거두지 못했고 오히려 이스라엘 제트기들이 이들 국가의 공군 기지를 공격할 명분이 됐다. 이날 저녁 이스라엘은 아랍의 항공기를 400여 대를 제거했다. 이 지역 전체에 걸쳐 공중전 패권을 이스라엘이 잡음으로써 이어질 6일전쟁(제3차 중동전쟁)에서 지상군이 우위를 잡을 수 있는 발판을 마련했다. 이스라엘군은 시나이 반도, 가자 지구, 요르단강 서안지구, 동예루살렘, 골란고원을 장악했고, 이들 지역 상당 부분이 지금까지 이스라엘의 통치를 받고 있다. 어마어마한 승리였다.

이스라엘은 왜 이런 일을 벌였을까? 적대적인 아랍 국가들에 둘

러싸인 이 조그만 나라는 왜 평화를 깨기로 했을까?

수에즈 위기 이후 이스라엘은 점령하고 있던 시나이 반도의 이집트 영토에서 철수하기로 합의했다. 두 국가 사이에 국제연합 긴급군이 완충 역할로 주둔한다는 조건이었다. 국제연합 긴급군은 이곳에 10년간 주둔하며 평화를 지키고 이스라엘 화물선들이 사우디아라비아와 시나이 반도 사이 좁은 통로인 티란 해협을 자유롭게 지나다니도록 보장했다.

그러는 사이 주변국들의 이스라엘에 대한 압박은 날로 커졌다. 소련은 여러 아랍 국가와 동맹 관계를 맺고 무기와 정치적 지원을 제공했다. 팔레스타인해방기구Palestein Liberation Organization, PLO가 결성됐다. 아랍 투사들이 간간이 이스라엘을 공격했다. 보복으로 이스라엘은 요르단과 시리아의 목표 지점에 지상 공격을 감행했다. 유대 국가 이스라엘과 아랍 주변국들 사이에는 높은 긴장이 형성됐다.

1967년 5월 13일, 당시 아랍연합공화국으로 알려져 있던 이집트가 대규모 부대를 시나이 반도로 이동시켰다. 이집트 대통령 가말 압델 나세르는 이스라엘군의 시리아 국경 지대 움직임에 대한 소련의 잘못된 경고에 따라 행동하는 중이었다. 나세르는 이스라엘과 이집트 국경 지대에 있던 국제연합 긴급군에 철수를 명령했다. 그리고 5월 22일 이스라엘 화물선들이 통과하지 못하도록 티란 해협을 막고 이스라엘로 가는 석유 공급을 끊어버렸다.

이스라엘은 자신들이 곧 공격당할 거라고 결론 내렸다. 이스라엘 정부는 예측을 했고, 그 예측에 따라 행동했다.

이스라엘 공군의 이집트 공격은 아직까지도 현대전 중에서 가장 성공한 '선제적 전쟁'으로 꼽힌다. 임박한 군사적 위협에 대한 방어 형태로서의 군사 공격 말이다. 포커스 작전Operation Focus은 오랫동안 기획된 것이었다. 종합적 정보 수집과 광범위한 조종사 훈련이 바탕이 됐다. 그러나 실제 실행은 이집트가 시나이 반도에서 교전 움직임을 보인 것을 확인한 후에 일어났다.

선제적 조치는 언제나 논란이 된다. 미래에 대한 경합하는 진실 중 하나를 도덕적 정당화의 사유로 삼기 때문이다. 이스라엘이 국제 여론의 법정에서 침략국이라는 오명을 쓰지 않으려면 이집트와 그 동맹국들이 전쟁을 일으키려는 찰나였음을 증명해야 했다. 피를 먼저 본 것은 이스라엘이지만 진짜 침략국은 그들이라고 말이다.

이스라엘이 행동하지 않았다면 아랍이 공격했을 것이라는 예측은 사실 사후에 판단이 불가능하다. 우리가 할 수 있는 것은 1967년 6월 5일 이전에 발생한 증거들을 살펴보고, 미래에 대한 이스라엘의 경합하는 진실이 신뢰할 만하고 합리적인지 우리 스스로 결론을 내리는 것뿐이다. 당연히 반론도 있었다. 실제로 이집트는 5월 27일 새벽The Dawn이라는 이스라엘 침공 작전을 수행하기로 예정하고 있었는데, 마지막 순간에 나세르의 명령에 의해 취소되었다. 이스라엘이 먼저 치지 않았다면 이집트가 그 작전을 다시 꺼내들거나 유사한 다른 움직임을 보였을까? 1967년이 아니라면 그다음 해는 어떤가? 아니면 그다음 해는?

때로는 선제적 전쟁과 예방적 전쟁 사이에 도덕적 구별을 하기도 한다. 가장 악명 높은 예방적 전쟁은 2003년 이라크전쟁이다. 조지

W. 부시 대통령과 토니 블레어 총리는 연합군을 이끌고 벌이지 말았어야 할 이라크 침공을 감행했다. 이라크가 미래 어느 시점에 미국이나 유럽을 대상으로 대량살상무기를 사용할 의도를 갖고 있다는 게 그들의 정당화 논리였다. 대량살상무기의 존재에 대해 부시 행정부와 블레어 정부가 제공한 잘못된 정보에 대해서는 이후 많은 비난이 일었다. 침공 이후 이라크에서는 아무런 대량살상무기가 발견되지 않았기 때문이다. 그런데도 부시와 블레어가 자신들이 사담 후세인 Saddam Hussein을 제거하지 않았다면 후세인 치하의 이라크가 결국은 서방의 목표물을 공격했을 거라는 그들만의 '진실'에 여전히 매달린다고 해도 놀랄 일은 아니다. 왜냐하면 그런 예측은 후세인이 대량살상무기를 보유했었다는 그들의 주장만큼이나 쉽게 거짓으로 판명될 수 있는 종류가 아니기 때문이다.

선제적 전쟁과 예방적 전쟁 사이의 차이는 타이밍이다. 두 경우 모두 미래에 일어날 수 있는 상대편의 공격을 막기 위해 군사 행동을 감행한다. 하지만 선제적 전쟁은 임박한 위협에 맞서는 것이고, 예방적 전쟁은 더 먼 미래의 어느 시점에 규정하기 힘든 공격을 예측한다. 결국 중요한 기준은 이런 예측을 얼마나 확신하느냐, 그리고 그 예측이 얼마나 빨리 실현될 지 판단하느냐에 달렸다. 안타깝게도 이런 기준이라면 오도자들이 선제적 전쟁을 주장할 수 있는 여지가 아주 많이 남게 된다. 어쩌면 그들은 적군의 행동이 임박한 것은 아니라고 남몰래 판단하고 있을 수도 있다. 내 나라가 공격받을 거라고 선언하는 게 반드시 거짓말은 아닐 수 있지만 그런 선언은 사람들을 오도할 수 있다. '지금 당장'이라도 그런 일이 일어날 듯한 인상을 풍기기 때문이다.

선지자적 리더십

다음 문장은 진실일까?

내일은 태양이 뜬다.

다음 문장은 어떤가?

언젠가 나는 죽는다.

대다수 둘 다 '그렇다.'고 답할 것이다. 두 문장은 아무도 반박하지 않을 진실이다. 더 이상 진실일 수 없을 만큼 진실이다.

그런데 흥미롭게도 두 문장 모두 정확히 팩트는 아니다. 내일이 오기 전에 태양이 폭발하거나 어떤 극저온 보존술 같은 것으로 내가 영원히 사는 것도 개념상으로는 가능하다. 우리가 두 문장을 진실이라고 추론하는 이유는 경험상 태양은 매일 뜨고, 우리가 교육받은 내용에 따르면 사람은 모두 죽기 때문이다. 위 두 문장은 우리가 절대적 진실로 취급하는 예측들이다.

하지만 아래와 같은 건 어떨까?

기차는 저녁 8시 45분에 떠날 것이다.

학기는 12월 15일에 끝날 것이다.

내년에는 수백만 명의 관광객이 파리를 방문할 것이다.

저 스튜디오의 다음번 영화는 8월에 개봉할 것이다.

우리는 6월 2일에 결혼할 것이다.

이 예측들은 실현될 가능성이 아주 높지만, 설혹 일이 다르게 전개되더라도 우리가 심하게 충격을 받지는 않는다. 이런 종류의 일은 전에도 예측이 어긋나본 적이 있기 때문이다. 하지만 우리는 이런 예측들을 충분히 확신하기 때문에, 여기에 맞춰 인생 계획을 세우고, 투자를 하고, 채용을 하고, 이사를 가고, 투표를 하고, 연구를 하고, 지출을 하고, 뭔가를 만든다.

우리는 이런 예측들을 '실용적 진실'로 취급한다.

농부는 작물을 심고 농약을 뿌린다. 스포츠 팬은 시즌 티켓을 산다. 행복한 커플은 교회와 행사용품을 예약한다. 숙박업체들은 호텔을 짓는다. 임신한 어머니는 요람과 유모차를 산다. 이들은 모두 실현될 거라고 확신하는 예측에 기초해 큰 비용이 들어가는 행동들을 한다.

하지만 실현될 때까지 이런 예측들은 절대적 진실은 아니다. 언제나 다른 일이 벌어지는 것도 가능하다. 이 말은 곧 다른 일이 벌어질 것으로 예측하는 것, 즉 미래에 대해 경합하는 진실을 제시하는 것도 언제나 가능하다는 뜻이다.

다른 경합하는 진실들과 마찬가지로 우리는 조심스럽게 고른 예측을 사용해 남들을 설득하고, 남들에게 영향을 미치고, 동기를 부여하고, 자극을 줄 수 있다.

앳킨스는 글로벌 엔지니어링 컨설팅 기업이다. 앳킨스는 초고층 빌딩과 고속도로, 터널, 공항, 기타 수많은 건축물을 설계하고, 계획하고, 프로젝트 관리를 한다. 앳킨스는 2012년 런던 올림픽 인프라 일부도 책임졌고, 지금은 세계에서 가장 큰 실험적 핵융합로와 수면에 띄우는 부유식 풍력 터빈을 만들고 있다. 이는 완성되기까지 수 년 혹은 수십 년이 걸리는 대규모 사업이다. 그러다 보니 앳킨스의 지도부는 미래를 예측하는 데 상당히 많은 시간을 쓴다.

건축 및 엔지니어링 부문은 디지털 혁명에 의한 파괴적 혁신을 아직 겪지 않은 몇 안 되는 영역이다. 밤마다 이들 업계의 임원들이 "그 파괴적 혁신이 분명 일어나긴 날 텐데 대체 '언제' 일어나는가?" 하는 의문 때문에 밤잠을 설치고 있다. 앳킨스는 75년 넘게 사업을 해왔고, 먼 미래까지도 경쟁력을 유지하고 싶어한다. 그래서 지도부는 무엇이 달라질지, 어디서 새로운 기회가 나타나고 회사가 어떤 종류의 위협에 직면하게 될지 치열하게 고민했다.

급속한 도시화로 인해 연방 정부와 지방 정부는 급증하는 인구에 공급할 물과 교통, 전력과 관련해 대담한 계획들이 필요하다. 기후 변화에 대비한 홍수 대책도 세워야 할지 모른다. 새로운 에너지원과 에너지 용처에 따라 에너지 생산 및 보급에 관한 색다른 접근법이 모색되고 있다. 테러 위협 때문에 인프라 소유주들은 건물뿐 아니라 네트워크까지 보안을 강화하고 있다. 어쩌면 '새로운 디지털 물결'이

기존의 환경과 합쳐지면서 앳킨스가 속한 산업의 성격 자체가 바뀔지도 모른다.

나는 앳킨스의 영국 및 유럽 사업부가 이 놀라운 신세계에 대비해 8,500명의 직원을 준비시키는 과정을 도왔다. 우리는 회사가 인프라 디자인 및 기획 산업을 재정의해 새로운 디지털 물결을 타고 네트워크와 빅 데이터의 세계로 진입하도록 한다는 포부를 세웠다. 그동안 철강과 콘크리트, 유리를 결합하는 일로 명성을 쌓은 이 회사는 이제 바이트와 알고리즘을 결합하는 데도 능해져야 한다. 디자인 자동화, 레이저와 드론을 이용한 현실 캡처, 예측 분석, 가상 현실, 사물인터넷이 모두 앳킨스의 핵심 능력이 되어야 한다. 조직 전체가 이런 새로운 미래 비전을 지지한다면 앳킨스는 세계적 수준의 인프라와 동의어가 돼야 한다. 앳킨스는 이미 고객들로부터 많은 존중을 받고 있지만, 미래에는 대중에게까지 널리 인식되고 인정받아야 한다.

이렇게 가능성 있는 트렌드와 미래에 대한 비전, 그리고 그 비전에 도달하기 위한 계획에 대한 분석은 앳킨스 직원들에게 큰 동기를 부여했다. 경영진이 수많은 가능성과 불확실성을 분명한 기대와 의도의 문장으로 다듬어내자 앳킨스는 자신들의 에너지를 조화되고 건설적인 방향으로 훨씬 더 잘 집중시킬 수 있었다. 경영진의 예측은 직원들을 몰입시키고, 준비시키고, 효과적으로 만들었다. 2017년 앳킨스가 SNC-라발린에 인수되었을 때도 미래에 대한 비전은 그대로 남았다. 회사의 소유주가 바뀌고 앞으로 무슨 일이 벌어질지 모르지만, 이 비전은 직원들이 초점을 잃지 않을 수 있는 등대로 남았다.

위의 기업 스토리에서 특별한 것은 없다. 전략 컨설팅이나 정책 개발, 사업 기획에 종사해본 사람이라면 중심이 되는 요소가 뭔지 알 것이다. 좋은 리더의 핵심은 조직 주변에 어떤 일이 일어날지 예측하고 사람들이 앞으로 나아갈 수 있는 미래에 대한 비전을 제시하는 것이다.

그런데 이 과정에서 흥미로운 점은, "아직 일어나지 않았고 어쩌면 앞으로도 결코 일어나지 않을 수도 있는 것들을 기초로 어떻게 그 많은 에너지, 투자와 헌신을 쏟아 부을 수 있을 것이냐" 하는 점이다. 나는 다른 고객과도 비슷한 작업을 진행해본 적이 있다. 2008년 영국 보건국이 그런 경우였다. 우리는 전염병과 화학 물질 유출, 핵 방사선과 기타 주요 위험 요소들까지 포함해 가능성 있는 미래의 공중보건 위협들을 살펴보았다. 그리고 어떻게 하면 보건국이 정부 각 분야의 전문가들을 한데 모아 시민들을 더 잘 보호할 새로운 전국적 대응 능력을 구축할 수 있을지 설명했다. 많은 자극을 주는 비전이었고 이미 직원들에게는 효과도 나타나고 있을 때쯤 데이비드 캐머런의 새 정부가 보건국을 폐지하기로 결정했다.

흠, 그건 우리도 예상 못한 일이었다.

은행이나 공공 서비스 기획, 인프라 개발 같은 복잡한 환경에서는 아무리 예측을 내려도 예기치 못한 일이 일어난다. 그럼에도 우리는 예측을 해야만 뭐든 성취할 수 있다. 모든 조직에는 분명한 방향이 필요하다. 예측된 목표를 향해 나아가려면 앞으로 뭐가 예상되는지 알아야 한다. 우리는 예측을 미래에 대한 '양질의 진실'이라고 생각한다. 나중에 다시 수정해야 할 수도 있지만 말이다. 예측이 없다면 우리는 아무 곳에도 닿을 수 없다.

예를 들어 크리스틴이라는 직원을 채용해 우리 팀에 합류시키고 싶다고 상상해보자. 보상 체계에 관해서도 얘기해야 할 테고 다양한 역할과 책임에 대한 합의도 이뤄져야 한다. 그런데 정작 크리스틴이 무엇보다 알고 싶은 것은 "자신이 이 일을 맡았을 때 앞으로 어떤 상황이 펼쳐질 것인가" 일지 모른다. 당신 밑에서 일하는 건 어떤 모습일까? 합류하고 6개월이 지났을 때 나는 얼마나 만족스러울까? 어떤 기회가 생기고 어떤 새로운 능력을 개발하게 될까?

일자리를 수락할지 여부는 바로 그런 질문들의 답에 따라 결정될 가능성이 크다. 그때 당신은 미래에 관해 뭐라고 말해줄 것인가?

어쩌면 다음과 같은 말들이 머릿속을 스칠 수도 있다.

"일주일에 2, 3일씩 야근을 해야 할 거예요."

"제프와 함께 일을 하게 될 텐데 아마 악몽 같을 거예요. 그래도 우리는 제프가 없으면 안 돼요."

"우리 회사의 반품 정책에 화가 난 고객들한테 억울한 일을 당할 수도 있어요."

"최소 3년간은 승진이 안 될 거예요."

물론 그런 말들도 모두 진실이다. 하지만 그런 얘기들은 하나도 꺼내고 싶지 않을 수도 있다. 대신에 똑같이 진실인 다른 예측들을 들려줄 수도 있다.

"귀중한 고객 서비스 경험을 갖게 될 거예요."

"매년 2주씩 정식 기술 교육을 받게 될 거예요."

"파리와 싱가포르에 있는 지점으로 출장을 가게 될 거예요."

"1년 내에 업무 영역을 더 확장할 수도 있어요."

앞서 이야기한 부분적 진실과 마찬가지로 예측 역시 꼼꼼하게 선택하면 현실에 대한 특정한 인상을 만들어낼 수 있다. 발언자는 부분적 진실과 똑같은 방식으로 예측을 생략하거나 애매하게 말할 수 있다. 그렇기 때문에 정치인들은 당선되면 빚이 늘어난다거나 세금을 올리겠다는 말보다는 이런저런 지출을 승인하겠다고 말한다. 누구나 그렇게 한다. 아이가 다가오는 가족 여행에 대해 관심을 갖길 바라는 부모는 햇빛이 쨍쨍 비치는 해변과 재미난 놀이들을 이야기한다. 잠 못 자고 비행을 해야 한다거나 와이파이가 없다는 얘기는 하지 않는다. 미래에 관해 완성된 그림을 그리는 것은 과거를 그리는 것보다도 더 어렵다. 그래서 우리는 나의 관심 주제를 발전시키거나 내 주장을 설득해줄 요소들에 초점을 맞춘다.

내 주장에 도움이 되는 믿을 만한 예측을 발견하게 되면 우리는 과장해서 이야기한다. 도움이 안 되는 예측은 아예 꺼내지조차 않는다. 똑같이 존중받는 전문가가 서로 모순되는 예측을 내놓았을 때, 내 입장에 가장 도움이 되는 예측을 골라 공유하고 다른 예측은 모두 무시하는 것은 자연스러운 반응이다.

진실을 편집하는 법 #28

예측을 선택하라

브렉시트 국민 투표가 진행 중일 때 큰 영향을 끼쳤던 유럽연합 탈퇴론자들의 포스터에는 이런 문구가 적혀 있었다.

"터키(인구 7600만 명)가 유럽연합에 합류한다."

유럽연합 회원국의 시민은 누구나 다른 회원국에서 거주하거나 일할 수 있다. 그러니 중동의 불안정성과 이민자에 대한 우려가 고조되었을 때 탈퇴론자들이 수많은 영국 유권자를 겁주기 위해 필요한 말은 그거면 충분했다. 하지만 그들의 예측은 진실이었을까?

터키는 1987년에 유럽경제공동체에 합류하겠다고 지원했고 1999년에 유럽연합 회원국 후보 자격을 받았다. 터키의 유럽연합 회원국 문제를 홍보하는 것은 오랫동안 영국의 정책이었다. 2010년에는 캐머런 총리가 터키인들에게 이렇게 말했다. "저는 다 함께 앙카라에서 브뤼셀로 가는 도로를 놓았으면 좋겠습니다."[1] 국민 투표 시기에 유럽연합은 유럽으로 밀려드는 이민자들을 통제하기 위해 터키에 협조를 구해야 하는 상황에 처해 있었다. 그렇게 협조를 얻어내기 위해 치러야 할 최종 대가는 터키에 유럽연합 회원국 지위를 주는 것이라고 짐작하는 사람이 많았다. 그러니 '합류'에 걸릴 것으로 암시된 시간을 유연하게 해석한다면 "터키가 유럽연합에 합류한다."는 말은 미래에 언젠가는 충분히 진실이 될 수 있었다.

한편 다른 회원국들처럼 영국도 새로운 회원국에 대한 거부권이 있다. 그러니 영국 정부가 터키를 유럽연합에 끼워주고 싶지 않다면

(영국이 유럽연합 회원국으로 남아 있는 한) 터키는 영영 합류하지 못한다. 영국이 거부권을 행사하지 않더라도 터키는 현재 키프로스 북부를 점령하고 있기 때문에 그 문제가 해결되지 않는 한 키프로스가 분명 거부권을 행사할 것이다. 게다가 터키가 회원국이 되려면 절차상 넘어야 할 장애물도 수두룩했다. 지금까지 신고된 부패 문제라든가, 언론의 자유 침해, 인권 문제 같은 것들 말이다. 그러니 터키가 회원국이 될 가능성은 당장에는 없다는 것도 똑같이 진실이다. 실제로 잔류론자인 캐머런은 브렉시트 논쟁 중에 이렇게 공언하기도 했다. "지금의 진척 속도로 보면 (터키가) 합류 근처라도 오려면 서기 3000년쯤 되어야 할 겁니다."[2] 요약하자면 탈퇴론자들이 내건 포스터는 사람들을 상당히 오도하는 내용이었다.

브렉시트 논쟁의 상당 부분은 영국이 만약 유럽연합을 떠날 경우 무슨 일이 일어날 것인가에 관한 경합하는 예측들을 중심으로 진행됐다. 잔류론자들은 고립과 경제적 손실, 불안정성, 여행 제한 등을 예견했다. 어쩌면 유럽의 질서가 무너질 수 있다고 말하기도 했다. 탈퇴론자들은 국제 무역과 자유로운 혁신의 새 시대가 열릴거라고 전망한다. 유럽 동맹국들과 참신한 형태의 협력 모델을 만들고 우리 자신의 운명에 대한 통제권은 훨씬 커질 거라고 했다. 양측 모두 영국이 앞으로 누리게 될 장단점을 과장하기는 했지만, 미래에 대한 주장의 대부분은 어떤 형태이든 일종의 팩트를 기초로 한 유효한 예측이었다.

지구 온난화를 둘러싼 예측들

지구 온난화를 둘러싼 논쟁만큼 경합하는 예측들이 치열하게 싸운 전쟁터도 또 없을 것이다.

인간이 만들어낸 이산화탄소가 대기에 쌓이면서 온실 같은 장벽을 만들어 태양으로부터 들어오는 열기를 다시 우주로 내보내지 못하고 대기권 내에 가두고 있다. 지구 온난화에 관한 스토리에서 이렇게 관찰과 측정이 가능한 부분은 이제 널리 진실로 인정되고 있다. 하지만 우리가 이동을 하고 전기를 만들고 사는 방식에 대대적 변화를 꾀하는 이유는 스토리의 그다음 부분과 관련된다. 지구 기후에 어떤 일이 일어나고 그 변화가 어떤 해악을 끼치게 될지에 대한 예측 말이다.

기후변화에관한정부간협의체Intergovernmental Panel on Climate Change, IPCC는 2081년에서 2100년 사이가 되면 1986년에서 2005년 사이 기간에 비해 지구의 표면 온도 평균이 섭씨 0.3도에서 4.8도 정도 올라갈 것으로 예상한다.[3] 이렇게 말하면 범위가 너무 넓어서 아주 온건한 버전부터 참사에 이르기까지 미래에 대해 다양한 예측이 가능하다. 전문가들인데 왜 이런 불확실성이 나오는 걸까?

사실 이산화탄소 자체가 유발하는 온난화 효과는 크지 않다. 기후변화에관한정부간협의체에 따르면 이산화탄소 농도가 두 배가 됐을 때 지구 온도는 약 섭씨 1.2도 정도 상승한다. 이 정도는 특별히 위험하다고 여기는 수준은 아니다. 급격한 기후 변화를 예측하는 이유는 이 효과를 증폭시키는 2차적 요소 때문이다. 대기 중에 늘어난 수증기로 인한 온난화 효과 말이다.

대기의 온도가 높으면 수증기를 더 많이 함유한다. 섭씨 1도가 오를 때마다 수증기 농도가 7퍼센트 정도 상승한다. 따라서 이산화탄소로 인한 온난화가 조금만 진행되어도 대기 중의 수증기는 크게 증가한다. 수증기 역시 강력한 온실가스이기 때문에 이산화탄소 단독으로 유발하는 온난화 효과를 두 배로 높인다.

또한 수증기는 구름을 형성한다. 구름은 지구에서 나오는 복사열을 가두기도 하지만, 햇빛을 다시 우주로 반사시켜 온난화 효과를 줄이는 역할도 한다. 전체적으로 보면 구름은 지구를 시원하게 만든다고 봐야 하지만 구름의 형태에 따라 효과가 달라진다. 일반적으로 낮은 층적운은 지구를 식히는 편이고, 높고 얇은 권운은 지구를 덥힌다. 따라서 늘어난 수증기가 낮은 고도의 구름을 더 많이 만들 경우 증폭 효과를 줄이거나 없애겠지만, 높은 고도의 구름이 늘어난다면 증폭 효과가 심화될 것이다.

수증기가 많아진다고 해서 반드시 구름이 더 많이 생기는 것은 아니다. 연구에 따르면 고도가 높은 곳이든 낮은 곳이든 습기가 많고 따뜻한 공기는 구름을 더 적게 만든다(강우나 가뭄이 걱정되는 부분이다). 결국 고도가 높고 낮은 구름이 어떻게 변화하느냐에 따라 전체 효과가 온난화가 될지 냉각화가 될지 결정될 것이다.

현재 기후학자들은 온실가스로 인한 구름의 순수 영향은 미세하게 양(+)의 효과일 것으로, 즉 이산화탄소의 영향을 증폭시킬 것으로 예측한다. 그러나 미래의 구름 행동을 모형화하려고 최선을 다하고 있기는 해도 아직은 확신이 부족하다고 과학자들 스스로도 인정하는 편이다. 구름 패턴의 변화가 지구 온도에 어떤 영향을 미칠지가 불확실하기 때문에 장기적인 기후 예측은 매우 어렵다.

과학 연구에서 이런 불확실성은 아주 흔한 일이다. 불확실하다고 해서 지구 온난화 스토리가 틀렸다는 뜻은 아니다. 또 더 비관적인 예측이 맞는 것으로 밝혀질 경우를 대비해 지금 당장 조치를 취하지 않을 이유도 없다. 다만 논쟁의 양쪽 극단에서 수많은 경합하는 진실이 있다는 것은 사실이다. 그래서 기후 예측 수준을 향상시키려고 노력 중인 과학자들은 양쪽으로부터 집중포화를 맞곤 한다.

기온이 크게 상승한다고 하더라도 그게 우리에게 꼭 안 좋은 영향을 줄 거라는 데 모든 사람이 동의하는 것은 아니다. 이런 의견 차이가 생기는 가장 큰 이유는 지구 전체의 시스템을 모형화하는 일이 상상도 못할 만큼 복잡하기 때문이다. 온난화가 심해지면 허리케인 하비, 어마, 마리아가 보여주는 것처럼 더 센 허리케인이 더 자주 몰려올까? 북유럽을 덥혀주는 열염순환이 방해를 받을까? 영구동토층이 녹으면서 갇혀 있던 다량의 이산화탄소가 대기 중으로 방출돼 지구 온난화를 가속화할까? 가뭄과 흉작으로 대규모 이민과 전쟁이 발생할까? 해수면 상승으로 해안가 대도시들이 위험해질까? 아무도 확실히 말할 수 없기 때문에 신뢰성이 의심스러운 수많은 시나리오가 터져 나오고 있다.

논쟁의 여지가 있더라도 부분적 진실이 적절한 맥락 속에 제시되면 미래에 어떤 일이 펼쳐질지 제안하는 데 도움이 된다. 2017년 기후학특별보고서Climate Science Special Report(미국 정부 기후 평가 프로그램의 일부)는 2003년 유럽 혹서와 2013년 호주 혹서에 인간의 영향이 어느 부분 기여했다고 보는 '비교적 강력한 증거'가 있다고 주장했다. 그리고 일부 폭풍의 유형이 "기후 변화와 연관된 변화를 보이고 있다."고 했다. 그러면서 이런 연관성이 아직 충분히 해명되지는 않았다고 인정했다. 그러나 부분적 진실은 미래에 대한 공포 혹은 안일함을 정당화하려는 양측 모두가 최대한 활용해보려고 노리는 부분이다. 〈사이언티픽 아메리칸Scientific American〉에 실린 뉴스 채널 클라이밋와이어Climatewire의 2016년 스토리를 보면 앞으로 기후 변화가 어떤 마찰을 야기할지 알 수 있다.

> 진행 중인 시리아 충돌로 47만 명이 죽고 수백만 명이 고향에서 쫓겨났다. 이에 앞서 2006년에서 2010년 사이에는 이례적으로 심각한 가뭄이 있었다. 수백만 명의 농부들이 도심으로 이주하면서 내전의 빌미를 제공했다. 기후 변화가 없었다면 가뭄도 일어나지 않았을 가능성이 높다고 한 연구는 전했다.[4]

위 팩트는 대체로 사실이다. 그러나 위에 암시된 인과관계는, 대부분의 정치 전문가도 항의할 테지만, 분명히 진실이 아니다. 시리아전쟁은 기후 변화의 책임이 아니다.

일부 기후 변화 회의론자들은 온난화된 미래에 대해 좀 더 분홍빛 예측을 내놓은 바 있다. 마이런 이벨은 "추위로 사망하는 사람이 줄어들 것이다."라고 썼다. 그는 도널드 트럼프 대통령이 환경보호청의 변화를 주도하라고 선택한 로비스트다. 이벨은 다음과 같이 말했다.

많은 곳에서 삶이 더 쾌적해질 것이다. 새스커툰에서는 1월에 영하 20도가 아니라 영하 10도 정도 될 것이다. 미네아폴리스의 겨울이 캔자스시티의 겨울과 좀 비슷해졌다고 해서 불평할 사람이 많아질까? ……노약자들에게는 더 따뜻한 날씨가 더 쾌적할 뿐만 아니라 건강에도 분명히 더 좋다.[5]

위 내용은 모두 사실이다. 더 더운 나라에 사는 수십억 명의 운명에 눈을 감는다면 말이다.

한편 과학 저널리스트 맷 리들리는 최근 지구의 녹지가 늘어난 것(여러 생태계에서 식물이 증가한 것)은 이산화탄소 농도가 높아진 덕분에 얻은 경제적·환경적 주요 이점이라고 지적했다.[6] 그는 이산화탄소가 식물에게는 필수 원재료라고 말했다. 농부들은 늘 온실의 이산화탄소 농도를 높여서 작물 생장을 자극한다. 리들리는 미래에는 농장도 열대 우림도 대기 중의 이산화탄소 증가로 인한 혜택을 볼 거라고 주장한다. 그러나 이런 낙관적 전망은 날씨 패턴의 붕괴로 농업 지역에 가뭄과 폭풍, 홍수가 일어나고 민감한 자연 생태계를 교란시킬 가능성과 함께 따져봐야 한다. 어쩌면 기후 변화로 인해 더 심해졌을 수도 있는 허리케인 마리아의 경우 2017년 9월 푸에르토리코의 열대 우림 상당 부분을 쓸어버렸고, 이 섬의 농작물 80퍼센트를 파괴했다.

이런 예측들은 모두 현재의 여러 변수를 기초로 한다. 그리고 이 변수들은 아직 완전히 해명되지 않은 다른 변수들과 복잡하게 상호작용하고 있다. 변수 하나를 수정하거나 상호관계에 조금만 변화를 주어도 예측은 급격히 바뀐다. 무슨 일이 일어날지 '가능성'을 끝까지 한번 생각해보는 것은 좋다. 하지만 저명한 과학자들 중에 무슨 일이 일어날지 '확신'을 갖고 얘기할 사람은 거의 없다.

진실을 편집하는 법 #29

원하는 것을 예측하라

내일의 날씨는 오늘 우리가 어떤 예측을 내놓느냐와는 무관하다. 기상 예보관이 뭐라고 말을 하든, 날씨는 제 할 일을 할 것이다. 반면에 지구 온난화의 위험성이 두려워서 우리가 탄소 저감 조치를 취한다거나 기후를 바꿀 수 있는 지구공학적 방안을 강구한다면 예측 자체가 결과에 영향을 주게 된다.

그렇다. 예측 결과를 알리는 것은 그 예측의 실현에 영향을 줄 수 있다. 전쟁을 예측하면서 시끄럽게 떠드는 국가들은 전쟁을 치를 가능성이 크다. 중앙은행이 특정 인플레이션 수준을 목표로 삼으면 시장도 그에 따라 움직여서 해당 목표에 도달하는 데 도움을 준다. 영향력 있는 금융 분석가가 어느 회사가 망할 거라고 말하면 실제로 회사의 끝이 앞당겨질 수도 있다. 부모로부터 시험을 잘 보기 힘들 거라는 말을 들으면 실제로 아이는 시험을 망칠 수도 있다. 이런 게 다 '자기 실현적' 예측들이다.

반면에 예측에 기초해서 행동하면 예측이 이뤄질 수 없는 '자기 방해적' 예측도 있다. 2014년 에볼라 발병 규모를 예측한 경고가 제때에 나왔었다. 그러자 겁을 먹은 국제 사회는 다들 행동에 나섰고 그 결과 질병통제예방센터Centers for Disease Control and Prevention, CDC가 예측한 환자 중 50만 명 이상이 에볼라를 피해갔다. 기후 변화 운동가들은 자신들이 지금 내놓는 경고성 예측에 덕을 봐서 미래에 실제로는 최악의 온난화 시나리오가 펼쳐지지 않기를 바라고 있다.

조건부 예측은 자기 실현적일 수도, 자기 방해적일 수도 있다. "제때에 숙제를 끝내면 20달러 줄게."라는 말은 실현될 가능성이 크다. "그 이메일을 보냈다가는 해고될 거야."라는 말은 해고를 피하기에 충분한 경고가 됐을 것이다.

행동을 약속하는 것은 일종의 예측인데, 충분히 믿을 만한 개인이나 단체에서 나온 예측이라면 진실로 받아들여질지도 모른다. "극장 앞에서 저녁 7시에 보자."라고 애인이 말했다면 경험으로 진실이라는 것을 안다. "유럽중앙은행은 유로화 가치를 유지하기 위해 무슨 일이든 할 것입니다." 2012년 유럽중앙은행 총재 마리오 드라기가 공적인 자리에서 했던 말이다. 이 말을 한 사람도, 그 사람이 속한 기관도 시장을 진정시키기에 충분했고, 그 결과 국채 수익률도 하락했다.[7] 4년 뒤 〈파이낸셜 타임스〉는 이 자기 실현적 예언이 "널리 신뢰를 받았기 때문에 유로존은 해체라는 벼랑 직전 상황까지 갔다가 되돌아왔다."고 설명했다.[8]

따라서 예측은 행동을 촉구하고 중요한 의사 결정을 내리게 만들 뿐만 아니라, 예측을 외부에 알려서 해당 예측을 직접 실현시키거나 좌절시켜 미래를 바꿀 수도 있다. 진실로 취급되기 충분할 만큼의 믿을 만한 예측은 강력하게 동기를 부여해줄 뿐만 아니라 현실 인식도 바꿔놓는다. 믿을 만한 예측이 하나 이상일 경우에는 우리가 귀 기울이거나 행동하거나 공유하기로 선택하는 예측이 결국에는 우리 미래를 결정한다.

인공지능 세상, 유토피아인가, 디스토피아인가?

로봇이 몰려오고 있다.

그냥 로봇이 아니다. 인공지능이 빅 데이터와 최첨단 센서, 유례없는 연결성과 결합되면서 머지않아 기계는 수많은 물리적·지적 작업에서 인간보다 우수해질 것이다. 우수할 뿐만 아니라 비용도 훨씬 저렴할 것이다.

기계가 그 자리를 차지하면서 수많은 직업이 곧 사라질지 모른다. 우리는 이미 제조업의 많은 작업이 로봇에게 이관되는 것을 봐왔다. 매장의 계산대 직원, 은행 직원, 전화 서비스 요원도 점차 사라지고 있다. 그다음에는 트럭과 택시 운전사가 자율 주행차로 대체되면서 사라질 것이다. 미국에만 350만 명의 트럭 기사가 있다. 반복적인 작업을 하는 지식 노동자들, 즉 회계사, 재산 관리 변호사, 금융 전문기자, 행정 사무관, 의학 연구실 보조원 같은 직업도 사라질 날이 그리 멀지는 않았다. 심지어 요리나 청소, 머리 미용처럼 수작업으로 하는 일들도 로봇의 손놀림과 공간 인식력이 향상되면서 사라질 것이다.

수백만 명, 어쩌면 수십억 명이 기계에 의해 밀려날지 모른다. 이는 극심한 불평등을 불러올 것이다. 기계 학습 덕분에 어쩔 수 없이 컴퓨터는 우리보다 똑똑해질 테고, 어쩌면 기계가 주도권을 쥐게 될지도 모른다. "미래의 인공지능 능력에 상한이 있을 거라고 너무 자신해서는 안 된다." 2017년 어느 인공지능 및 로봇공학 전문가 집단은 다음과 같이 경고했다.

> 인공지능 시스템이 유발하는 위험, 특히 참사로 이어지거나 실존을 위협할 수 있는 위험은 예상되는 영향력에 상응해 반드시 사전 계획과 완화 노력이 뒤따라야 한다. …… 반복적으로 자가 개선하거나 자가 복제하도록 디자인된 인공지능 시스템은 급격한 질적·양적 증가로 이어질 수 있는 만큼 엄격한 안전 조치와 통제 수단이 강구되어야 한다.[9]

전문가들이 미래의 인공지능 연구에 대해 내놓은 지침을 보면 〈터미네이터Terminator〉나 〈매트릭스The Matrix〉를 보며 자란 사람들은 도저히 안심할 수가 없다. 지금 인공지능이나 로봇 연구가 가장 발달된 분야가 주로 군사 응용 분야라는 점을 생각해보라. 기계가 우리를 말살하기로 결정하지 않더라도 인간이 애완동물이나 노예 수준으로 전락할지는 모르는 일이다.

스티븐 호킹 교수는 이렇게 경고했다. "인공지능이 완전히 개발되면 인류의 종말을 부를 수도 있습니다."[10]

기계지능연구소Machine Intelligence Research Institute, MIRI 소장을 지낸 마이클 바사르도 같은 생각이다. "충분한 주의 없이 인간보다 뛰어난 일반 인공지능이 발명된다면 인류라는 종이 순식간에 멸종될 것이 거의 확실하다."[11]

당연하게도 이런 재앙을 예방하기 위해서라면 우리가 할 수 있는 일은 뭐든 다 해야 한다.

테슬라와 스페이스X의 설립자 일론 머스크는 인공지능을 "우리 존재에 가장 큰 위협"이라고 했다. 그는 "인공지능으로 우리는 지금 악마를 소환하고 있다."라고 했다.[12] 그는 인공지능이 반드시 국가적 혹은 국제적 차원에서 규제되어야 한다고 주장한다. 뿐만 아니라 그가 우주 개발 프로그램을 추진하는 이유 중에는 그가 인공지능에 대한 비전을 무시무시하게 생각하기 때문이라는 점도 있다. 〈배니티 페어Vanity Fair〉에 따르면, 머스크는 "인공지능이 악당으로 돌변해 인간을 갑자기 공격할 경우 인간의 도피처를 마련하기 위해" 화성을 식민지로 만들고 싶다고 한다.[13]

어쨌든 금세 불가능해질지도 모르는, 기계로부터 도망치는 문제는 차치하고, 머스크는 우리가 살아남을 수 있는 방법이 또 하나 있다고 말한다. 기계와 힘을 합치는 것이다. 말 그대로. 그는 '사이보그 옵션'을 이미 추진 중이다. "생물학적 지능과 기계 지능 간에 일종의 합병"을 통해서 말이다. 그의 회사 뉴럴링크는 "생각을 업로드하고 다운로드할 수 있는 아주 작은 뇌 전극"으로 된 "뉴럴 레이스neural lace"를 개발하고 있다.[14]

마이크로소프트의 설립자 빌 게이츠는 로봇 채택이 확산되는 것을 늦추는 다른 방법을 제안한다. 게이츠는 이렇게 말한다. "세금을 올려서 로봇 채택의 속도라도 늦추어야 한다."[15] 같은 결과를 얻는 또 다른 방법은 인두세를 삭감하고 저소득 노동자에게 임금 보조금을 지급하는 것이다. 그래서 노동자가 기계에 대해 좀 더 경쟁력을 유지하고 회사가 자동화에 투자할 인센티브가 줄어들도록 말이다. 게이츠는 세금이 로봇을 영원히 붙잡아둘 수는 없다는 사실을 잘 안다. 하지만 적어도 이렇게 하면 인간이 인공지능 세상에서 살아남는 데 필요한 기술을 개발할 시간은 벌어줄지도 모른다. 우리는 인공지능이나 새로운 세대의 로봇을 개발하는 모든 사람을 규제하고 세금을 매기도록 정부에 요구해야 한다. 정부가 우리를 지키기 위한 입법을 하지 않을 경우 망할 인공지능과 로봇을 전부 금지하거나 직접적 조치를 취해야 한다. 우리 자신을 구하려면 지금 당장 행동해야 한다.

위의 주장을 듣고 "말도 안 되는 유언비어 헛소리! 그런 미래관은 지나치게 암울해."라고 외치는 소리가 벌써 들리는 듯 하다. 반복적이고 품위 없고 지루한 일들은 기계가 대체하면 좋지 않을까? 하루 종일 엑셀 스프레드시트 앞에나 앉아 있고, 밤새도록 도로에 난 구멍이나 메우는 게 정말로 좋은 사람도 있나? 트럭 운전이나 하고, 햄버거나 뒤집고, 병리학 샘플이나 노려보는 게 복잡한 뇌가 시간을 보내기에 만족스러운 방법인가? 인공지능은 더 흥미로운 일을 하고 더 창의적인 경력을 추구하도록 우리를 해방시켜 줄 것이다. 오래된 직업들이 사라지면, 우리는 아직 상상도 못하는 분야에서 새로운 직업들이 만들어질 것이다. 산업혁명도, 컴퓨터 시대도 대량 실업을 유발하지 않았다. 지금 우리에게 필요한 프로그래머와 웹사이트 디자이너, 면역 치료 연구원, 사이버 보안 담당자, 데이터 모형가는 모두 기술이 만들어낸 신종 직업이다. 자신의 능력을 강화하기 위해 기꺼이 기술을 이용하려는 사람에게 미래는 밝다.

게다가 로봇과 인공지능이 우리의 구세주가 될지도 모른다. 지구 온난화나 노인 의료비 상승 같은 난감한 문제들을 기계로 해결할 수 있다. 생체 신호를 모니터링하고, 사람을 부축하거나 부드럽게 운반하고, 심지어 재미난 대화까지 나눌 수 있는 로봇들이 수백만 노인의 삶의 질을 개선해줄지도 모른다. 자율 로봇이 팀을 이뤄 망가진 도로나 건물을 감시하고 수리할 수도 있다. 드론이 떼를 지어 정보를 수집해 전혀 새로운 지구공학적 솔루션을 내놓아 지구의 표면 온도를 감시해줄지도 모른다.

우리보다 똑똑한 기계를 우리가 왜 두려워해야 하는가? 우리가 기계를 프로그램해서 우리의 필요를 충족시키고 우리가 원하는 일을 시키면 되는데? 어쩌면 우월한 지능으로 아랍과 이스라엘 사이의 충돌을 해결해줄 수도 있다. 혹은 핵전쟁을 막거나 고통을 없애줄 수도 있다. 우리가 애완동물을 애지중지 돌보듯 똑똑한 기계들도 우리를 자상하게 돌봐줄지 모른다.

그러니 인공지능 개발이 속도를 낼 수 있게 최선을 다하자. 로봇 기업에 세금 감면도 해주고 기계 학습을 연구하는 대학 학과에는 보조금도 주자. 자율 주행차에 대한 규제 장벽을 없애서 기술의 황금기를 앞당기자.

당신은 어느 쪽인가? 종말을 떠드는 옹호자들인가, 오보자들인가? 로봇이 오고 있다는 점, 로봇이 이 세상을 완전히 바꿔놓을 거라는 점은 확실하다. 하지만 그 변화가 어떤 변화일지는 누구도 모른다. 그렇지만 우리는 이 놀라운 새 현상에 어떤 식으로 반응할지 이른 시일 내에 선택해야 한다. 아무 반응도 안 하는 것 역시 일종의 선택이기에 결과가 따를 것이다. 무슨 일을 할지 어떻게 결정할까? 우리의 반응을 선택할 유일한 방법은 미래를 예측해보는 것뿐이다.

아니면 다른 누군가의 예측을 수용하거나.

미래는 점점 더 빠르게 다가오고 있다. 기술 발달과 전 세계의 연결성, 정치 변화의 속도에 가속이 붙기 때문이다. 점점 더 불확실하고 변덕스러운 세상에서 무슨 일이 일어날지를 예측하기는 너무나 어렵다. 그럼에도 우리는 그 어느 때보다 계획과 투자와 준비가 필요하다. 예측은 매일매일 실천해야 할 습관이다.

불확실한 미래에 대비하고 싶은 기업들은 시나리오 계획을 사용해 앞으로 달라진 상황에 어떻게 대처할지 분석한다. 대형 은행들은 이제 극한의 금융 상황을 시뮬레이션 해보고 자신들의 장부에 스트레스 테스트*를 하고 있다. 병원이나 군대 같은 기관들은 다른 미래를 그려보고 다양한 미래 사건에 대처할 자원과 계획이 충분한지 확인한다. 이런 조직들은 모두 오늘의 결정을 내리기 위해 경합하는 미래를 상상하고 있는 셈이다.

우리는 이런 조직들로부터 배워야 한다. 미래에는 하나의 예측을 내리는 것만으로는 충분치 않다. 미래에 대한 수많은 경합하는 진실

* 극한 상황에서 취약점이 생기지는 않는지 미리 시나리오를 짜서 테스트 해보는 것—옮긴이

을 가지고 놀아야만, 그중 어느 것이 실현되든 준비가 될 것이다. 앞으로 하려는 일이나 그래서 배워야 할 기술에 대해서도 마찬가지다. 우리가 몇 해를 더 살지, 어떤 환경에서 살지, 어떤 기계를 받아들여야 할지, 어떤 사이버 위협을 막아내야 할지, 어떤 활동을 맡을 수 있을지, 어떤 욕망을 갖게 될지에 대해서도 마찬가지다. 기술은 이 모든 것을 바꿔놓을 태세다.

미래에 어떤 일이 일어날지는 알 수 없다. 하지만 미래에 관해 다양한 경합하는 진실을 진지하게 받아들인다면 미래에도 잘 살아남을 수 있다.

다음과 같은 사람을 조심하라

- 중요하지만 불쾌한 예측은 쏙 빼놓고 무언가를 하라고 설득하는 오도자
- 자신의 주장을 지지하는 예측만 공유하고 홍보하는 사람들

---

13 신념

누가 감히 자기만 진실을 찾았다고 말하는가?

— 헨리 워즈워스 롱펠로Henry Wadsworth Longfellow, 미국의 시인

신념이 만든 괴물, 제임스 워런 존스

미국 사람들이 제임스 워런 존스James Warren Jones에게 끌렸던 첫 번째 이유는 인종 평등에 대한 평생에 걸친 진실한 신념 때문이었다. 1940년대 인디애나주에서 자란 그는 시대를 앞서간 인물이었다. 당시는 아직도 국가가 흑인과 백인 사이의 결혼을 금지했고, 한때 인디애나주는 미국 내에서도 KKK의 힘이 가장 강력한 곳이라고들 했다. 1920년대에 인디애나 사람들은 기독교적 편견과 깊숙이 자리 잡은 인종차별주의 때문에 KKK 단원과 KKK 옹호 후보 들을 주 정부의 온갖 자리에 앉혔다. 존스의 아버지는 KKK 단원이었다고 전해지는

데, 존스는 아버지가 집에 흑인 친구들을 데려오지 못하게 한 후 몇 년 간이나 아버지와 말을 섞지 않았다고 고백하기도 했다. 존스의 신념은 동네 사람들의 신념과는 위험할 정도로 어긋나 있었고, 동네 사람들은 그를 왕따로 만들었다.

그래도 존스는 신념을 버리지 않았다. 그는 1955년 인디애나폴리스 최초로 흑인과 백인이 함께 다니는 교회를 세웠다. 그리고 존스와 그의 아내는 인디애나주 최초로 흑인 아이를 입양한 백인 부부가 됐다. 1961년 그는 인디애나폴리스 인권위원회 의장으로 추대되었다. 자신의 지위를 활용해 수많은 지방 조직 및 민간 조직에 인종차별 정책 폐지를 강제했다. 카리스마 넘치는 연사였던 그는 흑인과 백인 사이의 경계를 치유하는 연설로 사람들의 마음을 사로잡았다. 그의 추종자였던 테리 뷰퍼드 오시어는 "그는 인종 통합에 열성적이었습니다."라고 말했다.[1]

인종 평등만이 존스를 이끌어준 신념은 아니었다. 그는 공산주의자이기도 했다. 당시는 대부분의 미국인이 공산주의를 생각만 해도 미워하고 두려워하던 때였다. 존스는 모든 사람이 똑같이 대접받아야 하고, 가진 게 있는 사람은 어려운 사람을 도와야 한다고 믿었다. 그래서 무료 급식소와 양로원, 보육원, 취업 지원 센터를 만들었다. "오늘날 인류를 구원할 수 있는 유일한 윤리는 어떤 형태든 사회주의일 수밖에 없다."고 주장했다.[2]

인종 평등과 사회주의라는 두 신념은 존스를 그의 고향 인디애나주에서 외계인 같은 인물로 만들었다. 그러나 두 신념에서 끌어낸 훌륭한 여러 가치 때문에 많은 추종자가 그의 교회로 찾아왔다. 1965

년 그는 인민 사원People's Temple을 캘리포니아로 옮겼다. 평등과 사회주의, 정치 활동에 대한 그의 외침은 이타적이고 진보적인 많은 젊은이에게 깊은 울림을 주었다. 그들은 존스의 신념을 공유했고 때 지어 그의 교회에 등록했다.

사회 진보에 관한 용기를 주는 스토리가 어긋나기 시작한 것은 존스가 추종자들에게 자신이 '하나님'이라고 말했을 때였다. 일부는 존스의 말을 믿었다.

존스는 마술 쇼처럼 정교히 꾸며진 무대에서 가짜 의식을 치르며 사람들을 '고치기' 시작했다. 위협을 받고 과도하게 통제를 당했다는 증언도 있었지만 추종자 다수가 자신의 전 재산을 존스에게 넘겼다. 심지어 자녀의 양육권을 넘기는 이들도 있었다. 그의 명성은 커지기만 했다. 인민 사원은 샌프란시스코와 로스앤젤레스에 있는 교회들을 통해 수천 명의 새로운 신도들을 모았다. 다수가 가난하고 심약한 흑인들이었다. 신도들은 곧 정치적 세력이 되어 존스는 원하기만 하면 신도들을 동원해 캘리포니아 정치인을 지원할 수도 끌어내릴 수도 있었다.

그러던 중 누군가 학대를 당했다는 이야기가 돌기 시작했다. 그러자 존스는 캘리포니아를 버리고 가이아나 외딴 곳에 농사를 지으러 떠났다. 인종차별과 성차별로부터 자유로운 유토피아 정글 공동체에 대한 그의 비전에 고무된 수백 명의 평범한 사람들이 그를 따라 남아메리카로 갔다. 하지만 그곳에서 그들은 고립된 채 모든 정보와 지시를 존스에게 의존하고 있는 자신들을 발견했다. 존스는 자신의 위력을 행사해 남녀를 가리지 않고 성관계를 요구하고, 사람들 앞에서 창피를 주었으며, 반대하는 사람은 때리고 그들에게 약을 먹였다. 정착지에는 녹음된 그의 목소리가 스피커를 통해 끝도 없이 쩌렁쩌렁 울렸다. 화장실 휴지가 없어 성경을 찢어 썼다. 가족들을 일부러 갈라놓았다. 아이들은 감각 차단 상자에 감금되었다. 점점 더 비현실적이 되어가는 이 환경에서 존스는 선글라스를 끼고 사파리 의상을 입고 왕좌에 앉아 점점 더 편집증에 사로잡혀 미쳐갔다.

그는 추종자들에게 말했다. "삶은 망할 놈의 질병이야. 그 우라질 병에 치료약은 하나밖에 없어. 그게 죽음이지."[3]

그리고 일부는 그의 말을 믿었다.

존스는 집단 자살 예행 연습을 하기 시작했다. 추종자들이 그가 독이 들어 있다고 주장하는 음료를 마시도록 설득했다. 많은 이가 그 음료를 마셨을 때 그는 그들의 충성심을 칭찬했다. "이제야 그대들을 믿을 수 있겠구나." 몇 주마다 이런 리허설이 열렸다.

끝이 찾아온 것은 1978년 11월이었다. 미국의 한 하원 의원이 학대와 협박에 관한 고발을 조사하려고 기자와 보좌관들을 대동하고 존스타운을 찾았다. 그러나 리오 라이언Leo Ryan 의원은 세 명의 저널리스트와 함께 존스의 경호원들에게 살해당했다. 그러자 존스는 추종자들을 캠프 중앙에 모아 놓고 이제 죽을 때가 되었다고 선언했다.

가루로 된 과일 주스에 청산가리를 탔다. 수백 명의 추종자가 그걸 마셨다. 200명이 넘는 어린이를 포함해 다른 사람들은 강제로 독을 들이키거나, 치사량의 주사를 맞거나, 총에 맞았다. 존스 자신은 총에 맞아 사망했다. 스스로 쏜 것일 수도 있다. 존스가 조장한 신념이라는 이름으로 총 918명이 가이아나에서 자살하거나 살해당했다.

한때 그의 추종자였던 오시어는 이렇게 회상했다. "성경에 이런 구절이 있습니다. 예수께서 사람들에게 가족을 떠나 자신을 따라오라 하지요. 그는 그 구절을 자주 인용했어요. 그는 자신이 간디고 부처이며 레닌이라고 했어요. 그는 자신이 우리가 바라는 그 모든 인물이 되살아난 현신이라 했어요. 우리는 그의 말을 믿었어요."[4]

신념이 가진 힘

존스가 간디나 부처, 레닌이 아니라는 것은 누구나 꽤 확신할 수 있다. 그는 하나님이 아니었다. 그렇다면 진실을 이야기하는 이 책에서 우리가 왜 그런 거짓말에 관심을 가져야 하는 걸까?

첫째, 존스의 추종자 수천 명은 그런 말들을 거짓말이 아니라고 생각했기 때문이다. "우리는 그의 말을 믿었어요."라는 오시어의 증언이 모든 걸 말해준다. 인민 사원에 속했던 많은 신자에게 존스는 정말로 신이었다. 이 사람들은 바보가 아니었다. 그중에는 대학을 나오고 중요한 요직에 있는 사람도 많았다. 많은 이가 세상의 죄악에 대해 오랫동안 열심히 고민했고 인민 사원이 더 나은 길을 제시한다고 결론 내렸다. 그게 그들의 신념이자 진실이었다. 그리고 그들 중 일부는 그 진실을 위해 죽을 각오도 되어 있었다.

둘째, 이 극단적 신념에 관한 이야기가 우리 자신의 신념 일부를 자세히 들여다보는 데 도움이 되기 때문이다. 존스는 많은 이가 진실이라고 생각할 만한 주장을 내세워 오랫동안 추종자들을 모았다. 모든 인종이 평등하다는 주장, 도울 수 있는 수단을 가진 사람이 도움이 절실한 이들을 도와야 한다는 주장 말이다. 누구나 절대적 진실이라고 생각하는 신념이 있다.

신념은 '맞다고도, 틀리다고도 증명할 수 없는, 누군가는 진실이라고 생각하는 아이디어'라고 정의할 수 있다. 존스가 신이라는 신념이 틀렸다는 사실을 증명하는 것은 모든 인종이 평등하다는 것을 증명하는 것만큼이나 어렵다. 이런 것들은 우리가 진실 혹은 거짓이라고 강한 감정을 느끼는 신념이지 논리나 과학이 진위를 확인해줄 수 있는 성격의 것이 아니다. 우리가 진실이라고 생각할 수 있는 신념의 몇 가지 예를 들어보자.

> 남자와 여자는 동등한 가치를 지닌다.
>
> 사람은 국가에 충성해야 한다.
>
> 인간의 삶이 동물의 삶보다 가치 있다.
>
> 우리는 시뮬레이션 우주에서 컴퓨터로 만들어낸 존재가 아니라 물리적으로 존재하는 진짜 존재다.
>
> 사람은 소유할 수 없다.

이런 진실들은 형이상학이나 종교, 도덕, 혹은 이데올로기적 확신의 형태를 취한다. 우리는 저것들을 증명할 수 없다. 그렇다면 우리가 가장 확고하게 믿는 것들에 대해서는 증명이라는 개념 자체가 무용한 것처럼 보인다. 미래 세대들은 우리의 신념을 기괴하거나 우스

꽝스럽다고 생각할 수도 있다. 지금 우리가 요정이나 왕의 신성한 권리에 대한 신념을 우습게 보는 것처럼 말이다. 그러나 우리에게는 이런 신념이 결코 흔들릴 수 없는 진실일 때가 많다.

우리가 그런 신념들을 '진실'이라고 부르든 부르지 않든 실용적 목적에서는 상관없다. 물론 많은 사람이 진실이라고 믿지만 말이다. 10억 명이 넘는 사람들이 '신앙이라는 주된 진리'와 '진리의 증언'을 이야기하는 가톨릭 교회의 신자다. 캔자스시티의 대주교는 "가톨릭 10대들이 알아야 할 50가지 진리"라는 책자를 발행했다. 원죄, 부활, 성체 같은 신념을 다룬 책이다.[5] 교황 바오로 6세Pope Paul VI는《인간 존엄성*Dignitatis Humanae*》에서 "모든 사람은 진리, 특히 신과 그의 교회에 관한 진리를 찾아야 한다."고 했다. 시편의 저자는 하나님에게 "주의 법은 진리로소이다."라고 했다. 예수는 약속했다. "너희가 진리를 알지니 진리가 너희를 자유롭게 하리라."

신념은 컬트나 종교에만 국한되지 않는다. 앞서 나는 개인 위생용품이나 화장품 회사가 과학적 증거라며 내세운 효과에 의문을 제기했다. 하지만 어쩌면 그것은 요점을 놓친 것일 수도 있다. "제품을 광고하려면 그 제품에 신념이 있어야 한다." 프랑스의 광고 회사 퍼블리시스를 세운 마르셀 블뢰스탕 블랑셰가 한 말이다.

"누구를 설득하려면 나부터 설득되어야 한다." 신념은 마케팅에서도 큰 부분을 차지하고, 효과가 즉시 드러나지 않는 화장품들을 즐기는 데도 필요하다. 플라시보 효과가 일부 환자에게는 도움이 되는 치료 효과를 주는 것처럼 캐럿 시드 오일 에센스를 믿는 것도 제품에 대한 만족과 내적인 기쁨을 주어 구매를 정당화할 수 있을지 모른다.

핵 억지력 역시 신념에 달려 있다. 우리는 영국의 핵무기가 작동 중이고 총리의 명령에 따라 언제든 발사될 수 있다고 믿는다. 하지만 국방부 장관이 아무리 확신시켜준다고 한들 총리 자신도 이게 진실인지는 알지 못할 것이다. 25년이 넘도록 영국의 핵무기가 폭발하는 것은 아무도 보지 못했기 때문에 아직도 그 무기들이 작동하는지는 아무도 모른다. 우리는 그것들이 작동할 거라고 믿고 있으며, 더 중요한 것은 잠재적인 적들도 이 무기들이 작동한다고 믿고 있다는 것이다. 하지만 그 탄두들 속에 오래된 신문지가 잔뜩 들어 있을지는 우리도, 총리도 모른다. 영국과 해외의 기본적 군사 전략은 '현재 영국의 핵 능력'이라는 신념을 전제로 하고 있으나, 이것은 누구도 시험할 수 없는 신념이다.

이데올로기는 우리 모두가 원하는 것들, 즉 '평화, 번영, 안전, 음식, 보금자리, 나와 동료 시민들의 존엄성을 달성하는 최선의 방법'에 대한 신념이다. 어떤 사람들은 이런 것을 달성하는 최선의 방법이 소유권을 보호하고 계약을 강제하는 법적 테두리 내에서 모든 사람이 각자의 일을 하도록 하는 것이라고 믿는다. 반면 어떤 사람들은 같은 목표를 다른 경로로 달성할 수 있다고 믿는데, 대부분의 활동을 정부가 관리하고 자산이 적절히 분배되도록 하는 집단 구조를 상상한다. 또 어떤 사람들은 사회 전체를 위해 특정 사회 계급 혹은 종교 계급에 특혜를 주는 게 좋다고 믿는다.

자본주의는 이데올로기의 전장에서 승리해왔다. 이제는 대부분의 국가가 자본주의의 주요 요소를 받아들이고 있다. 사유 재산권, 경쟁적 시장, 선택의 자유, 민간 기업 같은 것들 말이다. 그러나 심지어 자본주의를 진리라 믿는 사람들 사이에서도 아직 큰 의문점들은 남아 있다. 글로벌 금융 위기가 유발한 참화, 심각한 환경 훼손, 파괴적 혁신이 일어난 업계에 확산되는 실업, 자본주의 모형의 구조적 흠결이 아닌가 싶은 불평등 심화 등이 그것이다. 놀랍게도 2017년에 영국 총리 테리사 메이는 자본주의와 자유 시장을 방어할 필요성을 감지했다. 노동당의 제러미 코빈이 앞장서고 있는 마르크스주의 대안에 대한 열기가 고조됐기 때문이다.

우리가 가진 신념들은 우리의 사고방식에서 단단한 척추를 형성해 매일의 행동을 이끌어간다. 애국자들은 깃발을 휘날리며 나라에 대한 충성심을 보여주고, 군대에 합류하고, 심지어 목숨을 내놓기도 한다. 우리의 신념은 그 어떤 진실도 시키지 못할 일들을 하게 만든다. 우리는 그 신념의 진실성에 한 점 의혹도 없이 거기에 맞춰 행동한다. 고대 농부들이 풍작을 기원하며 데메테르 신에게 기도를 올렸다거나 현대 중국인들이 선조들에게 돈을 주려고 금 종이를 태운다고 하면 웃음이 날 수도 있다. 하지만 우리도 그들 못지않게 우리의 신념에 사로잡혀 있다.

바로 이런 진실들이 우리가 사는 세상을 형성한다.

진실을 편집하는 법 #30

순응을 종용한다

신념은 개인들이 놀랄 만한 행동을 하게 만드는 힘이 있다. 그리고 또 하나 중요한 역할을 하는데, 바로 집단을 똘똘 뭉치게 만드는 역할을 한다.

공산주의자가 캔자스에 살고 있다면 분명 외로울 것이다. 확고한 마르크스주의 신념을 가진 사람이 캔자스 주 위치토에서 동일한 신념을 가진 사람을 만난다면 둘은 단결하게 될 것이다. 신념을 공유하면 편하게 느껴질 뿐만 아니라 어떤 인간관계에도 의미가 부여된다. 신념을 공유한다는 것은 가치관과 열망이 일치한다는 뜻이고, 서로의 행동을 예측할 수 있다는 뜻이다. 신념은 일종의 사회적 접착제 같은 역할을 한다. 낯선 이들이 유대감을 느끼고 많은 사람이 협업해 대단한 일을 해내게 한다. 안타깝지만 신념은 당파적 분열을 악화시킬 수도 있다. 집단이 다른 집단의 신념에 반대하는 것으로 자신들을 정의하기 시작한다면 말이다. 미국에서 공화당과 민주당은 점점 더 서로 멀어져가고 있는 것 같다. 타협할 수 없는 신념들을 그 어느 때보다 완고하게 믿고 있기 때문이다.

하지만 거꾸로도 가능하다. 만약 특정 집단의 일원이 되고 싶다면 나의 신념도 그에 맞춰 조정할 가능성이 크다. 주변 사람들과 모순되는 신념을 가졌을 때 오는 악감정이나 인지 부조화를 피하기 위해 우리에게는 신념을 바꿔서 주변 사람들과 좀 더 비슷하게 맞출 수 있는 능력이 있다. 집단 내에 등장한 새로운 신념은 가용성 폭포 효과availability cascade*라는 자기 강화 과정을 통해 급속히 확산되기도 한다. 사람들이 그것을 믿기 때문이든 혹은 그냥 남들에게 맞추기 위해서든, 어느 집단의 구성원들이 특정 아이디어를 계속 표현하면서 점점 더 그럴듯하게 느껴지는 현상을 말한다.

인민 사원의 신도들이 이를 확실히 증명해 주었다. 그들 다수가 인종 평등에 대한 관심과 지지를 표출하기 위해서 집단에 가입했지만, 결국은 존스가 선전한 미친 신념을 공유하는 것으로 끝났다. 나는 무신론자지만 일전에 순전히 호기심으로 알파 코스Alpha course라는 복음주의 입문 수업에 참석한 적이 있다. 분별 있는 참석자들이 수업 내용의 믿기 힘든 주장들(만약 처음부터 그런 주장을 했다면 단번에 무시했을 만한 주장들)을 받아들이기 시작하는 모습을 지켜보고 있으니 감탄이 절로 나올 정도였다. 그 사람들은 아마도 사랑과 지지, 의미를 약속하는 더 큰 프로젝트의 일원이 되고 싶은 마음이 너무 간절해서 그런 것 같았다.

유명한 심리 실험이 있다. 실험 대상자 한 명을 집단 속에 넣는다. 진짜 실험 대상자는 나머지 사람들도 자기처럼 시력 테스트에 참가한 줄 안다. 그러나 실제로 나머지 사람들은 실험팀의 공모자들이다. 그런 다음 집단 구성원들에게 카드 두 장을 보여준다. 한 장에는 검은 선분이 하나 그어져 있고, 다른 카드에는 길이가 다른 검은 선분 세 개가 그어져 있다. 실험팀은 사람들에게 세 개의 검은 선 중에서

* 집단 내에서 그럴 듯해 보이는 새로운 아이디어가 대두되면 구성원들 간의 상호작용을 통해 급속히 유통되면서 집단적 신념으로 발전하는 현상—옮긴이

첫 번째 카드에 있는 것과 길이가 같은 것은 어느 것인지 묻는다. 누가 봐도 분명한 정답이 있지만, 어찌된 노릇인지 나머지 사람들은 모두 답이 아닌 선분을 고른다. 실험 대상자는 어떻게 할까? 분명한 정답을 얘기할까? 나머지 사람들의 의견에 동조할까?

평균적으로 실험 대상자 중에 3분의 1은 자신의 상식을 버리고 집단의 의견에 자신을 맞춘다. 여러 번 같은 실험을 하면 실험 대상자의 4분의 3이 적어도 한 번은 남들에게 맞춘다. 나중에 실험 대상자들에게 왜 그 선분을 골랐는지 물어보면 저마다 다른 설명을 내놓는다. 그중에는 자신이 고른 것을 믿지 않았지만 남들한테 맞추고 싶었다는 사람도 있고, 그저 나머지 사람들이 더 잘 알 거라고 생각한 사람들도 있다.

내가 '틀린 답'을 고른다는 사실이 분명할 때조차 남들에게 맞춰 순응하는 게 이토록 쉽다면, 과연 우리가 볼 수 없거나 확신할 수 없는 것에 대해 나의 신념을 조정하는 일은 얼마나 더 쉬울까? 친척들이 모두 예수님은 하나님의 아들이라고 동조한다면, 무슨 근거로 반대할까? 믿지 않는 자들에게 성경은 폭력을 명령한다고 말해준 사람이 나의 기도 모임 주관자이자 많이 배운 학자라면, 과연 다른 해석을 찾을 이유가 있을까? 내가 사는 동네 전체가 재산을 집단 소유하는 것이 다 함께 행복해지는 최선의 길이라고 믿는다면 내가 키운 음식을 모두 갖고 싶은 내 이기적 욕망을 어떻게 방어할까?

사람들 개개인은 알 수 없는 것을 본능적으로 진실이라고 믿지 않는다. 하지만 확신이 있는 집단 속에 오랫동안 살다보면 집단의 진실이 곧 나의 진실이 된다.

집단의 신념에 저항하는 신호가 보였을 때 그런 회의적 태도를 떨쳐내도록 하는 방법들도 있다. 대중문화에서는 이 과정을 세뇌라고 한다. 신경과학자 케슬린 테일러Kathleen Taylor는 인민 사원 같은 사이비 집단이나 최근의 극단주의 집단, 20세기 중국이나 베트남의 공산주의 이론가들이 공통적으로 사용하는 주요 수법을 밝혀낸 바 있다.

신념을 전파할 대상자가 고립되면 정보를 얻을 출처나 인간적 따뜻함을 느낄 수 있는 곳은 오직 그 신념의 신봉자들뿐이다. 존스는 추종자들을 가이아나에 있는 외딴 정글로 데려갔다. 이렇게 거리를 두기 위해 종교 집단이나 이데올로기 집단은 여름 캠프, 수녀원, 마드라사(이슬람 신학교), 수용소 같은 곳을 이용한다. 고립된 곳에 가면 신봉자들이 다른 경합하는 진실을 듣지 못하게 통제할 수 있다. 고립된 상태에서 그들만의 맥락을 설정하고, 스토리를 정하고, 도덕적 진실을 결정하게 된다. 뭐가 바람직한지 결정하고, 단어를 정의하고, 예측을 한다. 경합하는 진실을 원하는 대로 선택함으로써 상대의 사고방식까지 바꾼다.

신봉자들은 자신의 신념을 전파할 상대의 기존 신념에 이의를 제기한다. 상대가 늘 소중히 여겼던 확신이나 충성심에 의문을 던진다. 상대가 오랫동안 당연하게 여겨온 인과관계를 의심하고, 상대의 확실성이 흔들리기 시작하면 대안을 제시한다. 상대가 생각하던 현실에 대한 익숙한 그림이 무너져 내리기 시작하면 신봉자들은 절대적 권위와 전문 지식을 제시한다. 즉 매달릴 바위를 내어준다. 이 바위는 겉으로는 단순하지만 누구든 채택할 수 있는 완결된 신념 체계다.

그 다음으로 신봉자들은 핵심 메시지를 계속해서 반복하려고 한다. 반복을 통해 새로운 신념은 상대의 마음 깊숙이 자리를 잡는다. 상대 역시 핵심 메시지를 따라하도록 권하거나 강제해서 본인의 목소리가 본인 머릿속에 뿌리내리게 한다. 이 과정 전체가 정서를 중심으로 진행된다. 사랑과 미움, 공포와 분노는 합리적 논증보다 훨씬 강력한 전도사다. 새로운 신념이 자리를 잡으려면 상대가 기존의 신념을 거부할 만큼 새 신념을 극진히 생각해야 한다. 자살 전날 밤 존스타운 사람들의 영상을 보면 곧 죽게 될 사람들의 얼굴이 황홀경에 빠져 있는 모습을 볼 수 있다. 그들은 자신의 목소리를 들으며 흥분해 전율하고 있다.

사람들을 고립시키고, 경합하는 진실을 듣지 못하게 통제하고, 사람들의 기존 신념을 의심하며 반박하고, 핵심 메시지를 계속해서 반복하고, 사람들의 정서를 가지고 놂으로써 존스라는 최악의 이데올로기적·종교적 오도자는 남들의 행동을 완전히 장악할 수 있었다.

기업 문화

2008년 금융 위기와 업계 및 대중 매체의 각종 스캔들 이후 수많은 기업이 조직 문화를 바꾸려고 갖은 노력을 기울였다. 교육 프로그램과 컨설팅 회사에 수백만 달러를 써가며 은행원들과 제약회사 임원들, 저널리스트들이 더 윤리적으로 행동할 수 있게 만들려고 했다.

기업문화 혁신은 많은 기업 혁신 프로그램의 핵심 요소이기도 하다. 파괴적 혁신에 직면한 기업들은 종종 직원들에게 행동을 크게 바꾸도록 설득해야 할 때가 있다. 예컨대 새로운 아이디어를 좀 더 과감하게 시도해보라거나 다른 팀과 협업해보라면서 말이다.

기업 문화 혁신 전문가들은 사람들에게 다르게 행동하라고 요구한다고 해서 사람들의 행동이 달라지지 않는다는 것을 옛날부터 알고 있었다. 따라서 기업의 리더는 사람들의 행동을 끌어내는 신념이 무엇인지를 이해하고 그 신념을 바꿔야 한다. 컨설턴트들은 흔히 조직 문화를 빙산에 비유한다. 개별 행동들은 누구나 볼 수 있다. 하지만 그 바탕에는 개별 행동보다 훨씬 큰 조직의 공통 신념이 수면 아래에 자리 잡고 있다. "그렇기 때문에 문화를 바꾸려면 신념 차원의 변화가 필요하다."라고 컨설팅 회사 딜로이트는 조언한다.[6]

제너럴일렉트릭GE은 실적을 바탕으로 직원들을 줄 세우고 들들 볶는, 무자비한 기업 문화로 악명이 높았다. 전설의 보스 잭 웰치Jack Welch 휘하에서 GE는 도전과 대결을 통해 실수를 근절하고 품질을 높이자는 강력한 신념을 키웠다. 많은 사람이 '잔인하다'고 생각했던 실적 기준으로 직원 줄 세우기 문화에 대해 스탠퍼드대학교 심리학 교수 밥 서턴은 "잭 웰치는 그걸 종교처럼 믿었다."고 했다.[7] 10년 후 새로운 최고 경영자를 맞은 GE의 관심사는 혁신이었다. 그래서 상상력과 용기, 포용력의 가치를 높게 평가했다. 지금 GE는 다시 한번 문화를 바꾸어야 할 전략적 필요성과 목표를 갖고 있고, 이를 위해 'GE의 신념'이라는 것을 세웠다.

고객이 우리의 성공을 결정한다.

속도를 내기 위해 가벼운 몸집을 유지한다.

배우고 적응해 승리한다.

서로에게 힘을 주고 자극이 된다.

불확실한 세상에서 결과를 도출한다.[8]

슬로건이 너무 포괄적이라 탐탁지 않다면 GE의 신념이 직원들의 크라우드소싱으로 만들어졌다는 점을 알아둘 만하다. 위 사항들은 GE의 직원들이 '믿고 싶은' 것들이다. 그리고 기업의 전략과도 일치한다.

신념이라고 해서 모두가 이렇게 건설적이지는 않다. 기업들이 흔히 감춰두고 있는 진짜 신념을 몇 가지 예로 들어보면 아래와 같다.

내가 힘들게 일해봤자 아무것도 바뀌지 않는다.

경영진은 자기밖에 모른다.

고객들은 멍청하고 자신이 뭘 원하는지도 모른다.

여자는 훌륭한 엔지니어가 될 수 없다.

이렇게 부정적이고 비생산적이고 파괴적인 신념들은 직원의 의욕을 꺾고, 조직에 해를 끼치며, 실적을 감소시키는 행동으로 이어진다. 리더가 조직 내에 그런 신념이 있는 것을 확인했다면 바꾸려고 노력해야 한다. 하지만 이게 말처럼 쉽지는 않다.

기업 문화 혁신 컨설턴트라면 가장 먼저 바람직하지 않은 행동과 그 기초가 된 신념 사이의 인과관계부터 찾아보려고 할 것이다. 그런 신념이 왜 생겼고 한때 어떤 목적에 도움이 되었는지 이해하고 나면, 리더는 과거의 진실을 인정하면서 더 이상 그런 신념이 도움이 되지 않는다는 사실을 주장할 수 있다. 유해한 신념이 손실을 유발한 일화가 있다면 그런 신념들을 일소하는 데 도움이 된다. 영향력이 있는 사람들(정수기 근처에서 사람들이 귀를 기울이게 되는 동료)의 참여를 끌어내 더 건설적인 새로운 신념을 전파할 수도 있다.

새로운 신념을 반복하고 강화하는 데는 회사의 안내문이나 이벤트, 캠페인 등이 이용된다. 리더는 역할 모델로 활약하면서 말과 행동을 통해 오래된 신념과 이별하고 새로운 신념을 믿는다는 사실을 보여줄 수 있다. 새로운 신념을 실천하는, 눈에 띄는 직원들은 인정하고 보상하도록 한다. 채용 담당자들은 새로운 신념을 공유하거나 받아들일 수 있는 후보를 뽑는다.

이런 기업 문화 혁신 과정과 테일러가 알아낸 사이비 집단의 세뇌 기법 사이에 몇 가지 유사점을 찾은 사람도 있을 것이다. 둘 사이의 중요한 차이점은 직원들은 따르지 않거나 떠날 자유가 있다는 점과 직원들을 고립시키지 않는다는 점, 그리고 기업 리더들의 의도는 보통 모두에게 도움이 된다는 점이다. 폭압적인 기업 환경에서 문화 혁신 프로그램이 세뇌 비슷하게 실행되는 것도 상상해볼 수는 있겠지만, 내가 목격한 바로는 대부분 온건하게 진행됐다. 그럼에도 다른 사람의 신념을 조작하는 것은 민감한 문제이므로 극도의 조심과 책임이 요구된다.

믿음의 해석자

9·11테러 영상을 본 적이 있거나 십자군전쟁의 역사를 배운 사람이라면, 혹은 인도 카슈미르나 미얀마, 시리아 등에서 발생한 신앙 관련 폭력 행위들을 들어본 사람이라면 종교적 신념이 인간 행동에 미치는 영향력을 추호도 의심하지 않을 것이다. 이 정도로 눈에 띄지는 않지만 훨씬 자주 볼 수 있는 신념에 의한 행동으로는 남에게 베푸는 친절, 자선 활동, 용서, 책임 의식 등이 있다. 믿음은 행동을 낳는다.

같은 종교를 믿는 사람들은 몇몇 중심 신념을 공유하기도 하지만, 세부 사항에서는 큰 차이를 보이는 경우도 많다. 다시 말해 이들은 공유하는 신앙에 대해 경합하는 진실을 갖고 있다. 기독교인들은 동정녀의 잉태나 예수가 십자가에 못박힌 사건, 부활 등에 대해서는 의견이 일치하지만, 삼위일체의 성격에 대해서는 이견이 있다. 불교도들은 네 가지 번뇌에 대해서는 의견이 일치하지만, 열반에 이르는 최선의 방법에 대해서는 이견이 있다. 이슬람교도들은 무하마드가 마지막 예언자라는 데는 의견이 일치하지만, 그의 정당한 후계자가 누구인지에 대해서는 의견이 갈린다.

기독교인들이 경합하는 진실을 만들어내는 것은 놀랍지 않다. 다른 독자를 예상하고 다른 시기에 다른 사람들이 쓴 성경이 예수의 삶을 네 가지 버전으로 제시하고 있기 때문이다. 복음서는 객관적 저널리즘을 의도한 게 아니다. 복음서는 선택적 설명, 선택적 스토리다. 일부러 서로 다른 사건이나 도덕 혹은 이데올로기적 교리를 강조하고, 그래서 가끔 서로 부딪히기도 한다.

요한복음을 보면 예수는 자신이 하나님이라고 주장하지만, 마태복음이나 마가복음, 누가복음에서는 그렇지 않다. 기독교의 여러 핵심적 이상을 제시하는 마태의 산상 수훈은 누가복음에서는 '평지 수훈'으로 옮겨져 있고, 마가복음이나 요한복음에서는 아예 찾아볼 수 없다. 마가복음에서 유다는 입맞춤과 함께 예수를 배신하지만 요한복음에서는 그렇지 않고, 마태복음에서는 목을 매지만 누가가 쓴 사도행전에서는 곤두박질을 쳐서 배가 터져 죽는다. 그게 복음서의 진실이다.

그러나 어느 경전에서 사건에 대한 설명이나 도덕적 입장을 하나만 내놓았다고 하더라도 해석의 범위가 넓은데, 특히 사회적 이슈라든가 기술과 관련된 문제들은 그런 경전이 쓰일 당시에는 없던 일들이다. 코란이 양성 평등을 지지할까? 성경이 낙태를 금지할까? 이런 질문들은 경전에서 분명한 답이 제시되지 않는다. 경전이 상징이나 우화 등을 통해 이야기하는 점도 해석을 더 어렵게 만드는 부분이다. 그럼에도 경전으로부터 어떤 진실을 끌어내는가가 수십억 명의 행동과 선택에 심대한 영향을 끼친다.

진실을 편집하는 법 #31

"하늘의 진리는 하나, 지구의 진리는 여러 개"

19세기 말 런던에서 법률을 공부하고 있던 마하트마 간디는 바가바드기타Bhagavad Gita의 영역본을 접하게 됐다. 열아홉이었던 간디는 그때까지 한 번도 힌두교 경전을 읽어본 적이 없었다. 나중에 인도의 영적 아버지가 될 간디는 10대 시절에는 반항아여서, 고기를 먹고 술을 마시고 여자 뒤꽁무니를 따라다녔다. 아르주나 왕자와 크리슈나(최고신 비슈누의 현신) 사이의 대화 기록인 바가바드기타는 간디에게 계시와 같았다. 간디는 자서전에서, 그 기록에서 몇몇 구절이 "내 마음속에 깊은 인상을 남겼고, 아직도 귓가에 쟁쟁하다."고 쓰고 있다. 바가바드기타는 간디의 비폭력 시민 저항 운동에 영감을 주었다. 1934년에 그는 이렇게 말했다. "지금 바가바드기타는 저에게 성경이자 코란입니다. 아니, 그 이상, 나의 어머니입니다."[9] 그는 상당한 시간을 들여 바가바드기타를 인도 구자라트어로 번역했다.

독립운동가 발 강가드하르 틸라크에게 쓴 글에서 간디는 이렇게 말했다. "바가바드기타는 미움을 사랑으로 정복하고 거짓을 진실로 극복하는 영원한 법칙을 어떻게 적용할 수 있고 또 적용해야만 하는지 보여준다."[10]

언뜻 보면 아주 이상하다. 왜냐하면 바가바드기타는 평화주의자의 성명서와는 거리가 멀기 때문이다. 바가바드기타는 전쟁의 필요성을 설득력 있게 주장하는 내용이 큰 부분을 차지하고 있다.

바가바드기타는 두 군대가 싸우고 있는 전장의 전차 위에서 주고받은 대화다. 훌륭한 전사인 아르주나 왕자는 가족 친지와 싸워야 하는 후계 전쟁에 참가하는 것을 내키지 않아 한다. 왕자는 이렇게 말한다. "가장 하기 싫은 살인이 형제를 죽이는 것이오!" 그러나 크리슈나는 왕자에게 싸워야만 한다고 말한다. 그게 군인으로서 그의 의무고, 그는 크리슈나가 가진 절대적 의지의 도구라는 것이다.

일어나세요! 명성을 얻으세요! 적들을 파괴하세요!

그들을 정복했을 때 그대를 기다리고 있을 왕국을 위해 싸우세요.

내가 있으니 저들이 쓰러질 겁니다. 그대가 아니라! 죽음과 싸워야 할 사람은 이제 그들이에요.

저들이 이리 씩씩하게 서 있다고 해도 나의 도구는 그대일지니!

이보다 더 강력하게 전쟁을 권하기가 힘들 정도다. 그리고 이 설득은 효과가 있었다. 경전의 마지막에 가면 아르주나는 무기를 집어 들고 사람들을 남김없이 죽이게 될 전투에 나선다. 물리학자 로버트 오펜하이머는 뉴멕시코 사막에서 진행한 첫 번째 핵무기 폭발 실험을 회상하며 바가바드기타를 인용하기도 했다. "이제 내가 죽음이 되었구나. 세상의 파괴자가 되었구나."

그렇다면 대체 간디는 바가바드기타를 어떻게 진리와 사랑의 경전으로 해석할 수 있었을까? 그는 전장이라는 설정을 우리 모두가 겪는 내적 투쟁의 은유로 보았다. 아르주나는 싸워야만 한다. 하지만 문자 그대로가 아니라 비유적인 의미에서 싸움을 해야 한다. 우리 모두가 그런 것처럼 말이다. 간디에게 이 싸움은 모든 신앙을 품을 수 있는 독립된 인도의 비폭력적 투쟁이었다. 바가바드기타의 중심 메시지는 전쟁이 아니라 행동의 결과에 대한 집착을 버리는 것이었다. 내가 노력해서 결과가 좋게 나왔을 때 행복을 느끼는 것은 지극히 정상이지만, 중요한 것은 결과에 집착하지 않으면서 그 일을 잘 해내는 것이다. 간디에게 집착을 버리는 것의 논리적 귀결은 곧 비폭력이라는 신조였다. 실제로 간디는 바가바드기타가 에피소드로 포함된 전체 경전 마하브하라타Mahabharata에 대해 이렇게 이야기했다. "나는 정통 힌두교의 반대에도 이 경전이 전쟁과 폭력의 허망함을 이야기한 책이라는 입장을 굽히지 않았다."[11]

다른 사람들은 당연히 바가바드기타를 아주 다르게 해석했다. 틸라크 같은 사람은 바가바드기타가 옳은 투쟁을 위해 폭력을 인정한 유일한 힌두 경전이라고 생각했다. 영국 제국주의자들에 대한 투쟁이 되었든, 이웃 이슬람교도들에 대한 투쟁이 되었든 말이다. 20세기 초 인도의 자유를 위해 싸우다가 영국에 의해 감금된 사람들 사이에서는 바가바드기타가 가장 인기 있는 책이었다. 그런 사람들 중에 랄라 라지파트 라이Lala Lajpat Rai도 있었다. 라이는 전사는 "무기를 들고 목숨을 바쳐야" 한다는 바가바드기타의 명령은 곧 인도인들에게 목숨을 걸고 영국의 지배에 맞서 싸울 의무가 있다는 뜻이라고 썼다.[12] 그런 사람들에게는 바가바드기타에서 "행동의 결과"를 갈망하지 않는다는 것은 폭력을 지지한다는 의미였다.

오늘날 집권당인 인도인민당과 힌두트바 이데올로기 근본주의자들은 바가바드기타에서 영감과 정당성을 얻는다. 힌두 무장 단체 RSS의 수장은 최근 인도인들에게 인도가 세계의 리더가 될 수 있도록 바가바드기타의 가르침을 "흡수하고 실천하라."고 호소했다.[13] 2002년 구자라트주 주지사로 있을 당시 1,000명에 가까운 이슬람교도가 살해될 동안 아무것도 하지 않은 것으로 보이는 나렌드라 모디 총리는 일본 총리에게 바가바르기타를 한 권 선물하며 이렇게 말했다. "이보다 더 좋은 걸 드릴 수는 없을 것 같습니다. 전 세계도 이보다 더 좋은 걸 갖고 있지는 않지요."[14]

인도의 초대 총리 자와할랄 네루는 이렇게 말했다. "오늘날 사상과 행동의 리더들, 그러니까 틸라크, 오로빈도 고세, 간디는 모두 바가바드기타에 관한 글을 쓰며 자기만의 해석을 내놓았다. 간디는 비폭력이라는 자신의 확고한 신념이 바가바드기타를 기초로 한다고 했고, 다른 사람들은 바가바드기타에 근거해 올바른 대의를 위한 폭력과 전쟁을 정당화했다."[15]

바가바드기타에 관해 더 폭력적인 해석을 내놓은 사람은 나투람 고드세다. 그는 이렇게 썼다. "크리슈나께서는 더 좋은 세상을 위해 전쟁과 기타의 방법으로 자기 주장만 고집하는 수많은 유력자를 죽이시고, 심지어 바가바드기타에서는 아르주나에게 계속해서 가장 가깝고 아끼는 이들을 죽이라 조언하시고, 결국 죽이도록 설득하셨다."[16] 1948년 1월 30일 고드세는 베레타 반자동 권총을 들고 델리의 비를라 하우스에 들어가 바로 그런 유력자 마하트마 간디의 가슴과 복부에 총 세 발을 근접 거리에서 쏘았다. 재판에서 고드세는 바가바드기타를 인용했고, 처형장에도 바가바드기타 한 권을 가지고 갔다. 고드세의 진실과 그가 죽인 자의 진실은 똑같은 경전에서 끌어낸 것이었음에도 두 사람은 이보다 더 다를 수가 없었다.

"이들 전통의 목소리는 하나가 아니다." 철학자 콰미 앤서니 아피아는 그렇게 말했다. "이 경전들을 완전히 이해한다는 것은 어느 단락을 파고들고 어느 단락을 지나쳐야 하는지를 아는 것이다."[17] 우리가 1부에서 보았던 생략과 선택 작전을 설명하는 것이다. 경전의 대가들마다 어떤 단락을 지나칠지(생략할지) 저마다 다른 선택을 내릴 수 있기 때문에 이들은 경전이 무슨 말을 하는지에 대해 경합하는 진실을 만들어낼 수밖에 없다. 그리고 그에 따라 자신의 추종자들을 저마다 다른 행동으로 인도한다. 성경이나 코란을 신의 말씀이라 믿더라도 인간인 중개자가 신의 메시지를 정할 수 있는 여지는 많다. 실제로 종교 지도자들은 사회의 도덕관이 바뀌더라도 신앙이 멀어지지 않도록 때로는 새로운 해석을 찾아내야만 한다. 현대적 관점에서 노예 제도나 동성애를 바라보는 우리에게는 에베소서나 레위기의 구절을 새롭게 이해할 방법이 필요하다.

때로 유대교는 경합하는 진실을 적극 권장하는 듯하다. 최고의 유대교 율법 학교 두 곳이 탈무드에 대해 심한 의견의 불일치를 보였을 때 "신성한 목소리"는 충돌하는 두 의견을 "둘 다 살아 있는 하나님의 말씀이다."라고 선언했다. 이 부분에 대해서 라비 마크 D. 에인절은 다음과 같이 썼다

> 그런 논쟁의 판결은 율법이 무엇을 요구하는지 사람들이 알 수 있게 해야 한다. 그러나 '패배한' 쪽도 정말로 진 것이 아니다. 그의 의견은 여전히 인용되고 진지하게 받아들여진다. 그 당시에는 이기지 못했으나 다른 때, 다른 맥락에서는 이길지도 모른다.[18]

오랫동안 영국 라비들의 최고 지도자였던 조너선 색스 역시 서로 다른 버전의 진실이 공존할 수 있음을 인정한다.

> 지구상의 진리는 전체 진리가 아니며, 그게 가능하지도 않다. 지

구상의 진리는 포괄적이지 않고 한정되며, 보편적이지 않고 특정된다. 두 가지 의견이 충돌할 때는 반드시 하나가 진리이고 다른 것이 거짓이어서가 아니다. 때로는 각 의견이 현실에 대한 서로 다른 관점을 대변하고 있는 경우가 많다. …… 하늘에서 진리는 하나이지만 지구에서 진리는 여러 개다.[19]

아멘.

흔히 하는 말이 있다. "우리 모두가 동의할 수 있는 한 가지 진실은 종교에 관해서는 남들이 모두 틀렸다는 사실이다." 어쩌면 모두가 틀렸을지도 모른다. 모두가 옳을 수 없는 것만은 분명하다. 이런 신념들 중에 다수가 거짓일 것이다. 하지만 우리가 그게 거짓이라고 증명할 수 있을 때까지 그 신념들은 믿음이 신실한 자에게는 설득력 있는 진실로 남는다.

"누구나 진리를 찾는다. 하지만 누가 그걸 찾아냈는지는 오직 신만이 아신다." 1747년 체스터필드 경은 아들에게 쓴 글에서 그렇게 말했다. "가톨릭 교도들의 고지식함과 미신"을 비웃는 아들을 경계시키기 위해서였다.

우리는 라이벌 관계에 있는 신념들을 경합하는 진실로서 존중할 수 있다. 그렇다고 그것들을 모두 적극 받아들여야 한다는 뜻은 아니다. 우리는 얼마든지 도덕적 주장이나 이성적 주장을 통해, 혹은 심지어 정서적 호소를 통해 남들에게 신념을 바꿔보라고 설득해도 된다. 사회가 충돌하는 신념들로 완전히 찢겨 있다면, 혹은 조직이 파괴적인 신념들에 오염되어 있다면, 당연히 그런 설득을 시도해야 한다. 내가 고용하고 있거나 나의 영향력 아래에 있는 사람들을 세뇌하려는 시도까지 가지만 않는다면 올바른 목표를 위한 복음의 전파는 가치가 있다.

다음과 같은 사람을 조심하라

- 사람들을 고립시키고 경합하는 진실을 듣지 못하게 통제하는 세뇌자
- 순응을 압박해서 신념을 형성하려는 집단
- 경전을 위험하거나 극단적인 방식으로 해석하라고 설득하는 오도자

맺음말 의심하라, 물어보라, 요구하라

아무도 그를 거짓말쟁이라 부를 수 없었다.
왜냐하면 거짓은 그의 머릿속에 있어
그가 아무리 진실을 말해도 그의 입에서 나오는 것은
모두 거짓의 색을 띠었기 때문이다.

— 존 스타인벡John Steinbeck, 《에덴의 동쪽*East of Eden*》 중에서

진실에 대한 지침서임을 자처하는 이 책에서 정작 진실이 왜 중요한가에 관해서는 별로 얘기하지 않았다. 누구든 '진실이 아닌 어떤 것'을 진실보다 선호했다면 이 책을 여기까지 읽지도 않았을 것이기 때문이다. 그래서 줄곧 나는 '제대로 된' 진실을 고르고, 소통하고, 수용하는 게 중요하다는 점을 강조하려고 했다.

앞서 우리는 정치가나 마케팅 담당자, 저널리스트, 선거 운동가, 심지어 정부 관료까지 진실을 편집해 우리를 오도하는 방법이 얼마나 많은지 살펴보았다. 그것을 적발해내고, 몰아내고, 거기에 놀아나지 않는 것은 우리 몫이다. 오해를 야기하는 진실이 늘 뻔한 형태는 아니다. 그것들은 광고 속에도, 여러분의 트위터 피드에도, 신문 사

설에도, 잡담에도, 회사 문서에도, 자선 단체의 안내 책자에서도 발견된다. 어떤 것들은 일부러 거의 눈에 띄지 않도록 설계된다. "우리를 지배하고, 우리의 마음을 주무르고, 입맛을 결정하고, 우리에게 생각을 제시하는 사람은 대개 우리가 한 번도 들어보지 못한 사람들이다." 홍보 분야를 개척한 에드워드 버네이스가 1928년에 한 말이다. 오해를 야기하는 진실은 사방에 널려 있다. 이 책 부록에 있는 체크 리스트가 그것들을 적발할 수 있게 도와줄 것이다.

오도자들이 버틸 수 있는 것은 우리의 '의심하지 않는 태도' 때문이다. 우리가 더 파고들기만 하면 저들이 진실성을 유지하면서 우리를 계속 오도하기는 매우 어렵다. 그러니 의심할 수 있을 때는 의심하라. 명확한 설명과 확언을 요구하라. 여지를 주지 마라. 뭔가 빠져 있다 싶으면 물어보라. 숫자가 오해를 일으키도록 제시되어 있다면 다른 해석을 시도하라. 감성을 자극하는 스토리나 이름이 동원되면 관련성이 있는지 의심하라. 저 주장의 기초가 된 도덕적 가정이나 신념이 뭔지 질문하라. 공식적으로 용어를 정의해달라고 요구하라.

우리는 리더나 평론가가 거짓말을 했을 때는 그에 상응하는 책임을 지우려고 한다. 하지만 오해를 불러일으킨 사람의 말이 '엄밀히 말해서' 진실일 때는 책임을 잘 묻지 못한다. 그들이 자신은 진실을 말했다고 주장하면 우리는 뭔가 억울한 느낌이 들면서도 그냥 놓아주는 경향이 있다. 그렇기 때문에 오도자들이 같은 수작을 쓰고 또 쓰는 것이다. 이대로 내버려둬서는 안 된다.

우리가 잘 대처하지 못하는 이유 중에는 오도자들을 비난할 때 쓸 공통의 용어가 없다는 점도 있다. 어느 정치가가 임금이 올랐다고 하면서 교묘하게 해석한 통계를 들이밀었을 때 그를 거짓말쟁이라고 부를 수는 없다. 그러면 대체 이 사람을 뭐라고 불러야 할까?

나는 소셜 미디어에 오해용 진실(#misleadingtruth)이라는 해시태그를 제안하고 싶다. 오해용 진실을 목격하면 언제든지 큰소리로 알리기로 하자. 오해용 진실을 사용하는 사람들에게는 '오도자'라는 꼬리표를 붙이자.

오해용 진실을 발견하면 관련 있는 팩트 체크 기관으로 보내는 방법도 있다. 그러나 팩트 체크 기관만으로는 지금의 탈진실 사태를 해결할 수 없다. 인기 있는 정치가나 유명인 들이 내놓은 오해용 주장이 팩트 체크 기관의 반론보다 훨씬 더 많이 알려지기 때문이다. 그럼에도 우리는 이들 기관이 내놓는 비교적 객관적인 팩트를 유용한 토대로 삼아, 그것을 중심으로 공식 기록을 바로잡고 계속해서 더 정확한 현실이 표현되게끔 노력해야 한다.

개인 맞춤형 대중 언론 기술이 점점 더 발달하면서 선거 운동 단체나 기업, 사회 운동가, 심지어 해외의 역(逆)정보* 요원들까지 특정 집단을 타깃으로 한 맞춤형 메시지를 전송할 수 있게 됐다. 이들 메시지는 대중 매체나 팩트 체크 기관에는 보이지 않는다. 이메일로, 페이스북 메시지로, 온라인 광고로 전달되는 선별적 진실들은 다른 집단에 속한 사람들은 전혀 볼 수가 없다. 이렇게 되면 오도자들은 발각되어 공개 망신을 당할 위험이 줄기 때문에 그런 행동을 더 마

* 정보 기관이 일부러 흘리는 잘못된 정보—옮긴이

음 놓고 하게 된다. 오해용 진실이 포함된 타깃형 메시지를 받는다면 큰소리로 외쳐라. 안 그러면 우리는 영원히 알지 못할 테고, 오도자들은 점점 더 대담해질 것이다.

결국 오해용 진실과 가장 잘 싸울 수 있는 무기는 더 대표성 있고 더 온전한 진실밖에 없다. 우리는 책임감을 가지고 이슈를 더 완전하게 이해해야 한다. 찾을 수 있는 가장 믿을 만한 데이터를 이용해 어느 것이 가장 정직하고 중요한 진실인지 판단해야 한다. 쉬운 일은 아니다. 사건이 하나 발생했을 때 본능적 수준 이상의 반응을 내놓으려면, 속보가 터졌을 때 제일 먼저 떠드는 사람들의 주장을 무작정 받아들이지 않으려면, 노력이 필요하다. 확증 편향을 피하고 열린 마음을 유지하려면 훈련이 필요하다. 분열되고 편향된 대중 매체들 속에서 가장 정직한 진실을 발견해내고 전파할 방법은 그것뿐이다.

오해용 진실에 맞설 진실을 내놓을 때는 먼저 철저히 조사하고 팩트 체크를 해야 한다. 명확하게 진술하고 증거로 뒷받침해야 한다. 수많은 소음을 뚫고 널리 공유될 수 있을 만큼 간결하고 힘 있는 형식이어야 한다. '더 진실'인 진실을 더 많은 사람이 공유할수록 그런 진실이 뿌리내릴 가능성도 높아진다.

오도자들은 그쯤 해두고, 경합하는 진실의 긍정적 측면을 되새기며 마치도록 하자. 우리가 대단한 업적들을 이룰 수 있었던 것은 협업 덕분이다. 인류는 질병을 퇴치하고, 수십억을 먹여 살리고, 글로벌 기업을 세우고, 나라를 지키고, 기적 같은 기술을 개발하고, 세상을 하나로 연결했다. 이 모든 것은 인간의 협력을 통해 이뤄졌고, 그

협력의 바탕에는 우리가 공유하는 아이디어들이 있었다. 우리가 서로에게 얘기하는 진실 말이다.

이 훌륭한 업적을 설계한 사람들은 조심스럽게 자신의 진실을 고르고 그것을 효과적으로 공유했다. 추종자를 모으고 행동을 끌어내기 위해 사람들에게 용기를 줄 수 있는 예측과 신념을 활용했다. 무엇이 바람직한가에 대해 설득력 있는 의견을 내놓고, 딱 맞는 버전의 역사와 마음을 움직이는 스토리를 들려주었다. 위협을 냉정히 평가했고, 새로운 사회적 산물에 대한 대담한 비전을 제시했다. 그들은 소통을 통해 모든 걸 이루었다.

경합하는 진실들 중에서 딱 맞는 것을 골라 공유하는 능력은 훌륭한 리더십과 혁신의 추진에 필수 요건이다. 또한 가정과 직장에서 가장 기본적인 협력을 얻어내는 데 필요한 능력이기도 하다. 우리가 선택한 진실은 당연히 정직해야 하기도 하지만, 효과적이기도 해야 한다.

듣는 순간 더 믿음이 가는 진실이 있다. 그런 것들은 그냥 진실처럼 '들린다.' 데이터와 논리로 내 진실을 증명할 수 있다고 생각하더라도, 과연 그럴 기회가 주어질까? 브렉시트 국민 투표에서 유럽연합 탈퇴 운동을 펼친 사람들은 잔류를 주장한 사람들보다 듣는 순간 고개가 끄덕여지는 진실을 고르는 감각이 더 뛰어나 보였다. 경합하는 진실들 중에서 가장 설득력 있는 것은 '겉보기에' 자명해 보이는 진실이다.

사람들이 들어주기를 바란다면, 진실도 형식이 중요하다. 단순한 메시지와 생각지 못한 통찰, 눈을 사로잡는 숫자, 빠져드는 스토리,

생생한 비전 등을 활용해 깊은 인상을 남겨라. "미국 남성이 1달러를 벌 때 미국 여성은 74센트를 번다."는 말은 직장 내 차별에 대한 그 어떤 연설보다 강력하다. 가장 단순한 메시지가 가장 기억에 남는 밈 meme*을 만들어낸다(특히 약어를 이용하는 경우). 메시지를 제시할 때는 한눈에 이해할 수 있는 형식을 갖춰라.

당신이 제시하는 경합하는 진실에도 당연히 다른 대안이 있을 것이다('경합하는'이라는 말 자체가 다른 대안을 예고한다.). 그리고 그 경쟁하는 진실에 기초해 누군가는 반대 의견을 내놓을 수도 있다. 당신에게 혹시 (교장 선생님이나 최고 경영자처럼) 유효한 진실을 잠재울 수 있는 힘이 있더라도, 그렇게 하지 마라. 그것은 똑똑한 전략이 아니다. 존중을 표현하고 참여를 끌어내는 방법은 경쟁하는 진실이 목소리를 내고 공개적으로 답을 들을 수 있게 정식 토론회를 개최하는 것이다. 시간을 갖고 내가 상대편의 관점을 충분히 이해했다는 사실을 보여줘라. 그런 다음 반대 의견을 제시하라. 만약 나의 '경합하는 진실'이 이긴다면, 그 진실이 가진 장점 때문이어야 한다.

단번에 내 메시지가 상대의 마음 깊숙이 자리 잡기는 힘들다. 여러 번 듣고 읽어보아야 생각이 바뀌고 새로운 사고방식이 정착될 수 있다. 반복은 경쟁하는 진실에 맞서 싸우는 훌륭한 방법이기도 하다. 특히나 소통의 여유가 있는 곳이라면 내 의견이 더 쉽게 뿌리내릴 것이다. 하지만 반복의 문제점은 무슨 주문도 아닌데, 같은 말을 계속하면 조르는 것처럼 느껴질 수 있다는 점이다. 2017년 영국 선거

* 생물학의 유전자(gene)처럼 문화가 전달되는 단위를 이르는 말—옮긴이

때 테리사 메이가 '강하고 안정적인' 정부를 반복적으로 약속했을 때처럼 사람들이 지겨워하거나 놀림감이 될 수도 있다. 이런 일을 피하려면 같은 말을 하더라도 새롭고 흥미롭게 제시하는 방법을 찾아야 한다.

소통이란 작곡가들이 말하는 '테마와 변주'와 비슷하다. 작곡가는 먼저 짧은 악상으로 시작한다. 그게 테마다. 테마가 되는 멜로디가 2분 이상 긴 경우는 잘 없다. 그런 다음 작곡가는 해당 멜로디를 가지고 논다. 음표를 더하거나 빼고, 리듬을 바꾸고, 조바꿈을 한다. 박자를 바꾸거나, 꾸밈을 넣거나, 템포나 악기 구성에 변화를 준다. 변주 때마다 멜로디는 새로운 색깔을 입는다. 처음의 멜로디와는 완전히 다르게 들릴 수도 있다. 하지만 밑바닥에는 테마가 언제나 그 자리에 있다. 조직 내에서도 같은 방법을 쓸 수 있다. 핵심적인 진실(테마)에 동의하되, 사람들이 저마다의 방식으로 표현할 수 있게 하라. 모두가 마음속에 테마를 간직한 채 재미있는 변주를 들려주는 것처럼 말이다.

이 책 자체도 책 전체를 다음과 같은 하나의 테마에 대한 변주로 볼 수 있다.

> 무언가에 관해 얘기할 수 있는 진실은 보통 한 가지 이상이다. 경합하는 진실을 건설적으로 사용하면 좋은 방향으로 사람들의 관심과 행동을 이끌 수 있다. 그러나 경합하는 진실을 가지고 우리를 오도하는 사람들도 있다는 사실을 잊어서는 안 된다.

이게 나의 테마다. 그동안의 수많은 변주가 여러분에게 재미있었기를 바란다.

앞으로도 경합하는 진실은 계속 늘어날 것이다. 사람과 조직들 간에 새로운 연결이 하나씩 생길 때마다 복잡성은 계속 더 커진다. 권위주의가 후퇴하고 더 많은 개성과 자기표현이 허용되면서 주관적 진실도 폭증한다. 매순간 새로운 인위적 진실이 만들어지고 있다. 우리가 미래를 더 많이 들여다볼수록, 점점 더 추상적인 개념과 씨름할수록, 알 수 없는 진실도 늘어날 것이다.

경합하는 진실들을 겁내서는 안 된다. 진보는 진실들 간의 상호작용에 의존한다. 서로 다른 진실 간의 변증법을 허용해야만 과학과 정치와 예술이 융성한다. 우리는 경합하는 진실을 새로운 사고와 창의성, 혁신의 원재료로 생각하고 환영해야 한다. '진짜'라는 한 가지 진실만 옹호하고 나머지 다른 진실은 모두 부정하는 사람은 오히려 경계해야 한다. 진실이 하나뿐이고 나머지는 모두 이단이라면 대화와 판단과 토론이 왜 필요하겠는가?

복수의 진실이 공존할 수 있음을 안다고 해서 남의 말을 과도하게 의심해서는 안 된다. 그동안 우리 사회는 전반적으로 신뢰가 쇠퇴했고, 그것은 탈진실 사태에도 일정 부분 기여했다. 오해를 야기하는 진실을 경계해야 하는 것도 맞지만, 신중하게 자신의 진실을 고른 모든 사람의 동기를 의심해서도 안 된다. 이 책 내내 보여주려고 애썼던 것처럼 경합하는 진실은 좋은 의도로도, 나쁜 의도로도 널리 사용된다. 이 책에는 내가 주장하는 경합하는 진실도 수백 가지가 포함되어 있다. 그중에는 명백한 것들도 있고, 좀 더 미묘한 것들도 있지만, 독자를 오해에 빠뜨리거나 독자에게 해를 끼치려고 한 것은 하나도 없었다. 나는 여러분에게 특정한 현실 인식을 제시하려고 내 진실들을 주도면밀하게 선별했다고 이미 인정했지만, 그래도 여러분이 내가 쓴 글의 대부분을 신뢰할 수 있기를 바란다.

정보의 민주화는 그 힘만큼이나 큰 책임감을 불러온다. 과거에는 교회나 전체주의 정부 같은 권위 기관이 진실을 결정했다. 그보다 더 계몽된 시기에는 신뢰받는 대중 매체가 그 역할을 이어받았다. 하지만 지금은 세상에 나가보면 너무 많은 출처에서 너무 많은 정보가 쏟아진다. 더 이상은 〈뉴욕 타임스〉나 BBC가 세상의 정보를 정리해서 어느 게 더 중요한 진실이고 어느 것은 오해를 의도한 거라고 알려주지 않는다. 더 이상 뉴스를 대신 골라줄 게이트키퍼gatekeeper는 없다. 우리가 직접 그 일을 해야 하고, 주변 사람들도 그렇게 하도록 도와야 한다. 내가 어떤 진실을 듣느냐가 내 사고방식을 결정한다는 것, 내가 듣는 진실이 당파적 분열을 더 고착화시킬 수 있다는 것을 더 또렷이 의식하고 살아야 한다. 메아리만 울려 퍼지는 밀실과 필터 버블filter bubble*을 벗어나 내 사고방식과 내 집단의 신념에 딴지를 걸어줄 경합하는 진실을 찾아나서야 한다.

우리 각자가 경합하는 진실을 제대로 알아보는 게 지금처럼 중요했던 적은 없었다. 반대로 딱 맞는 경합하는 진실을 이용해서 긍정

* 각종 인터넷 서비스업체들이 알고리즘 등을 사용해 이용자 맞춤형 정보를 제공함에 따라, 점점 더 내가 좋아하는 뉴스나 물건 등 필터링된 정보만을 접하고 그 안에 갇히게 되는 현상—옮긴이

적 변화를 꾀할 기회가 지금처럼 많았던 적도 없다. 필요한 도구와 지식, 소통 채널, 관객은 모두 갖춰져 있다. 우리는 그저 나의 진실을 현명하게 골라 잘 들려주기만 하면 된다.

부록 | 오해를 부르는 진실 – 체크 리스트

아래 질문들은 의심되는 진술을 정확히 평가하고, 오해를 야기하는 진실이 중요한 내용은 아닌지 판단하는 데 도움을 주려고 준비한 것이다. 단순히 '이다, 아니다'만 체크해서는 소용이 없다. 결론을 내리고 싶다면 적절한 조사를 통해 직접 판단해야 한다.

- ☐ 이 진술이 진실인가?
- ☐ 이 진술이 내 시각을 바꿀 것인가?
- ☐ 이 진술이 내 행동에 영향을 줄 수도 있는가?
- ☐ 발언자가 추진 중인 사안은 무엇인가? 이 진술이 그의 목적에 도움이 되는가?
- ☐ 발언자가 쏙 빼놓은 팩트나 맥락이 있다면 뭘까?
- ☐ 진술을 뒷받침할 증거가 제시됐는가? 그 증거는 믿을 만한가?
- ☐ 특정 팩트나 숫자를 달리 표시할 방법은 없는가? 다르게 표현한다면 의미가 바뀌는가?
- ☐ 도덕성이나 바람직함, 금전적 가치에 대한 주관적 판단에 의존한 진술인가?
- ☐ 발언자가 용어를 정의한 방식이 나와 같은가?
- ☐ 발언자가 붙인 이름 때문에, 혹은 정서를 자극하는 일화 때문에 내가 영향을 받고 있지는 않은가?
- ☐ 진술이 예측이나 신념에 의존하고 있는가? 만약 그렇다면 다른 예측이나 진실이 더 신빙성 있지는 않은가?
- ☐ 만약 다른 사람이었다면 똑같이 진실인, 다른 형태의 현실 인식을 전할 수도 있었는가?

주

머리말

1. https://www.theguardian.com/lifeandstyle/2007/feb/24/foodanddrink.recipes1
2. http://www.independent.co.uk/life-style/food-and-drink/features/the-food-fad-that's-starving-bolivia-2248932.html
3. http://www.nytimes.com/2011/03/20/world/americas/20bolivia.html
4. https://www.theguardian.com/commentisfree/2013/jan/16/vegans-stomach-unpalatable-truth-quinoa
5. http://www.independent.co.uk/life-style/food-and-drink/features/quinoa-good-for-you-bad-for-bolivians-8675455.html
6. http://www.theglobeandmail.com/life/the-hot-button/the-more-you-love-quinoa-the-more-you-hurt-peruvians-and-bolivians/article7409637/
7. http://intent.com/intent/169482/
8. Marc F. Bellemare, Johanna Fajardo-Gonzalez and Seth R. Gitter, 'Foods and Fads – The Welfare Impacts of Rising Quinoa Prices in Peru', Working Papers 2016-06, Towson University, Department of Economics (2016).
9. http://www.npr.org/sections/thesalt/2016/03/31/472453674/your-quinoa-habit-really-did-help-perus-poor-but-theres-trouble-ahead
10. http://vegnews.com/articles/page.do?pageId=6345&catId=5
11. https://www.theguardian.com/environment/2013/jan/25/quinoa-good-evil-complicated
12. http://www.independent.co.uk/life-style/food-and-drink/features/quinoa-good-for-you-bad-for-bolivians-8675455.html
13. http://vegnews.com/articles/page.do?pageId=6345&catId=5

14. Walter Lippmann, *Public Opinion* (New York, Harcourt, Brace and Company, 1922).
15. http://media.nationalarchives.gov.uk/index.php/king-george-vi-radio-broadcast-3-september-1939/
16. http://news.bbc.co.uk/1/hi/uk/6269521.stm
17. http://www.telegraph.co.uk/news/uknews/1539715/Colgate-gets-the-brush-off-for-misleading-ads.html
18. http://www.pbs.org/wgbh/pages/frontline/shows/persuaders/interviews/luntz.html
19. https://dshs.texas.gov/wrtk/
20. https://www.cancer.org/cancer/cancer-causes/medical-treatments/abortion-and-breast-cancer-risk.html
21. https://www.cancer.gov/types/breast/abortion-miscarriage-risk
22. https://www.washingtonpost.com/news/fact-checker/wp/2016/12/14/texas-state-booklet-misleads-women-on-abortions-and-their-risk-of-breast-cancer
23. Evan Davis, *Post-Truth: Why We Have Reached Peak Bullshit and What We Can Do About It* (London, Little, Brown, 2017).
24. Tony Blair, *A Journey* (London, Hutchinson, 2010).[토니 블레어 지음, 유지연·김윤태 옮김, 《토니 블레어의 여정: 제3의 길부터 테러와의 전쟁까지 블레어노믹스 10년의 기록》, 알에이치코리아, 2017]

01 복잡성

1. http://www.publishersweekly.com/pw/by-topic/industry-news/bookselling/article/62785-is-amazon-really-the-devil.html
2. http://www.independent.co.uk/news/people/profiles/james-daunt-amazon-are-a-ruthless-money-making-devil-the-consumers-enemy-6272351.html
3. http://www.csmonitor.com/Books/chapter-and-verse/2012/0607/Ann-Patchett-calls-out-Amazon
4. http://www.independent.co.uk/arts-entertainment/books/news/amazon-

the-darth-vader-of-the-literary-world-is-crushing-small-publishers-former-downing-st-adviser-a6888531.html

5. http://www.authorsunited.net/july/
6. James McConnachie, 'What do we think of Amazon?', *The Author*, Winter 2013.
7. https://www.theguardian.com/commentisfree/2014/jun/04/war-on-amazon-publishing-writers
8. https://www.srgresearch.com/articles/leading-cloud-providers-continue-run-away-market
9. https://www.thebureauinvestigates.com/stories/2011-12-07/revealed-the-wikipedia-pages-changed-by-bell-pottinger
10. https://press-admin.voteda.org/wp-content/uploads/2017/09/Findings-of-Herbert-Smith-Freehills-Review.pdf
11. http://amabhungane.co.za/article/2017-06-06-guptaleaks-how-bell-pottinger-sought-to-package-sa-economic-message
12. https://www.nelsonmandela.org/news/entry/transcript-of-nelson-mandela-annual-lecture-2015
13. http://amabhungane.co.za/article/2017-06-06-guptaleaks-how-bell-pottinger-sought-to-package-sa-economic-message
14. http://www.thetimes.co.uk/edition/news/450m-lost-over-failed-green-power-programme-n7hf0h6ht
15. https://georgewbush-whitehouse.archives.gov/news/releases/2002/10/20021007-8.html
16. https://thecaucus.blogs.nytimes.com/2007/07/10/scandal-taints-another-giuliani-ally/?mcubz=0&_r=0
17. http://abcnews.go.com/Blotter/DemocraticDebate/story?id=4443788

02 역사

1. https://www.coca-colacompany.com/content/dam/journey/us/en/private/fileassets/pdf/2011/05/Coca-Cola_125_years_booklet.pdf

2. Civil War Preservation Trust, *Civil War Sites: The Official Guide to the Civil War Discovery Trail* (Guildford, CT, Globe Pequot Press, 2007).
3. https://www.washingtonpost.com/local/education/150-years-later-schools-are-still-a-battlefield-for-interpreting-civil-war/2015/07/05/e8fbd57e-2001-11e5-bf41-c23f5d3face1_story.html
4. http://www.nytimes.com/2015/10/22/opinion/how-texas-teaches-history.html
5. http://www.people-press.org/2011/04/08/civil-war-at-150-still-relevant-still-divisive/
6. https://www.washingtonpost.com/local/education/150-years-later-schools-are-still-a-battlefield-for-interpreting-civil-war/2015/07/05/e8fbd57e-2001-11e5-bf41-c23f5d3face1_story.html
7. http://www.latimes.com/opinion/editorials/la-ed-textbook27jul27-story.html
8. http://news.bbc.co.uk/1/hi/8163959.stm
9. http://news.bbc.co.uk/1/hi/world/africa/7831460.stm
10. http://abcnews.go.com/blogs/politics/2013/04/george-w-bushs-legacy-on-africa-wins-praise-even-from-foes/
11. http://www.nytimes.com/books/97/04/13/reviews/papers-lessons.html
12. http://www.nytimes.com/2015/04/25/opinion/will-the-vietnam-war-ever-go-away.html
13. http://news.bbc.co.uk/1/hi/world/asia-pacific/716609.stm
14. Ken Hughes, *Fatal Politics: The Nixon Tapes, the Vietnam War and the Casualties of Reelection* (Charlottesville, VA, University of Virginia Press, 2015).
15. http://www.theguardian.com/news/2015/apr/21/40-years-on-from-fall-of-saigon-witnessing-end-of-vietnam-war
16. Walter Lord, *The Miracle of Dunkirk* (New York, Viking, 1982).
17. http://www.bbc.co.uk/history/worldwars/wwtwo/dunkirk_spinning_01.shtml
18. https://theguardian.com/books/2017/jun/03/hilary-mantel-why-i-became-a-historical-novelist

03 맥락

1. The Infinite Mind, 'Taboos' Program Transcript: https://books.google.co.uk/books?id=Z2jn-Txy5xIC&lpg=PA10
2. https://blogs.spectator.co.uk/2014/11/the-tribal-view-of-voters-illustrated-through-downing-streets-cats/
3. https://www.cbsnews.com/news/masterpieces-of-deception-some-fake-art-worth-real-money/
4. https://issuu.com/onview/docs/on_view_04-06.2014?e=1593647/7308241
5. https://www.economist.com/news/business/21716076-plant-based-meat-products-have-made-it-menus-and-supermarket-shelves-market
6. https://www.smithsonianmag.com/smart-news/biotech-company-growing-meatballs-lab-180958051/
7. http://www.nowtolove.com.au/news/latest-news/are-you-for-real-all-men-panel-at-the-global-summit-of-women-6288
8. https://twitter.com/rocio_carvajalc/status/479023547311202305
9. https://twitter.com/KathyLette/status/478980823014576128
10. https://www.globewomen.org/about/aboutus.htm
11. http://www.globewomen.org/ENewsletter/Issue%20No.%20CCXIV,%20December%2018,%202013.html
12. https://www.nytimes.com/2016/02/16/us/politics/ted-cruz-ad-goes-after-donald-trumps-stance-on-planned-parenthood.html

04 통계

1. S. Coren and D. F. Halpern, 'Left-handedness: a marker for decreased survival fitness', *Psychological Bulletin*, 109 (1) (1991).
2. http://www.nytimes.com/1991/04/04/us/being-left-handed-may-be-dangerous-to-life-study-says.html
3. http://www.bbc.co.uk/news/magazine-23988352
4. http://www.bbc.co.uk/news/magazine-19592372
5. http://uk.businessinsider.com/trump-says-94-million-americans-out-of-

labor-force-in-speech-to-congress-2017-2?r=US&IR=T

6. https://www.washingtonpost.com/politics/2017/live-updates/trump-white-house/real-time-fact-checking-and-analysis-of-trumps-address-to-congress/fact-check-ninety-four-million-americans-are-out-of-the-labor-force/?utm_term=.54286ee433ca
7. http://www.nbcnews.com/politics/2016-election/trump-says-places-afghanistan-are-safer-u-s-inner-cities-n651651
8. http://www.forbes.com/sites/niallmccarthy/2016/09/08/homicides-in-chicago-eclipse-u-s-death-toll-in-afghanistan-and-iraq-infographic/#7fe711792512
9. http://watson.brown.edu/costsofwar/costs/human/civilians/afghan
10. https://blogs.spectator.co.uk/2017/10/theresa-mays-conservative-conference-speech-full-text/
11. http://www.independent.co.uk/news/uk/politics/theresa-may-housing-policy-new-homes-per-year-low-a7982901.html
12. http://www.iihs.org/iihs/topics/t/general-statistics/fatalityfacts/state-by-state-overview
13. http://www.forbes.com/sites/timworstall/2013/07/10/apples-chinese-suicides-and-the-amazing-economics-of-ha-joon-chang/#2c2fd5e36d1c
14. http://www.nsc.org/NSCDocuments_Corporate/Injury-Facts-41.pdf
15. http://edition.cnn.com/2013/04/18/us/u-s-terrorist-attacks-fast-facts/index.html
16. https://www.plannedparenthood.org/files/2114/5089/0863/2014-2015_PPFA_Annual_Report_.pdf
17. https://www.cdc.gov/mmwr/volumes/65/ss/ss6512a1.htm
18. http://www.oecd.org/dac/development-aid-rises-again-in-2016-but-flows-to-poorest-countries-dip.htm and http://election2017.ifs.org.uk/article/the-changing-landscape-of-uk-aid
19. http://www.express.co.uk/news/royal/484893/Proof-our-sovereign-really-is-worth-her-weight-in-gold

20. https://inews.co.uk/essentials/news/doctors-warn-lifesaving-breast-cancer-drug-costing-just-43p-denied-thousands/
21. https://popularresistance.org/when-someone-says-we-cant-afford-free-college-show-them-this/
22. http://www.parliament.uk/business/publications/written-questions-answers-statements/written-question/Lords/2015-12-03/HL4253
23. http://renewcanada.net/2016/federal-government-announces-additional-81-billion-for-infrastructure/
24. https://twitter.com/DanielJHannan/status/608733778995998720
25. https://www.gov.uk/government/news/hm-treasury-analysis-shows-leaving-eu-would-cost-british-households-4300-per-year
26. https://www.childrenwithcancer.org.uk/stories/cancer-cases-in-children-and-young-people-up-40-in-past-16-years/
27. http://www.telegraph.co.uk/science/2016/09/03/modern-life-is-killing-our-children-cancer-rate-in-young-people/
28. http://www.cancerresearchuk.org/about-us/cancer-news/press-release/2015-11-26-childrens-cancer-death-rates-drop-by-a-quarter-in-10-years
29. http://www.bbc.co.uk/programmes/p04kv749
30. http://www.cancerresearchuk.org/health-professional/cancer-statistics/childrens-cancers#heading-Zero
31. Lance Price, *The Spin Doctor's Diary: Inside Number 10 with New Labour* (London, Hodder & Stoughton, 2005).
32. Danny Dorling, Heather Eyre, Ron Johnston and Charles Pattie, 'A Good Place to Bury Bad News?: Hiding the Detail in the Geography on the Labour Party's Website', *Political Quarterly*, 73 (4) (2002) http://www.dannydorling.org/wp-content/files/dannydorling_publication_id1646.pdf
33. https://qz.com/138458/apple-is-either-terrible-at-designing-charts-or-thinks-you-wont-notice-the-difference/
34. http://www.telegraph.co.uk/news/politics/9819607/Minister-poor-families-are-likely-to-be-obese.html

35. https://www.gov.uk/government/statistics/distribution-of-median-and-mean-income-and-tax-by-age-range-and-gender-2010-to-2011
36. http://www.newstatesman.com/2013/05/most-misleading-statistics-all-thanks-simpsons-paradox
37. https://www.ft.com/content/658aba32-41c7-11e6-9b66-0712b3873ae1
38. https://www.jfklibrary.org/Research/Research-Aids/Ready-Reference/RFK-Speeches/Remarks-of-Robert-F-Kennedy-at-the-University-of-Kansas-March-18-1968.aspx

05 스토리

1. Mervyn King, *The End of Alchemy: Money, Banking and the Future of the Global Economy* (London, Little, Brown, 2016).
2. Nassim Nicholas Taleb, *The Black Swan: The Impact of the Highly Improbable* (London, Random House, 2007).[나심 니콜라스 탈레브 지음, 차익종·김현구 옮김, 《블랙스완: 위험 가득한 세상에서 안전하게 살아남기》, 동녘사이언스, 2018]
3. Naomi Klein, *The Shock Doctrine: The Rise of Disaster Capitalism* (London, Penguin, 2007).
4. https://www.theguardian.com/uk-news/2017/mar/28/beyond-the-blade-the-truth-about-knife-in-britain
5. https://www.bbc.co.uk/education/guides/zyydjxs/revision/4
6. http://www.independent.co.uk/news/james-purvis-has-lost-his-job-and-his-faith-in-politicians-but-hes-hanging-on-to-the-sierra-1358104.html

06 도덕성

1. http://www.larouchepub.com/eiw/public/1999/eirv26n07-19990212/eirv26n07-19990212_056-stand_by_moral_truths_pope_urges.pdf
2. http://www.margaretthatcher.org/document/107246
3. http://www.phlmetropolis.com/santorums-houston-speech.php
4. http://articles.latimes.com/1990-09-06/news/mn-983_1_casual-drug-users
5. Julia Buxton, *The Political Economy of Narcotics: Production, Consumption and*

Global Markets (London, Zed Books, 2006).

6. http://query.nytimes.com/mem/archive-free/pdf?res=9901E5D61F3BE633A2575BC0A9649C946596D6CF
7. David F. Musto, *The American Disease: Origins of Narcotic Control* (New York, OUP, 1999).
8. Stephen R. Kandall, *Substance and Shadow: Women and Addiction in the United States* (Cambridge, MA, Harvard University Press, 1999).
9. Timothy Alton Hickman, *The Secret Leprosy of Modern Days: Narcotic Addiction and Cultural Crisis in the United States, 1870–1920* (Amherst, MA, University of Massachusetts Press, 2007).
10. Susan L. Speaker, '"The Struggle of Mankind Against Its Deadliest Foe": Themes of Counter-subversion in Anti-narcotic Campaigns, 1920–1940', *Journal of Social History*, 34 (3) (2001).
11. http://www.theguardian.com/society/2016/mar/08/nancy-reagan-drugs-just-say-no-dare-program-opioid-epidemic
12. https://harpers.org/archive/2016/04/legalize-it-all/
13. https://www.theguardian.com/us-news/2017/may/12/jeff-sessions-prison-sentences-obama-criminal-justice
14. http://abcnews.go.com/ABC_Univision/Politics/obama-drug-czar-treatment-arrests-time/story?id=19033234
15. S. L. A. Marshall, *Men Against Fire: The Problem of Battle Command in Future War* (New York, William Morrow, 1947).
16. Peter Kilner, 'Military Leaders' Obligation to Justify Killing in War', *Military Review*, 82 (2) (2002).
17. John Stuart Mill, *On Liberty* (1859) http://www.econlib.org/library/Mill/mlLbty1.html[존 스튜어트 밀 지음, 《자유론》]
18. http://www.nytimes.com/2013/02/03/opinion/sunday/why-police-officers-lie-under-oath.html
19. https://www.youtube.com/watch?v=BmXWQm3d2Lw
20. http://www.nytimes.com/2012/03/14/opinion/why-i-am-leaving-goldman-

sachs.html

21. http://www.theguardian.com/sustainable-business/2016/jan/18/big-banks-problem-ethics-morality-davos
22. https://www.theguardian.com/culture/culture-cuts-blog/2011/feb/15/arts-funding-arts-policy

07 바람직함

1. http://www.ft.com/cms/s/0/cb58980a-218b-11e5-ab0f-6bb9974f25d0.html
2. Yuval Noah Harari, *Sapiens: A Brief History of Mankind* (London, Harvill Secker, 2014).[유발 노아 하라리 지음, 조현욱 옮김, 《사피엔스: 유인원에서 사이보그까지, 인간 역사의 대담하고 위대한 질문》, 김영사, 2015]
3. Rajagopal Raghunathan, Rebecca Walker Naylor and Wayne D. Hoyer, 'The Unhealthy = Tasty Intuition and its Effects on Taste Inferences, Enjoyment, and Choice of Food Products', *Journal of Marketing*, 70 (4) (2006).
4. http://www.caltech.edu/news/wine-study-shows-price-influences-perception-1374
5. Andrew S. Hanks, David Just and Adam Brumberg, 'Marketing Vegetables: Leveraging Branded Media to Increase Vegetable Uptake in Elementary Schools' (10 December 2015). https://ssrn.com/abstract=2701890
6. Brian Wansink, David R. Just, Collin R. Payne and Matthew Z. Klinger, 'Attractive names sustain increased vegetable intake in schools', *Preventative Medicine*, 55 (4) (2012). https://www.ncbi.nlm.nih.gov/pubmed/22846502
7. https://www.theguardian.com/lifeandstyle/2016/jan/05/diet-detox-art-healthy-eating
8. https://www.theguardian.com/careers/2016/feb/11/why-i-love-my-job-from-flexible-working-to-chilled-out-bosses
9. https://www.glassdoor.com/Reviews/Employee-Review-Aspen-Valley-Hospital-RVW10555388.htm
10. https://www.glassdoor.ie/Reviews/Employee-Review-NBCUniversal-RVW11687972.htm

11. https://sliwinski.com/5-loves/
12. http://www.gallup.com/poll/165269/worldwide-employees-engaged-work.aspx
13. https://www.theguardian.com/sustainable-business/2014/nov/05/society-business-fixation-profit-maximisation-fiduciary-duty
14. http://www.tarki.hu/hu/news/2016/kitekint/20160330_refugees.pdf
15. http://www.bbc.co.uk/news/world-europe-37310819

08 가치

1. https://www.theatlantic.com/magazine/archive/1982/02/have-you-ever-tried-to-sell-a-diamond/304575/

09 단어

1. http://www.bbc.co.uk/news/world-us-canada-14199080
2. 같은 웹페이지.
3. http://www.theguardian.com/global-development-professionals-network/2014/aug/04/south-sudan-famine-malnutrition
4. 같은 웹페이지.
5. https://www.theatlantic.com/magazine/archive/2001/09/bystanders-to-genocide/304571/
6. http://nsarchive2.gwu.edu/NSAEBB/NSAEBB53/rw050194.pdf
7. https://www.unilever.co.uk/brands/our-brands/sure.html accessed 8/10/17
8. http://abcnews.go.com/Business/dannon-settles-lawsuit/story?id=9950269
9. http://nypost.com/2003/06/20/suit-poland-spring-from-dubious-source/
10. https://www.theguardian.com/uk/2004/mar/19/foodanddrink
11. http://adage.com/article/cmo-strategy/sierra-mist-changing/301864/
12. George Orwell, 'Politics and the English Language' (1946). http://www.orwell.ru/library/essays/politics/english/e_polit/
13. http://england.shelter.org.uk/news/november_2013/80,000_children_facing_homelessness_this_christmas

14. https://england.shelter.org.uk/donate/hiddenhomeless
15. http://slate.com/articles/news_and_politics/chatterbox/1998/09/bill_clinton_and_the_meaning_of_is.html
16. Lance Price, *The Spin Doctor's Diary: Inside Number 10 with New Labour* (London, Hodder & Stoughton, 2005).
17. http://www.cbsnews.com/news/poll-womens-movement-worthwhile/
18. http://www.theguardian.com/theobserver/2013/jun/30/susan-sarandon-q-and-a
19. https://www.facebook.com/WomenAgainstFeminism/info/ accessed 8/10/17
20. http://www.huffingtonpost.com/joan-williams/feminism_b_1878213.html
21. http://www.elleuk.com/life-and-culture/news/a23534/david-cameron-afraid-feminist-shirt-meaning/
22. http://www.independent.co.uk/voices/comment/feminists-should-weep-at-the-death-of-margaret-thatcher-and-why-would-that-be-exactly-8567202.html
23. https://www.instagram.com/p/2WJAqmwzOQ/

10 사회적 산물

1. Yuval Noah Harari, *Sapiens: A Brief History of Mankind* (London, Harvill Secker, 2014).[유발 노아 하라리 지음, 조현욱 옮김, 《사피엔스: 유인원에서 사이보그까지, 인간 역사의 대담하고 위대한 질문》, 김영사, 2015]
2. http://www.standard.co.uk/news/politics/eu-referendum-what-is-the-eu-trends-on-google-hours-after-brexit-result-announced-a3280581.html
3. http://www.un.org/ga/search/view_doc.asp?symbol=A/HRC/32/L.20
4. http://www.express.co.uk/comment/expresscomment/414006/This-human-rights-ruling-flies-in-the-face-of-UK-justice
5. http://www.bbc.co.uk/news/world-asia-china-34592186

11 이름

1. https://www.theguardian.com/environment/2016/aug/29/declare-

anthropocene-epoch-experts-urge-geological-congress-human-impact-earth

2. http://www.economist.com/node/18744401
3. http://www.nature.com/news/anthropocene-the-human-age-1.17085
4. http://e360.yale.edu/feature/living_in_the_anthropocene_toward_a_new_global_ethos/2363/
5. https://www.aeaweb.org/articles?id=10.1257/0002828042002561
6. http://www.emeraldinsight.com/doi/abs/10.1108/02683940810849648
7. https://insight.kellogg.northwestern.edu/article/name-letter_branding
8. Kate Fitch, 'Megan's Law: Does it protect children? (2) An updated review of evidence on the impact of community notification as legislated for by Megan's Law in the United States' (NSPCC, 2006).
9. http://www.nj.com/news/index.ssf/2009/02/study_finds_megans_law_fails_t_1.html
10. https://www.bjs.gov/content/pub/pdf/saycrle.pdf
11. Kate Fitch, 'Megan's Law: Does it protect children? (2) An updated review of evidence on the impact of community notification as legislated for by Megan's Law in the United States' (NSPCC, 2006).
12. Brian Christopher Jones, 'From the Innocuous to the Evocative: How Bill Naming Manipulates and Informs the Policy Process', available at https://dspace.stir.ac.uk/bitstream/1893/9206/1/Thesis%20Examination%20Copy%20-%20New%20-%20Final.pdf
13. Alzheimer's Society, 'The Dementia Tax 2011', June 2011.
14. https://support.google.com/glass/answer/4347178?hl=en-GB accessed 8/10/17
15. https://sites.google.com/site/glasscomms/glass-explorers
16. https://www.ft.com/content/af01ff78-c394-11e6-9bca-2b93a6856354
17. http://www.independent.co.uk/arts-entertainment/read-bret-easton-ellis-excoriating-monologue-on-social-justice-warriors-and-political-correctness-a7170101.html

18. http://www.washingtonpost.com/wp-dyn/content/article/2009/07/30/AR2009073002478.html?sid=ST2009073002982
19. http://www.telegraph.co.uk/news/politics/ukip/10656533/Ukip-should-be-dismissed-as-a-modern-day-CND-says-Lord-Heseltine.html
20. David Fairhall, *Common Ground: The Story of Greenham* (London, IB Tauris, 2006).
21. https://www.theatlantic.com/politics/archive/2014/01/the-agony-of-frank-luntz/282766/
22. http://prospect.org/article/meet-mr-death
23. Frank Luntz, *Words that Work: It's Not What You Say, It's What People Hear* (New York, Hyperion, 2007).[프랭크 런츠 지음, 채은진·이화신 옮김,《먹히는 말: 단숨에 꽂히는 언어의 기술》, 쌤앤파커스, 2007]
24. http://www.nytimes.com/2009/05/24/magazine/24wwln-q4-t.html
25. Steven Poole, *Unspeak* (London, Little, Brown, 2006).
26. https://www.theguardian.com/environment/2014/may/27/americans-climate-change-global-warming-yale-report
27. http://www.pbs.org/wgbh/pages/frontline/shows/persuaders/interviews/luntz.html

12 예측

1. https://www.ft.com/content/d646b090-9207-311c-bdd1-fca78e6dd03e
2. https://www.theguardian.com/politics/2016/may/22/david-cameron-defence-minister-penny-mordaunt-lying-turkey-joining-eu
3. http://www.ipcc.ch/pdf/assessment-report/ar5/wg1/WG1AR5_SPM_FINAL.pdf
4. https://www.scientificamerican.com/article/10-ways-climate-science-has-advanced-since-an-inconvenient-truth/
5. https://www.forbes.com/forbes/2006/1225/038.html
6. https://www.thegwpf.org/matt-ridley-global-warming-versus-global-greening/

7. https://www.ecb.europa.eu/press/key/date/2012/html/sp120726.en.html
8. https://www.ft.com/content/45de9cca-fda7-3191-ae70-ca5daa2273ee
9. https://futureoflife.org/ai-principles/
10. http://www.bbc.co.uk/news/technology-30290540
11. http://www.huffingtonpost.com/entry/humankinds-greatest-threat-may-not-be-global-warming_us_59935cdde4b0afd94eb3f597
12. https://www.theguardian.com/technology/2014/oct/27/elon-musk-artificial-intelligence-ai-biggest-existential-threat
13. http://www.vanityfair.com/news/2017/03/elon-musk-billion-dollar-crusade-to-stop-ai-space-x
14. http://www.vanityfair.com/news/2017/04/elon-musk-is-seriously-starting-a-telepathy-company
15. https://qz.com/911968/bill-gates-the-robot-that-takes-your-job-should-pay-taxes/

13 신념

1. https://www.theatlantic.com/national/archive/2011/11/drinking-the-kool-aid-a-survivor-remembers-jim-jones/248723/
2. http://edition.cnn.com/2008/US/11/13/jonestown.jim.jones/index.html
3. 같은 웹페이지.
4. https://www.theatlantic.com/national/archive/2011/11/drinking-the-kool-aid-a-survivor-remembers-jim-jones/248723/
5. https://www.archkck.org/file/schools_doc_file/curriculum/religion/religion-updated-8/3/15/Fifty_Truths_Every_Catholic_Teen_Should_Know_snack.pdf
6. https://www2.deloitte.com/us/en/pages/finance/articles/cfo-insights-culture-shift-beliefs-behaviors-outcomes.html
7. https://www.theatlantic.com/politics/archive/2015/08/how-millennials-forced-ge-to-scrap-performance-reviews/432585/
8. https://hbr.org/2015/01/ges-culture-challenge-after-welch-and-immelt
9. M. V. Kamath, *Gandhi: A Spiritual Journey* (Mumbai, Indus Source, 2007).

10. http://thehindu.com/opinion/op-ed/gita-gandhi-and-godse/article6835411.ece
11. https://theguardian.com/books/2007/aug/16/fiction
12. http://nybooks.com/articles/2014/12/04/war-and-peace-bhagavad-gita/
13. http://www.hindustantimes.com/punjab/imbibe-gita-teachings-to-make-india-world-leader-rss-chief/story-IGwO1smUgtPyMZMv1gdWtO.html
14. http://timesofindia.indiatimes.com/india/Narendra-Modi-gifts-Gita-to-Japanese-emperor-takes-a-dig-at-secular-friends/articleshow/41530900.cms
15. http://thehindu.com/opinion/op-ed/gita-gandhi-and-godse/article6835411.ece
16. http://nybooks.com/articles/2014/12/04/war-and-peace-bhagavad-gita/
17. http://downloads.bbc.co.uk/radio4/transcripts/2016_reith1_Appiah_Mistaken_Identies_Creed.pdf
18. https://www.jewishideas.org/healthy-and-unhealthy-controversythoughts-parashat-korach-june-25-2011
19. Jonathan Sacks, *The Dignity of Difference* (New York, Continuum, 2002).

맺음말

1. http://www.cbc.ca/news/canada/toronto/rob-ford-s-crack-use-in-his-own-words-1.2415605

만들어진 진실

초판 1쇄 발행 2018년 11월 19일
초판 5쇄 발행 2024년 6월 28일

지은이 헥터 맥도널드
옮긴이 이지연
펴낸이 유정연

이사 김귀분
책임편집 신성식 **기획편집** 조현주 유리슬아 서옥수 황서연 정유진 **디자인** 안수진 기경란
마케팅 반지영 박중혁 하유정 **제작** 임정호 **경영지원** 박소영 **교정교열** 조은화

펴낸곳 흐름출판(주) **출판등록** 제313-2003-199호(2003년 5월 28일)
주소 서울시 마포구 월드컵북로5길 48-9
전화 (02)325-4944 **팩스** (02)325-4945 **이메일** book@hbooks.co.kr
홈페이지 http://www.hbooks.co.kr **블로그** blog.naver.com/nextwave7
출력·인쇄·제본 프린탑

ISBN 978-89-6596-291-5 03300